LETTRES

DE

SAINT FRANÇOIS-XAVIER.

Propriété de
Poussielgue-Rusand

PARIS. — IMPRIMERIE DE W. REMQUET ET Cie,
Rue Garancière, 5, derrière Saint-Sulpice.

St FRANÇOIS XAVIER S. J.
Apôtre des Indes et du Japon.

LETTRES

DE

SAINT FRANÇOIS-XAVIER

DE LA COMPAGNIE DE JÉSUS,

APOTRE DES INDES ET DU JAPON

TRADUITES SUR L'ÉDITION LATINE DE BOLOGNE

PAR

M. LÉON PAGÈS.

Édition accompagnée de Notes, de la Vie du Saint, de Documents contemporains, ornée d'un portrait et de cartes.

> Que sert à l'homme de gagner le monde entier, s'il vient à perdre son âme !
> Matth., xvi, 26.

TOME PREMIER.

PARIS

LIBRAIRIE DE Mme Ve POUSSIELGUE-RUSAND,

Rue Saint-Sulpice, n. 23.

1855.

PRÉFACE.

Les lettres tout apostoliques que saint François-Xavier écrivait à ses Confrères, au roi de Portugal et à des personnes du monde, ont fait l'admiration de son siècle : elles ont conquis à la Compagnie de Jésus le P. Jérôme Natal et bien d'autres ; elles ont converti des milliers de personnes.

Dès longtemps, nous avions eu la pensée d'en rendre la lecture plus accessible à tous, et de les traduire en français. Notre travail était commencé, lorsqu'un événement de mer nous priva de ces premiers essais, près des rivages mêmes où le Saint avait terminé sa carrière.

Nous avons recommencé notre œuvre, et quelquefois notre mémoire y a suffi, tant était vive en nous l'impression qu'y avaient laissée les éloquentes pages de notre auteur. A cette heure, elle est terminée, et nous la mettons sous le patronage de l'Apôtre des Indes et du Japon, lui demandant sa bénédiction pour nous-même, et des fruits spirituels abondants pour ceux qui nous liront.

Un moment, nous avions espéré de pouvoir visiter l'île bénie de San-Chan, et d'aller nous prosterner à la place où le Saint avait expiré. Mais l'éloignement de Monseigneur Verrolles, vicaire apostolique de la Mandchourie, qui devait présider à ce voyage, et les circonstances politiques où se trouvait la Chine, nous privèrent de ce bonheur. D'autres pèlerins iront prier pour nous sur cette terre sacrée, et nous recommander à l'Apôtre.

Nous avons essayé de traduire avec fidélité, simplement, et pour ainsi dire avec révérence, notre auteur. L'ampleur familière de son langage, trop abondante peut-être en paroles dans le portugais et dans le latin, devait être conservée sans altération. De même nous aurions craint d'omettre des passages, qui paraissent en répéter d'autres précédents, lorsque le sens les réclamait et les rendait nécessaires. Nous nous sommes seulement abstenu de transcrire deux ou trois lettres, et quelques fragments, qui n'étaient que les duplicata de lettres précédentes, et nous avons toujours indiqué ces suppressions.

En général, nous avons rétabli l'orthographe portugaise ou indigène. Ainsi le P. François de Mancias a recouvré dans notre traduction son nom véritable, au lieu de celui de Mansilla dont les écrivains latins l'avaient revêtu, et que lui avaient conservé le P. Bouhours et ceux qui l'ont suivi. L'île de San-Chan, au contraire, a repris son nom chinois, qui signifie trois montagnes, au lieu de Sancian, appellation portugaise qui n'offre aucun sens.

Nous aurions dû peut-être donner au roi de Portugal le titre d'Altesse, selon la forme du temps : cependant nous avons employé, pour ne point surprendre l'attention du lecteur, le titre de Majesté. Mais, en général, nous avons préféré traduire littéralement les expressions qui nous paraissaient historiques.

En tête de notre œuvre se trouve une vie du Saint, vie abrégée, mais où nous avons désiré rassembler tous les faits capables de faciliter l'intelligence des lettres. Cette vie accompagne, dans sa division en chapitres, les huit livres de la traduction. Un neuvième chapitre raconte les faits postérieurs à la mort du Saint, et sa canonisation par le pape Urbain VIII. Nous avons soin, dans notre récit, de ne point nous arrêter aux faits dont l'Apôtre a lui-même été le parfait narrateur.

Les lettres de saint François Xavier sont suivies d'un appendice, contenant des lettres et des fragments de lettres qui se rapportent à notre sujet. On y lit les sentiments de saint Ignace, du P. Lefèvre, d'autres Pères et des contemporains sur le P. Xavier. Après ces pièces viennent deux notices, l'une sur la chapelle de Montmartre, où les sept premiers Pères de la Compagnie prononcèrent leurs vœux, et l'autre sur l'île de San-

Chan, d'après un mémoire inédit. Enfin nous donnons en original et en traduction la bulle de canonisation.

Nous avons reproduit le portrait gravé du Saint, publié avec l'approbation de la Compagnie, en tête de la vie qui fut composée par le P. Horace Tursellin (Lyon 1607), cinquante-cinq ans seulement après la mort du P. Xavier : et pour l'éclaircissement des voyages, deux cartes, l'une des pays de l'Inde, l'autre du Japon et des rivages méridionaux de la Chine.

Un Père de la Compagnie avait pensé que de comparer l'esprit du P. Xavier à celui du P. Ignace, attendu la fraternité si intime de ces deux saintes âmes, aurait été d'un singulier avantage : nous exprimons le désir que sa pensée soit réalisée, et nous en laissons l'office, avec un humble respect, à quelque Père consommé dans la science de son Institut et familiarisé, par une longue méditation, avec l'esprit des deux colonnes de la Compagnie, du Patriarche et de l'Apôtre.

Nous devons exprimer notre vive reconnaissance à plusieurs membres de la Compagnie de Jésus, les PP. Prat, Pourcelet, de Montezon, Olivaint, de Ravignan, qui ont bien voulu nous donner de précieux avis et accorder une assistance favorable aux efforts de notre zèle. Plusieurs autres personnes nous ont secondé de leurs lumières, et nous ont communiqué généreusement les matériaux essentiels à notre travail. Notre excellent ami, M. Benjamin Duprat, libraire de l'Institut de France, nous a prodigué tous ses livres. M. Ferdinand

Denis, conservateur de la Bibliothèque Sainte-Geneviève, M. Klein et M. De la Garde, M. l'abbé Giraud et M. Emmanuel Latouche, des Bibliothèques impériale et de la Sorbonne, se sont empressés de nous offrir toutes les richesses de ces grands dépôts littéraires. MM. Dubeux et Foucaux, professeurs à l'École des langues orientales, M. Théodore Pavie, professeur au Collége de France, nous ont donné, sur les pays de l'Inde, de précieuses informations.

Qu'il nous soit permis, après ces témoignages de notre gratitude, de solliciter, de la part des Pères de la Compagnie de Jésus et de la part de tous ceux qui liront notre œuvre, tous les documents et les avis qui pourraient contribuer à l'améliorer. Nous recueillerons tous les documents nouveaux, toutes les critiques, avec une joie sincère, heureux si nous pouvons ainsi rendre notre travail plus digne de l'admirable Saint à qui nous l'offrons.

Parmi les documents qui ont certainement existé et qui peuvent exister encore, dont nous appelons la communication, sont les lettres de Madeleine Jasse à son père, la lettre circulaire du Saint aux universités d'Europe et celle qui fut adressée à l'Université de Paris, les opuscules composés par lui, et notamment les catéchismes en portugais et dans les langues indiennes, les lettres des religieux contemporains relatives à l'apostolat du P. Xavier, les lettres du roi Jean III et celles d'autres personnages qui n'auraient pas encore été publiées, et qui devraient répandre de nouvelles lumières sur notre sujet.

Nous protestons, avant de terminer, de notre entière soumission aux doctrines de l'Église ; nous entendons accepter dans leur sens le plus étendu les prescriptions du décret apostolique du pape Urbain VIII, concernant l'emploi du titre de Saint; et nous répudions les formes de langage qui pourraient ne pas être en rapport avec l'expression théologique.

VIE

DE SAINT FRANÇOIS-XAVIER.

L'Asie, dont les peuples avaient, dès les premiers âges, abandonné les voies de Dieu, et où saint Thomas avait consacré par son sang l'espérance d'une réconciliation future, reçut dans le XVIe siècle, par un éclat de la puissance divine, toute une armée d'apôtres, dont la succession y opère incessamment l'œuvre de la rédemption.

Vers l'an 1500, Pedro de Covilham, confesseur de Dom Vasco de Gama, martyrisé par les Indiens, prédisait, au milieu de son supplice, que bientôt allait naître dans l'Église de Dieu un Ordre nouveau de prêtres qui porterait le nom de Jésus, et qu'un de ses premiers Pères, conduit par l'Esprit saint, pénétrerait jusqu'aux extrémités du monde, et convertirait des nations entières.

Le grand Apôtre des Indes et du Japon, saint François Xavier, vint accomplir la prédiction du saint prêtre. Pendant les dix années de ses courses apostoliques, il rendit chrétiens plus d'un million d'infidèles, et fonda ces églises fécondes en martyrs, qui rappellent à nos âmes les merveilles de la primitive Église.

C'est la vie de ce grand Saint, dont nous voulons esquisser le récit, comme un préliminaire et un éclaircissement à ses admirables lettres.

L'heure est venue, et elle est déjà, où le Japon va de nouveau s'ouvrir à la prédication évangélique. Dieu paraît regarder avec miséricorde cet empire qui fut autrefois inondé du sang des martyrs. Lisons donc les faits de cette vie et les lettres mêmes de notre Saint, avec une foi sincère et une ardente charité, vénérant l'Apôtre des Indes, et priant pour les nations, objet de son amour.

―⋘⋙―

CHAPITRE PREMIER.

(1506-1541.)

François de Jasse et Xavier, que l'Église vénère sous le nom de saint François-Xavier, reçut le jour au château de Xavier, près Obanos, en Navarre, le 7 avril 1506. Il était le plus jeune des fils de Jean Jasse, conseiller de Jean III, roi de Navarre, et de Marie d'Azpilcuete et Xavier. Les anciens auteurs s'étendent sur son origine illustre et sur le sang royal mêlé aux veines de ses ancêtres; mais l'Apôtre des Indes n'a pas besoin de cette gloire, à la droite de Jésus-Christ, où il règne pour l'éternité, et sur les autels de la terre, où il sera vénéré jusqu'à la consommation des temps.

Élevé par ses vertueux parents dans la crainte de Dieu et dans les mœurs les plus pures, Xavier préféra de bonne heure les lettres humaines à la profession des armes. Son père consentit à l'envoyer à Paris, à l'âge de dix-huit ans, pour y suivre les cours de l'Université. A vingt-quatre ans, en 1530, il reçut le titre de maître en philosophie et fut admis à interpréter *Aristote* (1). Après ce cours, Xavier s'adonna tout entier à la théologie. Alors, on ne devenait associé du collége de Sorbonne, le plus illustre des colléges de Paris, qu'après avoir enseigné pendant plusieurs années la logique, la physique et la métaphysique d'Aristote : et, en général, un cours de sept ans, après la maîtrise, précédait les derniers degrés. Xavier parcourut avec de grands succès toutes les épreuves des études et de l'enseignement, et il était à la veille d'être reçu

---

(1) Il donna ses leçons au collége de Dormans ou de Beauvais (actuellement rue St-Jean-de-Beauvais, 7).

Le Saint résida quelque temps, si l'on en croit une tradition, dans la tour St-Jean-de-Latran, qui, de nos jours, s'est appelée Tour Bichat, et qui va disparaître en 1855.

docteur, lorsque, fidèle à la vocation qui lui fut révélée, il quitta Paris, pour entrer à la suite d'Ignace dans la voie apostolique.

Dieu, qui l'avait prédestiné pour annoncer l'Évangile aux peuples de l'Asie, avait révélé cette élection à une femme d'une éminente vertu, à la sœur même de François. Madeleine, abbesse de Sainte-Claire de Gandie, écrivait, vers 1527, à son père, qui avait eu la pensée de rappeler Xavier en Navarre, une lettre remplie d'un esprit prophétique. « Craignez, disait cette vénérable religieuse, d'interrompre votre fils en ses études théologiques, car Dieu le destine à devenir l'apôtre des Indes (1). »

Madeleine, dont les vertus saintes autorisaient les avis, fut écoutée de son père, et Xavier poursuivit ses études ; mais sa principale ambition ne tendait que vers la science et la gloire humaines. Cependant Madeleine ne cessa de prier pour la conversion de son frère, jusqu'à ce que, après une vie très-parfaite, elle mourut, en 1533, d'une mort héroïque.

A cet égard, l'on raconte que Dieu lui ayant découvert qu'une mort très-douce lui était réservée, et qu'une mort affreuse devait être le sort d'une de ses religieuses, elle en implora l'échange, et fut éprouvée dans sa mort par les peines les plus douloureuses de l'âme et du corps. Quoi qu'il en soit, les prières de Madeleine devant la face de Dieu furent assez puissantes pour en obtenir l'entière conversion de son frère.

L'Université de Paris était alors le foyer universel des connaissances humaines : les générations savantes venaient s'y former ; et, de toutes les parties de l'Europe, c'est-à-dire des extrémités de l'horizon des sciences, d'innombrables disciples venaient écouter les leçons des maîtres (2).

Parmi ce concours se trouvaient de vertueux écoliers qui devinrent les Pères de la Compagnie de Jésus. Ignace de Loyola, sorti

---

(1) Cette lettre ne paraît point avoir été conservée ; mais elle fut citée par des témoins entendus au procès de canonisation.

(2) L'hérésie protestante qui, sous le roi François 1er, commençait à se répandre en France, avait choisi l'Université de Paris pour y propager ses doctrines. Nous verrons dans une lettre du Saint (1, 5) qu'il confesse être redevable à saint Ignace de n'avoir point ressenti la pernicieuse influence des novateurs.

du monde et devenu conquérant au nom de Jésus-Christ, devait élire ses premiers disciples au sein de l'Université de Paris. Cet homme, sanctifié déjà par les épreuves, et qui s'humiliait jusqu'à se dire pauvre de tout bien, allait susciter une compagnie d'apôtres, dont les vertus, depuis trois cents ans, ne cessent de consoler le ciel et d'édifier la terre.

Pierre Lefèvre (1), né de pauvres parents, à Villaret, en Savoie, partageait l'habitation de Xavier dans une chambre du collége de Sainte-Barbe. Lefèvre, humble et fervent, se rendit sans peine aux exhortations d'Ignace et résolut de le suivre dans les voies parfaites.

Mais Xavier, d'un naturel ardent, ambitieux de gloire et préoccupé des honneurs du siècle, ne se rendit point d'abord. Ignace, néanmoins, avec la douceur qui fut si éminente en lui, suivait les inspirations de la grâce divine, qui lui montraient Xavier comme une conquête d'une valeur inestimable. Souvent Ignace faisait entendre à Xavier cette parole sainte : *Que sert à l'homme de gagner*

(1) Pour satisfaire au désir d'un Père de la Compagnie qui nous a demandé de consacrer quelques lignes au P. Pierre Lefèvre, nous traduisons ici le touchant éloge écrit par Lucena, l'un des historiens de notre Saint (1598) :

« C'était l'admirable Pierre, la seconde pierre fondamentale de la Compagnie de Jésus. En six années seulement qu'il y vécut, après que Paul III l'eut confirmée comme religion, Lefèvre, par l'exemple de sa vie véritablement apostolique, et par l'autorité de sa doctrine, contribua à la fonder, à la dilater et à la rendre illustre en Italie, en France, en Portugal, en Castille et surtout en Allemagne. Les fruits immenses qui ont été recueillis et qui sont recueillis tous les jours en toutes ces provinces, et dans ce nombre infini de maisons et de colléges, on les doit tous aux premiers travaux de cet excellent Père. Ce grand homme était merveilleusement aimé de Dieu et des hommes. A sa seule considération, l'ordre vénérable des Chartreux demanda à notre Compagnie, née à peine et ignorée du monde, l'alliance fraternelle qui existe à cette heure entre les deux religions, et la participation de toutes les œuvres et de tous les mérites de chacune. A ce sujet, le Père général des Chartreux écrivit une lettre tout imprégnée de charité et pleine de louanges pour le P. Lefèvre, qui prêchait alors à Cologne. Lefèvre avait reçu pour gages du spécial amour dont il fut toujours l'objet de la part de Dieu, les dons d'une oraison et d'une contemplation continuelles, qu'il alliait merveilleusement avec ses devoirs de charité, tant spirituels que temporels, envers le prochain, remplissant à la fois les offices de Marthe et de Marie, de la manière la plus parfaite et la plus sainte. Visité souvent du Seigneur par des révélations célestes, il en demeurait inondé de lumière en son intelligence, et consolé dans son âme par tous les ravissements du Paradis. Ce vénérable Père nous en a laissé comme un mémorial et une relique, dans un

le monde entier s'il vient à perdre son âme (1)? et il développait à son ami l'instabilité, la misère, et la vanité des existences du monde, et la sainte perpétuité de la Jérusalem céleste. Ainsi, le Sauveur Jésus, auprès du puits de Jacob, faisait entendre à une Samaritaine, à une femme pécheresse, cette merveilleuse parole qui a retenti dans le cours des âges, et qui retentira jusqu'à la vie éternelle : « Si vous saviez le don de Dieu ! » Et, dans le même instant, il éclairait le cœur de cette femme infidèle, et lui inspirait la foi la plus vive au Messie Rédempteur.

Ce fut en 1533 ou 1534 que Xavier, abattu par la grâce, touché des vertus d'Ignace, et sensible aux services qu'il en avait reçus (2), consentit enfin à mettre en pratique les leçons de ce maître. Dès lors il s'approcha chaque semaine des divins sacrements de Pénitence et d'Eucharistie : et non-seulement il accomplit avec obéissance les conseils d'Ignace, mais il parut bientôt courir à ses côtés, et devenir, pour ainsi parler, plus semblable à son maître qu'à lui-même.

Ignace fit pratiquer à Xavier les exercices spirituels dont il avait rapporté le plan de Manréze. De ce combat singulier que livre l'âme chrétienne, assistée de la grâce divine, contre l'auteur de tout mal, Xavier sortit comme régénéré, ne respirant que la gloire divine et le salut des âmes. Le jeûne, la discipline, les cilices devinrent ses armes contre son corps et ses passions. On raconte que s'étant autrefois complu dans sa supériorité pour les exercices de son âge, il voulait s'en punir en liant étroitement ses bras et ses jambes durant de longs intervalles : de même il se présentait souvent à l'oraison ayant les membres attachés, en signe d'esclavage

---

traité où il a recueilli, jour par jour, les leçons spirituelles qu'il recevait du Seigneur, afin de s'exciter ainsi à l'aimer et à le servir chaque jour davantage. Dieu reposa sur ce Père une telle tendresse et une telle complaisance, qu'il parut empressé de le ravir à lui. Dès l'âge de sept ans, cette âme privilégiée entendait les secrets conseils et les inspirations du divin Epoux ; à douze ans, Lefèvre engagea, par un vœu, sa pureté virginale, lorsqu'il était encore le petit berger des brebis de son père : et, dès cette heure, il suivait l'Agneau divin partout où il allait ; à quarante ans, il avait accompli sa vie terrestre, et s'était envolé vers la vie éternelle. »

(1) Matt., xvi. 29.
(2) Xavier, dépourvu quelquefois du côté de sa famille, à cause de la distance des lieux, fut aidé par Ignace, qui venait de recueillir en Belgique d'abondantes aumônes, destinées à l'entretien des écoliers de sa nation.

envers Jésus-Christ, ou, disent d'autres auteurs, parce qu'il se comparait, en cette situation, à l'invité des noces qui n'était point revêtu de la robe nuptiale, et qui se vit exclu de la salle, et enchaîné pour être jeté dans les ténèbres extérieures.

On dit aussi qu'une fois Xavier demeura quatre jours entiers sans prendre aucune nourriture.

Tous ces merveilleux efforts afin de se vaincre lui-même, et la méditation constante des vérités divines l'avaient enflammé de zèle pour la conversion des hommes et d'un immense amour du martyre. Afin donc d'appartenir à Dieu seul, afin de ne pouvoir plus être séparé de la charité de Jésus-Christ, Xavier, qui venait de refuser un riche canonicat de Pampelune, s'empressa d'entrer dans les desseins d'Ignace, et résolut avec lui et avec les nouveaux disciples de cet homme de Dieu, de s'engager par des vœux exprès à quitter tous leurs biens et à faire le voyage de Jérusalem pour s'y consacrer à l'apostolat parmi les infidèles ; et si après une année, ils n'avaient pu traverser la mer, ils devaient s'aller jeter aux pieds du souverain pontife, et s'offrir à lui pour servir l'Église en la partie du monde qu'il leur désignerait.

Les quatre autres compagnons d'Ignace étaient Simon Rodriguez, d'Azevedo, au diocèse de Viseu, dans le Portugal; Diego Lainez, d'Almazan, en Castille; Alphonse Salmeron, de Tolède; et Nicolas Alphonse, surnommé Bobadilla, des environs de Palencia, en Arragon. Rodriguez, lorsqu'il était enfant, avait reçu de son père mourant une bénédiction prophétique, qui lui devint comme un signe de sa vocation, et sa mère l'avait élevé comme une chose de Dieu. Rodriguez, désigné d'abord pour la mission des Indes, demeura dans le Portugal. Il y fut le premier provincial de la Compagnie de Jésus. Mais nous ne devons point nous étendre sur ses glorieux travaux, qui appartiennent à l'histoire de la Compagnie. Lainez et Salmeron étaient déjà maîtres en philosophie : Lainez savait l'hébreu, le grec et le latin. Venu d'Alcala à Paris, pour se mettre sous la discipline d'Ignace, qu'il savait être un Saint, il le reconnut à sa seule apparence. Bobadilla, pauvre et vertueux écolier, compléta le nombre des sept fondateurs (1).

Le jour de l'Assomption de 1534, dans la chapelle basse de

(1) Dans des notes aux *Lettres,* nous donnerons d'autres détails sur ces Pères.

l'église de Montmartre (1), dédiée aux Saints Martyrs, c'est-à-dire, à saint Denys, premier évêque de Paris, et à ses compagnons, Lefèvre, déjà prêtre, ayant célébré le Saint-Sacrifice, administra le corps sacré de J.-C. à ses Frères, et tous prononcèrent la formule des vœux, c'est-à-dire l'engagement à la pauvreté perpétuelle, et la promesse d'accomplir le voyage de Jérusalem, pour aller exercer l'apostolat parmi les Infidèles; ou, en cas d'impossibilité, d'accepter la mission que le souverain pontife daignerait leur imposer.

Les deux années suivantes, à pareil jour, les nouveaux Confrères renouvelèrent leurs vœux, jusqu'à l'époque où le P. Ignace, que des affaires graves avaient appelé en Espagne (2), leur écrivit et leur donna rendez-vous à Venise, pour le Carême de 1537. Xavier était à la veille de recevoir le bonnet de docteur en théologie, mais il fit passer l'obéissance avant les avantages apparents, même au point de vue religieux, de ce privilége insigne.

Trois nouveaux Confrères s'étaient joints à nos religieux : c'étaient Claude Lejay, du Faucigny ; Pasquier Broüet, de Bertancourt, en Picardie ; et Jean Codure, d'Embrun : les deux premiers prêtres, et tous trois maîtres en théologie (3).

Le 1ᵉʳ novembre 1536, les Pères se mirent en voyage, vêtus pauvrement, n'emportant avec eux que de modiques provisions et leurs cahiers d'étude, portant sur leur habit le rosaire de la Sainte-Vierge, afin de faire profession de catholicité sur les terres protestantes. Tous les jours, les prêtres célébraient le Saint-Sacrifice, et les Confrères laïques recevaient de leurs mains le corps de Jésus-Christ. Les fervents voyageurs n'interrompirent jamais leurs pieux exercices : ils pratiquaient, le long du chemin, leurs oraisons et leurs méditations ordinaires ; leur délassement était le

(1) *Voir* à l'*Appendice*, n° xv, une notice sur cette chapelle.
(2) A ce voyage se rapporte la première lettre de notre Saint.
(3) *Voir* aux *Lettres*, la note sur le P. Lejay, I, 40.
Pasquier Broüet, après diverses missions en Irlande et dans plusieurs villes d'Italie, fut créé premier Provincial d'Italie. Envoyé en France, il fit recevoir authentiquement la Compagnie de Jésus par le Parlement de Paris. Le P. Broüet mourut de la peste à Paris, au mois d'octobre 1562.
– Jean Codure, après de fécondes missions en Italie et en Allemagne, mourut saintement à Rome le 24 juin 1541.

chant des Cantiques et des Psaumes. Ni les pluies d'automne, qu'ils éprouvèrent en France, ni les frimas des Alpes n'arrêtèrent leur courage. Ils cheminaient à pied, sans s'inquiéter des agitations qui troublaient l'Europe, depuis que l'empereur Charles-Quint avait déclaré la guerre au roi François Ier, voyageant sans respect humain à travers les populations soulevées par l'hérésie : et après des peines infinies, ils parvinrent à Venise le 8 janvier 1537.

Dans la route, un accident grave, fruit d'une mortification sublime, faillit terminer les jours de Xavier; mais cet accident ne servit qu'à manifester sa vertu, et à donner aux saints voyageurs une occasion de glorifier Dieu, qui remédia, par un miracle, à l'imprudence héroïque de son serviteur. Xavier, pour affliger son corps, avait lié ses bras et ses jambes avec des cordes très-menues, et bientôt l'exercice de la marche avait produit une vive inflammation, et lui avait causé d'intolérables douleurs. Les cordes avaient pénétré profondément dans les chairs, et Xavier, épuisé par la souffrance et, pour ainsi dire, privé de sentiment, dut s'arrêter et révéler son mal à ses compagnons. On séjourna donc dans une ville d'Italie, et les médecins appelés déclarèrent une opération impossible et le mal sans remède. Les Pères se mirent alors en prières, et, pendant toute une nuit, ils ne cessèrent d'implorer le Médecin suprême des âmes et des corps. Le malade, vers le matin, se sentit dégagé de ses liens : ses plaies étaient guéries et ses chairs parfaitement saines. Par la grâce de Dieu, ses forces étaient renouvelées : et, le même jour, les voyageurs se remirent en marche, bénissant mille fois le Seigneur de cette précieuse et paternelle miséricorde.

Le P. Ignace, que ses disciples retrouvèrent à Venise, et que, dès lors, ils considéraient comme leur supérieur et leur chef, fut d'avis que, jusqu'au moment où ils pourraient aller à Rome, pour solliciter la bénédiction du Saint-Père, avant leur voyage de Jérusalem, ils devaient s'employer à des œuvres pieuses, dans les hôpitaux de la ville.

François reçut en partage l'hôpital des Incurables : les merveilles de son zèle pour soulager, dans l'âme et dans le corps, ces pauvres affligés, rappelèrent à la ville de Venise le souvenir de saint Roch qui, depuis plusieurs siècles, y était en grande vénération, et dont les reliques y sont conservées. C'était un spectacle visible, non-seulement de Dieu et de ses Anges, mais des hommes eux-mêmes, que la charité toujours vivante et pleine d'ardeur de ce nouvel Apôtre. En vain, il évitait les regards des hommes, afin de n'être connu que de notre Dieu, qui pénètre au secret des cœurs ; mais les hommes le voyaient pratiquer les ministères les plus humbles, balayer les salles, faire les lits des malades, laver, ensevelir et enterrer les morts. Ses jours et ses nuits se passaient au chevet des mourants, et sa merveilleuse éloquence, en peu de paroles, car à peine encore il connaissait la langue italienne, consolait la tristesse de tous, rendait aux désespérés l'espérance du ciel, et secourait, dans leur dernier passage, ceux dont la vie touchait à son terme. Présent aux douleurs de tous, il essuyait toutes les larmes, et dirigeait les esprits vers le Sauveur Jésus, l'auteur et le consommateur de notre foi, le père de notre consolation. Aussi, nul ne mourait sans le P. François, nul ne quittait ce monde sans s'être réconcilié par son ministère.

Entre les prodiges de la charité du Père, tous les écrivains nous racontent une œuvre de perfection bien touchante, et telle que les Saints peuvent seuls en accomplir. On lit, aussi, dans les vies de saint François d'Assise, de sainte Catherine de Sienne, de sainte Élisabeth de Hongrie, et ailleurs, des exemples semblables. Un malade, qui voyait tout son corps tomber en corruption, était l'horreur et le rebut de l'hôpital ; l'infection de ses plaies, leur contagion peut-être, tout éloignait de ce déplorable infirme : Xavier seul lui prodiguait tous ses soins avec prédilection et avec le plus tendre amour de ses entrailles. Il purifiait et pansait ses ulcères ; incliné sur sa couche, il respirait, pour Jésus-Christ, son haleine fétide. Un jour, enfin, craignant d'éprouver en lui-même les délicatesses et les répulsions de la nature, il voulut pratiquer d'une manière absolue le précepte d'Ignace, de se vaincre soi-même et de subjuguer ses sens par les expériences les plus décisives : il appliqua ses lèvres aux plaies de son malade, et dans une aspiration vraiment sainte, il but à la fois le calice impur de ce sang corrompu, et la rosée surabondante dont le Dieu de vérité rafraîchit les plus parfaites entre ses créatures. Féconde victoire, qui confirma le P. François, pour toute sa vie, contre les révoltes de la nature : les cancéreux les plus invétérés et les plus hideux, les infortunés infectés de la lèpre et de l'éléphantiasis, si multipliés dans les Indes, ne cessèrent d'être ses amis les plus chers :

et dans cette immense charité, que de grâces lui furent accordées, que de miracles il opéra, que d'âmes il ramena dans le sein de Jésus-Christ !

Au temps du Carême de 1537, les Pères se mirent en devoir d'aller implorer la bénédiction du souverain pontife pour leur voyage de Terre-Sainte. Malgré la loi rigoureuse du jeûne, et l'obligation qu'ils s'étaient imposée de ne vivre que d'aliments reçus par aumône, ils ne crurent point devoir différer leur départ. Dieu les éprouva par d'excessives fatigues et par toutes les souffrances de la sainte pauvreté. Mais ils persévérèrent dans le jeûne et dans l'oraison, bénissant Dieu de les tenir ainsi dépourvus, nus dans sa main, et ne recevant que de sa Providence le pain précieux de l'aumône.

A peine arrivés dans Rome, ils s'empressèrent d'aller se prosterner devant les portes sacrées des apôtres, et de visiter pieusement les sanctuaires vénérés de la métropole universelle. Paul III, de la famille Farnèse, à qui la Compagnie de Jésus est redevable de son institution, entendit parler des nouveaux missionnaires par le docteur Pedro Ortiz, ambassadeur de l'empereur Charles-Quint auprès du saint-siége. Le pontife les accueillit avec des sentiments vraiment paternels, et voulut les entendre discourir sur les matières les plus graves de la philosophie et de la théologie. En effet, ce pape vénérable avait pour coutume de faire disserter en sa présence les plus éminents docteurs de sa cour à l'heure de ses repas. Le P. François parla plusieurs fois devant le saint-père, et fit paraître, à la grande consolation du pasteur suprême, une science et une éloquence très-parfaites. Paul III, non-seulement approuva le passage des nouveaux apôtres dans la Terre-Sainte, et leur intention de porter la foi parmi les infidèles ; mais il les confirma dans leur dessein par l'autorité des clefs de saint Pierre, et leur remit sur les fonds de son trésor la somme nécessaire à leur navigation. Les Pères, réservant cette somme pour n'en faire l'emploi que selon les vues du pontife, reçurent humblement sa bénédiction et revinrent à Venise.

Les Pères attendirent dans les États de Venise jusqu'à la fin de l'année 1537, pour observer les termes de leur vœu ; mais la guerre qui régnait alors entre l'empereur Soliman et la république vénitienne ne leur permit point de passer en Terre-Sainte.

Ce fut à Venise que, réunis tous ensemble, ils s'obligèrent par les vœux perpétuels de pauvreté et de chasteté, entre les mains de Jérôme Veralli, archevêque de Rosane et légat apostolique auprès de la Seigneurie. Xavier reçut également à Venise tous les ordres sacrés, et fut initié au sacerdoce, le jour de saint Jean-Baptiste 1537, par Vincent, évêque d'Arbe. Les admirables sentiments de Xavier dans les divers degrés de l'échelle sainte, qui l'élevèrent jusqu'au ministère sacré de prêtre de Jésus-Christ, sont décrits avec abondance par le P. Lucena. Afin de se préparer à célébrer pour la première fois le divin Sacrifice, il se retira sur le mont Felice, à quatre lieues de Padoue, dans une cabane de chaume, et il y séjourna durant quarante jours, dans la contemplation et dans la prière, ne subsistant que de vils aliments, qui lui étaient donnés par aumône dans les lieux d'alentour. Après sa retraite, il parcourut les campagnes pendant deux ou trois mois pour catéchiser les pauvres villageois, et l'on raconte que son visage pénitent produisait souvent la plus merveilleuse impression sur ses auditeurs. Enfin, il célébra sa première messe à Vicence, entouré de tous ses compagnons, avec une grande abondance de larmes et dans des sentiments ineffables; et les historiens ajoutent que toutes les fois qu'il célébra les saints mystères, pendant sa vie entière, ce fut avec la même ferveur et les mêmes sentiments d'amour.

Sa dévotion ardente et les austérités qu'il pratiquait l'avaient si complétement énervé qu'il tomba gravement malade peu de jours après cette première messe. Il se fit porter à l'hôpital de la ville, et y reçut l'accueil du plus pauvre et du plus délaissé de tous, dans une chambre ouverte aux intempéries des saisons : ce fut un lit misérable, partagé même avec un autre infirme, qui reçut le serviteur de Dieu, et Xavier rendit ainsi témoignage à la sainte Pauvreté dont il avait fait vœu. Alors Dieu, dit un des historiens du Saint, envoya pour le visiter le grand docteur saint Jérôme, vers qui tant de fois jadis, il avait élevé son âme parmi ses études philosophiques. Le saint docteur lui apparut sous une forme glorieuse, se pencha vers lui, et lui parlant d'ami à ami, lui annonça sa prédication prochaine à Bologne, et les œuvres réservées à ses autres compagnons. La vertu seule de cette apparition lui rendit la santé.

Ignace, accomplissant la prédiction de saint Jérôme, déclara peu de jours après à ses Frères que, le voyage de Jérusalem leur étant refusé, ils devaient aller se dévouer aux volontés du souverain pontife : mais quelques-uns pouvant suffire à cette humble démarche, les autres devaient dès l'heure même se répandre dans les universités d'Italie, pour inspirer aux étudiants la crainte de Dieu, et pour s'aggréger parmi eux de pieux et savants compagnons.

Les PP. Xavier et Bobadilla reçurent en partage la ville et l'université de Bologne.

Le lendemain de son arrivée, Xavier alla célébrer la sainte messe au tombeau du vénérable patriarche saint Dominique. Deux pieuses dames, du tiers ordre de Saint-Dominique, le voyant à l'autel, reconnurent en lui des marques si évidentes de sainteté qu'elles se sentirent portées à l'entretenir après la messe. Ravies de sa conversation, elles s'empressèrent d'avertir l'oncle de l'une d'elles, Jérôme Casalini, recteur de l'église Sainte-Lucie, qui le recueillit dans sa maison ; mais Xavier ne voulut jamais accepter la table de celui dont il acceptait le couvert, et il vécut du pain de l'aumône pendant la durée de son séjour à Bologne.

Les deux Pères accomplirent avec un saint zèle, durant plusieurs mois, les différents ministères de l'apostolat. Tous les jours, après une longue méditation, ils célébraient le Saint-Sacrifice, et se rendaient dans les hôpitaux et dans les prisons pour visiter les malades et les détenus, et pour leur prodiguer tous leurs charitables offices dans le temporel et dans le spirituel. Ils enseignaient la doctrine chrétienne aux ignorants, entendaient la confession de toutes les personnes qui s'adressaient à eux, et prêchaient continuellement en présence du peuple. Dans le choix de leur auditoire et des matières de leurs discours, dans la forme et dans le génie de leurs prédications, dans leur but et dans les effets de leurs travaux, tout respirait le zèle de la gloire divine et du salut des âmes. Souvent Xavier, dans les rues de Bologne, montait sur un banc apporté de la maison voisine, et de sa barrette, appelant les personnes qui passaient, conviait le peuple à venir écouter la parole divine. Le peuple, à l'origine, ne venait qu'avec surprise et par curiosité ; mais ce fut bientôt avec une dévotion et une ardeur singulières qu'on accourut aux prédications de Xavier. Les images sensibles des vérités religieuses, les précieux remèdes contenus dans les sacrements, et surtout l'ineffable amour de Dieu pour les pécheurs, étaient ses textes les plus ordinaires, exprimés en peu de paroles, mais avec une efficacité merveilleuse. Son langage, imprégné de la grâce divine, n'avait rien des élégances ni des délicatesses de l'art oratoire. A ses discours se mêlaient des paroles italiennes, espagnoles et françaises ; mais tout y respirait l'éloquence apostolique. Dans l'extérieur, dans les mouvements, dans les accents du Père, tout révélait la dévotion, l'humilité et la sainteté mêmes. On voyait que, suivant le style d'Isaïe, ce prédicateur de la divine parole avait posé ses pieds sur la montagne sainte, avant de descendre au milieu des cités.

En peu de mois, des conversions sans nombre s'opérèrent dans Bologne ; il en était de même dans toutes les villes où les nouveaux confrères exerçaient leur mission.

Mais l'excès de la fatigue, la rigueur des privations et le froid de l'hiver occasionnèrent à Xavier une fièvre quarte qui dura pendant plusieurs mois, et qui altéra ses forces et l'air de son visage, au point de le faire paraître comme un homme déjà mort. Néanmoins, il se traînait encore, si languissant qu'il fût, au milieu des places, et son apparence, au défaut de sa voix, était une prédication toute-puissante, et féconde en conversions parmi ses auditeurs.

Jérôme Casalini, mettant à profit les précieux enseignements et les saints exemples dont il était le témoin intime, s'éleva bientôt lui-même à une éminente perfection. On doit à ce saint prêtre de touchantes révélations sur les oraisons du Saint pendant des nuits presque entières, et sur les actes héroïques de sa mortification et de sa piété. Souvent, en célébrant la sainte messe, surtout en l'honneur de la Passion de Notre-Seigneur, Xavier répandait d'abondantes larmes, et parfois à l'oraison pour la commémoration des vivants, il entrait en extase, et son âme ne revenait animer son corps qu'après une heure écoulée.

Peu d'années après, la piété des habitants fit ériger en chapelle la modeste demeure où Xavier avait reçu l'hospitalité, et l'église de Sainte-Lucie, dans les dépendances de laquelle se trouvait la maison de Casalini, fut donnée à la Compagnie de Jésus : cette église ayant été rebâtie, la chapelle fut comprise en son enceinte, et dédiée au mystère de la Circoncision de Jésus-Christ.

b.

Au milieu du Carême de 1538, le P. Ignace, qu'une vision prophétique de Jésus-Christ appuyé sur sa croix avait appelé à Rome, en lui faisant entendre ces glorieuses paroles : « JE VOUS SERAI FAVORABLE DANS ROME, » convoqua tous ses compagnons dans la métropole chrétienne. Paul III désira que les Pères se partageassent pour la prédication les principales églises. Xavier et Lefèvre furent choisis pour prêcher alternativement dans l'église de Saint-Laurent *in Damaso*. Dès cette époque, on vit renaître dans Rome le fréquent usage des sacrements ; et ainsi que les membres reçoivent de leur chef le mouvement et la vie, les exemples de la ville sainte commencèrent à être suivis dans les différentes contrées de l'Italie et dans toute l'Europe.

Pendant l'hiver de 1539, Rome se vit désolée par la famine, et les dix prêtres étrangers y donnèrent de singuliers exemples de charité sainte. Xavier, parmi les autres, recherchait toutes les occasions de soulager les misères des corps et des âmes ; il recueillait des aumônes en faveur des plus misérables, il les assistait par toutes les industries de son zèle, et souvent même on le vit recueillir sur ses épaules, exténuées par la mortification, les malades et les mourants, et les transporter lui-même aux infirmeries.

Cependant le roi de Portugal, Jean III (1), ambitieux sur toutes choses de procurer le règne de Dieu, dans les nouveaux domaines que ses sujets héroïques ne cessaient d'ajouter à son empire, avait entendu parler de ces admirables prêtres, qui venaient se dévouer, sous la main du souverain pontife, aux missions les plus lointaines et les plus périlleuses. Le docteur Diogo de Govea, qui avait connu Ignace, Lefèvre et Xavier à Paris, où lui-même avait été recteur du collège de Sainte-Barbe, ayant fait connaître à l'ambassadeur de Portugal à Rome, D. Pedro de Mascarenhas (Voir *Lettres*, I, 8, note), les vertus éminentes de ces hommes apostoliques, ce dernier en fit part à son souverain, et Jean III demanda six des missionnaires au souverain pontife.

Paul III renvoya la demande au P. Ignace, laissant au saint

(1) Jean III, qui régna de 1521 à 1557, fut par sa piété comme par ses autres vertus royales l'exemple de son siècle et de sa nation. Nous verrons dans les lettres du Saint les éloges précieux que mérita ce prince, digne, aux yeux mêmes du monde, de la couronne éminente réservée aux grands souverains.

fondateur l'entière liberté d'y répondre à son gré. Déjà, le pontife avait apprécié les œuvres d'Ignace et de ses compagnons, et les cardinaux chargés par ses ordres d'examiner les plans du nouvel Institut, en préparaient l'approbation pour la signature du saint-père.

Ignace, imitant en cette occasion le vénérable patriarche saint François, qui divisait l'apostolat du monde entre ses premiers disciples, considérant surtout que l'Europe était infectée de l'hérésie protestante, mais en même temps portant ses regards vers l'Asie, l'Afrique et l'Amérique, où de nouvelles contrées apparaissaient chaque jour au génie des navigateurs, Ignace consentit seulement, sur dix religieux, à en accorder deux à Mascarenhas : le pape l'ayant approuvé et lui ayant laissé le choix, le patriarche désigna les PP. Simon Rodriguez et Nicolas Bobadilla. Rodriguez se trouvait alors à Sienne, et Bobadilla dans le royaume de Naples. Rodriguez revint de Sienne ; mais, se trouvant indisposé dans le temps même fixé pour son départ, il ne se rendit à Lisbonne qu'après quelques semaines. Bobadilla, tombé gravement malade à son arrivée à Rome, devint absolument incapable de partir ; et Mascarenhas, de qui le temps d'ambassade était révolue, et qui désirait conduire avec lui l'un au moins des deux missionnaires, insista vivement auprès du saint-père et d'Ignace lui-même, afin que Bobadilla fût remplacé par un autre.

Ce fut alors que Dieu voulut bien inspirer au P. Ignace l'élection de Xavier, déterminée depuis longtemps dans les conseils de sa Providence, révélée par avance à Xavier lui-même, et que l'humilité du saint missionnaire avait tenue secrète.

Le P. Ignace appela Xavier et lui dénonça la vocation divine : « Frère maître François, lui dit-il, la mission des Indes vous est conférée par le choix même de Dieu. J'avais élu Bobadilla ; mais Dieu, pour vous envoyer, a retenu ce Père, et les autres sont occupés ailleurs, pour le service du Saint-Siège apostolique. Je vous avais réservé pour d'autres ministères, et j'avais espéré vous conserver près de moi ; mais le Seigneur dispose de vous et vous charge d'aller annoncer aux terres les plus lointaines la parole du saint Évangile. Obéissez fidèlement à ses ordres, en reconnaissance d'une faveur si grande. Déployez cette ardeur qui a toujours éclaté en vous. Que vos actes égalent votre courage, la grandeur de l'entreprise, et les espérances que le Ciel a conçues de vous. Je n'ajouterai rien, car c'est à vous que je parle. Je connais l'étendue de votre obéissance : vous savez courir, non-seulement sur un commandement, mais au moindre signe de la volonté du supérieur. Je sais qu'avec vous il suffit de dire, et j'ai dit. Allez dans les voies de Dieu, qui vous appelle aux Indes. »

Le P. François, s'humiliant d'abord, se déclara complétement indigne d'une mission si haute: mais acceptant ensuite avec effusion le devoir de l'obéissance, il confessa que les Indes avaient toujours été l'objet de ses désirs, et découvrit à son P. Ignace tous les signes mystérieux de sa vocation, dont Dieu l'avait favorisé : la prédiction de sa sœur, un songe dans lequel il portait, avec des efforts infinis, un Indien sur ses épaules (1) ; et cet autre songe, ou cette extase mystérieuse, dans laquelle il avait entrevu des mers immenses et pleines de tempêtes, des terres barbares, la faim, la nudité, les dangers et la persécution jusqu'à la mort (2). Mais, alors, il tut les paroles échappées à son amour, et entendues de Rodriguez seul : « Plus encore, Seigneur, plus encore! » et dont celui-ci connut le sens, de la bouche même de Xavier, dans leur dernier embrassement à Lisbonne.

Au moment de s'éloigner de Rome, et dans la prévision de la confirmation prochaine de la Compagnie de Jésus par le souverain pontife, Xavier remit au P. Lainez trois déclarations cachetées, contenant son adhésion à la forme de l'Institut, son suffrage pour l'élection du général, et le renouvellement de ses vœux. Nous donnerons avec les lettres ces trois déclarations, qui doivent se trouver en original dans les archives du Gesù à Rome (*Lettres,* liv. I, pp. 47 à 49).

L'ambassadeur partait le lendemain, et Xavier ne désira ni ne prit que le temps de raccommoder lui-même sa robe, d'embrasser ses Confrères et d'aller baiser les pieds du saint-père. Paul III le reçut avec une tendresse pleine de joie, et lui adressa ces paroles vraiment prophétiques : « Nous rendons grâces à Dieu, lui dit-il, de ce que, dans le temps de notre pontificat, il a daigné rendre aux chrétiens de l'Orient la foi de Jésus-Christ que

(1) *Voir* le P. Vieyra, *Xaverius dormiens: sermo primus.*
(2) *Voir* le P. Vieyra, *Xaverius dormiens: sermo secundus.*

es Apôtres avaient plantée, et que la superstition et la barbarie avaient fait disparaître. Allez, au nom de Dieu, et par l'autorité de son vicaire : ne craignez point d'être faible, car Dieu fortifie ceux qu'il a choisis. Qu'étaient les douze pêcheurs qui devinrent ses Apôtres ? Que de provinces l'apôtre saint Thomas n'a-t-il pas conquises à l'Évangile ? Reprenez son œuvre, sans appréhender les travaux, sans craindre la mort même ! Le Seigneur étend, à cette heure, la puissance de son bras : il ouvre tous les trésors de sa miséricorde. »

En lui donnant la bénédiction apostolique, le pontife avait déjà résolu de le nommer son nonce dans les Indes, afin de lui conférer les pouvoirs les plus étendus pour sa mission : les lettres en furent adressées par le pontife au roi de Portugal, de qui Xavier les reçut, à Lisbonne, à la veille de s'embarquer pour les Indes.

Le 15 mars 1540, le Père quitta Rome, en compagnie de l'ambassadeur, n'emportant avec lui que son bréviaire.

Le voyage, qui dura trois mois, donna sujet à Xavier d'exercer sa charité : ses lettres nous les racontent au travers d'une profonde humilité (*Lettres*, I, 12 et suiv.). Après le passage des Pyrénées, Mascarenhas le pressa de visiter sa propre famille, à la veille d'une absence peut-être sans terme. Xavier, craignant les émotions du sang comme les ennemis de l'esprit apostolique, remercia l'ambassadeur, en lui déclarant qu'il se réservait de voir ses parents au ciel, où ceux que l'on a aimés sur la terre cessent de n'être plus, où l'on se voit à jamais face à face, dans la joie éternelle de la présence de Dieu.

Le P. Xavier arriva à Lisbonne vers la fin de juin 1540 ; le P. Simon Rodriguez se trouvait alors très-affaibli par une fièvre ancienne qu'il avait rapportée de Rome. Le saint embrassement de Xavier lui rendit sur-le-champ les forces et la santé (*Lettres*, I, 14).

Trois jours après, les deux Pères furent appelés devant le roi. Ce grand prince, appréciant dignement la grâce que Dieu lui avait accordée en mettant à sa disposition les deux saints religieux, les accueillit avec les plus grands égards, et leur déclara qu'il aurait toujours mille fois plus à cœur la conversion des Indes, que les conquêtes et le commerce. Il entretint longuement les deux Pères, et leur adressa de nombreuses questions touchant les origines de la Compagnie, son institut, et les épreuves qu'elle avait traversées. Le roi et la reine (1) voulurent présenter aux Pères l'infant D. Joam et l'infante Marie, leurs enfants, et ne leur permirent de se retirer qu'après leur avoir adressé les recommandations les plus pressantes touchant l'éducation de la jeunesse, et leur avoir confié la direction de cent jeunes pages attachés à la maison royale (*Lettres,* I, 15).

Les Pères avaient choisi, pour leur résidence, l'hôpital de Tous-les-Saints : ils refusèrent constamment le logement plus commode qui leur était offert, par les ordres du roi, et vécurent d'aliments recueillis à titre d'aumônes, jusqu'à ce qu'enfin l'excès de leurs occupations les obligea d'accepter leur subsistance de la part des officiers royaux, en réservant seulement, pour certains jours de la semaine, la pratique sainte de la mendicité pour J.-C.

L'embarquement ne devant avoir lieu que vers le printemps de 1541, les deux religieux se livrèrent avec ardeur à tous les ministères de leur vocation. La nuit, excepté le court intervalle qu'ils accordaient au sommeil, ils vaquaient à la méditation sainte et à la contemplation : aux premières lueurs de l'aurore, ils célébraient la sainte messe, et durant tout le jour, ils accomplissaient les mêmes œuvres apostoliques que dans les villes d'Italie, visitant et assistant les malades et les prisonniers, catéchisant les enfants, accueillant les pénitents qui venaient les entretenir de leur conscience, et faisant pratiquer à la plupart d'entre eux les exercices spirituels du P. Ignace.

Xavier ne voulut point d'abord prêcher dans les églises, considérant qu'il devait commencer son ministère par des œuvres moins éclatantes. Cependant, sur l'invitation du roi, et d'après le désir de l'évêque de Lisbonne, il monta en chaire, et sa parole réalisa des prodiges. Toutefois l'immensité de ses travaux l'empêcha de se faire entendre souvent, et lui-même reconnut que le

---

(1) Catherine d'Autriche, reine de Portugal, était fille de Philippe, comte de Flandre, roi de Castille et d'Aragon, et sœur de l'empereur Charles-Quint : elle fut régente après la mort de Jean III, et déploya dans cette dignité suprême les plus admirables qualités. Nous aurons du reste plus d'une occasion de rendre hommage à ses vertus.

ministère de la confession était, de la part des missionnaires, plus essentiel pour le service de Dieu que la prédication, la cour de Portugal ayant alors des prédicateurs éminents, en plus grand nombre que des confesseurs d'une science et d'une expérience consommée (*Lettres*, I, 19, 38).

Des fruits extraordinaires accompagnaient les œuvres des deux apôtres, car, dès ce temps, les prêtres de la Compagnie de Jésus reçurent ce titre en Portugal, et la piété reconnaissante des Portugais le leur a longtemps conservé. Le principal de ces fruits était le fréquent usage des sacrements. A peine autrefois se souvenait-on, au moment du carême, de se réconcilier avec Dieu, et de venir prendre place à la table eucharistique. On vit tout d'un coup la ferveur la plus édifiante succéder à cette déplorable indifférence : et, comme à l'envi, les habitants de la métropole et ceux des provinces adoptèrent le saint usage de la fréquentation des sacrements. Plusieurs, qui différaient leur conversion de jour en jour, ne résistèrent plus à la grâce qui opérait des merveilles dans le Portugal, par le ministère des deux religieux, et l'on vit un certain nombre de personnes renoncer au siècle, et embrasser, à la suite des Pères, l'Institut de la Compagnie. Ce fut dans cette année même, 1540, que cet Institut fut approuvé et reconnu par le souverain pontife Paul III (*Lettres*, I, 20, 26, 31).

La cour même du roi, suivant les inspirations et les exemples du souverain, présentait le plus admirable spectacle. Le Saint, dans une de ses lettres (I, 38), la représente comme offrant plutôt l'image d'une société religieuse que d'une cour séculière. Il ajoute les détails les plus touchants, que nous ne saurions qu'affaiblir en les résumant.

L'infant D. Henri, frère du roi, grand-inquisiteur du royaume, qui fut plus tard cardinal, et qui, dans un âge avancé, régna sur le Portugal, confia la visite des prisonniers de l'Inquisition à nos deux Pères, et l'on peut voir, dans une lettre du Saint (I, 26), les ministères de charité dont ces prisonniers étaient l'objet.

Cependant, les Pères ne perdaient point de vue le but de leur mission, et constamment préoccupés de s'associer des compagnons pour les Indes, ils les cherchaient revêtus des dons les plus éminents de zèle, de désintéressement et surtout d'humilité (I, 18). Parmi ceux qui persistèrent jusqu'aux Indes, furent François de Mancias (I, 19) (1) et Paul de Camerino (2). Au surplus, les magnifiques espérances, que les royaumes de l'Asie offraient à l'Evangile, échauffaient l'ardeur d'une infinité de personnes. Un illustre docteur, parent de notre Saint, D. Martin d'Azpilcuete (3), éprouva lui-même le désir de l'apostolat. Ce vertueux personnage, alors professeur de théologie dans l'université de Coïmbre, offrit au roi, si ce monarque voulait lui envoyer le P. François, seulement pour le visiter, de faire, en surcroît de son enseignement, et sans nouveaux honoraires, deux leçons nouvelles, l'une de droit canon et l'autre de théologie mystique. Il promettait de plus d'aller, avant peu d'années, rejoindre Xavier dans les Indes. Nous avons deux lettres du Saint, adressées à son oncle, et nous savons, par ce dernier, que Xavier le détourna de la pensée des Indes : « *J'y aurais fini mes jours*, dit Azpilcuete en son Manuel, *si Xavier, à cause de mon âge, ne m'eût jugé incapable des fatigues de sa mission, et s'il ne m'eût écrit en partant, que je devais me consoler de son absence, par l'espérance de nous voir au ciel* (4). »

Mais le roi Jean III, frappé d'admiration à la vue des fruits immenses opérés en Portugal par les deux Pères, déclarait hautement qu'il serait heureux de posséder en ses États tous les religieux de la Compagnie, dût-il consacrer à leur entretien la principale partie de ses revenus (*Lettres*, I, 17). Déjà même, ce prince préparait le dessein des établissements de la Compagnie en Portugal (*Lettres*, I, 22, 31), et il conçut alors la pensée de conserver les missionnaires auprès de lui, et de ne point les envoyer aux Indes. Il lui paraissait, et d'éminents personnages l'encourageaient en

---

(1) François de Mancias travailla longtemps avec un grand zèle à la côte de la Pêcherie et au cap Comorin. Un grand nombre de lettres du Saint lui sont adressées. Mais ce religieux, dominé par l'esprit propre, ne conserva point les vertus de sa vocation, et fut exclu de la Compagnie par Xavier lui-même en 1547.

Mancias fut l'un des témoins pour la canonisation de notre Saint, et mourut à Cochin, dans de grands sentiments de piété, en l'année 1565.

(2) *Lettres* I, 26, note.

(3) Voy. *Lettres* I, 23, note, 26.

(4) Ibi etiam ipse jam vitam finissem, nisi ille, quando Olisippone discessit, me jam senescentem, laboribus animo suo conceptis imparem judicasset, scribens, ut absentiam patienter ferrem in terris, præsentiam sperans in cœlis (Man., Cap. 24, n. 10).

ce nouveau dessein (*Lettres*, I, 17, 22), que l'intérêt de son royaume devait passer avant celui des terres étrangères, et que les ouvriers apostoliques moissonneraient des fruits bien plus abondants dans un pays catholique que parmi les infidèles. L'infant D. Henri fut d'un avis opposé, mettant en avant l'élection faite par le Vicaire de Jésus-Christ, et l'intérêt spirituel de tant de nations, privées jusqu'à ce jour du bienfait de l'Évangile, et qui n'attendaient que la parole des nouveaux apôtres, pour croire en Jésus-Christ, et pour aller peupler le ciel d'innombrables phalanges.

Les Pères en écrivirent au P. Ignace. Le souverain pontife, consulté par Ignace, fut d'avis de laisser au roi de Portugal l'absolue liberté de conserver ou de laisser partir les Pères, abrogeant, par égard pour le monarque, ses premiers ordres touchant la mission des Indes. Mais Ignace, écrivant aux Pères, ajouta que si le roi de Portugal désirait connaître sa pensée personnelle, il inclinait à diviser le conseil, c'est-à-dire, à faire demeurer Simon en Portugal, et à laisser Xavier partir pour les Indes (1).

Le roi Jean agréa l'avis d'Ignace, et se contenta de Rodriguez pour le Portugal. Ce Père y fonda dès l'an 1542 le collége de Coïmbre. Ce fut l'origine des établissements de la Compagnie dans ce royaume. En 1552, le collége du Saint-Esprit, à Evora, fut fondé par le cardinal D. Henri, et, en 1558, une bulle du pape Paul IV érigea ce collége en université. L'année 1552 vit établir à Lisbonne le collége de Saint-Antoine et la maison professe de Saint-Roch. En 1555, Jean III confia aux Pères de la Compagnie le collége des Arts, qui faisait partie de l'université de Coïmbre. Nous devons ajouter enfin que les États portugais comptèrent bientôt à eux seuls trois des provinces de l'Institut naissant. Rodriguez devint le premier Provincial de Portugal ; mais nous ne devons pas nous étendre sur le récit des œuvres de ce Père, épisode pour ainsi dire immense.

Xavier, de qui la vocation se trouvait à chaque heure confirmée par une élection nouvelle, se vit désormais assuré de son départ. Le

---

(1) Les deux lettres que le P. Ignace paraît avoir écrites, l'une aux deux Pères Rodriguez et Xavier, et l'autre à l'ancien ambassadeur Mascarenhas, n'ont point été conservées.

roi Jean fit appeler le Père, et après lui avoir recommandé ses États des Indes de la manière la plus touchante, lui remit quatre brefs que le souverain pontife avait adressés au roi de Portugal pour être remis de sa main aux missionnaires des Indes :

Le premier (27 juillet 1540), adressé à Jean III, roi de Portugal, le laissait libre de remettre ce bref aux deux Pères, ou à l'un d'eux, ou à aucun, selon qu'il jugerait à propos de retenir en Portugal l'un des deux, les deux, ou aucun. Ce bref les constituait nonces, et leur donnait l'autorisation de prêcher l'Évangile, d'expliquer les Écritures, etc.

Le deuxième (du 2 août 1540) ajoutait différents pouvoirs, tels que de réconcilier les hérétiques avec l'Église, de donner dispense d'irrégularité, de certains degrés d'affinité, de consanguinité et d'autres semblables.

Les deux derniers (tous deux du 4 octobre 1540) ne contenaient qu'une recommandation authentique en faveur des missionnaires adressée par le saint-père à l'empereur d'Éthiopie et aux différents souverains des Indes.

Le roi Jean III voulut que le Père s'embarquât sur le vaisseau qui devait transporter aux Indes le nouveau gouverneur, D. Martin Alphonse de Souza (*Lettres*, I, 33 note). Il fit mettre à la disposition du Père tout ce que celui-ci pouvait désirer. Mais le comte de Castanera, intendant des armements de mer, ne put rien faire accepter à Xavier, si ce n'est quelques livres de piété et un habit de gros drap, afin de se prémunir des froids que l'on éprouve à la hauteur du cap de Bonne-Espérance.

Nous ne pouvons omettre ici les belles paroles que l'historien Lucena met dans la bouche du Père, lorsque le comte de Castanera le suppliait au moins d'accepter le service d'un domestique : « Aussi longtemps, dit Xavier, que, par la divine miséricorde, je pourrai me servir des mains et des pieds qu'elle m'a donnés, je n'ai point sujet d'employer les mains et les pieds d'autrui. » Et le comte insistant, à cause de la dignité de nonce apostolique dont Xavier venait d'être revêtu : « Les obligations, reprit le Père, et les convenances de la dignité ont mis, seigneur, la république de Jésus-Christ en l'état où nous la voyons. Mon devoir personnel, et je suis résolu de l'observer, n'est pas seulement de manier les ustensiles vulgaires de la domesticité, mais même de recueillir et de laver le linge de tout l'équipage, de faire le cuisinier pour tous, de m'employer aux offices les plus humbles, et, sur toutes choses, d'éviter de commettre à la vue de ces hommes aucun péché qui les scandalise, qui m'expose à perdre toute mon autorité, et qui me la fasse perdre en réalité. »

Le jour du départ, le P. Simon Rodriguez conduisit Xavier au vaisseau, et les dernières paroles de l'Apôtre des Indes à son ami furent celles-ci, qui nous ont été conservées par Lucena : « Mon Frère maître Simon, nous ne devons sans doute plus nous revoir et nous entretenir en cette vie : supportons avec calme cette séparation dans le pèlerinage de la terre; car il est avéré qu'une fois réunis en Dieu, nous serons associés si intimement, que rien au monde ne nous pourra diviser d'avec lui, ni d'avec son tendre Jésus. Je veux, à cette heure, vous révéler un secret, dont la pensée devra vous servir à vous consoler de mon absence. Souvenez-vous, mon Frère, de cette nuit, en l'hôpital de Rome, où je vous réveillai par ces paroles que je fis entendre : Encore, encore, encore ! Vous m'avez souvent demandé de vous en découvrir le sens, et je vous ai toujours répondu que vous ne deviez en tenir aucun compte. Apprenez aujourd'hui que j'entrevis alors, — que ce fût en rêve ou en réalité, Dieu seul le sait ! — les travaux immenses, les fatigues sans nombre, les souffrances de la faim, de la soif et du froid, les voyages sans fin, les naufrages, les trahisons, les persécutions, les dangers de tout genre qui s'offraient à moi, pour le service et pour l'amour de Dieu. Le même Dieu, Notre-Seigneur, me prodiguait ses grâces, afin de n'en être point accablé, et afin de lui demander l'accroissement de tant d'épreuves par ces paroles : Encore, encore, encore ! que vous avez entendues. Et, ainsi, j'espère de sa divine bonté qu'il comblera surabondamment, en ce présent voyage, la mesure de ce qu'il a daigné me faire entrevoir, et des désirs qu'il m'a inspirés. »

A ces paroles, Xavier embrassa tendrement son bien-aimé Frère Simon, et se tourna tout entier vers la pensée de son apostolat. Le navire, appelé *le Saint-Jacques*, mit à la voile le 7 avril 1541.

CHAPITRE II.

(1542-1544.)

Les premiers pas des Apôtres de Jésus-Christ s'étaient dirigés vers l'Asie, et la tradition des âges primitifs de l'Eglise nous montrent le disciple que Jésus aimait, enseignant les voies du salut aux peuples de l'Asie-Mineure, aux Arabes et aux Persans (1), le sang de nombreux martyrs consacrant la prédication de cet Apôtre et de ses premiers disciples, et saint Thomas évangélisant toutes les Indes, les royaumes de Cranganor, Coulam, Méliapour, Coromandel, et, selon toute apparence, la Chine elle-même. Mais ces vénérables souvenirs étaient comme effacés par l'invasion successive des hérésies et du mahométisme. L'Orient, désertant la vérité religieuse, s'était violemment séparé de l'Europe, et le commerce seul y conservait un accès précaire.

L'Asie, au moyen âge, était en relation avec l'Europe par deux voies principales, par la Syrie et la Perse, ou par l'Egypte et l'Arabie. La décadence de Constantinople et le despotisme intolérant des khalifes ferma ces deux passages, et sépara, pour plusieurs siècles, l'Occident et l'Orient. Si durant ce long intervalle, quelques envoyés des souverains d'Europe, quelques audacieux marchands pénétrèrent isolément dans ce continent, berceau décrépit de l'humanité, ils n'en rapportèrent que des témoignages stériles sur la dégradation et la ruine des nations asiatiques, en proie à l'hérésie, à l'infidélité et à toutes les idolâtries.

Enfin, le peuple portugais, sentinelle avancée de l'Occident, fut choisi par la Providence divine, pour découvrir un passage nouveau de l'Europe aux Indes. L'infant dom Henri, cinquième fils du roi Jean Ier et grand-maître de l'ordre du Christ, se fit l'âme des expéditions lointaines que, de sa solitaire et studieuse retraite, il dirigeait vers les mers inexplorées de l'Afrique, fidèle jusqu'à la mort à sa devise française : *Talent de bien faire*, et surtout au religieux désir de conquérir de nouveaux enfants à l'Eglise de Jé-

---

(1) Sa première épître canonique était d'abord intitulée : Aux Parthes.

sus-Christ. Après cet illustre prince, tout un siècle fut marqué, d'espace en espace, par d'admirables découvertes. Madère fut conquise en 1420 : — le premier siége épiscopal en dehors du Portugal y fut érigé en 1538, et devint plus tard primatial des Indes. — En 1440, après que le Cap-Blanc eut été franchi, une Bulle du souverain pontife concéda au Portugal le domaine des terres à découvrir jusqu'aux Indes. Le Cap-Vert, les îles Canaries, toute la côte africaine jusqu'au Cap de Bonne-Espérance furent successivement reconnus. Enfin, en 1497, Vasco de Gama doubla ce promontoire fameux, et, côtoyant l'Afrique orientale, navigua jusqu'aux Indes. Mais ni l'infant D. Henri, ni Gama, ni les héros qui conquirent les Indes, Cabral, Albuquerque, Almeida, Menezez, n'avaient, au nom de la religion de J.-C., planté l'étendard portugais dans ces nouveaux empires, pour que la foi qu'ils y apportaient s'y vit comme étouffée par les désordres et les crimes des conquérants eux-mêmes. Le grand Albuquerque, dont la vie fut si prodigieuse, et qui nourrissait encore, au moment de mourir, deux sublimes projets, celui de réunir, par un vaste canal, le Nil à la Mer-Rouge, et l'autre d'aller enlever aux Arabes le cercueil de Mahomet, pour le réduire en cendres, aurait sacrifié toutes ses victoires, s'il avait pressenti la licence et la corruption qui furent, après quelques années, pour ses compatriotes, l'effet des délices de l'Asie et du commerce des infidèles (1).

Le P. Xavier, que la Providence divine avait choisi pour apporter à l'Asie le don inestimable de la parole évangélique, et qui devait opérer de si merveilleux fruits parmi les Portugais, qui professaient la même foi que lui, pratiqua sur le vaisseau *le Saint-Jacques* l'apostolat le plus dévoué. Refusant la table et les

---

(1) Le P. Lucena raconte une apparition merveilleuse dont Alphonse d'Albuquerque et son armée furent les témoins. Albuquerque en fit dresser un acte authentique qu'il envoya à Lisbonne. Nous ne pouvons la passer sous silence, à cause de sa relation étroite avec les faits de notre récit : l'armée du héros était en campagne sur les rivages de la Mer-Rouge, lorsqu'à l'occident ils découvrirent dans le ciel une croix vermeille, d'un prodigieux éclat, longue et large d'une brasse, et qui subsista pendant un certain intervalle : Le Seigneur, dit le pieux écrivain, voulut ainsi leur montrer l'étendart sous lequel ils devaient combattre, et sous lequel ils seraient victorieux. Albuquerque, se prosternant à la tête de son armée,

dons du gouverneur, il vivait d'un pain mendié ; sa chambre était le refuge des plus malades entre les matelots, et lui-même ne prenait de sommeil que sur des cordages roulés, appuyant sur du bois sa tête vénérable. La contagion du scorbut s'étant répandue dans la flotte, Xavier se prodiguait aux plus abandonnés, les faisant manger, essuyant leurs sueurs, purifiant leurs ulcères, lavant leurs linges, et leur rendant les services les plus humbles ; mais surtout prenant soin de leurs âmes, et les disposant à mourir chrétiennement.

En même temps, le Père catéchisait les ignorants, et prêchait tous les dimanches et les jours de fête à l'équipage assemblé du *Saint-Jacques.* Malade lui-même depuis l'équateur, il n'interrompit jamais son saint ministère, puisant le courage et les forces dans la vertu de l'Esprit-Saint, qui est, selon l'expression de l'Église, le rafraîchissement dans l'ardeur même du feu, *in æstu temperies.*

Tant d'actes de charité le rendirent si vénérable aux yeux de tous, même des mahométans et des idolâtres, qu'il reçut dès lors le nom de *Saint Père,* qui lui resta depuis, et qui servit à le désigner jusqu'à la fin de sa vie.

La flotte, après cinq mois d'une navigation pénible, arriva à Mozambique, vers la fin d'août 1541 (*Lettres,* I, et note). Le grand nombre des malades et la saison avancée obligèrent Souza d'y fixer ses quartiers d'hiver. On fit transporter à l'hôpital tous les infirmes : Xavier et ses compagnons s'y établirent au milieu d'eux. Languissant lui-même par l'effet de la navigation, énervé par la fièvre, il puisait des facultés nouvelles dans la charité divine dont il était embrasé. Sans cesser un seul jour d'assister les malades de l'hôpital, il vaquait au dehors à l'instruction des enfants et des ignorants ; et l'on rapporte, à cet égard, qu'il fut longtemps sans se consoler d'avoir appris la mort d'un jeune homme appartenant

---

prononça ces touchantes paroles : O signe de notre rédemption, signe de nos victoires spirituelles et temporelles, décoré et sanctifié par le précieux sang de Jésus-Christ, ô arbre de vie dont le fruit a racheté le monde du péché et de la mort, qui étaient notre héritage à cause de l'arbre antique, je reconnais et je confesse qu'en vous réside la force de nos batailles et toutes les espérances de nos victoires. Nous vous adorons tous : nous nous consacrons tous à vous du plus profond de nos cœurs ; nous vous implorons tous, afin que vous soyez toujours sur mer et sur terre, ainsi que vous l'avez été jusqu'à cette heure, notre défense, notre triomphe et notre gloire.

aux équipages portugais, et qui était sorti de cette vie ignorant des vérités élémentaires de la religion. En vain les personnes à qui l'existence du Père était précieuse le conjuraient de veiller à sa propre santé et de ne point vivre continuellement parmi l'air infect et la contagion de l'hôpital : François, fidèle au vœu de pauvreté, persista toujours à demeurer lui-même pauvre avec les pauvres, infirme avec les infirmes. Le médecin qui le vit un jour tremblant sur ses pieds et frissonnant de fièvre, lui commanda de se mettre au lit ; mais Xavier tout en désirant, au nom de l'Obéissance, déférer à cet ordre, demanda seulement l'espace d'une nuit avant que de se rendre. Il s'agissait du salut d'une âme, et d'arracher à la mort éternelle un pécheur désespéré. Xavier fit retirer de la paille où il gisait, le matelot délirant déjà et blasphémant avec égarement le Dieu que ses désordres paraissaient avoir outragé sans espoir et sans repentance. Il le fit mettre en son propre lit, se coucha lui-même à ses côtés, l'encouragea durant plusieurs heures, et le prépara à mourir dans la grâce de Jésus-Christ. Enfin il lui administra les derniers sacrements, et le vit expirer dans ces sentiments de pénitence et d'amour de Dieu, qui furent sur la croix le partage du bon Larron.

Après cette œuvre héroïque, le Père consentit à prendre du repos ; ses forces toutefois n'étaient point revenues, quand le gouverneur désira se remettre en mer. Il pria le P. François de l'accompagner, craignant pour lui-même de succomber en voyage, et désirant avoir avec lui, pour l'assister à la mort, le saint religieux dont la présence était comme une bénédiction divine. Paul de Camerino et François de Mancias demeurèrent dans l'hôpital avec les autres malades.

Ce fut le 15 mars 1542 que Souza et le P. Xavier quittèrent Mozambique, prenant, au lieu du *Saint-Jacques*, qui les avait amenés d'Europe, un navire plus léger et meilleur voilier, appelé le *Coulam*. Ici, le P. Xavier fit paraître cet esprit prophétique qui éclata si merveilleusement en lui dans une infinité de circonstances ; car, entendant louer le *Saint-Jacques* comme le bâtiment le plus solide et le meilleur de la flotte, il annonça, dans des termes précis, que la fortune de ce bâtiment serait malheureuse. En effet, peu de mois après, le *Saint-Jacques* se brisa dans les parages de Salsette.

En peu de jours, on atteignit Mélinde (*Lettres*, I, 53, et note). Xavier raconte lui-même que, dans ce pays peuplé de mahométans, il aperçut des croix nombreuses élevées sur le rivage, et l'une d'elles, plus grande que toutes les autres, était entièrement dorée. C'était le champ de sépulture des Portugais, venus en ce lieu pour faire le commerce, et qui y avaient terminé leur existence. Xavier dépeint avec chaleur le tressaillement de sa joie à la vue du signe glorieux de la Rédemption, érigé sur une terre infidèle. En même temps, il trouva les croyances mahométanes des indigènes si affaiblies et si peu consistantes, que le culte de leur faux prophète s'effaçait entièrement et n'allait bientôt plus laisser de traces. Mais il ne put obtenir que des aveux stériles, touchant la décadence de leur culte, de la part de ces infidèles, aveuglés par leur orgueil et rebelles à la vérité. Laissant donc à la Providence le soin de déterminer à leur égard l'heure du salut, il quitta Mélinde après quelques jours, pour se diriger vers la moisson bien autrement féconde que Dieu lui destinait.

A Socotora, qui fut la dernière place où s'arrêta le navire (*Lettres*, I, 54 et notes), le Père trouva des peuples mieux disposés pour la religion. La tradition du pays rapporte que saint Thomas fut jeté par une tempête sur le rivage de Socotora, qu'il y prêcha la foi, et que les débris de son vaisseau servirent à la construction d'une petite chapelle.

Au surplus, cette nation n'avait conservé du christianisme que de faibles apparences. Elle adorait la Croix, et n'avait aucune idée du baptême. Les hommes, en général, portaient le nom de l'un des Apôtres, et les femmes, celui de Marie. Ces naturels célébraient deux carêmes et priaient ensemble à quatre moments du jour. Mais à leur profession chrétienne se mêlaient plusieurs vestiges de l'hérésie de Nestorius, diverses pratiques juives, telles que la circoncision et les sacrifices, et des coutumes sarrazines comme le culte du faux prophète Mahomet : leurs prêtres ou kacis, qui tenaient d'eux-mêmes leur ordination, récitaient en public des invocations incomprises d'eux-mêmes : point de livres parmi eux, point de formules de prières; on les entendait seulement mêler à leurs prostrations et à leurs encensements des paroles ressemblant à notre *Alleluia*. Le fond de leur langue était le chaldéen.

Xavier se sentit touché de l'état de ces insulaires et de leurs

CHAPITRE DEUXIÈME (1542-1544).

dispositions apparentes pour une religion dont ils avaient possédé d'anciennes prémices, et dont ils présentaient encore quelques signes : en même temps il avait à cœur de les soustraire à la propagande mahométane, qui leur arrachait leurs enfants pour les faire élever dans le culte odieux de Mahomet.

Il entreprit de leur faire comprendre l'essentielle nécessité du Baptême et l'unité de la foi, qui n'admet point de mélange adultère. Xavier ne leur parlait que par le secours d'interprète, mais sa seule présence était une prédication efficace et toute-puissante : ses gestes enflammés et sa sainte apparence, qui produisaient en Italie de si grandes merveilles, n'agissaient pas moins sur les Socotoréens ; peut-être aussi le Père possédait-il déjà ce don des langues, dont nous raconterons plus tard les effets prodigieux, et faisait-il entendre à leurs âmes ces effusions de charité divine qui pénétraient et convertissaient ses auditeurs ; tous accouraient pour offrir au Père leurs enfants à baptiser, et le suppliaient de demeurer dans leur île. Xavier fut attendri et supplia Souza de l'y laisser au moins quelques mois ; mais le gouverneur, considérant l'intérêt des Indes, et craignant que les Sarrazins, qui infestaient cette île, ne s'emparassent de Xavier et ne l'emmenassent en esclavage, ne voulut point se rendre aux vœux du missionnaire, et le P. Xavier dut s'éloigner des Socotoréens, en leur promettant de leur envoyer bientôt des secours spirituels. En effet, l'un de ses premiers soins, en arrivant à Goa, fut de recommander, par une lettre, au roi de Portugal, les intérêts spirituels de ce peuple, et ce souverain fit en effet partir une expédition, qui délivra les Socotoréens de la servitude musulmane. Xavier lui-même, voulant ajouter à ce bienfait la grâce plus précieuse de l'apostolat, destina d'abord à cette île le P. Cypriano, qu'il se vit obligé d'envoyer à Méliapour ; mais d'autres missionnaires s'y rendirent plus tard.

Le 6 mai 1542, fête de saint Jean devant la Porte-Latine, treize mois après avoir quitté Lisbonne, le navire qui portait Xavier entra dans le port de Goa (*Lettres*, I, p. 52 et note), métropole des Indes portugaises, résidence du gouverneur et de l'évêque, et la ville de commerce la plus considérable des Indes. Bâtie par les Mores, quarante ans seulement avant la venue des Portugais, elle avait été conquise en 1510 par le grand Alfonse d'Albuquerque. Alors fut vérifiée une prophétie de saint Thomas : le saint

Apôtre avait annoncé que la foi chrétienne qu'il avait plantée en différentes contrées de l'Orient y refleurirait un jour, lorsque la mer viendrait baigner le pied d'une colonne qu'il avait érigée lui-même, et qui en était éloignée de quarante milles. En effet, au temps où Vasco de Gama pressa de son pied la terre des Indes, la mer atteignait la base du monument (1).

En descendant du navire, le P. Xavier se rendit à l'hôpital pour y prendre sa demeure (*Lettres*, I, p. 59). Il se rendit ensuite auprès de l'évêque de Goa pour lui baiser les pieds et pour

---

(1) Le P. Lucena décrit avec étendue les régions de l'Inde. Sa narration donnant une juste idée de l'Asie Portugaise, et devant servir à l'éclaircissement de notre sujet, nous la suivrons en l'abrégeant. Partant de Socotora, l'historien indique d'abord l'Ethiopie ou Abyssinie, empire africain du souverain appelé le Prêtre-Jean ; de là, s'élevant vers le nord jusqu'au golfe Persique, il détermine la position d'Ormuz, capitale d'un royaume du même nom, l'entrepôt d'un commerce immense, et que ses habitants appelaient un joyau précieux enchaîné dans l'anneau du monde. Après Ormuz s'étendait la Caramanie jusqu'à l'embouchure de l'Indus. C'est le fleuve Indus qui donne son nom à la grande mésopotamie remplie de royaumes, qui occupe tout le versant méridional de l'Asie. En descendant des bouches de l'Indus, on trouvait le royaume de Guzerate ou de Cambaïe, et sur le littoral de ce royaume les Portugais possédaient les forteresses de Diu, Damam et Baçaïm : et le royaume de Decan, où les Portugais avaient Chaül. Soixante lieues plus au sud, sur le territoire de Canara, se trouvait Goa, puis Onor, Baticala, et d'autres places du roi de Bisnagar. Au delà s'étendait la province de Malabar, qui contenait les royaumes de Cananor, Calicut, Cranganor, Cochin, Poréa, Coulam, Travancore, et qui se terminait au cap Comorin. Vis-à-vis le cap Comorin était Ceylan, île considérable et qui renfermait un grand nombre de royaumes. En remontant dans le golfe du Bengale on côtoyait pendant 200 lieues la face orientale du royaume de Narsingue ou Bisnagar. Parmi ses cités, dans le Coromandel, était la ville de Mélia pour que les chrétiens appelaient Saint-Thomas. Plus élevés en latitude étaient les états de Narsingue proprement dit et d'Orixa : au delà et en descendant, les royaumes considérables du Bengale, du Pegou et de Siam. Vis-à-vis de Malacca, cité portugaise, et de Singapour, s'étendait l'île de Sumatra, presque aussi vaste et aussi considérable par ses royaumes que celle de Ceylan. Au delà de Singapour, étaient les royaumes de Chiampa, du Camboge et de la Cochinchine, et enfin la Chine, divisée elle-même en quinze provinces, dont chacune pouvait à juste titre passer pour un royaume. Quant aux archipels et aux îles semés dans ces mers, on ne pouvait en exprimer le nombre. Pour n'indiquer que celles à l'orient de Sumatra, on rencontrait les Javas, Timor, Bornéo, Banda, les Moluques, Célèbes, Macassar, les îles de la Sonde, les Lequios (Lieou-Kieou), l'archipel du Japon, et une infinité d'autres.

remettre humblement dans ses mains les bulles du souverain pontife, voulant tenir du pasteur diocésain les pouvoirs de missionnaire et ne les exercer qu'avec son parfait assentiment (*Lettres*, I, p. 52 et note, et p. 158 et note).

L'évêque de Goa, D. Joam d'Albuquerque, franciscain, l'un des plus vertueux prélats de son temps, et bien digne d'être le pasteur diocésain de Xavier, fut édifié de la profonde humilité du nouvel Apôtre. Il releva Xavier, et l'embrassa tendrement : « Usez librement, lui dit-il, des pouvoirs du Saint-Siége ; un légat apostolique, immédiatement envoyé par le Vicaire de Jésus-Christ, n'a point besoin de recevoir sa mission d'ailleurs ; et si l'autorité épiscopale est nécessaire pour la maintenir, soyez assuré que jamais elle ne vous manquera. »

L'union étroite qui se forma dès lors entre ces deux grandes âmes fut, par la suite, d'un avantage immense pour le salut des peuples et l'exaltation de la foi chrétienne.

A cette époque, l'état religieux des Indes était déplorable. Les premiers Portugais qui, selon l'expression d'un ancien historien, marchaient à la conquête armés en même temps du glaive spirituel et du glaive temporel, n'avaient eu que des enfants dégénérés. En vain la foi chrétienne avait été plantée parmi des populations nombreuses, et vingt mille Palawares s'étaient-ils convertis au seul lieu de Comorin. En vain la milice religieuse du patriarche saint François avait accompagné dans les Indes Pedralvarez Cabral, en vain Siqueira l'avait établie à Goa : ses membres, trop peu nombreux, s'étaient vus impuissants pour conserver le dépôt de la religion. Les généreux efforts du gouverneur des Moluques, Antonio Galvam, et la fondation par ce grand homme du premier séminaire indigène, fondation qui fut approuvée par le concile de Trente, ne purent donner à la foi catholique, parmi les naturels, l'accroissement et la fécondité dont ces nobles efforts semblaient être les prémices. L'ambition et l'avarice des nouveaux conquérants devaient, en quarante ans à peine, stériliser les œuvres saintes de leurs devanciers. Les places portugaises demeuraient des années entières sans que le Saint-Sacrifice y fût célébré ; la parole divine n'y était plus prêchée ; les Sacrements y étaient mis en oubli ; ou, si de rares et timides chrétiens accomplissaient les devoirs essentiels au salut, c'était furtivement, ainsi qu'au temps de Notre-Seigneur le pharisien Nicodème vint de nuit demander à Jésus-Christ le bienfait de la vérité spirituelle, et la révélation du Verbe divin. Les Indiens oubliaient tous leur baptême et retournaient à l'idolâtrie.

Goa principalement offrait le spectacle le plus douloureux. Dans un mémoire au roi de Portugal, envoyé peu de mois avant la venue du saint Père, on lit le déplorable récit des iniquités portugaises. En vain l'évêque de Goa fulminait tous les ans de solennelles excommunications : les anathèmes de l'Église étaient méprisés, et les idolâtries les plus monstrueuses régnaient dans une ville chrétienne, au milieu d'un peuple baptisé, qui s'était vu choisi peu d'années auparavant, par la bénédiction du Saint-Siége, pour aller accomplir la conquête spirituelle et temporelle de l'Asie.

Le P. Xavier commença son apostolat par la prière et les œuvres de charité (*Lettres*, 1, p. 57). Répandant ses ardentes prières en la présence de Dieu pendant la plupart des nuits, il prenait seulement quelques instants de sommeil, dans l'hôpital, auprès du lit des plus malades. Son existence était celle que nous avons déjà racontée. Outre les infirmes et les prisonniers qu'il assistait tous les jours, l'asile des lépreux recevait sa visite, les dimanches, à cause du moindre nombre. Ces membres de Jésus-Christ, les plus humiliés de tous, et qui présentent en leur personne comme un raccourci des misères humaines, étaient sa joie et sa consolation. Il les embrassait tendrement et leur partageait les aumônes qu'il avait recueillies pour eux. Il leur donnait tout son amour et leur prodiguait tous les secours spirituels. Après avoir accompli vis-à-vis des malades et des prisonniers (1) les ministères essentiels de la religion, Xavier se consacra, ainsi que ses compagnons, à l'enseignement de la doctrine chrétienne; et, pénétré de cette pensée, que les enfants initiés de bonne heure aux leçons salutaires de la religion seraient les prémices du renouvellement des mœurs parmi les citoyens, et que si la génération présente passait de ce monde en ayant persévéré dans l'infidélité, la génération nouvelle serait du moins mieux préparée et plus docile

---

(1) Le vice-roi Martin-Alphonse de Souza visitait une fois la semaine les hôpitaux et les prisons. Le roi Jean III, dans une lettre à D. Joam de Castro, qui succéda à Souza, lui recommanda d'observer le même usage.

CHAPITRE DEUXIÈME (1542-1544).

pour le salut, il se mit à parcourir les places de la ville, une clochette à la main, en répétant ces paroles que le P. Lucena nous a conservées : *Fidèles chrétiens, amis de Jésus-Christ, envoyez vos fils et vos filles, ainsi que vos esclaves des deux sexes, afin qu'ils entendent la doctrine sainte, pour l'amour de Dieu!*

En effet, l'enseignement est un des principaux priviléges de la Compagnie de Jésus, et l'une des grâces les plus éminentes dont Dieu l'ait enrichie. La formule même de la Profession en exprime le devoir, et saint Ignace en a donné l'exemple à ses Frères, afin que ceux-ci le suivissent dans la succession des temps, et pour toute la durée de la Compagnie.

Tous les enfants accouraient autour de Xavier qui les menait à l'église avec lui. Après leur avoir fait chanter l'explication du catéchisme (1), il le leur développait, en commençant par le Symbole des Apôtres et les Commandements divins, et il leur enseignait de même les principales prières et les pratiques essentielles de la dévotion chrétienne.

On commença dès lors à entendre partout, dans les écoles, dans les rues et sur les places, dans les maisons, dans les champs et sur les vaisseaux, des chants pieux et des formules de doctrine, au lieu des chansons impures qui souillaient autrefois les lèvres et les cœurs.

Ce fut par les enfants que la ville parut commencer à changer de face : et la modestie, la piété de ces jeunes néophytes, devinrent l'exemple des parents, et produisirent des conversions nombreuses. Souvent même on vit ces enfants reprendre en face leurs parents, avec une liberté pleine de puissance, et les amener, vaincus par une innocente autorité, pour se soumettre à la direction des ministres de Jésus-Christ.

Alors, le Père entreprit des instructions pour les personnes adultes. Les jours de dimanche et de fête, il prêchait dans l'église de Notre-Dame-du-Rosaire, le matin pour les Portugais et le soir pour les indigènes, et bientôt il se fit un concours immense à ses prédications. Il parlait en ce portugais vulgaire, usité

---

(1) Lucena rapporte que le P. Xavier avait composé un petit livre de doctrine, dont plusieurs cahiers furent adressés par le P. Melchior Carneiro, provincial des Indes, au P. Diogo Miram (Jacques Miron), provincial de Portugal. Si ces cahiers existent encore, nous serions heureux qu'ils nous fussent communiqués.

dans les Indes, idiome confus et mélangé d'éléments divers, afin de se faire *tout à tous* et de pénétrer plus avant dans les esprits de ses auditeurs. Mais nous trouvons dans les lettres du Saint (I, p. 57) la forme et la méthode de ses enseignements, et nous ne saurions les raconter après lui. Toutefois, ce que son humilité nous laisse ignorer, ce sont les merveilles qu'il opéra dans la Babylone portugaise : les ennemis réconciliés, le bien d'autrui restitué, les naturels traînés en esclavage qui furent rendus à la liberté, les unions illégitimes consacrées par le mariage ou rompues, enfin la pratique assidue et fervente des sacrements de l'Église, tous ces fruits de salut qui consolèrent le saint Apôtre et l'évêque de Goa, et qui furent dignes d'être offerts au Seigneur Jésus, comme les prémices de la régénération des Indes.

Les Pères de saint François avaient, peu de mois avant la venue du Saint, jeté les fondements d'un établissement précieux pour la Foi chrétienne. Deux de ces religieux, Miguel Vaz, vicaire général des Indes, (*Lettres*, I, 154 et notes), et Diogo de Borba (*Lettres*, I, p. 68, note ; I, p. 85), prédicateur illustre envoyé dans les Indes par le roi de Portugal, avaient, sous les auspices du gouverneur D. Esteban de Gama (II, p. 95, note), fils aîné du Comte-Amiral D. Vasco de Gama, et avec le concours des intendants de finances Fernam Rodriguez de Castelbranco et Cosme Anes (*Lettres*, I, 161 et note), institué la confrérie de la Sainte-Foi, pour procurer une éducation chrétienne à des enfants indigènes, destinés les uns à recevoir la prêtrise et à dilater le bienfait de la religion parmi leurs compatriotes, les autres à servir aux premiers d'interprètes et de catéchistes. Au mois de juillet 1541, cette confrérie établit son siège dans l'église de Notre-Dame-de-la-Lumière, à Goa, sous le patronage de saint Paul, l'Apôtre des nations, et reçut du gouverneur une dotation considérable sur les revenus des anciennes pagodes. Au mois de novembre de la même année commença l'érection d'un séminaire, et à l'arrivée de Xavier, soixante enfants déjà, sous la direction de M⁰ Diogo de Borba, y profitaient de l'enseignement ecclésiastique.

Borba, dès qu'il vit Xavier, se sentit, comme il arrive entre les personnes saintes, porté vers lui d'un tel amour qu'il lui offrit le gouvernement du nouveau séminaire. Xavier, que sa vocation dirigeait vers une mission plus étendue, consentit seulement à laisser à

Borba le P. Paul de Camerino pour le seconder dans son œuvre. De l'avis du P. Xavier, l'institution fut divisée : dans un des édifices cent enfants reçurent les éléments de la doctrine religieuse et littéraire, et dans un autre soixante-douze jeunes gens, en l'honneur des premiers disciples de Jésus-Christ, furent préparés pour le sacerdoce et pour l'apostolat indigène. Ces derniers, assistant les malades et les mourants, accompagnant les morts, et pratiquant les autres œuvres de miséricorde, s'initiaient d'avance aux ministères apostoliques. L'institution et le collége passèrent plus tard, en 1548, après la mort de Diogo de Borba, dans les mains des enfants de saint Ignace, et devinrent l'une des gloires de la Compagnie dans les Indes.

Cinq mois avaient suffi pour changer entièrement la face de Goa : et notre Saint, qui ne respirait que la gloire de Jésus-Christ, cherchait des terres nouvelles pour y exercer son apostolat, lorsque le vicaire général D. Miguel Vaz lui fit part d'une mission récente accomplie chez les Pallawares, et de l'indigence spirituelle de ces néophytes. C'étaient des populations de pêcheurs subsistant uniquement par la pêche des perles, et qui vivaient dispersés sur tout le littoral de Comorin (*Lettres*, I, p. 58).

Récemment secourus par le roi de Portugal contre les Mores qui les tyrannisaient, les Pallawares avaient demandé des missionnaires, et la plupart d'entre eux avaient reçu le baptême. Miguel Vaz et trois autres prêtres avaient, en peu de mois, catéchisé et régénéré vingt mille indigènes disséminés en trente villages (*Lettres*, I, p. 63).

Mais, remarque ici Lucena, l'Apôtre saint Paul le déclare lui-même : En vain il aurait planté dans Corinthe, si Apollon n'avait arrosé la terre nouvelle : en vain les saints Prophètes auraient jeté les semences de la Foi, si les Apôtres de Jésus-Christ n'étaient venus recueillir les fruits de leur travail. Les populations pallawares, manquant de prêtres qui connussent leur langue, n'avaient conservé de chrétien que le baptême, et leurs nouveau-nés demeuraient même privés de ce premier sacrement.

Xavier, pénétré de charité vis-à-vis de ces pauvres âmes, insensible d'ailleurs aux rigueurs du climat qu'on lui faisait entrevoir et aux grandes souffrances qui lui étaient réservées, s'offrit sans hésiter pour aller renouveler la conversion de ces peuples. Ayant reçu la bénédiction de l'évêque et obtenu la permission du gouverneur Souza, il partit le 17 octobre 1542, emmenant avec lui le F. François de Mancias et deux jeunes gens, élèves du collége de Saint-Paul (*Lettres*, I, p. 58 et note), qui connaissaient la langue malabare, usitée à la côte de la Pêcherie. De tous les présents que le gouverneur lui offrait très-libéralement, il n'accepta qu'une paire de chaussures et une casaque grossière pour se préserver des chaleurs ; mais, pour les aliments de chaque jour, il voulut, par amour de la sainte pauvreté, les devoir aux aumônes des Lascars de l'équipage.

Les chrétiens du cap Comorin furent en effet comme les premiers nés de la prédication du Saint parmi les infidèles : sans cesse lui causant de nouvelles douleurs, pour être enfantés à la Foi, pour être façonnés et comme transformés en Jésus-Christ. C'est aussi dans cette contrée que des miracles sans nombre commencèrent à autoriser la mission de Xavier, et à confirmer de leur sceau l'Évangile qu'il annonçait. Et en même temps que les miracles extérieurs opérés par le Saint, on vit en lui cet autre miracle, œuvre de l'Esprit-Saint, le don prodigieux des langues qui lui fut inspiré dans les temps et avec la mesure que demandait sa mission. En effet, au milieu de ces populations étrangères, ce Navarrais serait demeuré comme un naufragé sans parole ; mais l'Esprit divin, ainsi que nous le verrons surabondamment, enseigna notre Saint par des leçons inénarrables, et lui communiqua les moyens d'annoncer le Verbe à toute créature (1).

Dans le premier village qu'il visita (*Lettres*, I, 64), Dieu rendit témoignage à son Apôtre par un miracle admirable. Une femme était depuis trois jours dans les douleurs de l'enfantement, et elle était sur le point d'expirer. « Oubliant, » dit le saint Père dans une lettre au P. Ignace, « que j'étais sur une terre étrangère, et songeant seulement que la terre et tout ce qui l'habite appartiennent au Seigneur, j'invoquai sur cette créature le nom de Jésus-Christ, et après lui

---

(1) Le dialecte de la côte de la Pêcherie est un Malabar corrompu.
Deux langues principales ont cours dans la presqu'île Indienne : le Malabar ou Tamoul, et l'Hindou ou Guzerate.
Les populations de Saint-François-Xavier dans les environs du cap Comorin parlaient généralement le Tamoul.

avoir expliqué par interprète les principales vérités de la religion, je vis bientôt en elle les effets de la grâce divine. Lui ayant demandé si elle voulait recevoir le baptême, je reçus de sa bouche un consentement plein de foi, et après avoir récité sur elle un Évangile, je lui conférai le baptême, et sur l'heure elle se trouva délivrée. Le père de la famille, ses enfants, et le nouveau-né furent baptisés tous ensemble. »

Bientôt, les autres habitants du village, sommés par Xavier au nom de Dieu et en présence de ce miracle, de croire aux vérités qu'il leur annonçait, demandèrent tous à se faire instruire, et reçurent également le baptême.

En peu de jours, Xavier rédigea dans la langue du pays les instructions élémentaires de la religion, et lui-même rapporte en ses lettres la forme de ce travail et les usages de son enseignement (*Lettres*, I, 78). Secondé, comme toujours, par les enfants, il s'adjoignit encore des catéchistes, pris dans les chrétientés, qui présidaient à l'entretien des églises et à l'instruction des fidèles.

A cet égard, les historiens racontent une touchante anecdote. Les 4,000 fanons, qui furent attribués par le roi aux honoraires des catéchistes, provenaient d'un revenu personnel à la reine Catherine, et qui devait défrayer la dépense de ses chaussures. Le P. Xavier écrivit, dit-on, à cette grande princesse une lettre qui malheureusement ne s'est point conservée. Il suppliait la reine de faire abandon de cette somme annuelle en faveur des catéchistes chargés d'enseigner la doctrine chrétienne aux enfants de la Pêcherie. « Ces jeunes chrétiens, » disait le Père, « qui sont les fils et les descendants des gentils, seront, madame, les chaussures qui introduiront votre altesse, de la manière la plus assurée et la plus parfaite, dans le royaume des cieux. » La reine était digne, en effet, de comprendre ce langage, et elle accorda sans peine la faveur sollicitée par le Saint.

Tous les matins, revêtu d'un surplis et précédé d'un enfant qui portait la croix, le Saint parcourait le village où il se trouvait, demandant à la porte de chaque maison s'il s'y trouvait des malades à visiter, des morts à enterrer, des enfants ou d'autres personnes à baptiser. Ces occupations employaient les heures jusqu'au milieu du jour; après midi, Xavier donnait audience aux chrétiens, jugeait leurs différends, apaisait leurs querelles, réglait leurs mariages, et veillait à ce que ces unions fussent célébrées saintement.

A peine il donnait au sommeil deux ou trois heures par nuit ; le reste appartenait à la contemplation et à la prière : c'est alors qu'il traitait avec son bon Maître l'affaire du salut des âmes, avant d'y travailler durant le jour par l'exemple et par l'enseignement.

Sa sobriété tenait du prodige : souvent il passait deux jours tout entiers avec un morceau de pain et un verre d'eau ; rarement il y ajoutait un peu de riz, de poisson, ou de lait aigre. Ses jeûnes étaient continuels ; mais la vertu de Dieu le soutenait dans cette merveilleuse austérité.

Tout entier à la prédication et à l'administration du baptême, il confiait quelquefois à ses fidèles enfants (*Lettres*, I, p. 82) son crucifix, son reliquaire ou son chapelet, et les envoyait auprès des malades ; et ces enfants, après avoir prononcé devant les voisins assemblés le Symbole, les Commandements et les principales vérités, demandaient aux malades qui voulaient être guéris s'ils croyaient en Jésus-Christ et s'ils désiraient le baptême. Si ces personnes confessaient la Foi, les jeunes ministres du Saint leur appliquaient l'objet précieux qu'ils avaient apporté, et la guérison s'accomplissait.

Les âmes de plus de mille enfants nouveau-nés allèrent au Ciel aussitôt après leur baptême (*Lettres*, I, p. 92), et Xavier les invoquait souvent comme les intercesseurs tout-puissants et comme les patrons des peuplades qu'il visitait.

Les brames (*Lettres*, I, p. 85) dont le caractère religieux en imposait à ces peuples, malgré leur faible science et leur vie corrompue, désirèrent souvent conférer avec le Père ; ils approuvaient au fond sa doctrine, et sans l'intérêt temporel qui les dominait, un grand nombre d'entre eux se seraient convertis. Un de leurs solitaires, grandement réputé pour sa science dans les mystères secrets de sa religion, fit un jour connaître à Xavier ces secrets religieux : l'unité d'un Dieu créateur, et qui seul devait être adoré ; la sainteté du jour consacré à Dieu ; certaines prédictions anciennes sur la cessation future de toutes les fausses doctrines ; enfin, d'autres vérités naturelles ou révélées, apparemment transmises à ces brahmes par une communication ancienne avec les adorateurs du vrai Dieu. En leur présence, le P. François opéra un miracle, en lavant les plaies d'un lépreux, qui se trouva subitement guéri. Mais rien ne put vaincre ces docteurs obstinés, et de tous les brahmes, un seul eut le bonheur de devenir chrétien.

Au milieu de ses travaux infinis, le Père se sentait inondé de consolations divines; et, parlant de lui-même comme d'une autre personne à son P. Ignace, « Il m'arrive, dit-il, d'entendre un homme s'écrier : Seigneur, diminuez l'étendue de vos consolations en cette vie, ou si vous me les continuez, retirez-moi dans votre sein, afin que je jouisse de votre gloire, car c'est un supplice trop douloureux que de vivre éloigné de votre présence. »

Le concours et la ferveur des néophytes étaient si prodigieux que le Saint écrivait lui-même à son P. Ignace que souvent les mains lui tombaient par la fatigue de conférer le baptême, et que la voix lui manquait en récitant le Symbole et les Commandements divins. (*Lettres*, I, p. 81).

Le saint Père, ayant vu se multiplier d'une façon merveilleuse ses chrétiens de la Pêcherie (1), résolut à la fin de l'année (1543) de retourner à Goa pour chercher des coopérateurs et pour conduire plusieurs jeunes Indiens dans le séminaire de Saint-Paul, afin qu'ayant étudié les sciences divines et humaines, ils se consacrassent à leur tour à l'instruction de leurs frères.

Xavier s'empressa de confier ses jeunes disciples aux soins de Diogo de Borba, et lui laissant pour le seconder Paul de Camerino, il revint avec deux prêtres indigènes, François Coelho et Joam de Lizana, un prêtre portugais, Joam d'Artiaga, le F. François de Mancias et plusieurs coadjuteurs laïques. Après avoir distribué ses auxiliaires dans les divers parages du littoral, il pénétra lui-même dans l'intérieur de la contrée; mais il fut obligé bientôt de revenir auprès de ses Pallawares. Les Badages, peuple de voleurs,

---

(1) Parmi les membres de la Compagnie qui travaillèrent au cap Comorin, l'*Agiologio lusitano* cite le F. Louis Mendez, coadjuteur spirituel de la Compagnie, qui passa aux Indes en 1544, et qui fut chargé par saint François-Xavier d'exercer son ministère au Comorin: il mourut martyr en 1552, par les mains des Badages, qui, le surprenant pendant son oraison, le tuèrent à coups de lance et lui tranchèrent la tête.

La lettre XXXII, du IIe livre, nomme un François Mendez; peut-être est-ce le même que ce martyr.

qui venaient de ravager l'État de Pandi, avaient fait irruption dans les chrétientés nouvelles, dont les malheureux habitants s'étaient réfugiés dans les îles. Là, brûlés des feux du soleil, et dénués de provisions, ils périssaient chaque jour en grand nombre par la faim et les maladies. Par les soins du bon Père vingt barques portugaises chargées de provisions vinrent secourir les infortunés néophytes, et, le danger passé, les ramenèrent dans leur pays. La vue seule du Père avait déjà consolé ces pauvres gens : après les avoir reconduits chez eux, il leur procura d'abondantes aumônes, pour remédier à la perte de leur avoir, et leur laissant les missionnaires qu'il leur avait choisis, il entreprit d'aller annoncer la Foi dans un royaume voisin.

C'était l'État de Travancore, où bientôt quarante-cinq églises s'élevèrent. Xavier prêchait dans la campagne, car nul édifice ne pouvait contenir ses auditeurs, souvent réunis au nombre de cinq ou six mille. Il y célébrait aussi les saints mystères, abrité par une voile de navire tendue au-dessus de l'autel. Mais les merveilleux fruits de sa prédication furent consommés par une victoire toute pacifique qu'il remporta sur ces mêmes Badages qui avaient désolé la Pêcherie. Ceux-ci avaient envahi le Travancore, et le roi de ce dernier État s'avançait avec ses troupes au-devant de l'ennemi. Xavier voulut l'accompagner. En présence des Badages, il s'avança seul, le crucifix à la main, et leur commanda au nom de Dieu de ne point aller plus avant, et de se retirer dans leur pays. Ces paroles suffirent pour arrêter les barbares, qui se dispersèrent et sortirent de la contrée. Le roi de Travancore, pénétré de reconnaissance, ordonna par un édit d'obéir au Père comme à lui-même. Dans sa famille, dans sa cour, et dans son royaume entier, un nombre infini de personnes embrassèrent la religion chrétienne ; mais le souverain lui-même n'eut pas le même bonheur, étant retenu par l'orgueil et par les passions des sens.

A Travancore, le Saint ressuscita quatre morts, et guérit une grande quantité de malades. L'une des deux résurrections fut un signe qu'il demanda à Dieu, afin de confirmer la vérité de la religion. Après une prédication, ayant vu tous ses efforts demeurés sans succès, il leva les yeux et les mains au ciel : « Mon Dieu, s'écria-t-il, quel témoignage puis-je donner à ces infidèles de votre sainte vérité? Glorifiez le sang et le nom de votre Fils

Jésus-Christ. » Et se tournant vers le peuple : « Hier, ajouta-t-il, un mort a été mis en terre : allez et voyez s'il est véritablement mort. » On courut au tombeau, on exhuma le mort, dont le corps déjà répandait une odeur infecte. « Je te commande, par le saint nom du Dieu vivant, lui dit Xavier, de te lever en témoignage de la religion que j'annonce à ce peuple. » Le mort se leva et marcha : et sur l'heure même tous les assistants crurent en J.-C., et demandèrent le baptême.

L'autre ressuscité fut un jeune homme expiré depuis vingt-quatre heures, et qu'après une fervente prière, Xavier rendit à ses père et mère. On cite, au sujet de ce miracle, des paroles ravissantes du Père. Côme Anes, son ami, désirant entendre de sa bouche le récit de cet événement, le conjura de le lui raconter : « Seigneur, Jésus! dit Xavier, pouvez-vous croire qu'un homme aussi misérable que moi, ait la puissance de ressusciter les morts ? Pécheur que je suis! on m'a présenté ce jeune homme, en me disant qu'il était mort, et il s'est trouvé vivant : je lui ai commandé au nom de Dieu de se lever, et il s'est levé ; et le peuple, qui s'émerveille de tout, et qui quelquefois imagine des miracles, a cru qu'un miracle s'était opéré. »

Les actes de la canonisation du Saint attestent, mais sans détails, les deux autres résurrections.

A la vue de cette moisson d'âmes qui ne demandait, pour être recueillie, que des ouvriers suffisamment nombreux, Xavier exhalait vis-à-vis son P. Ignace toutes les ardeurs de sa charité, et ses lettres sont pleines de pressantes invitations à ses Frères pour les appeler à l'œuvre évangélique. — Il conçut même la pensée d'inviter à cet apostolat les docteurs des universités qui, s'écrie-t-il, s'ils connaissaient le don de Dieu, quitteraient les sciences profanes pour la prédication du nom de J.-C.

Le Saint écrivit en effet aux Docteurs de Paris une lettre admirable, au récit de D. Juan de Rada, docteur du royaume de Navarre, qui en avait fait lui-même une copie, ainsi que d'autres étudiants de son temps ; mais cette lettre est malheureusement perdue.

CHAPITRE III.

(1545.)

Le plus riche présent que les Indes firent au ciel en ces temps, fut le sacrifice héroïque des martyrs de Manar. Ces confesseurs de la foi, régénérés à peine par la grâce baptismale, offrirent en union au sang de Jésus-Christ leur propre sang et celui de leurs enfants : holocauste béni comme celui d'Abraham, mais consommé par le sacrifice : où les pères répondaient de la foi des enfants, afin de leur gagner la couronne immortelle ; glorieuse victoire, qui fit tressaillir d'une sainte envie les âmes apostoliques des religieux d'Europe, et qui multiplia les vocations à la Compagnie de Jésus et au ministère des missions.

Manar était une île aride, dépendante de Jafanapatam, l'un des royaumes de Ceylan (1), et peuplée uniquement de pêcheurs ; son port, à une époque de l'année, était le marché des traficants en perles, et quelques Portugais s'y rendaient pour le même commerce. Les Manarois, entendant parler du P. Xavier, de sa prédication et de ses miracles, avaient envoyé vers lui pour le prier de venir les instruire. Xavier, ne pouvant quitter ses œuvres présentes, leur adressa (*Lettres*, I, 174) l'un des prêtres séculiers qui étaient avec lui, et ce missionnaire, en peu de temps, baptisa toute l'île. Mais le roi de Jafanapatam (*Lettres*, I, 161), qui avait usurpé la couronne sur son frère, et qui tyrannisait ses sujets, apprit avec colère la conversion à la religion chrétienne des habitants de Manar. Il commanda sur-le-champ d'aller exterminer tous les habitants qui ne seraient point idolâtres, et ses ordres furent exécutés (1544). Aucun ne dissimula sa foi par le silence ou par la fuite ; six cents victimes furent enveloppées dans le massacre, et l'on vit alors ce merveilleux spectacle de néophytes unanimes devant une mort présente, de pères et de mères répon-

(1) A cette époque, Ceylan était partagée en 9 royaumes : au couchant, Colombo ; à la pointe méridionale, Gale ; au nord de Gale, Tanavaca ; puis Jaule, et Villacana ; Cande, au centre ; vis-à-vis Colombo, Batecala ; au nord enfin, Trichinamale, et Jafanapatam, duquel dépendait Manar.

dant pour leurs enfants et les offrant aux bourreaux. Le village de Passim, sanctifié par cet holocauste, porta depuis le nom de *terre des martyrs* (1).

Le tyran de Jafanapatam n'avait point étouffé, dans ce massacre, les semences de la religion chrétienne. La divine parole se propagea plus encore dans ses États, et son propre fils, instruit par un marchand portugais, se déclara chrétien. Le roi le fit égorger (*Lettres*, I, 176), et commanda que son corps fût jeté dans les champs, pour y servir de pâture aux animaux sauvages. Mais alors d'éclatants miracles rendirent témoignage à la vérité de la religion et à la sainteté du martyr. Le marchand portugais ayant enlevé le corps et l'ayant déposé dans la terre, on vit le lendemain, sur la sépulture, la forme d'une croix imprimée dans le sol. En vain les infidèles essayèrent de la recouvrir : elle reparut toujours, comme un signe divin, et une croix de lumière apparut en même temps dans le ciel. Ces prodiges furent l'occasion de conversions sans nombre. Un autre fils du roi, plusieurs membres de la famille royale se déclarèrent chrétiens, ainsi qu'un grand nombre de personnes du peuple. Le jeune prince et l'un de ses cousins vinrent demander au gouverneur des Indes un asile et sa protection, et bientôt le frère du roi, qui s'était vu dépouillé par lui de la couronne à laquelle il avait droit, se rendit également auprès de Souza.

Souza fit accueillir les deux jeunes princes au collège de Saint-Paul (*Appendice*, x. 1re lettre du roi Jean III), et demanda les ordres de son souverain pour les mesures à prendre contre le roi de Jafanapatam.

Le P. Xavier, laissant à Mancias le soin de veiller sur la chrétienté de Travancore, se mit en devoir d'aller trouver, à Cambaïe, le gouverneur des Indes (*Lettres*, I, 134).

Tandis que les gentils entraient dans l'Église avec plénitude, les déréglements et les iniquités des Portugais, les abus de pouvoir de la part des officiers royaux, et tous les excès de l'idolâtrie et de l'infidélité (*Appendice*, x. 1re lettre de Jean III), pénétraient le cœur de Xavier d'une douloureuse amertume ; car il

---

(1) Nous donnons dans l'*Appendice*, n° III, une lettre du P. Lefevre, qui fait connaître l'impression produite en Europe par ce glorieux martyre.

voyait le nom du Seigneur blasphémé des Indiens, à Goa et dans toutes les possessions portugaises, à cause des scandales qu'y donnaient les Portugais eux-mêmes. Il désirait en entretenir Souza et obtenir de ce seigneur des actes efficaces. Le 16 décembre 1544, le Père était à Cochin ; il y rencontra le vicaire général D. Miguel Vaz (*Lettres*, I, 151, note), et détermina ce vertueux ecclésiastique à passer en Portugal, afin de porter aux pieds du roi les doléances de l'Eglise des Indes et de pieux avertissements sur les nécessités de la religion, et de solliciter, en faveur des chrétiens, les secours et les consolations qui leur étaient nécessaires. Vaz partit en effet au mois de janvier 1545 ; il emporta des lettres du Saint pour le roi Jean III (*Lettres*, I, 233), pour le P. Ignace, pour le P. Rodriguez et pour les membres de la Compagnie à Rome (*Lettres*, I, 244, 247, 251). Ces admirables lettres, que notre analyse serait impuissante à résumer et auxquelles nous renvoyons le lecteur, sont des modèles de charité, de zèle et de liberté chrétienne. Vaz sut accomplir la mission qu'il avait acceptée. Jean III lui-même se montra digne de ces hommes de Dieu, de notre Saint et du vertueux prêtre qui le sollicitaient d'accomplir ses devoirs de roi, et il désigna, pour gouverner les Indes en la place de Souza, personnage animé d'excellentes intentions, mais sans vigueur dans son administration, l'héroïque D. Joam de Castro. Ce seigneur fut muni d'instructions étendues, que nous donnons dans notre *Appendice* (n° X. 1).

Jean III écrivit aussi au P. Pierre Lefèvre, alors visiteur général de la Compagnie, pour lui demander un grand nombre d'ouvriers apostoliques. Nous donnons dans l'*Appendice* (III. 2) à défaut de la réponse de Lefèvre au roi de Portugal, la lettre que ce Père écrivit sur le même sujet au P. Simon Rodriguez.

Vaz revint dans les Indes au mois de mars 1546, en la compagnie de D. Joam de Castro. La lettre du roi fut lue au conseil des Indes ; mais elle ne fut qu'imparfaitement obéie à l'égard de Ceylan, non point que le nouveau gouverneur manquât d'énergie ni de zèle, mais des résistances intéressées s'opposèrent à la punition du tyran. Il arriva que les deux princes de Ceylan moururent dans un seul mois ; et en même temps la guerre de Cambaïe détourna sur une autre contrée les efforts guerriers de Castro ; mais la Providence eut son heure, ainsi que nous le dirons. Vaz reprit auprès de l'Évêque de Goa les fonctions de coadjuteur, et seconda, jusqu'à sa propre mort, le vénérable prélat.

CHAPITRE TROISIÈME (1545).

Le 20 décembre 1544, le Père s'embarqua pour se rendre de Cochin à Cambaïe. On raconte que, dans ce passage, il convertit un homme d'un rang élevé et revêtu d'une charge considérable; mais que son impiété et le scandale de son existence avaient rendu comme un objet d'horreur pour les païens eux-mêmes. Xavier, se conformant aux exemples du Maître céleste, qui faisait ses amis des publicains et des pécheurs, afin de les convertir, rechercha d'abord la familiarité de cet homme, et entreprit de lui faire entendre des paroles de Dieu et de l'éternité; mais il avait affaire à un esprit rebelle, et souvent il ne recueillait que des injures et des procédés humiliants. Parlait-il à ce grand coupable de se convertir et de confesser ses péchés : « Ni à présent ni jamais, » était la réponse du pécheur, accompagnée de blasphèmes, et les remèdes méprisés lui devenaient des poisons. Ce malade spirituel semblait désespéré; mais rien n'est désespéré pour l'amour et pour la souffrance. Le navire s'étant arrêté à Cananor, les deux amis descendirent ensemble, et Xavier, ayant conduit son compagnon parmi les palmiers du rivage, se prosterna devant lui, et en sa présence s'infligea la plus cruelle discipline, inondant la terre de son sang, et versant d'abondantes larmes et de saints gémissements, pour demander à Dieu la conversion finale de ce cœur insensible, de ce pécheur sans repentance. « Je le fais pour vous, lui dit-il, et il n'est rien que je ne fisse « pour la pénitence de vos péchés. Combien avez-vous coûté davan- « tage au bon Jésus! Seigneur, jetez les yeux sur votre précieux « sang et non sur le mien, qui est le sang d'un pécheur. Donnez « votre lumière à cette âme, afin qu'elle se reconnaisse; tendez- « lui votre main, afin qu'elle ne périsse point! » Le compagnon du Saint, troublé d'abord à cette vue si nouvelle, ému de ces ardentes paroles, se sentit converti sur le moment même, et se prosternant à son tour : « Je veux vous venger, mon Père, s'écria-t-il; et c'est « justice que je fasse pénitence. Vous avez vaincu; déposez cette « discipline. Vous m'avez en votre puissance, confessez-moi, châ- « tiez-moi, immolez-moi. » Xavier, à ce prodige, l'un de ceux qui font les délices des anges, serra tendrement son pénitent dans ses bras, et avant de regagner le rivage, il le confessa et le réconcilia avec Dieu.

Xavier, ayant heureusement achevé son voyage jusqu'à Cambaïe, trouva le gouverneur dans les dispositions les plus favorables, et ce

d.

seigneur donna des ordres immédiats à ses capitaines pour qu'une expédition fût dirigée sans délai contre Jafanapatam. Pendant l'armement de la flotte et les autres préparatifs de la guerre, Xavier revint à Cochin, en passant par Cananor. A l'occasion de deux prédictions que le Saint eut alors l'occasion de faire, le P. Lucena fait une réflexion très-profonde et très-édifiante : « Dieu, dit l'historien, ne découvrait pas à son serviteur les résultats de ses œuvres et de ses courses apostoliques, afin de ne point laisser son zèle se ralentir ; mais il lui révélait des faits étranges, afin de lui donner et de donner au monde des gages divins de la grâce. Ainsi Xavier découvrit à son hôte de Cananor la conversion et la sainte mort de son fils, alors pêcheur scandaleux, et qui, devenu franciscain, mourut martyr (1) dans l'île de Ceylan. Il prédit également, à son ami Côme Anez, le favorable voyage d'un vaisseau sur lequel Anez avait remis un diamant d'une immense valeur, qu'il envoyait au roi de Portugal. Ce navire avait été sur le point de périr : « et Dieu l'avait révélé, dit Anez, à son serviteur Xavier, afin que je « sollicitasse ses prières, qu'il les offrît à Dieu, et qu'ainsi l'adorable « Providence se trouvât glorifiée. »

(1545.) Xavier étant demeuré trois semaines environ à Cochin, jusqu'au mois d'avril, se dirigea vers l'île de Ceylan, pour aller à Négapatam, où devait se trouver réunie la flotte portugaise. Dans ce voyage, il eut la joie de ramener à Dieu le pilote du navire, dans des circonstances pareilles à celles du gentilhomme converti sous les palmiers de Cananor. Sur la plage, où ils descendirent ensemble, il reçut sa confession, et il en fit un chrétien édifiant, qui persévéra jusqu'à la mort dans les pratiques les plus ferventes.

A l'île des Vaches, près des bancs de Remanancor, le Père ressuscita le jeune enfant d'un Sarrazin ; mais les historiens ne nous ont point conservé les détails de ce miracle.

Dans le même voyage, le Saint voulut s'arrêter à Manar, et baiser la terre qu'avait arrosée le sang de tant de martyrs. Or, Dieu lui réservait d'opérer en cette île un nouveau miracle, en faveur des chrétiens actuellement désolés par une contagion, qui enlevait tous les jours plus de cent victimes. Xavier demanda trois jours pour

---

(1) Ce fut peut-être le F. Melchior de Lisboa, gardien des Frères Mineurs, martyrisé en 1559.

obtenir de Dieu qu'il fît miséricorde à ce peuple. En effet, après trois jours, le fléau avait cessé, et tous les infidèles de la contrée demandèrent le baptême.

Mais la flotte portugaise, à peine rassemblée, se retira sans avoir rien entrepris. Des vues d'intérêt humain, le désir de se faire remettre, par le roi de Jafanapatam, un vaisseau portugais naufragé sur ses côtes, agirent d'une façon toute-puissante sur les esprits des capitaines. Les ordres du gouverneur furent mis en oubli, et l'expédition de Jafanapatam fut abandonnée.

Le Saint quitta les parages de Ceylan en versant des larmes, et sa douleur prophétique annonça dès lors les châtiments que, plusieurs années plus tard, D. Constantin de Bragance et D. Hurtado de Mendoza infligèrent au tyran, qui périt misérablement avec son héritier, comme si la justice divine n'avait différé la peine que pour la rendre plus mémorable.

Le P. Xavier reçut alors des avis qui lui ouvrirent une mission nouvelle dans ces mers. Cette mission fut Macassar, dans l'île de Célèbes, à quarante lieues des Moluques, pays fécond en ivoire, en bois d'aigle et renfermant des mines d'or (*Lettres*, I, 176). En 1531, deux frères, indigènes de cette contrée, s'étant rendus à Ternate pour des intérêts de commerce, s'entretinrent sur la religion avec le gouverneur de cette dernière île, Antonio Galvam (*Lettres*, I, 215, note). Ce vertueux personnage les convertit à la foi chrétienne et leur fit prendre, au baptême, les noms d'Antoine et de Michel. De retour en leur pays, les néophytes y annoncèrent Jésus-Christ, et bientôt les Macassarais envoyèrent demander à Galvam des prêtres pour cultiver la chrétienté naissante. Galvam, n'ayant point de prêtre à leur envoyer, fit choix d'un soldat très-pieux, nommé Francisco de Castro, qui devait leur servir de catéchiste; mais Castro, jeté par la tempête sur un autre rivage, ne put parvenir à Macassar.

Plus tard, sous le gouvernement de Souza, un vertueux capitaine de navire, Antonio de Païva, avait eu l'honneur, destiné d'abord à Castro, d'exercer un apostolat laïque envers les habitants de Macassar. Ayant abordé à Supa, contrée que les Mores de Java voulaient rendre mahométane, il eut l'occasion d'en entretenir le roi et de lui annoncer les vérités chrétiennes. Il passa à Siam, autre État de Macassar, et, à l'audience du souverain, récita les dix Commandements de Dieu et les expliqua, non en théologien, mais avec les lumières que Dieu, dans des occasions pareilles, accorde aux simples fidèles (1).

Ses discours, comme une bonne semence, devaient produire en leur temps des fruits surabondants. Plus exercé, comme il paraît par l'histoire, dans le métier des armes que dans le ministère de la prédication, il ne laissa pas d'émouvoir grandement ses auditeurs et d'en amener un grand nombre à professer la foi de Jésus-Christ : or, n'ayant point de prêtre avec lui, il baptisa de ses mains le roi de Supa, sous le nom de D. Luiz, la reine, son épouse, et ses principaux serviteurs ; il baptisa de même le roi de Siam, sous le nom de Dom Joam, avec sa famille et ses officiers. Païva revint ensuite à Malacca, pour demander, au nom des habitants de Macassar, des prêtres pour dilater la foi dans leur île.

Le P. Xavier pleura de joie à ces nouvelles, et se promit de ne point manquer à l'espérance d'une moisson si magnifique. Mais il voulut auparavant aller implorer les lumières de l'Esprit saint au tombeau de l'apôtre saint Thomas (2), le patron des Indes et le céleste protecteur de sa prédication, que le pape Paul III lui avait donné pour exemple, en lui accordant sa dernière bénédiction à Rome.

Xavier s'embarqua le 29 avril de cette année 1545, le dimanche du Lazare, c'est-à-dire le dimanche des Rameaux, sur le navire de Miguel Ferreira. Durant la première semaine de la navigation, le saint Père demeura constamment en prières et ne prit aucun aliment, si ce n'est le dernier jour. Alors une tourmente, pressentie et prédite par le Saint, s'étant élevée, obligea Ferreira de regagner le port. Le Père résolut de faire à pied son pèlerinage, et sans craindre les populations hostiles qui occupaient l'intervalle entre les deux places, et les fatigues infinies de la route, il accomplit heureusement son passage, et parvint en peu de jours à la ville de Méliapour ou Saint-Thomas.

---

(1) On lui demandait qui étaient les saints : « Ce sont ces hommes, dit-il, qui, dans une chair mortelle, ont vécu comme de purs esprits. »

(2) Le P. Xavier était très-dévot à saint Thomas, et portait sur lui des reliques de cet apôtre dans une boîte en cuivre ; ce reliquaire contenait trois papiers : sur l'un était le nom d'Ignace, retranché d'une lettre de ce saint Père ; le second contenait la formule de la profession et des vœux de Xavier lui-même ; le troisième enveloppait une parcelle des ossements de saint Thomas.

CHAPITRE TROISIÈME (1545).

C'était alors la clef du commerce entre le royaume de Narsingue ou de Bisnagar, duquel dépendait toute la côte de Coromandel, et les pays étrangers, et sa prospérité, se développant par les relations des Portugais et avec la bénédiction divine, en fit bientôt l'une des cités les plus considérables de l'Orient (*Lettres*, I, 71 et note, 185 et note). Le Saint, dans ses lettres, donne des détails remplis d'intérêt sur la prédication de saint Thomas, sur sa mémoire et son culte, et nous devons lui laisser les prémices de ce récit, que nous nous bornerons à compléter par des notes.

Les chrétiens de Saint-Thomas, débris spirituels de l'église fondée par cet apôtre, accueillirent Xavier avec une joie singulière. Ils avaient conservé diverses traditions touchant l'auteur de leur foi. Le jour de l'octave de Pâques, c'est-à-dire le dimanche où l'Église fait la mémoire de l'apparition du Seigneur parmi les autres apôtres et raconte l'hésitation de Thomas, ils célébraient la fête de ce saint; ils chantaient dans leurs offices ses miracles, son martyre et sa sainte sépulture (1). Leur touchant empressement à accueillir Xavier reçut sa récompense, par les grâces précieuses qu'il leur obtint de Dieu, et qui furent accompagnées des prospérités temporelles les plus éclatantes.

Gaspard Coelho, vicaire de Méliapour, s'empressa d'offrir au P. Xavier l'hospitalité dans sa propre demeure, et la ville n'ayant point d'hôpital, le Saint accepta ces offres. Cette maison, contiguë à l'église, lui permettait de s'y rendre la nuit, afin d'aller consulter Dieu sur les voies futures de son apostolat.

Durant ses veilles au tombeau de saint Thomas, Xavier éprouva des tentations extraordinaires, et l'on rapporte qu'il invoquait souvent le secours de la vierge Marie contre les attaques de l'ennemi des hommes.

C'étaient des fantômes nouveaux renaissant à toute heure pour troubler les contemplations du Père : souvent même ces formes diaboliques, par la permission divine, lui livraient les plus rudes combats; souvent on entendait les coups dont il était meurtri, et sa personne endolorie en conservait des traces, à ce point qu'il fut une fois obligé de demeurer deux jours dans son lit. Mais Dieu

---

(1) Les miracles sont plus nécessaires, et aussi plus fréquents, dans les contrées infidèles. On raconte, au sujet de la croix qui fut trouvée sur le lieu du martyr de saint Thomas, les plus éclatants prodiges (*V.* Lucena, t. 1, p. 322 à 340).

voulut abréger ces épreuves de son serviteur en retirant au démon toute action sur la personne même du Saint : les fantômes de l'enfer essayèrent seulement par la suite de le troubler en ses oraisons par des chants et des bruits nocturnes.

Cependant les grâces les plus abondantes consolèrent le serviteur de Dieu. Jamais on ne connut les secrets mystères de ses entretiens avec son divin Maître ; mais on sait que, pour la principale affaire qui l'avait amené dans le sanctuaire de l'Apôtre, il lui fut révélé que les îles les plus méridionales de l'Océan des Indes devaient être à cette heure le but de sa mission, et il reçut d'en haut les forces spirituelles qui lui étaient nécessaires pour accomplir son œuvre.

Pendant les quatre mois de sa résidence à Méliapour, Xavier y avait opéré des fruits universels. Non-seulement les chrétiens de Saint-Thomas, et la petite colonie de vétérans portugais, au nombre d'environ cent familles, qui y était établie, mais les infidèles mêmes ressentaient l'effet de sa présence, et tous accouraient en foule pour entendre sa parole, les uns pour participer sous sa direction aux sacrements de l'Église, les autres pour se faire instruire et recevoir le baptême.

Les sacrements de la Confession et de la Communion étaient fréquentés comme au temps de Pâques ou dans l'occasion d'un jubilé. On cita, parmi tous ces pénitents, un homme éloigné depuis vingt ans des sacrements de l'Église. Il employa quinze jours à faire sa confession générale, au confessionnal même de l'église, par le ministère du P. Xavier, et en vue de tout le peuple, et au bout de ce temps, il communia très-pieusement, à la grande consolation de sa propre âme, donnant de grandes marques d'une conversion sincère et des gages consolants de salut.

Une opinion qui se répandit, et qui fut vérifiée par d'éclatants exemples, était que quiconque avait négligé les conseils de Xavier et ne s'était point converti sur sa recommandation, devenait dès lors comme un réprouvé, et s'exposait à faire une fin malheureuse. Cette créance publique amena de nombreux pécheurs aux pieds de notre Saint. Un habitant de la ville, connu par sa dissolution et de qui la demeure était pleine de scandale, fut un jour désigné par des personnes charitables au zèle de Xavier. Il se rendit à la porte de cet homme, et au nom de la sainte pauvreté, lui demanda l'aumône d'un repas. Admis à la table de cet hôte, il ne lui fit entendre aucune parole sévère à la vue des apparences déshonnêtes de son entourage. Mais sa conversation avait été si sainte, ses paroles si édifiantes, qu'à son départ le Portugais, ému par la honte et par les remords, se jeta tout tremblant à ses pieds en versant d'abondantes larmes, et lui livra son âme tout entière.

Enfin le Père ne demanda rien aux habitants de Méliapour, dans l'ordre spirituel, qu'il ne l'obtînt sur-le-champ. Son âme en était remplie de consolations : et combien de grâces, même temporelles, n'en furent point les fruits pour cette ville bénie !

Un soldat portugais, nommé Jérôme Fernandez, dépouillé par des pirates et qui s'était sauvé à la nage sur la côte de Méliapour, vint raconter son infortune au Saint, en le conjurant de l'assister. Xavier, ce pauvre de Jésus-Christ, ne possédait rien : et néanmoins son premier mouvement fut de porter la main à sa ceinture, et de chercher une aumône en sa bourse. Il n'avait rien, et retirant sa main vide, il leva les yeux au ciel, et dit au soldat : « Ne désespérez pas, mon frère, la divine miséricorde est grande. » Et sur le moment même, puisant de nouveau dans sa bourse, il en retira la main pleine de fanons d'or, et remit cette riche aumône au soldat, qui se retira glorifiant Dieu et bénissant son serviteur.

Un marchand de Méliapour lui dut encore une grâce merveilleuse. Étant sur le point d'entreprendre une expédition lointaine, il pria le P. Xavier de lui donner un gage de son souvenir. Le Père détacha le chapelet qu'il portait au cou, et le lui remit en lui déclarant que ce présent ne lui serait pas inutile, si seulement il avait confiance en la très-sainte Vierge. Dieu confirma la parole du Saint, tout en éprouvant la foi du marchand. A peine ce dernier était-il en mer, qu'une tempête s'éleva, et son vaisseau fut brisé sur des écueils. La plupart des matelots et des passagers périrent ; mais le marchand, tenant en ses mains le chapelet de Xavier, et se recommandant à l'Étoile de la mer, se confia sans crainte à une planche du navire, et vint aborder sain et sauf au rivage, consolé dans cette épreuve par le souvenir du Saint et par la bénédiction attachée à ses paroles.

Parmi les conversions les plus touchantes que Xavier opéra dans Méliapour, fut celle de Joam d'Eyro, que le Saint raconte lui-même en ses lettres (I, p. 189). Xavier le prit avec lui, se proposant de l'employer comme catéchiste dans le voyage de Macassar.

Après être, ainsi que nous l'avons dit, demeuré quatre mois à Méliapour, Xavier quitta cette ville, au mois de septembre 1545, lui laissant pour adieux des bénédictions prophétiques qui s'accomplirent bientôt, et se dirigea vers Malacca. En s'éloignant de la presqu'île des Indes, le Père laissait à la Pêcherie et sur la côte de Travancore cinq prêtres : Mancias, qui venait d'être ordonné prêtre, un Espagnol et trois indigènes ; ces ecclésiastiques suffisaient avec les Catéchistes pour le soin des chrétientés existantes. A Ceylan, étaient cinq religieux franciscains et deux prêtres séculiers. Enfin, les places portugaises avaient pour pasteurs les vicaires de l'évêque des Indes.

Avant son départ, Xavier avait pris congé, par une lettre, du vice-roi D. Alphonse de Souza, lui demandant ses recommandations pour le gouverneur de Malacca, et un navire pour se rendre à Macassar ; mais déjà (1er septembre) D. Joam de Castro venait d'arriver aux Indes et avait pris possession du gouvernement. Ce seigneur devait, comme nous le verrons, déployer d'héroïques vertus au service de son roi, et seconder avec plus d'énergie que Souza la cause de la religion chrétienne. Sur le même navire, étaient arrivés trois Pères de la Compagnie : Antonio Criminale de Parme, Nicolas Lancilotti d'Urbin, et Joam de Beira, de Pontevedra en Portugal.

Le 25 septembre 1545, Xavier aborda à Malacca (*Lettres*, I, 75, note ; 188), pour y préparer, d'accord avec le gouverneur, son voyage à Macassar. Le gouverneur ayant fait connaître au Père que récemment il venait d'y envoyer un vertueux prêtre et un certain nombre de soldats portugais, le Saint crut devoir attendre le résultat de cette première démarche, et résolut d'employer le loisir qui lui était donné, dans la ville même de Malacca.

Depuis la conquête qu'en avait faite en 1511 le grand Albuquerque, cette ville était tombée dans une corruption plus grande encore que les autres cités des Indes. Les délices du climat, l'opulence des Portugais, l'éloignement de la métropole des Indes, avaient fait que l'excès des vices distinguait, plus encore que l'habit européen, les Portugais des infidèles.

Le bon Père, retiré dans l'hôpital selon son usage, commença par offrir à Dieu pour cette Babylone les plus austères mortifications : toutes les nuits en prières, les bras étendus, il ne prenait quelques instants de sommeil qu'appuyé sur la pierre de l'autel ; souvent il passait deux ou trois jours sans prendre aucune nourriture. Il satisfaisait ainsi, autant qu'il était en lui, pour la mollesse et la vie sensuelle des habitants, unissant cette satisfaction aux souffrances de Jésus-Christ, et la consommant, selon le précepte de l'Apôtre, par ce supplément humain que la Rédemption divine attend de ses fidèles.

La renommée du Saint l'avait précédé à Malacca; on se pressait sur ses pas, et tous les parents lui faisaient bénir leurs enfants. Il prit avantage de cette renommée et de ce concours pour commencer sa prédication publique. Le soir, il parcourait les rues la clochette à la main.

« Priez Dieu, répétait-il sans cesse, pour ceux de vos frères qui sont en état de péché mortel; priez pour les âmes des trépassés qui sont éprouvés dans le purgatoire. »

Il parvint à rétablir, dans Malacca, l'usage de la confession, presque entièrement oubliée; il se conciliait tous les cœurs par sa douceur et les grâces de son esprit; et son influence abolit, comme à Méliapour et ailleurs, la plupart des scandales qui déshonoraient la cité.

Les enfants qui ne recevaient dans le sein de leur famille (1) qu'une notion imparfaite de la religion, venaient tous les jours écouter la parole du Père, et se réunissaient publiquement pour réciter la doctrine et chanter les prières.

D'admirables conversions, et entre autres celle d'un rabbin fameux, des guérisons miraculeuses, et la résurrection de deux morts signalèrent encore son apostolat dans Malacca. La résurrection d'une jeune fille eut cela de merveilleux que, semblable au centenier de l'Évangile, la mère de la défunte, se jetant aux pieds de Xavier, lui dit que s'il avait été présent, sa fille serait encore vivante;

---

(1) Nous avons vu nous-même, à Macao et à Hong-Kong, les familles portugaises prétendre instruire elles-mêmes leurs enfants dans la religion : à Macao, le jeune enfant se présentait à l'examen sommaire d'un ecclésiastique, et, après s'être confessé, était admis à la sainte communion. A Hong-Kong, nos missionnaires, qui administraient la paroisse catholique, obtenaient difficilement des parents que les enfants suivissent le catéchisme. On paraissait ne point comprendre les bienfaits infinis des catéchismes publics si recommandés par l'Église, et qui, nous le répétons ici, ont été la pratique de tous les Saints, et sont l'un des plus féconds ministères de la Compagnie de Jésus. De même l'édification et les grâces, qui naissent des premières communions solennelles et nombreuses, paraissent ignorées de ces mêmes familles.

mais que s'il voulait invoquer le nom de Jésus-Christ, l'enfant revivrait. Ému profondément de cette foi si présente, Xavier, levant les yeux au ciel, pria pendant quelque temps, et dit à cette femme : « Allez, votre fille est vivante. » Elle courut au tombeau de sa fille, et la trouva pleine de vie.

Xavier consacra quelque temps aussi à traduire dans la langue malaise, qui est répandue dans tout l'archipel Indien, le catéchisme et les exhortations qui avaient produit tant de fruits dans ses autres missions et surtout à la Pêcherie. Ces petits ouvrages sont encore un modèle pour les missionnaires (1).

A Malacca, le Père apprit l'arrivée des trois Pères de la Compagnie, Criminale, Lancilotti, Beira. Il destina Criminale et Beira pour la côte de la Pêcherie, et commanda à Lancilotti de demeurer dans le collége de Sainte-Foi. Criminale fut le premier de la Compagnie qui mérita la gloire du martyre; les trois Pères étaient d'une éminente vertu.

Xavier étant demeuré quatre mois dans Malacca, voulut aller annoncer l'Évangile dans les régions voisines, en attendant de pouvoir se rendre à Macassar.

Dieu lui fit alors connaître les calamités dont Malacca était menacée, car cette ville retombait insensiblement dans ses voies de péché, moins heureuse et moins fidèle que Méliapour, qui n'avait pas reçu le don de Dieu en vain. En effet, la guerre et la peste désolèrent cette ville quelques années plus tard, et nous la voyons aujourd'hui dans une décadence irréparable, et devenue l'ombre d'elle-même.

CHAPITRE IV.

(1546-1548.)

Le 1er janvier 1546, le P. Xavier s'embarqua avec Joam d'Eyro sur un navire portugais équipé pour Banda et qui devait les déposer à Amboine. Pendant les six semaines que dura la navigation,

---

(1) Voir la règle de vie chrétienne, l'instruction pour les catéchistes, et l'abrégé de la *Doctrine chrétienne*. (1, p. 195, 210, 264, 279.)

Xavier catéchisa les Lascars (1) et les autres infidèles qui composaient l'équipage. Dieu permit, par un miracle de son Esprit saint, que ces gens, appartenant à des nations différentes et parlant des langages disparates, comprissent tous l'enseignement unique que le Saint leur adressait. La plupart se convertirent à Jésus-Christ et reçurent le baptême.

Le vaisseau fut deux fois en péril, par les orages de la mer et du côté des pirates; mais cette double épreuve ne servit qu'à manifester la confiance du Père en la protection divine et son esprit prophétique : en effet il découvrit au capitaine le jour précis où la terre leur apparaîtrait, et lui commanda d'espérer une heureuse arrivée à Amboine.

Ce fut le 16 février qu'ils descendirent en cette île. Amboine (*Lettres*, I, 192 et note, 214), conquise par les Portugais lorsque Antonio Galvam gouvernait Ternate, renfermait une garnison européenne et sept villages chrétiens. Mais le prêtre qui avait dirigé ces néophytes était mort depuis quelque temps, et cette pauvre église sans sacrement et sans culte appelait de ses vœux le saint missionnaire, qu'elle avait fait conjurer de venir, et dont la renommée avait rempli les îles de l'Orient.

Le Père employa dans Amboine les méthodes qui lui avaient procuré de si grands fruits au cap Comorin et ailleurs, et il trouva parmi les indigènes la docilité la plus touchante et une ferveur qui leur mérita bien des grâces. Il avait commencé par visiter les villages afin de baptiser les nouveau-nés, et la plupart de ces tendres créatures survécurent à peine à leur baptême : « Il était évident, écrivait Xavier à ses Frères de Rome (*Lettres*, I, 224), que Dieu leur avait conservé l'existence jusqu'à l'heure où la vie éternelle devait leur être ouverte. »

Plusieurs familles s'étaient réfugiées au fond des bois ou dans des rochers sauvages sur les bords de la mer, afin de se soustraire aux violences des mahométans de la contrée. Xavier alla chercher ces brebis de Jésus-Christ dans leur solitude; il pénétrait en ces lieux déserts, cheminant à pied avec une joie confiante, et récitant les Psaumes et les Hymnes de l'Église. Il consola ces infortunés, et les fit participer aux sacrements, qu'il était venu leur apporter aussi bien qu'à leurs frères.

(1) On appelle ainsi les matelots indiens.

Après avoir instruit les fidèles, il entreprit d'annoncer la foi aux païens et aux Mores. Dieu bénit sa parole, et l'île presque entière fut bientôt convertie : des églises s'élevèrent dans chaque village, et des catéchistes reçurent le soin de cultiver les chrétientés nouvelles.

Le Père, désirant assurer la conservation de son œuvre, écrivit à Goa pour appeler François de Mancias, Joam de Beira et d'autres missionnaires, afin de constituer dans Amboine une résidence de la Compagnie (*Lettres*, I, 220), destinée à devenir une pépinière de sujets pour les Moluques et les îles environnantes (1).

Pendant que le Saint exerçait son apostolat à Amboine, il y arriva deux flottes : l'une espagnole, de six vaisseaux, envoyée par le roi Charles-Quint pour conquérir de nouvelles îles (*Lettres*, I, 214 et note, 219, 224, 251), et qui revenait en Europe après une campagne inutile. L'autre, portugaise, était de trois vaisseaux. Une contagion qui dévasta ces flottes donna l'occasion au Père d'exercer sa charité. Ces gens de mer, si éloignés des pensées du salut, se voyaient délaissés dans leur impénitence, quand Xavier, revenu de l'intérieur de l'île, se dévoua pour soulager la misère spirituelle de tant d'âmes, pour ainsi dire naufragées au point de vue du salut. Recueillant de tous côtés les remèdes et les aliments nécessaires, il assistait les malades jusqu'à la fin, et ne laissait périr aucune âme. Après la mort des malades, Xavier lui-même ensevelissait leurs corps et leur donnait la sépulture.

Les saintes occupations de l'Apôtre eurent des fruits admirables, et dans toute cette multitude, la grâce divine opéra des conversions sans nombre : l'esprit de piété, la paix et la concorde, si rares parmi les gens de guerre, avaient renouvelé les esprits ; et tous les Portugais, par une généreuse émulation avec la charité du Père, oublièrent les desseins ambitieux des Espagnols leurs rivaux, pour les combler de bienfaits, et pourvoir abondamment à toutes leurs nécessités au temps de leur départ.

Parmi les personnes qui, sur la demande du Père, lui avaient prodigué toutes leurs ressources, se trouvait un riche Portugais

---

(1) Les chrétiens d'Amboine persévérèrent d'une manière admirable. (*Lettres*, I, 192 note.)

nommé Joam d'Araujo. Xavier un jour lui fit demander pour un de ses malades un peu de vin vieux. Araujo le donna, mais en exprimant le désir qu'on ne vînt plus lui en redemander. « Joam d'Araujo, dit Xavier, pense-t-il conserver toujours la possession de ses biens? Avertissez-le de ma part de continuer à donner l'aumône aux infirmes, pour l'amour de Dieu ; car il doit mourir à Amboine, et tous ses biens deviendront le domaine des pauvres. »

Joam d'Araujo reçut cet avis salutaire avec des sentiments bien dignes de la charité qui l'avait dicté : appréciant l'usage qu'il devait faire de ses revenus, et ne se considérant désormais que comme un pourvoyeur et un économe de l'aumône apostolique, il s'occupa de préparer son âme à la mort, et peu de mois après, il termina sa carrière dans les sentiments les plus édifiants. Il n'avait point d'héritiers, et les biens qu'il laissa furent, par déshérence, attribués aux pauvres. Mais, afin que tout fût prodigieux en cette circonstance, sa mort même fut révélée au P. Xavier qui se trouvait alors à Ternate ; et, pendant le Saint-Sacrifice, au moment de l'Offertoire, le Père, se tournant vers le peuple, fit entendre ces paroles : « Mes Frères, Joam d'Araujo, d'Amboine, est mort. Aujourd'hui, dans Amboine, on offre pour son âme le Saint-Sacrifice ; nous le célébrerons à la même intention, et je vous prie de vous souvenir d'Araujo devant Dieu. » Plusieurs jours après, un navire venu d'Amboine à Ternate confirma la nouvelle de la mort d'Araujo.

Après trois mois passés à Amboine, le Père entreprit de visiter les îles voisines, Baranura, Rosalao, Ulate et plusieurs autres.

A Baranura, s'accomplit un touchant prodige, témoignage du maternel amour que Dieu fait éprouver à ses saints, daignant les consoler par des gages sensibles, et condescendre à leur humanité. Près de l'île dont nous parlons, un orage s'élevant mit en danger la barque où se trouvait le Père. Xavier, prenant le crucifix qu'il portait sur sa poitrine, le plongea dans la mer afin d'apaiser les flots ; en effet les vagues se calmèrent, mais le crucifix, échappé des mains du vénérable Apôtre, disparut au sein des eaux, et Xavier en parut profondément affligé. Le lendemain, sur le rivage de Baranura, le Père se promenait avec ses compagnons, lorsqu'un crabe sorti de la mer, et portant le crucifix dans ses pinces, avança jusqu'aux pieds du Saint et y déposa son fardeau. Xavier se prosternant recueillit le crucifix, et le crabe se retira vers la mer. Ce singulier prodige est constaté par la bulle de canonisation du Saint, et les docteurs ecclésiastiques qui ont instruit le procès ont admis comme irréfragables les témoignages qui s'y rapportent.

A Rosalao, dont les habitants avaient été rebelles à la prédication évangélique, le Saint conféra le baptême à un seul homme, auquel il imposa son propre nom de François ; il lui prédit qu'il ferait une mort très-sainte, et qu'il invoquerait à ses derniers moments le nom divin de Jésus-Christ.

En effet, et quarante ans plus tard, ce chrétien, devenu soldat dans les armées portugaises, fut mortellement blessé dans une bataille, et expira dans le camp au milieu de ses compagnons, en exprimant les sentiments les plus touchants, et en répétant sans cesse : Jésus, assistez-moi !

L'île des Ulates fut le théâtre d'un éclatant miracle par lequel il détermina la conversion et le baptême du roi du pays avec tout son peuple. Ce prince, assiégé dans sa ville, était à la veille de se livrer à ses ennemis à cause de la disette d'eau. Xavier trouva moyen de pénétrer dans la place, et se rendit en présence du roi, pour lui promettre le secours du Dieu tout-puissant, maître du ciel et des saisons, s'il voulait embrasser la religion chrétienne. Le roi s'engagea sur la parole du Saint, qui fit élever une grande croix au milieu de la ville et se mit en prières devant la croix : une pluie abondante répondit à la foi du Saint, et les Ulates crurent en Jésus-Christ.

Xavier laissa Joam d'Eyro dans Amboine pour y prendre soin des chrétientés nouvelles, jusqu'à l'arrivée des missionnaires qu'il avait appelés des Indes, et lui-même s'embarqua sur un navire qui allait aux Moluques, de conserve avec le bâtiment d'un Portugais nommé Joam Galvam. Une tempête qui s'éleva sépara les deux vaisseaux, désempara et fit errer sur mer, durant quelques jours, celui de Joam Galvam, et finit par le faire périr avec tout l'équipage. Xavier eut une révélation de ce désastre, au temps même où il eut lieu ; en ce moment, il prêchait au peuple, et s'arrêtant au milieu de son discours, il dit à ses auditeurs : « Recommandez à Dieu l'âme de Joam Galvam, qui a péri dans le golfe. » Après quelque jours, les débris du navire qui furent jetés à la plage,

CHAPITRE QUATRIÈME (1546-1548).

avec le corps même de Joam Galvam, vérifièrent les prédictions du Père.

A Ternate où se rendit d'abord le P. Xavier, il rencontra les mêmes désordres parmi les Portugais, et la même dépravation parmi les naturels, que dans les autres villes de la couronne portugaise. Il eut le bonheur, ainsi qu'il l'écrit lui-même, de ne laisser à son départ que deux pécheurs inconvertis parmi les Européens. Les restitutions se firent avec une ardeur extrême et le bon Père obtint des aumônes si libérales que la Miséricorde de Ternate se trouva la plus riche des Indes, et qu'on vit un individu faire à lui seul élever un collège pour les enfants portugais et indigènes.

Mais la plus admirable conversion fut celle de Néachile, fille du roi de Tidor et veuve du dernier souverain de Ternate. Née mahométane, elle avait de graves causes d'irritation contre les Portugais et étendait ses ressentiments à leur religion. Privée par eux de la régence, après qu'elle les avait accueillis en hôtes, elle avait vu ses propres enfants détrônés et mis à mort par l'effet des intrigues de ces étrangers. Mais cette grande infortune était digne des plus hautes consolations.

Le Saint désira l'entretenir, l'instruisit d'une manière très-parfaite, et la baptisa sous le nom d'Isabelle. Il la fit avancer rapidement dans les voies divines, et, grâce à lui, cette sainte âme recueillit, dans la consommation de sa vertu, le fruit de ses grandes épreuves (*Lettres,* II, 104 et note).

A Ternate, on fit connaître à Xavier l'existence de certaines îles, à soixante lieues vers l'Orient, nommées les îles du More, peuplées de chrétiens qui n'en avaient que le nom, et qui vivaient dans une barbarie extraordinaire. Les rigueurs d'un gouverneur portugais de Ternate avaient ruiné dans l'esprit de ces peuples toutes les semences de la religion ; ils avaient mis à mort Simon Vaz, leur premier pasteur, et les efforts d'un second missionnaire n'avaient point eu de succès. Le P. Xavier ne vit dans les récits effrayants de ses amis qu'un signe de sa vocation auprès des Moréens. Le gouverneur de Ternate, Jordam de Freitas, aussi recommandable par ses vertus chrétiennes que par son courage, après avoir défendu d'abord qu'aucun patron de navire ne transportât le Père aux îles du More, finit par céder à ses instances, en admirant son merveilleux zèle. — Le discours que les historiens mettent dans la bouche du Saint rappellent cette belle sentence de son P. Ignace : *Aimez même les plus méchants des hommes; aimez la foi en Jésus-Christ qui est demeurée en eux; s'ils n'ont plus cette foi, aimez en eux les vertus dont ils sont privés; aimez l'image de Dieu qu'ils portent en leur personne; aimez le sang de Jésus-Christ, prix de leur rédemption.* En effet, les seules îles du More, disait Xavier, n'auraient-elles point de part au bienfait de la rédemption ? Et dans l'héritage de grâce que Jésus-Christ réclamait de son Père, ce peuple infortuné n'aurait-il pas été compté ? Que si leur barbarie est extrême, on devait se souvenir que le sang des ouvriers apostoliques n'est pas moins nécessaire à la culture du champ divin que l'enseignement de la doctrine. Nous ne connaissons pas nous-mêmes toute la valeur qu'eut le sang de Jésus-Christ, quand le Fils de Dieu descendit sur la terre en faveur de toutes nos âmes, et consentit à mourir sur la croix pour chacune d'entre elles. Nous n'avons, selon les paroles de saint Jean, qu'un moyen de répondre au plus touchant des miracles de la charité divine : c'est de croire nous-mêmes à l'amour que Dieu a eu pour nous. »

Pendant la traversée, le Saint, dont l'âme, pénétrée de Dieu, percevait par une vision surnaturelle les joies et les misères des hommes parmi lesquels s'exerçait son apostolat, fut éclairé sur un affreux massacre qui avait lieu dans une des îles du More. Dans une douloureuse extase, il s'écria : « Jésus! on arrache la vie à ces infortunés! » Tous ceux qui l'entouraient désirèrent apprendre la cause de cet élan extraordinaire de douleur; mais le Saint, qui craignait de paraître favorisé des lumières célestes, s'éloigna pour aller s'humilier en présence de Dieu seul. Peu de jours après, sur un rivage où ils abordèrent, les Portugais trouvèrent les corps affreusement mutilés de huit de leurs compatriotes, et ils connurent que leur mort, à l'heure même où elle s'accomplissait, avait été ce déplorable spectacle, présent aux yeux du Saint, et qui lui avait été si amer.

Les premiers habitants qui aperçurent les Européens se sauvèrent dans les montagnes, redoutant la vengeance qu'avait appelée sur leurs têtes le cruel assassinat des huit Portugais. Xavier s'empressa de courir après ces malheureux, comme son divin Maître après ses brebis égarées. Ils cédèrent bientôt à la charité du Saint et à ses paroles, à la fois si touchantes et si simples. Il leur expliquait, en langue malaie, qui était entendue dans toutes ces îles, les vérités du salut, et découvrait à ces peuples baptisés, mais plus idolâtres et mahométans que chrétiens, la grandeur de leur ignorance et de leur misère spirituelle. A sa voix, ces contrées où régnaient, avec toutes les erreurs de l'infidélité, la barbarie la plus sanguinaire, et dont les habitants étaient en guerre avec tous les hommes, et se combattaient sans cesse entre eux, devinrent une des nations privilégiées de l'Église de J.-C., et donnèrent à Xavier les consolations les plus singulières. Dans ce pays dévoré du soleil, et dont la terre, soulevée par un grand nombre de volcans, vomit de toutes parts, au milieu de la fumée et des flammes, des pluies de pierres embrasées, le P. Xavier trouvait occasion d'exhorter les insulaires à la pénitence, en leur présentant ces éruptions de feu comme des images de l'enfer, mais aussi inférieures à la réalité que les effets naturels le sont aux surnaturels. Le 29 septembre, jour de Saint-Michel, un violent tremblement de terre eut lieu, lorsque le Père célébrait le Saint-Sacrifice au milieu d'un grand nombre d'habitants. Tout le peuple sortit en foule de l'église; mais le Père n'interrompit point les saints mystères, et se contenta d'implorer, en faveur de ses néophytes, l'Archange, patron de ces régions infidèles, et député de Dieu, dès l'origine, pour triompher des puissances de l'enfer. Du reste, tous les Moréens considéraient Xavier comme supérieur à la simple humanité, et lui rendaient les honneurs qui appartiennent à un Saint; aussi ses paroles étaient-elles d'une conviction irrésistible. Des villes entières embrassèrent la foi : Tolo, capitale de ces îles et peuplée de 25,000 habitants, se convertit tout entière, ainsi que Momoya. En vain quelques infidèles essayèrent de faire périr le Saint; Dieu le préserva par miracle. Poursuivi et menacé d'être lapidé, Xavier, pour qui l'heure n'était point venue de consommer le dernier sacrifice, traversa, dans un instant, une large rivière, sur une pièce de bois qui s'offrit spontanément à lui.

En même temps les épreuves les plus douloureuses de l'âme et du corps lui furent envoyées par la permission de Dieu, et ce Saint, qui demandait autrefois à Dieu une plus grande abondance de peines, ne trouva, dans l'infinité des souffrances, que de fécondes espérances de salut en faveur de ses chers disciples, et la consolation de s'unir plus intimement au sacrifice de son Seigneur Jésus-Christ.

Les îles du More furent nommées par lui les îles de la Divine-Espérance, en mémoire des bénédictions dans lesquelles s'étaient changés les douloureux présages du passé.

Rappelé à Goa par les affaires de la Compagnie et par la nécessité de pourvoir à l'indigence spirituelle des nouveaux convertis, qu'il laissait sans ouvriers évangéliques, le P. Xavier quitta les îles du More pour Ternate, où il demeura trois mois, rendant tous les services de son saint ministère aux zélés chrétiens de cette île, qui lui représentaient les premiers fidèles de l'Église de Jésus-Christ.

Mais le principal objet de son zèle fut le roi même de Ternate, Cacil Aërio, que les traitements cruels des Portugais avaient violemment indisposé contre la religion chrétienne. En effet, la propre mère de ce prince avait été mise à mort par les ordres du gouverneur portugais de la citadelle de Ternate : Aërio lui-même, fait prisonnier sans motif légitime, avait été chargé de fers et envoyé captif à Goa. Plus tard, il est vrai, on lui avait rendu ses États et sa dignité ; mais, outre ses préventions si malheureusement fondées, l'influence des passions retint Cacil Aërio dans les engagements du vice et dans les erreurs mahométanes : on le vit même devenir le persécuteur de ses sujets chrétiens et en particulier de la princesse Isabelle.

Xavier convertit seulement deux sœurs de ce prince et plusieurs de ses principaux serviteurs. En quittant Ternate, il laissa aux habitants, comme un testament de sa charité si apostolique, une longue instruction en langue malaie sur les mystères et la morale du christianisme. Cette instruction fut depuis répandue dans tout l'Orient. Les jours de fête, elle était lue dans les assemblées, et elle était écoutée, comme si elle émanait de la bouche même du saint Père.

Dans Amboine où l'Apôtre se rendit ensuite, il trouva des vaisseaux portugais dont les équipages lui occasionnèrent beaucoup de travail : il fit élever au bord de la mer une petite chapelle où il instruisait les Portugais ; et, après leur départ, il visita les sept villages chrétiens de l'île, et fit planter partout des croix pour la consolation des fidèles. Une de ces croix, au pied de laquelle des femmes chrétiennes qui priaient avec ferveur obtinrent une pluie abondante, devint célèbre dans toute la contrée. En effet, ces pieuses chrétiennes, indignées de voir supplier les idoles pour en obtenir la cessation d'une sécheresse, et se souvenant de la parole du Saint, que tout ce qu'on demandait au pied de la Croix pouvait s'obtenir de Dieu, n'hésitèrent pas à se mettre en prières, et virent exaucer leur foi par un miracle immédiat. On vit plus tard, dans une incursion des Javares, des effets plus admirables encore de la foi des Amboinais, qui, pour conserver leur religion, et pour sauver des outrages des païens les objets de leur culte et une croix plantée par le P. Xavier, souffrirent en grand nombre tous les tourments et la mort, par l'effet de la grâce toute-puissante de Jésus-Christ, qui les confirma jusqu'au martyre.

Ce fut sans doute après ce second voyage à Amboine, et avant de revenir à Malacca, que le P. Xavier visita Macassar, premier et principal objet de son voyage. Il ne nous a été conservé que peu de témoignages à cet égard, et les lettres du Saint ne parlent point de sa prédication dans cette île. Il est constant néanmoins qu'il en convertit et baptisa le souverain avec son fils, et un grand nombre de ses sujets, ainsi qu'il est constaté par les actes de la canonisation du Saint.

Au mois de juillet 1547, l'Apôtre des Indes était de retour à Malacca, où l'attendaient trois religieux de la Compagnie, Joam de Beira et Nunez Ribeiro, prêtres, et Nicolas Nunez, Frère. Mancias n'était point venu, préférant à l'obéissance la satisfaction de sa volonté propre. Xavier l'exclut de la Compagnie, malgré ses qualités éminentes, aimant mieux se priver d'un bon ouvrier que de conserver dans la Compagnie un membre désobéissant. Avec les trois religieux étaient arrivés sur la flotte de D. Pérez de Tavora plusieurs autres Confrères : les PP. Henri Henriquez, François Henriquez, François Pérez et Alonzo Cypriano, et les FF. Balthazar Nunez, François Adami et Manoël de Moralez. Tous ces religieux avaient été distribués entre Goa, le cap Comorin et la côte de la Pêcherie. Les trois religieux venus à Malacca partirent au bout d'un mois pour la mission des Moluques.

Tandis que le Saint, attendant un navire pour revenir à Goa, portait à lui seul le poids du ministère spirituel dans la ville de Malacca, un événement survint qui accrut d'une manière immense sa réputation dans les Indes.

Les rois mahométans, remplis de haine pour le nom chrétien et pour la nation portugaise, avaient formé le dessein d'anéantir Malacca. L'un d'eux, Alaradin, roi d'Achem, avec 5,000 soldats, après avoir ravagé les côtes et s'être emparé du port au-dessus de la ville, entra le 9 octobre 1547 dans le port principal, avec soixante grands navires et un nombre considérable de bâtiments légers. Bajaja Soora, amiral de la flotte, avait déjà reçu de son maître un titre de souveraineté, comme récompense de la conquête future. La plupart des bâtiments portugais furent détruits dans le premier engagement, et l'amiral mahométan provoqua dans une lettre insolente D. Francisco de Mello, gouverneur de la ville, à une bataille rangée.

Le P. Xavier, appelé par le gouverneur, descendit vers lui de l'église Notre-Dame-du-Mont, où il venait de célébrer les saints mystères, lut la lettre de défi, et levant ses regards au ciel, conseilla d'accepter la bataille, pour l'honneur portugais et pour la gloire de la religion. « Si Dieu est avec nous, s'écria le Saint, qui sera contre nous? Nous n'avons à opposer à l'ennemi que huit faibles bâtiments, en désordre et désemparés ; mais Dieu donnera la victoire aux siens. » Il embrassa l'un après l'autre les capitaines de navires, qui tous assistaient au conseil, assigna son bâtiment à chacun, et pressa le gouverneur Mello de hâter ses dispositions. Il voulait accompagner la flotte; mais les habitants, croyant que tout serait perdu si le Père s'éloignait, ne voulurent point y consentir.

A la veille du départ, le Saint rassembla les deux cents hommes qui composaient l'expédition, et représentant à leurs yeux les plaies de Jésus-Christ, par lesquelles ils pouvaient s'assurer contre la crainte des blessures et de la mort, il promit d'élever sans cesse les mains vers le Ciel, et d'accompagner en esprit ses généreux frères. Tous alors d'une commune voix jurèrent de rendre à leur Dieu vie pour vie ; tous se confessèrent et reçurent la communion des mains du P. Xavier.

Le premier navire se perdit à la sortie du port, et tout le peuple en fut consterné ; mais Xavier, en ce moment à l'autel, et qui allait consommer la sainte Hostie, imposa silence de la main à l'envoyé du gouverneur. Après le Sacrifice, « Retournez, dit-il, et dites à votre maître que la perte d'un navire ne doit pas nous faire perdre courage; » et se prosternant devant l'image de la Sainte-Vierge : « O mon Jésus, amour de mon cœur, s'écria-t-il, tournez vers nous un regard favorable; et vous, Très-Sainte-Vierge, soyez notre médiatrice! O Seigneur Jésus, considérez vos plaies sacrées, et souvenez-vous qu'elles nous donnent le droit de tout vous demander! »

Déjà sans doute il avait connu que cette épreuve n'était que pour la gloire de Dieu. Le peuple et les soldats pressèrent unanimement le conseil de laisser l'expédition s'accomplir, selon le serment fait la veille en présence de Jésus-Christ. Alors le Saint, prenant la parole, leur dit : « Le bâtiment perdu sera bientôt remplacé; avant le coucher du soleil, il nous arrivera de meilleurs navires. Je vous l'annonce de la part de Dieu. »

A l'heure exprimée, du haut des tours de Notre-Dame-du-Mont, on vit paraître deux voiles. C'étaient les bâtimens portugais de Diogo Soarez Gallego et de Balthazar, son fils. Xavier entra dans une barque, alla les reconnaître et les amena dans le port.

François Deza, chef des Portugais, se vit alors à la tête de 230 hommes montés sur neuf navires, et sortit du port le 25 octobre, après avoir reçu des mains du Père son étendard solennellement béni.

Mille bruits coururent de la défaite absolue des Portugais, et le sultan de Bintang, avec trois cents voiles, vint attendre à six lieues de Malacca la nouvelle certaine de ce désastre, afin d'envahir la place. Mais rien n'altéra la confiance de Xavier et le courage qu'il avait inspiré au gouverneur Mello.

Cependant la flotte rencontrait les Achénois dans la rivière de Parlez, au royaume de Queda. L'amiral Deza se jeta dans une barque, l'épée à la main, et visita tous ses bâtiments, conjurant tout le monde de ne pas oublier les paroles du P. François, et leur rappelant que Jésus crucifié devait être le signe et le gage de leur espérance.

Après une mêlée très-sanglante pour les ennemis, la victoire demeura aux Portugais. Quarante-cinq bâtiments pris, trois cents pièces d'artillerie conquises, un butin immense, la délivrance de deux mille prisonniers indiens, furent les résultats de cette bataille héroïque; et le roi de Parlez, dont les États avaient été désolés par les Achénois, et dont un grand nombre de sujets venaient d'être délivrés, s'engagea par reconnaissance à payer tous les ans un tribut au roi de Portugal.

Malacca connaissait déjà la victoire des siens. Le P. Xavier, prêchant à dix heures du matin dans la cathédrale, le dimanche 4 décembre, au moment même où le combat s'engageait, s'arrêta dans son discours, et changeant de sujet, parla d'une manière énergique de la rencontre des flottes ; puis, s'échauffant dans son inspiration et s'adressant les larmes aux yeux à son Crucifix : « Ah ! Jésus, Dieu de mon cœur, Dieu des miséricordes, je vous conjure par les mérites sacrés de votre Passion de ne point abandonner vos soldats. » Après quelques moments de recueillement, il s'écria de nouveau : « Jésus-Christ, mes Frères, a vaincu pour nous. A cette heure présente, les soldats de son nom achèvent leur victoire ; un grand carnage a eu lieu, et nous n'avons perdu que quatre des nôtres. La nouvelle en arrivera vendredi, et nous reverrons bientôt la flotte. »

Le soir même, le Père assembla dans l'église de Notre-Dame-du-Mont les femmes et les mères des soldats de l'expédition, et leur fit entendre les mêmes consolations.

La frégate envoyée par Deza arriva le vendredi, et bientôt après la flotte entra dans le port.

Le P. François, le crucifix à la main, suivi de tout le peuple, alla recevoir les vainqueurs, et tous, mêlant leurs voix, rendirent à notre Sauveur de solennelles actions de grâces.

CHAPITRE V.

(1548-1549.)

Le Père se disposait à partir pour les Indes, lorsque la divine Providence fit arriver à Malacca un Japonais, nommé Anger, qui devait lui ouvrir un nouvel apostolat. Cet homme, agité par sa conscience, avait en vain cherché la paix de son âme dans la conversation des Bonzes. Cette paix, qui réside uniquement dans la grâce de Dieu, ne devait habiter en son âme qu'après le baptême.

Le Japon avait été découvert en 1542 par les Portugais, et déjà les marchands en fréquentaient les ports. Fernam Mendez Pinto, dans un récit où l'amour-propre et le goût du merveilleux ont sans doute leur part, a raconté les premiers événements de cette découverte.

Anger, plein des remords d'une vie dissipée et violente, avait fait connaître à des marchands portugais le trouble de son âme. Ceux-ci lui indiquèrent à Malacca un sage et savant religieux, le P. François-Xavier, expert en matière spirituelle, et qui, par de pieuses consolations, tranquilliserait sa conscience. Anger se résolut à l'aller trouver et partit avec deux domestiques. Il ne rencontra pas à Malacca le Saint, qui était aux Moluques. Dans son angoisse, il voulut repartir, fut rejeté vers la Chine par les mauvais temps, et enfin Alvaro Vaz, le marchand à qui d'abord il avait parlé, l'encouragea de nouveau et le ramena dans Malacca.

Xavier accueillit Anger avec bonté et lui promit de calmer ses esprits. — En même temps, notre Saint connut par une révélation divine que cet homme était comme les prémices et le gage d'une mission nouvelle et immense qui lui était réservée.

Xavier reçut d'Anger des informations étendues sur l'état du Japon et sur les dispositions de ses habitants pour embrasser la religion chrétienne.

L'homme de Dieu ne voulut point alors conférer le baptême à Anger, quoique ce dernier, instruit déjà par le capitaine portugais, sollicitât vivement cette grâce. Il voulut que le néophyte se confirmât plus encore dans la foi, et chargea le Portugais Jorge Alvarez de conduire Anger à Goa, pour y être instruit plus à fond des vérités de la religion dans le collége de Sainte-Foi.

Anger y arriva en effet le 20 mars 1548 et fut baptisé solennellement par l'évêque Albuquerque le jour de la Pentecôte. Il reçut le nom de Paul de Sainte-Foi, du collége où il avait été instruit. Un de ses serviteurs reçut le nom de Jean, et l'autre celui d'Antoine.

Xavier, devant visiter la côte de la Pêcherie avant de se rendre à Goa, s'embarqua lui-même sur un navire qui faisait voile pour Cochin.

Dans le détroit de Ceylan, une tempête qui dura trois jours mit le navire en un péril si grave et si prolongé, que la mort seule paraissait devoir terminer cette épreuve. Xavier entendit les confessions de tout l'équipage, et après avoir exhorté tout le monde à faire entre les mains de Dieu le suprême abandon de son existence, il se retira dans une chambre et y demeura prosterné et en prières pendant les coups les plus violents de la tempête. Se relevant enfin, et remontant sur le pont du navire, il se fit donner le plomb de la sonde, et le laissant tomber au plus profond des eaux, il prononça ces paroles : « Grand Dieu, Père, Fils et Esprit-Saint, ayez pitié de nous. » A l'heure même le navire cessa d'être en péril, et le vent s'apaisa miraculeusement. On arriva dans le port de Cochin le 21 janvier 1548.

De Cochin, le saint religieux écrivit au roi de Portugal une lettre (I, p. 244) pleine de conseils évangéliques sur les devoirs souverains, et qui respirait la charité la plus tendre envers le vertueux monarque. Il lui recommandait les chrétiens de Ceylan, persécutés par un roi du pays, et ceux des Indes, victimes des officiers portugais ; enfin, il rappelait au pieux Jean III les intérêts de sa propre âme, et l'arrêt décisif du jugement suprême. Rarement on vit un langage plus sévère et à la fois plus respectueux, en parlant à une tête couronnée ; mais c'est ainsi que s'expriment les saints, et, sans parler des lettres que l'on rencontre souvent dans de pieuses histoires, ainsi parle sainte Catherine de Sienne dans le cours entier de son admirable correspondance.

En même temps, Xavier écrivit au P. Ignace (I, p. 244) pour lui demander des prédicateurs et lui recommander les nécessités des chrétientés des Indes, et au P. Rodriguez (I, p. 247), pour le prier de coopérer aux vues du P. Ignace, et de se rendre, auprès de Jean III, l'avocat des missions d'Orient.

Le Père entreprit ensuite de visiter la côte de la Pêcherie. Les Pallawares, ses fils aînés en Jésus-Christ, le reçurent avec des transports de joie, rendant, dit le P. Lucena, à Dieu la gloire, et à Xavier mille actions de grâces. Le Père fut infiniment consolé de voir leur persévérance, leurs progrès dans la piété, et les merveilleux travaux des religieux de la Compagnie employés dans ces contrées. Ces ouvriers apostoliques étaient alors les PP. Antonio Criminale, Henri Henriquez, Alonzo Cypriano, Francisco Henriquez, et les FF. Francisco Adami, Manoël de Moralez et Balthazar Nunez. Enflammés d'une sainte émulation, ces religieux se prodiguaient à leur troupeau, et leur communiquaient le zèle et le courage à confesser la foi. Les historiens en citent plusieurs exemples qui rappellent les temps de la primitive Église.

A Manapar, où Xavier demeura quinze jours, il rassembla tous les missionnaires de la côte, et dans les exercices d'une retraite, il les confirma dans leur ardeur, et les pénétra profondément de l'esprit et des maximes du P. Ignace. Après cette retraite, le Père distribua de nouveau les résidences entre tous ses Confrères, et leur donna pour Supérieur à tous le P. Antonio Criminale. Enfin, il leur prescrivit d'étudier sans relâche la langue malabare, et chargea spécialement le P. Henri Henriquez de composer une grammaire et un vocabulaire de cette langue, selon la forme des méthodes grecque et latine. Un miraculeux succès récompensa l'obéissance d'Henriquez, et en peu de semaines, ce zélé missionnaire accomplit une œuvre, en apparence impossible à un homme récemment arrivé d'Europe et sans nulle pratique des idiomes de l'Inde.

Le Père, en quittant ses bien-aimés Confrères, leur laissa des instructions très-étendues (*Lettres*, I, 264), où se révèle sa science profonde du ministère apostolique.

De Travancore le Saint passa par Ceylan en se dirigeant vers Goa. Il y convertit le roi de Candé, et se rendit auprès du tyran de Jafanapatam, afin d'en obtenir la réparation de ses injustices envers les chrétiens. Ce dernier souverain parut touché des exhortations du Saint, et s'engagea même à se faire chrétien avec tous ses sujets, si le gouverneur des Indes consentait à lui accorder une paix honorable, comme aux autres souverains tributaires.

Ce fut en cette année 1548 que le P. Ignace, afin de récompenser et d'exciter encore la vertu des missionnaires employés dans les Indes, admit dans la Compagnie, avec le titre de coadjuteurs spirituels, Nicolas Lancilotti, Paul de Camerino, Antonio Criminale et Alonzo Cypriano : ce furent les premiers en Orient qui obtinrent ce privilége.

On doit posséder dans les archives du Gesù à Rome la lettre du P. Lancilotti. Nous donnons dans notre *Appendice* (n° IX) celle de Criminale, écrite en un style simple, mais où paraît l'éminente vertu de ce vénérable Père.

Le Père, accompagné d'un ambassadeur du roi de Candé, arriva à Goa dans le printemps de 1548 : il avait été trois ans absent de cette ville. N'y rencontrant point le gouverneur D. Joam de Castro, qui se trouvait à Baçaïm, il prit de nouveau la mer, pour aller traiter avec ce seigneur les intérêts de la religion.

Laissant aux historiens le soin de raconter les exploits héroïques de Joam de Castro, nous louerons seulement le zèle et la piété auxquels il dut de faire une sainte mort entre les bras de notre Apôtre. Il accueillit Xavier avec une vénération profonde, et accorda des conditions favorables au roi ceylanais. En même temps, il fit choix d'Antonio Moniz Barreto pour commander la garnison portugaise de Jafanapatam. Mais le prince mahométan viola plus tard les conditions du traité, et par cette conduite il attira sur sa tête les châtiments les plus rigoureux.

A Baçaïm, Xavier fit la rencontre d'un jeune homme de naissance illustre, dont il délivra l'âme du péché de la manière la plus admirable. Il avait autrefois connu dans Malacca ce jeune homme, nommé Rodrigo de Siqueira, lorsque celui-ci, qui venait de commettre un meurtre, s'était réfugié dans l'église, et s'attendait à toute heure à recevoir la punition de son crime. Xavier l'avait confessé, avait obtenu sa grâce, et lui avait seulement imposé de quitter les Indes, où son âme était en danger de se perdre, et de se retirer en Portugal. Siqueira l'avait promis ; mais, par la faveur du gouverneur, il avait été investi d'une charge de finances à Baçaïm : il perdit la pensée du Portugal, et retomba dans une vie licencieuse.

A Baçaïm, ainsi que nous l'avons dit, il rencontra Xavier au milieu d'une place, et s'avança pour le saluer et lui baiser les mains. Le Père, l'accueillant avec une sévérité charitable : « Était-ce là, mon fils, lui dit-il, ce que vous m'aviez promis ? Ne deviez-vous pas vous rendre, par obéissance, de Malacca en Portugal ? » Et révélant ce qu'une vue intérieure découvrait à son esprit : « La protection du gouverneur vous a-t-elle permis de vivre comme les créatures dépourvues de raison, et de demeurer deux années sans confesser vos péchés ? En vérité, mon fils, ajouta-t-il, jamais nous ne serons amis, tant que vous serez l'ennemi de votre Dieu. »

Les pieuses paroles de ce charitable Père changèrent Siqueira en un autre homme ; il confessa sa faute, et mena dès lors une vie exemplaire, s'approchant chaque semaine des divins sacrements, et pratiquant toutes les œuvres de miséricorde et de charité qui accompagnent la pratique assidue des saints mystères. Siqueira rendit lui-même témoignage de sa vie coupable et de sa conversion, dans le procès de la canonisation du Saint.

Dom Joam de Castro que les devoirs du gouvernement retenaient à Baçaïm, obtint du Saint la promesse, que celui-ci passerait l'hiver à Goa. Castro désirait traiter avec lui les affaires de sa propre conscience, et se réservait ce temps pour en accomplir le devoir. Mais nous verrons que la Providence en avança l'époque, et disposa toutes choses, à la fois pour la consolation spirituelle et le salut du gouverneur, et pour les progrès ultérieurs de l'apostolat du Saint.

A Goa, le Père était attendu par Côme de Torrez et par le Japonais Anger. Côme de Torrez, prêtre de Valence, était venu de la Nouvelle-Espagne aux Moluques sur la flotte envoyée par l'empereur Charles-Quint. L'esprit intérieur le conduisait, à travers de continuelles inquiétudes, vers le terme de sa vocation. A Amboine, il avait conçu le désir de s'attacher à Xavier; mais craignant encore, à cette heure, les fatigues inséparables du ministère apostolique, il avait différé d'entrer dans la voie plus étroite, et, se rendant à Goa, il avait reçu de l'Évêque les fonctions de son vicaire et l'administration d'une paroisse de la ville. Mais cette vie paisible ne put suffire au grand cœur de Torrez; aussi bientôt il n'hésita pas à se démettre de sa dignité, et à pratiquer, dans le collège de Saint-Paul, sous la direction du P. Lancilotti, les saints exercices de la Compagnie. Xavier, en arrivant à Goa, reconnut dans Torrez les éminentes qualités d'un prédicateur et la vocation d'un apôtre; il l'admit dans la Compagnie, et prit soin lui-même de former son esprit selon les règles de l'Institut.

Anger et ses deux serviteurs reçurent, vers le même temps, le sacrement de Baptême, par les mains du vénérable évêque de Goa, le jour de la Pentecôte. Le P. Xavier raconte en ses lettres (t. II, p. 84) les précieuses consolations que lui donnèrent les nouveaux chrétiens.

Anger dit alors au Saint que depuis longtemps il courait au Japon un bruit vague, et comme une prophétie, que des hommes étrangers viendraient en cet empire afin de prêcher une loi beaucoup plus sainte et plus parfaite que celle qui avait été observée jusqu'alors.

Le Saint lui fit faire les exercices de saint Ignace, et Anger les pratiqua durant trente jours avec une ferveur singulière.

En voyant cette ferveur, le Saint conçut une grande idée du caractère et des dispositions des Japonais.

Il se mit en prières, et ordonna à ses religieux de célébrer un grand nombre de messes ; et après avoir invoqué les lumières d'en haut, il connut par une inspiration divine que sa vocation l'appelait au Japon.

Vers la fin de l'été, D. Joam de Castro fit partir une flotte pour aller prendre possession d'Aden, ville d'Arabie, à l'entrée du golfe Persique. Xavier, dévoré du zèle des âmes, avait éprouvé la plus vive douleur en voyant la vie criminelle d'un Portugais, le plus vaillant parmi ses compagnons, mais devenu, par ses vices, un enfant du démon. Dans sa charité parfaite, il eut compassion de cette âme, et voici quelle fut son industrie, afin de la sauver.

Le saint Apôtre alla trouver cet homme, et lui offrit d'être son compagnon, et de monter avec lui sur le même navire. Au temps où la flotte se mit en mer, Xavier, prenant son bréviaire, suivit sur le vaisseau son nouvel ami. Dom Alvare de Castro, fils du gouverneur, qui commandait l'expédition, et tous les Portugais, se réjouirent singulièrement de la présence du Saint. Celui-ci, se faisant tout à tous, dirigeait néanmoins sa principale pensée vers la brebis errante qu'il s'était promis de ramener à son Dieu. Pendant les premiers jours de la navigation, il entreprit de se familiariser avec le soldat, assistant à ses nuits de jeu, ne paraissant point entendre ses blasphèmes, et lui adressant, par intervalles, des réflexions amicales sur les devoirs de la religion et sur l'intérêt de son âme. Un jour, enfin, le Père demanda familièrement au soldat depuis combien de temps il ne s'était pas confessé. Le soldat fit l'aveu que depuis dix-huit ans il n'avait point purifié sa conscience : s'étant, seulement dans une occasion fortuite, et plutôt par le respect humain de paraître un infidèle que par le regret de ses fautes, présenté devant un des prêtres de Goa, il s'en était vu rejeté, et dès lors, il s'était replongé dans une impénitence aveugle.

Xavier, le consolant, répondit qu'à la vérité la sévérité du prêtre était faite pour l'affliger, mais que, sans doute, cet ecclésiastique avait eu ses raisons pour le renvoyer ; que lui, Xavier, avait les siennes pour l'admettre aux effets de la divine miséricorde. Il lui offrit d'entendre sa confession, et bientôt, en effet, le soldat lui confessa les crimes de son existence. Or, la flotte s'étant arrêtée à Coulam, le Père et son pénitent descendirent à terre, et Xavier, comme autrefois à Cananor, voulut accomplir la pénitence du pécheur. Venant d'imposer au soldat seulement un *Pater* et un *Ave* pour la réparation de ses fautes, il s'infligea, dans un endroit retiré, la discipline la plus rigoureuse. Le soldat entendant le bruit, accourut sur la place, et fut témoin de ce sacrifice héroïque. Saisi d'une pieuse émulation, le pécheur repentant voulut partager la peine, et dès lors conçut le dessein d'une salutaire pénitence. Au retour de l'expédition d'Aden, cet homme vécut et mourut dans les sentiments les plus édifiants.

Pour le Père, il avait quitté la flotte à Coulam, et son œuvre étant accomplie, il avait regagné Goa, pour y continuer son ministère.

Xavier était de retour à Goa, lorsque le gouverneur D. Joam de Castro revint lui-même de Baçaïm, couvert de gloire par ses expéditions guerrières, mais atteint mortellement d'une fièvre lente qui devait en peu de semaines le mettre au tombeau. Les honneurs du triomphe dont il avait joui l'année précédente et qui, disent les historiens, avaient fait ressembler sa victoire à celle d'un païen, tandis que ses hauts faits étaient ceux d'un chrétien; ces honneurs qui lui furent offerts de nouveau furent déférés par lui, d'après les conseils de Xavier, à saint Thomas, et l'on rendit hommage par de grandes fêtes à l'Apôtre dont on venait alors de découvrir les reliques.

Cependant, Castro sentait la vie l'abandonner, et dans le temps même où son souverain lui adressait des lettres de vice-roi, et lui prorogeait pour trois ans le gouvernement des Indes, ce grand homme remettait à un conseil d'État l'administration des affaires, et se recueillait pour mourir, sous la direction sainte du P. François Xavier. Il reçut de ses mains les divins sacrements, et dirigé par ce pilote sûr, il entra plein de confiance dans le port de l'éternité, le 6 juin 1548 (Voir *Lettres,* I, 189, note) (1).

Le Saint, dégagé par la mort de Castro de la promesse qu'il lui avait faite de demeurer près de lui dans Goa pendant le prochain

---

(1) D. Joam de Castro eut pour successeur D. Garcia de Sà, substituant D. Joam de Mascarenhas, désigné le premier dans les lettres de succession, mais absent alors des Indes.

hiver, résolut de visiter de nouveau ses chrétiens de la Pêcherie, avant d'entreprendre la mission lointaine du Japon.

Mais la mousson n'étant point formée, il dut attendre à Goa le temps favorable, c'est-à-dire le mois de septembre, pour se mettre en mer : et désireux de renouveler et d'accroître ses forces spirituelles avant de se livrer à des œuvres aussi immenses, quand il avait accompli pendant le jour tous les ministères de l'apostolat à l'égard du prochain, il passait la plupart des nuits dans une tribune de l'église, vis-à-vis l'autel où reposait le très-saint Sacrement, et dans cette contemplation sainte, prémices véritables de l'éternelle vie, il éprouvait de tels ravissements et des extases si sublimes, que souvent on l'entendit, entr'ouvrant ses vêtements à l'endroit de sa poitrine, s'écrier : « Assez, assez, Seigneur ! » exprimant par là de quelles délices son âme était inondée, et que son cœur faisait comme un effort, pour sortir de son enveloppe humaine et tendre vers son Dieu. (*Voir* le P. Vieyra, *Xaverius dormiens, sermo secundus.*)

Et, dans le même temps, notre admirable Saint, couvrant ces splendeurs de la lumière divine sous un voile d'humilité, de douceur et d'affabilité religieuses, paraissait au milieu des hommes dans le ministère de Marthe, comme le plus simple et le plus vigilant des serviteurs apostoliques (1). Souvent il quittait Dieu pour Dieu, c'est-à-dire, selon le précepte de saint Ignace, qu'il se dérobait pour un temps à la conversation avec Jésus-Christ, pour accomplir les œuvres du saint ministère ; et lorsqu'il avait servi le prochain, il revenait avec un nouvel amour aux délices de l'oraison et de la solitude.

Le 4 septembre, un navire du Portugal amena de nouveaux missionnaires ; c'étaient Melchior Gonçalez (II, 23, et note), Gaspard Barzée (II, 17, et note), Balthazar Gago (II, 98 et note), Joam Fernandez (II, 111, et note), et Egidio Barreto (II, 270,

---

(1) Le P. Xavier, dit le P. Lucena, priait beaucoup vocalement, faisant précéder chacune des Heures de l'Église de l'hymne *Veni Creator*, et n'hésitant pas à recommencer chaque partie de l'office, si une œuvre charitable l'avait interrompu. Il récitait toujours l'office des neuf leçons, quoiqu'il eût obtenu la permission, pour ses missionnaires, de réciter seulement celui de trois leçons.

et note). Sur un second navire étaient Antonio Gomez (II, 8 et note), Paul Vallez (II, 307 et note), François Fernandez, Manoël Vaz et Louis Froez. Xavier accueillit avec joie les premiers, avec lesquels il passa seulement cinq jours : et se réservant d'embrasser les autres à son retour, il prit la mer le 9 septembre, pour aller visiter ses chrétientés chéries du Comorin et du Travancore.

Au Comorin, les Badages désolaient toujours les pêcheurs des côtes; le F. Manoël Moralez, fait prisonnier par eux, n'avait dû la vie qu'à la rançon énorme offerte par ses chrétiens.

Parmi les épreuves et les fatigues des missionnaires, Dieu toutefois manifestait sa gloire et consolait ses serviteurs par une infinité de prodiges. Des châtiments divins infligés aux impies, la guérison d'un grand nombre de malades par l'effet de l'eau bénite et par la puissance des prières, confirmaient ces chrétiens fervents dans les voies du salut. En peu de temps, le troupeau de l'Église, au cap Comorin, compta plus de cinquante mille âmes. Tous les jours les Pallawars allaient faire leurs prières en commun dans les chapelles des villages, avant de se livrer au travail, et, le soir, ils accomplissaient le même devoir. La pratique des vertus chrétiennes, excitée et multipliée par la souffrance, rendait tous ces néophytes un spectacle digne des anges et des hommes. Le P. Xavier en fut profondément consolé, et sa charité prodigua les plus touchants encouragements à ses missionnaires et à leur peuple.

A Travancore, sur l'autre versant des montagnes, on opérait des fruits médiocres, mais on souffrait davantage. On peut lire, dans une lettre du Saint (I, 264), les admirables avis adressés aux religieux occupés dans cette mission.

Le 22 octobre, Xavier partit pour se rendre à Goa, en passant par Cochin, où il demeura deux mois, qu'il employa pour la réforme et la consolation de cette ville. En février 1549, il se rendit à Baçaïm, auprès du nouveau gouverneur, D. Garcia de Sà, afin de prendre ses ordres et ses recommandations pour le voyage du Japon ; et, en mars, il était de retour à Goa, pour les derniers préparatifs de cette glorieuse entreprise.

En vain, ses amis mirent tout en œuvre pour rompre son dessein. Xavier, plein de sa vocation, et supérieur à tous les dangers, détruisait par de saintes paroles toutes les objections de la prudence humaine, et combattait par les espérances de la foi les pré-

f

sages de ses amis. On avait nouvellement répandu le bruit de son martyre, tandis qu'il parcourait les contrées de Comorin et de Travancore; mais ni ces sinistres bruits, ni l'appréhension des pirates et des ouragans de la mer, ni la crainte des nations barbares n'avaient accès en son cœur, et tous ces sentiments héroïques, il les exprima dans les lettres qu'avant de partir il écrivit en Europe.

En même temps, exposant à son père Ignace (*Lettres*, II, 1) les besoins des Indes et la vie des missionnaires, il lui demandait un renfort d'ouvriers, et surtout un recteur de son choix pour le collége de Goa. Mais nous n'essaierons pas d'analyser sa lettre ni celles qu'il écrivit au roi de Portugal (II, 12) et au P. Rodriguez (II, 16 et 29). Nous laisserons parler notre Saint, pour reprendre le récit là seulement où ce récit devient nécessaire.

Xavier établit le P. Paul de Camerino, supérieur en sa place des missions des Indes, et mit le P. Antonio Gomez à la tête du collége de Saint-Paul. Il laissa, pour tous ses Confrères, des instructions admirables qui pour la plupart nous ont été conservées. Nous possédons heureusement les lettres au P. Paul de Camerino (*Lettres*, II, 73) et aux autres Pères qu'il envoyait dans différentes parties des Indes. Tout le monde, en effet, demandait de ces missionnaires, qui renouvelaient les mœurs portugaises dans les villes royales et qui dilataient merveilleusement le domaine de Jésus-Christ parmi les infidèles.

Le P. Alphonse de Castro (II, 101, note) fut envoyé aux Moluques; Alphonse Cyprien (II, 21, note), à Saint-Thomas de Méliapour; Nicolas Lancilotti (I, 193, note), à Coulam; Melchior Gonçalez (II, 23), à Baçaïm; enfin, à Ormuz, le P. Gaspard Barzée (II, 17, note). Chacun d'eux était accompagné d'un Frère, pour le seconder dans ses œuvres.

Nous ne voulons point nous étendre sur ces différents missionnaires, renvoyant aux lettres où leurs noms sont cités la notice abrégée de leur vie et de leurs vertus.

Au mois d'avril 1549, Xavier s'embarqua de Goa pour Cochin, où il devait prendre un autre navire allant à Malacca. Il était accompagné du P. Côme de Torrez, du F. Joam Fernandez et des trois Japonais convertis, Anger et ses deux serviteurs.

Le 31 mai, le Père était à Malacca (II, 80), où il rendit au vicaire de l'évêque, Alphonse Martinez, le plus précieux service qu'une âme désespérée puisse recevoir en ce monde. Martinez, après un ministère de trente ans, se vit tellement effrayé de la présence de la mort, et reconnut tellement, au moment de ce passage, l'irrégularité de sa vie et l'abus qu'il avait fait de la grâce, que, se déclarant condamné par avance à la mort éternelle, il s'abandonna sans espoir à d'horribles fureurs et au délire de l'impénitence. A la nouvelle de l'arrivée du Père, Martinez, qui malgré sa vie peu régulière avait toujours éprouvé pour l'homme de Dieu la plus profonde vénération, voulut se lever et courir embrasser ses genoux ; mais il défaillit, et retomba dans ses déplorables crises. Xavier accourut à la maison du vicaire : il entreprit de faire violence au ciel et d'obtenir une mort chrétienne pour ce prêtre désespéré. Se prosternant devant Jésus-Christ, il fit vœu de célébrer le Saint-Sacrifice un grand nombre de fois en l'honneur de la T.-S. Trinité, de la bienheureuse Vierge Marie, des saints Anges et de différents saints. Aussitôt Martinez se sentit calmé, et recevant des mains de Xavier les Sacrements de l'Église, fit une mort édifiante en invoquant le nom de Jésus.

Dans Malacca, deux religieux de la Compagnie, Perez et Oliveira, remplissaient avec un grand zèle le ministère des missions. (*Lettres,* II, 123). Auprès d'eux vivait, selon leur règle, en attendant d'être reçu par le Père, un jeune Portugais appelé Joam Bravo. Ce vertueux novice, pour qui le Père écrivit une instruction étendue, fut plus tard un parfait religieux, et mourut recteur du collége de Goa (II, 136).

Le 24 juin, Xavier, comblé de bons offices et muni, par les soins de D. Pedro da Silva, gouverneur de Malacca, de riches présents pour le souverain du Japon, fit voile de Malacca pour cet empire. Xavier a raconté lui-même, avec étendue, tous les événements de ce voyage, et nous en laissons le récit à ce vénérable Père (*Lettres,* II, 141).

Ce fut le 15 août 1549, jour de l'Assomption de la Très-Sainte-Vierge, que le saint voyageur descendit sur la terre du Japon.

CHAPITRE VI.

(1549-1551.)

Cet empire ignoré du vieux monde pendant une longue série de générations, où pendant les deux siècles postérieurs à sa découverte la religion de Jésus-Christ a compté d'innombrables martyrs, qui depuis a été de nouveau fermé pour notre Europe, voit enfin ses barrières abaissées : et qui sait si nos missionnaires ne découvriront pas les étincelles du feu divin cachées dans ses montagnes et au creux de ses vallées ; si, remuant cette terre autrefois parsemée de saintes sépultures, ils ne recueilleront pas, avec les croix ensevelies par les fidèles, les ossements vénérables des anciens martyrs ; et si la Croix de Jésus-Christ, relevée d'hier dans Constantinople, ne sera pas aussi relevée par les nations chrétiennes à l'autre horizon de l'Asie, pour présider aux destinées futures de l'Église japonaise !

Nous n'avons point à décrire ici l'étendue et les divisions de l'empire japonais, ni sa constitution et son histoire. Nos mémoires sur ce grand empire sont pleins de fables et d'erreurs, et interrompus par de vastes lacunes, jusqu'au temps de la découverte européenne. Nous suivrons donc uniquement les faits de notre sujet, et les circonstances qui accompagnèrent le voyage de l'Apôtre.

Paul de Sainte-Foi s'empressa, dès son arrivée, d'aller présenter ses hommages au roi de Saxuma, son souverain (*Lettres*, 11, 163), qui lui pardonna ses anciennes fautes, et qui, prenant intérêt à ses aventures, lui demanda le récit de ses voyages, et le détail des mœurs et du caractère des Portugais. Après que le japonais l'eut satisfait sur ces différents points, le roi, l'interrogeant sur la religion, entendit avec étonnement l'exposition des principales vérités chrétiennes, et Anger lui ayant fait voir un tableau de la Mère de Dieu portant dans ses bras le divin Enfant, il se prosterna lui-même et fit prosterner ses courtisans pour vénérer l'image et celle qui y était représentée, et de qui l'apparence lui semblait plus qu'humaine.

La mère du souverain fut également charmée de la vue du tableau : cette princesse et les dames de sa cour se prosternèrent aussi pour saluer la divine Mère et Jésus-Christ son Fils, et Paul fut prié de raconter la vie de Notre-Seigneur. La même princesse, après quelques jours, fit demander une copie du tableau et un abrégé des récits qu'elle avait entendus. On ne put trouver un peintre pour imiter le tableau ; mais on fit rédiger le livre, et on le transmit à la reine.

Alors le P. Xavier entreprit l'étude de la langue japonaise, langue infinie dans ses profondeurs et dans ses élégances, et qui exige dans son usage une perfection éminente. « Nous redevenons enfants par l'étude, écrivait le Père, et plût à Dieu que nous eussions la simplicité des enfants (*Lettres*, II, 164) ! » En effet, le Saint apprenait humblement les premiers éléments de la grammaire : et l'Esprit-Saint, qui devait lui communiquer, d'abord dans des occasions solennelles, et plus tard comme continuellement, les grâces dont les apôtres s'étaient vus remplis au sortir du Cénacle, voulait lui laisser étudier les éléments des caractères, et les premiers principes de ce nouveau langage, lui réservant, à son heure, le complément parfait de la science. En moins de quarante jours, le Père fut en état de traduire, assisté de Paul, l'*Explication du Symbole,* cet abrégé de la doctrine chrétienne qu'il avait composé dans les Indes. Il en rédigea deux exemplaires, l'un en caractères japonais pour les néophytes, l'autre en caractères latins pour lui-même et pour ses Confrères (*Lettres*, II, 164, 172).

C'est ici le cas d'admirer encore, avec le P. Lucena, par combien de moyens divins et humains l'Apôtre du Japon s'affermissait dans ses voies. Son humilité fut telle qu'il n'entra dans cet apostolat japonais, que lui avait ouverte la vocation divine, qu'avec un profond tremblement. Son oraison était continuelle, ses austérités infinies. Devons-nous donc demeurer surpris des grâces prodigieuses dont notre Dieu, si plein de miséricorde, a comblé ce Vaisseau d'élection; et les riches parfums qui s'en sont exhalés ?

Cependant Paul instruisait sa famille et son voisinage (*Lettres*, II, 163) : et après les avoir instruits, il les amena vers Xavier, qui conféra le baptême à tous les membres de ce petit troupeau.

Le jour de Saint-Michel (1549), Xavier fut reçu par le roi (*Lettres*, II, 172). Ce prince fut rempli d'admiration de ce qu'un homme était ainsi venu des extrémités du monde pour annoncer une religion nouvelle à des peuples étrangers, sans aucun intérêt d'avarice ni d'ambition humaines. « Gardez, dit-il au Père, le dépôt précieux de cette doctrine : quant à moi, je vous autorise à la prêcher à mon peuple : allez, car je permets à tous mes sujets d'embrasser cette foi. »

Aussitôt le Père commença ses prédications publiques. Placé sur un endroit éminent, il élevait les yeux vers le ciel, et y faisait diriger les regards de son auditoire. Ensuite, faisant sur lui-même et sur le peuple le signe de la Croix, il ouvrait son catéchisme et prononçait à haute voix et avec autorité le texte rédigé par lui. Les bonzes, comme autrefois les pharisiens, blasphémaient d'ordinaire en entendant le Saint : le peuple était souvent incrédule, et souvent indifférent : quelquefois même il se montrait hostile et insultait à l'orateur. Xavier, toujours constant, toujours héroïque, continuait sa lecture et exposait avec une dignité sainte les mystères divins et les vérités du salut.

Déjà les questions commençaient à naître, et Xavier répondant, par interprète, éclaircissait les doutes et résolvait les difficultés. Bientôt on vit plusieurs de ses adversaires se confesser vaincus et demander le baptême. Le premier qui se rendit à la vérité fut un homme pauvre et de la dernière condition, Dieu voulant donner cette humble origine à l'Église bénie du Japon. Il fut baptisé sous le nom de Bernard (I, 303, note) et sa vertu le rendit illustre entre tous.

Xavier visita les bonzes (II, 166, 217) afin de s'instruire de leur philosophie et de pouvoir la combattre avec avantage. Le plus considérable d'entre eux, et celui que tous réputaient comme un prodige de science et de sagesse, à ce point qu'on lui donnait le titre de *Nin-chit*, expression japonaise qui signifie *Cœur de vérité*, était un vieillard plus qu'octogénaire. Il accueillit le Saint avec amitié, l'entretint longtemps sur la religion, et finit par laisser paraître ses incertitudes et son ignorance, touchant l'origine et l'essence immortelle de l'âme : mais au point de se rendre et d'échanger son erreur contre la vérité divine, ce vieillard, tout en confessant la réalité des preuves et la prééminence des doctrines, n'embrassa point cette religion sainte, qui ne veut être professée qu'en esprit et en vérité. De même, la plupart des autres bonzes, enchaînés par leurs mauvaises mœurs, demeurèrent, ayant les yeux ouverts, dans leur infidélité, rebelles à l'Esprit-Saint, et plus criminels que le vulgaire ignorant, dont ces maîtres d'erreur avaient fait l'esclave aveugle et abusé du démon.

Après ces premiers succès le Père écrivit au P. Ignace (II, 141) pour lui en rendre compte : en même temps il appela des Indes (II, 174) les PP. Gaspard Barzée, Balthazar Gago et Diogo de Carvalho. Pour les deux premiers, le Saint modifia plus tard ses dispositions. Quant à Carvalho, il était mort d'épuisement avant la réception de la lettre. Le Père annonçait à ses Confrères de Goa (II, 177) la prochaine arrivée dans leur séminaire de deux bonzes japonais qui devaient aller s'y instruire dans la religion chrétienne et dans les sciences d'Europe.

Sur ces entrefaites, une persécution s'éleva contre le nouvel apôtre. Les bonzes (*Lettres*, II, 220), déconsidérés et appauvris par l'effet des prédications du Père, l'attaquèrent d'abord en public et devant le peuple, le traitant d'imposteur et même de démon. Mais le peuple démêla sans peine les motifs de cette guerre, et entendant les solides raisons émises par Xavier, s'édifiant d'ailleurs de sa vie pénitente et plus austère que celle affectée par les bonzes, il lui rendit justice et négligea les clameurs des prêtres idolâtres.

Xavier vit alors sa prédication confirmée par d'éclatants miracles. Se promenant au bord de la mer, il rencontra des pêcheurs dont les filets étaient vides, et qui gémissaient de leur mauvaise fortune. Le Saint en eut pitié et se mit en prières : se relevant après son oraison, il leur conseilla de jeter de nouveau les filets à la mer. Cette fois les filets revinrent si remplis, qu'à peine on pouvait les relever et les attirer sur le rivage. Et, chose merveilleuse ! la baie de Cangoxima, jadis rare en poissons, fut dès lors fameuse par son abondance.

Un jeune enfant, dont le corps était tout enflé et qui en était devenu difforme, lui fut présenté par sa mère : Xavier le prit dans ses bras, et le regardant avec tendresse, lui dit par trois fois : « Que Dieu te bénisse, mon enfant ! » et il le rendit à sa mère dans un état naturel, et brillant de santé.

Un lépreux qui vivait en dehors de la ville fit prier le Père de venir le visiter. Xavier, ne pouvant y aller lui-même, envoya son compagnon, en lui ordonnant de demander par trois fois à l'infirme s'il croirait en Jésus-Christ dans le cas où sa lèpre serait guérie, et en lui recommandant de faire par trois fois le signe de la Croix sur cet homme, s'il promettait fermement d'embrasser la foi. Tout se passa comme le P. Xavier l'avait ordonné : le malade promit, fut guéri par le signe de la Croix, et demanda le baptême.

Enfin le plus glorieux miracle qu'opéra le Saint dans Cangoxima, fut la résurrection d'une jeune fille. Cette enfant venait d'expirer, et son père, un idolâtre, était éperdu de douleur : des néophytes qui le visitèrent avant les funérailles, l'engagèrent à recourir au saint missionnaire. Le païen, consentant à espérer contre l'espérance, mais sans fondement apparent, et comme un homme aux abois, alla se jeter aux pieds de François, et le conjura de lui rendre sa fille. François sentit ses entrailles émues à la vue de cette affliction, et se retira pour prier avec son compagnon Fernandez. Après un temps, il revint et dit à ce père : « Allez, votre fille est vivante. » Le païen, dont la pensée était que le Père consentirait à le suivre et à invoquer le Dieu des Chrétiens sur le corps de la morte, se retira plein de tristesse. Il s'éloignait à peine, lorsque ses serviteurs accoururent, et lui crièrent que sa fille était vivante. Sa fille elle-même était sur leurs pas. L'enfant lui raconta qu'après avoir rendu l'âme, elle s'était vue saisie par deux démons horribles qui la voulaient précipiter dans une mer de feu ; qu'alors deux hommes vénérables l'avaient arrachée à ses bourreaux et l'avaient rendue à la vie. Le Japonais comprit quels étaient ces deux hommes, et vint se jeter aux pieds de Xavier. Or voici que la fille elle-même, reconnaissant ses deux libérateurs, s'écria : « Ce sont là, mon père, ceux qui m'ont délivrée. » Et sur l'heure, le père et la fille demandèrent le baptême.

Néanmoins les bonzes, voyant leurs hostilités sans succès auprès du peuple, attaquèrent Xavier en présence du souverain, et faisant parler les dieux du pays, menacèrent le prince de calamités sans nombre et de séditions domestiques, s'il désertait ses dieux anciens et s'il laissait prévaloir le Dieu des étrangers, le Dieu protecteur des pauvres. Dans le même temps, le roi venait d'apprendre que les vaisseaux portugais accoutumés à fréquenter son port étaient allés à Firando pour y faire le commerce. La jalousie intéressée du prince le rendit hostile aux religieux d'Europe, et cédant à la fois à l'obsession des bonzes et à ses propres mécontentements, il défendit à ses sujets de se convertir à la religion nouvelle, et ce devint un motif pour les infidèles d'éviter tous rapports avec les missionnaires : quant aux néophytes, au nombre de cent environ, ils demeurèrent constants dans leur foi, et leur ferveur y prit un singulier accroissement.

Le Père les fortifia par ses instructions et fit imprimer pour leur usage le catéchisme qu'il avait traduit. En même temps il conçut le dessein de visiter d'autres places pour y annoncer Jésus-Christ et pour répandre la foi dans toutes les provinces de l'empire.

Il reçut alors la nouvelle du martyre d'Antonio Criminale. Ce saint religieux, qui fut le premier martyr de la Compagnie, avait donné sa vie, comme un bon pasteur, pour le troupeau qu'il dirigeait. Les Badages ayant envahi le territoire des Pallawars, il fit réfugier ses néophytes sur des navires portugais qui se trouvaient près de la côte, et lui-même, demeuré le dernier de tous, se vit surpris par la horde ennemie. Il eût pu s'échapper ; mais craignant pour ceux de ses enfants spirituels qui seraient tombés entre les mains des barbares, que la violence des tourments n'affaiblît leur foi, et désirant les confirmer en Jésus-Christ, ou mourir lui-même avec eux, il se livra spontanément aux Badages. Il fut percé de trois coups de lance, et comme il vivait encore lorsque ses bourreaux se jetèrent sur lui pour le dépouiller, il voulut les aider à lui enlever son habit, afin d'imiter l'Agneau divin jusque dans sa nudité.

Xavier pleura le fidèle coopérateur que le ciel venait de lui ravir : et en même temps il rendit gloire à Dieu, pour ce gage de fécondité spirituelle qui devenait la consolation et l'espérance de l'apostolat des Indes.

Et depuis ce temps, combien de martyrs, même parmi les compagnons du Saint, arrosèrent de leur sang la moisson du Seigneur ! En la même année, 1549, le P. Nuno Ribeiro fut empoisonné par les naturels d'Amboine. En 1551, le P. Melchior Gonçalez expira de la même mort à Baçaïm. En 1552, un Frère laïque, compagnon du P. Henri Henriquez, fut martyrisé près du cap Comorin par la main des gentils qu'il catéchisait. En 1558, le P. Alphonse de Castro fut mis à mort par les ordres du roi de Ternate. En 1568, le P. François Lopez fut massacré par les mahométans de l'Inde.

Le P. Xavier partit de Cangoxima dans le courant de septembre 1550, avec Côme de Torrez et Joam Fernandez, laissant à Paul de Sainte-Foi le soin de confirmer ses compatriotes dans la pratique de leurs devoirs religieux (*Lettres*, II, 198) (1).

Sur la route, le Père s'arrêta dans le château d'un seigneur appelé Hexandono (*Appendice*, n° XIII); l'accueil parfait qu'il y reçut l'y fit demeurer quelques jours, pour y annoncer l'Évangile à ses habitants. Il convertit et baptisa l'épouse et un fils d'Hexandono, et quinze autres personnes : Hexandono lui-même, convaincu des vérités de la foi, fut empêché, par l'intérêt politique, de se convertir à J.-C. Le Père mit les nouveaux chrétiens sous la direction de l'un d'entre eux, vieillard vénérable, intendant d'Hexandono; il laissa par écrit à ce pieux néophyte l'explication du Symbole, l'abrégé de la Vie de N.-S. J.-C., les Commandements de la loi divine, l'Oraison Dominicale, les Psaumes de la Pénitence, les Litanies des Saints, différentes prières et le tableau des fêtes chrétiennes pour un certain nombre d'années. Il lui recommanda de rassembler tous les dimanches et les jours de fêtes les chrétiens et les gentils mêmes qui y consentiraient, dans une salle écartée du palais, et de leur lire les articles de la doctrine chrétienne et un chapitre de la Vie de J.-C., et de réciter tous les jours, avec les fidèles, les Litanies des Saints avec les prières : et les vendredis, les sept Psaumes de la Pénitence (2).

---

(1) Six mois après le départ du Saint, Paul fut obligé, par les persécutions des bonzes, de s'exiler lui-même. Cette Église persévéra néanmoins d'une manière admirable : les trois cents chrétiens laissés par le P. François en convertirent cinq cent's autres en peu d'années, et lorsque, en 1561, le F. Almeida s'y rendit avec le Japonais Melchior, il y trouva les consolants témoignages d'une invincible fidélité.

(2) Ces chrétiens persévérèrent si bien dans la foi que lorsque, après dix-huit ans, le F. Almeida passa dans leur place, il y trouva près de cent chrétiens. Le vieux catéchiste avait baptisé deux autres fils d'Hexandono. Un des nouveaux néophytes avait composé lui-même un livre sur les vérités de la religion, et le F. Almeida trouva ce livre si complet et si bien écrit qu'il en prit une copie pour la porter aux fidèles de Bungo. De précieuses reliques laissées par le P. Xavier avaient opéré de nombreux miracles que nous trouvons signalés dans la lettre du F. Almeida (*Appendice*, n° XIII).

Après de grandes fatigues, le P. Xavier arriva à Firando, capitale de la province de Figen, dans l'île de Chimo. Il y fut accueilli par les marchands portugais de la manière la plus honorable ; et cette réception, non moins que l'intérêt politique, lui concilièrent dès l'abord la faveur du souverain. Ce prince accorda sur-le-champ aux religieux d'Europe la faculté de prêcher et de répandre leur religion dans ses États : et, en moins de vingt jours, Xavier baptisa, dans Firando, plus de cent personnes, c'est-à-dire au delà du nombre qu'en une année il avait converti dans Cangoxima.

Ces merveilleux fruits encouragèrent le Saint dans la pensée d'aller attaquer l'infidélité dans son fort, et de se rendre à Méaco même, la métropole du Japon, pour engager le combat avec les principaux docteurs de ses universités.

Il laissa donc à Firando Côme de Torrez pour catéchiser les habitants, et partit le 27 octobre 1550 (*Lettres,* II, 198), avec le F. Joam Fernandez, et les deux Japonais, Matthieu et Bernard, qui devaient lui servir d'interprètes et de catéchistes. En vain les marchands portugais lui avaient offert des subsides considérables : il avait tout refusé, préférant subsister d'aumônes : et les 2,500 pardams qui lui avaient été remis par le gouverneur des Indes au nom du roi de Portugal, il les avait employés à secourir les Portugais pauvres et les néophytes japonais.

Xavier se rendit par mer à Facata, dans l'île de Nipon, et de là, par mer également, à Amanguchi, capitale du royaume de Naugato, et l'une des villes les plus considérables du Japon.

Cette ville opulente était un foyer de corruption et de vices, et le P. François ne put se résoudre à la traverser sans y annoncer les vérités du salut. Un cahier à la main, car il ne possédait point encore avec plénitude l'idiome japonais, il lisait les enseignements rédigés en la langue du pays, mais écrits en caractères européens. En même temps, les ardeurs sacrées de l'esprit apostolique animaient tellement ses paroles, que ses auditeurs émus concevaient une profonde admiration pour le prêtre étranger qui venait leur prêcher une religion nouvelle, à travers tant de périls, et en professant lui-même une vie aussi pénitente. « Si votre loi, dirent à Xavier les principaux de la ville, nous paraît, d'après vos discours, plus sage que la nôtre, nous vous promettons de la suivre. » Mais les désordres de la chair et la passion des richesses furent longtemps plus puissants que la conviction spéculative, sur ces âmes dépravées de race et possédées par l'esprit du mal depuis tant de générations. Aussi, le vénérable Père recueillit-il plus de fruits en souffrant qu'en enseignant. On sait, et le procès de canonisation en fait foi, que cet autre Paul fut éprouvé par toutes les douleurs de l'âme et du corps; qu'il fut humilié comme les premiers Apôtres, et qu'il rendit ainsi témoignage à son divin Maître.

Le roi d'Amanguchi fit venir Xavier en sa présence et lui demanda d'où il était, et quel motif l'amenait au Japon. Xavier lui répondit en peu de paroles qu'il était Européen, de race espagnole, et qu'il venait dans ces terres lointaines pour y annoncer l'Évangile de Jésus-Christ. Sur le commandement du roi, il donna lecture de son cahier japonais sur les vérités de la religion, et il parla pendant près d'une heure en présence du souverain infidèle.

Après l'avoir écouté très-attentivement et sans l'interrompre, le roi, sans exprimer aucune opinion, lui permit de se retirer. Mais ce fut pour le Père une autorisation tacite de continuer à prêcher.

Peu de fruits néanmoins répondaient à ses efforts. Les ardentes paroles de l'Apôtre ne pouvaient parvenir à fondre cette glace des cœurs, que la vie sensuelle et les délices du monde avaient rendue comme impénétrable à la grâce. Le P. Lucena nous décrit d'une manière touchante la prédication du P. Xavier. « On voyait, dit le vieil historien, le P. François, avec sa robe tout usée, s'avancer portant sous le bras son livre de catéchisme; mais à peine avait-il élevé ses yeux vers le ciel et les avait-il abaissés gravement sur le peuple, tenant le livre ouvert dans la main gauche, et étendant la droite avec une majesté souveraine, qu'il prononçait les paroles de vérité, et qu'il s'enflammait dans la peinture des vices de la terre; et l'on voyait se vérifier les paroles du Prophète : « Vous » marcherez sur les serpents et sur les vipères; vous foulerez aux » pieds les lions des déserts et les monstres de la mer (1). » Enfin, le récit des souffrances de Notre-Seigneur finit par attendrir l'auditoire, et selon l'expression du P. Turseilin, la Miséricorde ouvrit les voies à la religion. Toutefois, le nombre des élus fut peu considérable, car l'heure de ce peuple n'était pas encore venue.

Sur la fin de décembre (1550), Xavier poursuivit sa route vers

---

(1) Psalm. xc, 13.

Méaco, avec le F. Joam Fernandez et Bernard, le premier Japonais baptisé dans Cangoxima. Les périls et les souffrances de ce voyage furent infinis. Les rigueurs de l'hiver, si excessives dans ces contrées, et aussi les vents et les neiges, rendaient les passages comme impraticables ; les pirates qui infestaient la mer et les brigands de la terre pouvaient à toute heure surprendre nos missionnaires. Enfin, les privations et les longs trajets épuisaient leurs forces. Leur unique nourriture fut, pendant tout le temps, du riz à peine grillé, que Bernard portait dans un sac. Mal vêtus, à peine chaussés, portant chacun sa valise, Xavier et ses compagnons cheminaient cependant avec confiance et rendaient gloire à Dieu (1).

Bernard, qui conduisait la pieuse caravane, s'égarait souvent, et souvent ils recommençaient bien des pas.

Un jour, dans l'appréhension des voleurs, ils se joignirent à des marchands qui voyageaient à cheval, et Xavier, afin de se les rendre favorables, s'offrit à porter la valise de l'un d'eux ; et il le suivit ainsi longtemps, courant à pied avec ce fardeau, derrière le cavalier, qui précipitait sa course afin d'éviter les voleurs.

Deux fois il arriva que le Père fut blessé par les flèches des gens qui le poursuivaient.

Deux fois aussi, se voyant au moment de tomber entre les mains de ses ennemis, il fut délivré par de violents orages, qui s'élevèrent soudainement et dispersèrent ses persécuteurs.

Tous ces différents prodiges sont attestés solennellement dans les actes de la canonisation du Saint.

Enfin, après s'être reposés à Sacaï pendant quelques jours, parce les pieds du Saint étaient déchirés de plaies, et que la fièvre le rendait impuissant à continuer sa route, les voyageurs arrivèrent, au bout de deux mois, en vue de Méaco.

---

(1) S'il arrivait au Saint de tomber dans la route, il répétait, dit Lucena, ces paroles du Prophète : «Dans les sentiers de votre loi vous avez, Seigneur, affermi mon âme et vous l'avez fait marcher : vous n'avez point permis qu'elle tombât, et qu'elle s'élevât jamais contre vous (Ps. LV, 12).» Et ces autres paroles du Psalmiste : « Le Seigneur étend sa droite afin de vous soutenir... (Ps. XLIV, 5). Et enfin ces autres paroles écrites sur les démons : « Ce sont eux qui ont succombé et qui ont péri pour ne se relever jamais ; mais nous qui sommes tombés par le péché d'Adam, nous sommes relevés et ressuscités par la grâce de Jésus-Christ (Ps. XIX, 8). »

Cette capitale immense, longue de six lieues et large de trois, avait contenu trois cent mille maisons : alors elle n'en avait qu'environ cent mille, par l'effet des guerres et des incendies. Au temps où l'homme de Dieu pénétra dans cette ville, elle était violemment agitée par les révoltes des seigneurs et les séditions du peuple. Xavier sollicita vainement une audience de l'empereur ; les officiers du palais exigèrent un prix considérable pour lui ouvrir les portes du palais, et il dut renoncer à l'accomplissement de son vœu. Mais une audience même, s'il l'avait obtenue, n'eût pu lui procurer aucun fruit, de la part d'un souverain sans autorité, et de qui les vassaux rebelles étaient plus puissants que lui-même.

Le Saint, néanmoins, prêcha sur les places, en présence de la multitude ; il y répandit parmi les hommes cette bonne semence qui germe en son temps, après que, déposée en terre, elle y a demeuré pour attendre l'heure de l'accroissement et de la fécondité. Tous les habitants, préoccupés de guerre, accueillirent avec indifférence la prédication sainte. Mais quelques années plus tard, les rares néophytes convertis et baptisés par le Père, furent les fondements d'une Église nombreuse que les successeurs de Xavier cultivèrent et firent prospérer (1).

Ainsi ce voyage si pénible et les souffrances présentes paraissaient stériles à la première heure ; mais le Saint, éclairé par la foi, consolé par la prescience des résultats à venir, bénit les secrets conseils de la divine Providence ; et, lorsqu'il quittait Méaco, l'on raconte qu'il chantait ce cantique de triomphe que les Israélites récitèrent à leur sortie d'Égypte, le Psaume *In exitu*. Les yeux tournés vers la ville superbe, il glorifiait en son cœur le Dieu des Empires, qui abaisse à ses pieds toutes les dominations, et qui devait un jour posséder un temple magnifique et des adorateurs nombreux dans cette métropole impériale.

Xavier s'embarqua sur le fleuve qui coule à Méaco, pour se rendre à Sacaï, et de cette ville à Firando. Considérant que les présents du vice-roi des Indes et du gouverneur de Malacca, desti-

---

(1) Les PP. Villela en 1559, Froes et Almeida et le F. Laurent en 1564, et le P. Organtin de Brescia en 1568 dirigèrent avec de grands fruits l'Église de Méaco.

Pendant les absences des missionnaires, tous ces fervents chrétiens allaient se confesser à Sacaï, c'est-à-dire à plusieurs lieues de distance.

nés au souverain du Japon, pouvaient être offerts à bon droit au roi d'Amanguchi, plus puissant alors que l'empereur nominal, il résolut d'aller trouver ce prince et de lui en faire hommage (*Lettres,* II, 201,222).

Oxindono fit au Père un accueil plein de bienveillance ; et en retour des présents portugais dont il parut charmé, il fit envoyer au Père une somme d'or et d'argent très-considérable. Xavier renvoya cet argent, à l'extrême surprise du roi, qui ne comprenait pas le saint désintéressement du missionnaire, et qui était habitué à l'avarice et à la cupidité de ses bonzes. Dans une seconde audience, Xavier présenta les lettres du vice-roi des Indes et de l'évêque de Goa, en faveur de la religion de J.-C., et obtint d'Oxindono la faculté de prêcher publiquement la loi divine, et un édit permettant à tous les habitants du royaume d'embrasser cette loi.

En même temps le roi fit assigner à Xavier une bonzerie vacante pour en faire sa demeure, et le Père y fut bientôt visité d'une infinité de personnes : il raconte lui-même dans ses lettres au P. Ignace et aux autres membres de la Compagnie en Europe (*Lettres,* II, 153, 208, 238), les principales occupations de son ministère, et, à cet égard, nous renvoyons le lecteur à ces pieux récits.

Il réclame, dans les mêmes lettres, des ouvriers apostoliques, et, dans un langage plein d'éloquence, il expose toutes les qualités nécessaires pour le ministère évangélique. Mais c'est dans notre auteur lui-même que l'on doit étudier ces vénérables leçons, et s'initier à la science des Apôtres.

Au milieu de tant d'œuvres et de soins aussi infinis, Xavier suffisait à tout; il se multipliait lui-même dans ses efforts, et en même temps, l'Esprit-Saint, qui voulait faire planer le vol de cet aigle au delà des espaces ouverts à l'humanité, permit que, dans une réponse, Xavier satisfît à la fois par une solution très-parfaite aux questions les plus différentes. C'était l'effet sublime des dons de l'EspritS-aint, tels qu'au cénacle les avaient reçus la Vierge Marie et les douze Apôtres, et qui convertirent trois mille hommes dans une seule prédication de saint Pierre. De même qu'à Babel, l'orgueil antique fut confondu dans la parole, et que les peuples divisés dans l'égarement de leurs voies, parsemèrent l'univers de leurs débris ignorants et sauvages; ainsi, le Verbe divin, le soleil de justice et de vérité, envoyant en cette âme comme en un chaste miroir les rayons de sa grâce, les hommes en éprouvèrent la vertu miraculeuse, et demeurèrent éblouis de tant de lumière, admirant les merveilles de cette éloquence qui était toute à tous, convaincus dans leur raison, touchés dans leur cœur, et conquis victorieusement à la Foi de Jésus-Christ!

Xavier prêchait, dans Amanguchi, la divine parole, combattant toutes à la fois les sectes réunies des bonzes, ennemies entre elles, mais conjurées pour le combattre. Sans avoir appris la langue chinoise, il prêchait tous les matins dans cette langue aux marchands chinois, très-nombreux dans Amanguchi, et le soir, il prêchait en japonais devant les indigènes; en même temps, il confirmait sa prédication en rendant la parole et le mouvement à un muet, à la fois paralytique; il guérissait un autre muet, et rendait l'ouïe à un autre sourd.

Cette éloquence, ces miracles et la vie pénitente que menait Xavier firent entrer dans le sein de l'Église une infinité de personnes. En deux mois, l'on compta cinq cents baptêmes dans Amanguchi (*Lettres*, II, 203, 224), et les éminents docteurs de l'infidélité, qui s'étaient montrés les plus passionnés ennemis de Jésus-Christ et de son Apôtre, étaient, par un juste retour, les plus zélés catéchistes sous la main de Xavier. Les néophytes faisaient tous paraître une ferveur admirable, et notre Saint, dans ses lettres (II, 156, 237), raconte avec délices la vie pure et les sentiments édifiants de ce petit troupeau, comblé des bénédictions divines. A côté de Xavier, le F. Joam Fernandez prêchait et donnait des exemples merveilleux de vertu. Un jour, et ce témoignage de patience héroïque a mérité d'être écrit à la suite des actes de notre Saint, Fernandez enseignait le peuple assemblé: un homme s'approchant, comme pour lui parler en secret, couvrit son visage d'un crachat, au milieu des clameurs et des risées de la foule. Fernandez, s'essuyant modestement le visage, continua son discours d'un air aussi simple que si rien n'était arrivé. Mais les risées bientôt se changèrent en admiration, et, dans l'auditoire, un docteur, dont la vie entière s'était passée à chercher la sagesse, en reconnut les véritables marques dans la parfaite humilité du Frère: dans cet homme inondé d'opprobre, dans cette balayure et cette ordure du monde, il vénéra le disciple fidèle du Dieu crucifié, et le cohéritier prédestiné du Ciel; et par une conversion actuelle, le docteur japonais consola surabondamment le serviteur de Dieu.

Parmi les autres conversions éclatantes qui eurent lieu vers la même époque, on admira celle d'un jeune homme, d'un génie éminent, et qui avait étudié dans les universités les plus fameuses. Incertain de la nature et des destinées de l'âme, et ne trouvant aucun terme à ses ignorances dans la philosophie des bonzes, il entendit Xavier, et perçut le terme sublime où tendait son propre esprit, naturellement droit. Il ne s'arrêta pas à la condition du simple chrétien, et profondément reconnaissant des grâces dont Dieu l'avait comblé, il entra dans la Compagnie de Jésus, sous la direction de Xavier, et convertit, par ses prédications, un nombre infini de ses compatriotes. C'était ce Laurent, surnommé *le Louche*, mais en qui les éclatantes lumières de l'esprit contrastaient merveilleusement avec l'imperfection légère d'un sens corporel. Il fut admis en qualité de Frère, et durant trente ans, il donna dans la Compagnie l'exemple des vertus les plus précieuses et des talents les plus rares.

Cependant, les couvents des bonzes commençaient à se dépeupler. Parmi leurs habitants, les uns embrassaient la religion de Jésus-Christ ; les autres, privés des aumônes populaires et diminués dans leur influence, quittaient leur habit, et rentraient dans le monde, afin de pouvoir subsister. Ceux qui demeuraient se voyaient combattus victorieusement par le Saint. Instruit, par les bonzes devenus néophytes, des secrets artifices et des mystères abominables de leurs anciens collègues, Xavier découvrait publiquement ces ignominies ténébreuses, et démasquait à la face du ciel l'ennemi des hommes et tous ses vils suppôts.

Le Père, dans ses lettres, nous raconte admirablement ses principales controverses, les arguments des bonzes, et ses triomphantes réponses. Nous lui laissons encore une fois la parole (*Lettres*, II, 226).

Mais Oxindono, captif de ses passions, devait être docile à l'influence des vieux bonzes : sans oser, comme ils le lui demandaient, manquer à sa parole et révoquer ses édits, il persécuta les fidèles et confisqua leurs biens. Mais alors cette Église, ancienne seulement d'une année, et qui comptait déjà près de trois mille enfants, fit paraître une constance parfaite, et rendit un glorieux témoignage à Jésus-Christ. On vit les chrétiens d'Amanguchi mépriser les persécutions et la mort même pour demeurer fidèles dans la foi ; et l'on sait qu'après le départ du Saint, ils persévérèrent, sans avoir de pasteur, pendant vingt-cinq ans entiers, après lesquels ils furent consolés par de nouveaux missionnaires.

Cependant, le P. Xavier songeait à retourner dans les Indes. Les espérances qu'il avait conçues de pénétrer dans la Chine, et d'y vaincre les fausses religions de l'extrême Orient au sein même de leurs écoles, et les intérêts mêmes de la province des Indes le rappelaient à Goa ; et l'arrivée d'un bâtiment portugais, qui lui apportait des lettres de ses Confrères le confirma dans son dessein. Ce navire, commandé par Édouard de Gama, venait d'abord à Figen, dans le royaume de Bungo. Le Saint, qui avait envoyé Mathieu, l'un de ses néophytes, auprès de Gama (*Lettres*, II, 204), résolut, au retour du messager, d'accepter les offres de Gama et de se rendre à Goa sur son navire. Par les lettres des Indes, Xavier avait appris qu'en 1549 le P. Ignace avait constitué la province des Indes, et qu'il l'avait désigné lui-même pour en être le premier Provincial. Cette élection imposait à notre Saint des devoirs actuels, pour aller prendre possession, et pour mettre ordre à l'administration de la nouvelle province. Il appela Côme de Torrez pour le charger de diriger l'église d'Amanguchi, et lui donna Joam Fernandez pour coadjuteur. Les chrétiens de Firando furent confiés au plus âgé d'entre eux.

Les fidèles d'Amanguchi, voyant s'éloigner leur bien-aimé pasteur, firent éclater une douleur profonde. François les réunit dans l'église, les exhorta par les paroles les plus affectueuses, et embrassa tendrement la plupart d'entre eux en leur adressant ces mémorables adieux : « Je vous confie, à cette heure, et je vous recommande à Dieu, et à la divine parole de son Évangile ; Dieu seul est puissant pour édifier son règne en vos âmes, et pour vous accorder l'héritage éternel et la béatitude qu'il réserve à ceux qu'il éprouve et qu'il immole dans son service (1). »

Le 5 septembre 1551, Xavier se mit en chemin avec Mathieu, Bernard et Laurent et deux nobles japonais, qui se proposaient de l'accompagner aux Indes. Les biens de ces derniers venaient

---

(1) Le Saint avait dès lors formé le dessein d'établir une résidence de la Compagnie dans Amanguchi (*Lettres*, II, 233).

CHAPITRE SIXIÈME (1549-1551).

d'être confisqués, à cause de leur conversion à Jésus-Christ. Mais la grâce divine était leur richesse, et ils se trouvaient consolés de leur dénûment, par l'élection qui les faisait chrétiens et qui leur permettait d'espérer la jouissance éternelle de leur Sauveur.

Le Père avait, selon sa coutume, fait le chemin à pied ; mais à deux lieues de Figen, ses pieds enflés et l'épuisement de ses forces l'obligèrent à s'arrêter. Alors Gama, que les compagnons du Saint avaient averti, rassembla tous les Portugais de son équipage, et vint au-devant de l'Apôtre avec toutes les marques d'une vénération profonde. Xavier, déjà plus valide et qui poursuivait sa route, fut rencontré par les Portugais en avant de la ville. Il cheminait à pied, chargé de sa valise, entre les deux seigneurs japonais, à cheval tous les deux. Cette humble apparence émut profondément les Portugais, qui se prosternèrent aux pieds du Père et le suivirent respectueusement jusqu'au port. L'artillerie du navire salua l'arrivée du Saint par quatre volées de toutes ses pièces, et les habitants de Fucheou, capitale du royaume, distante d'une lieue, en entendirent le bruit.

Le souverain de Bungo était alors Civan, jeune prince d'un excellent naturel, et qui, sous le règne de son père, avait rendu d'éminents services aux Portugais. Il voulut voir Xavier, et le reçut avec un profond intérêt et un très-grand respect. Nos auteurs s'étendent à plaisir sur le cortége du Père à cette audience, et sur les paroles qui furent prononcées par Xavier lui-même et par le roi Civan. Il suffit pour notre récit de dire que les principales matières de cette conférence furent l'exposition des grandes vérités chrétiennes, et en même temps la réfutation des principales erreurs accréditées par les bonzes. Le roi témoigna toute son admiration au Père, et rendant hommage à l'évidence des preuves, il confessa que les doctrines religieuses annoncées par le missionnaire d'Europe étaient si lumineuses, si concordantes entre elles, et si conformes à la raison naturelle, qu'il était impossible de ne point leur donner une créance absolue. En même temps, il reconnut toute l'inanité, l'incohérence et la confusion des doctrines et des raisonnements des bonzes, et surtout les incertitudes sur la règle à suivre et sur le salut du genre humain, où toutes leurs variations laissaient leur auditoire.

Un fameux bonze du pays, présent à l'audience, prit la parole en présence du roi, et, perdant bientôt le respect et accusant son

g.

souverain de prononcer témérairement sur les matières de religion sans avoir étudié dans les universités, il exalta sans mesure la science des bonzes et leur suprême autorité. Passant ensuite à la théologie, il discourut longuement sur les superstitions et les mensonges, principes de leurs mystères.

A ces présomptueux discours, à ces vaines folies, le P. Xavier avait répondu d'avance : et le roi, ne permettant pas que la discussion continuât, combla le saint Apôtre des marques de son respect, et après lui avoir fait offrir des mets de sa propre table, lui permit de se retirer, l'autorisant à prêcher sa doctrine dans les États de Bungo, et donnant à tous ses sujets la faculté de se faire chrétiens.

En même temps, Civan fit publier de rigoureux édits pour la réforme des mœurs, et ces salutaires mesures furent d'un grand effet pour la propagation de la religion. Civan entreprit aussi de se corriger lui-même; mais ce souverain, qui reconnaissait la vérité, n'eut pas alors le courage de l'embrasser. Néanmoins, les services qu'il rendit à la religion, et, comme lui-même il le déclara plus tard, les prières du P. Xavier devant la face de Dieu, lui obtinrent, vers la fin de sa vie, la grâce du baptême et le privilége de beaucoup souffrir pour Jésus-Christ (1).

En quarante-six jours que le Père demeura dans la capitale, il opéra des conversions très-nombreuses. Il prêchait continuellement sur les places et dans les maisons, instruisant et baptisant du matin au soir; et les Portugais, le voyant souvent ne prendre aucune nourriture, craignaient de le voir succomber à ses travaux. Eux-mêmes ne pouvaient qu'avec peine en obtenir, pour le bien de leurs propres âmes, de rares entretiens. Xavier, de qui la nourriture était de faire la volonté de Dieu, qui l'avait envoyé, et qui désirait profiter, en faveur des Japonais infidèles, de tout l'intervalle de temps qui lui était laissé avant le départ du navire, continuait toujours son ministère, soutenu de la grâce d'en haut.

Parmi les conversions qui s'opérèrent à Fucheou, l'une des plus

---

(1) Le roi Civan remporta de grandes victoires sur ses ennemis, et fit la conquête de quatre royaumes : il se fit chrétien trente ans après le départ du Saint, et, en mémoire de lui, voulut porter le nom de François. Il fut éprouvé vers la fin de sa vie par des calamités sans nombre, qu'il supporta d'une manière très-édifiante.

admirables fut celle d'un fameux bonze de Canafama, nommé Sacaï Eeran. Ce docteur entreprit de discuter publiquement avec le Père. Après de longues controverses, et après avoir entendu de la bouche de Xavier l'exposition lumineuse de la vérité chrétienne, on vit tout d'un coup le bonze se prosterner en terre et se relever en tendant les mains vers le ciel : « A vous, s'écria-t-il, « ô Jésus-Christ, Fils unique du vrai Dieu! je me rends enfin; et je « reconnais de cœur et je confesse de bouche que vous êtes mon « Créateur, mon Souverain et mon Rédempteur. Entendez, ô peu- « ple japonais! sachez, ô bonzes, mes frères ! que je démens tout « ce que j'ai enseigné et prêché jusqu'à ce jour, comme faux et « mensonger. L'unique vérité est qu'il n'y a d'autre Dieu que « celui qui vous est annoncé par le saint homme ici présent ; et « je vous en conjure tous humblement, pardonnez-moi de vous « avoir trompés jusqu'à ce jour. Publiez, je vous y invite, et faites « connaître à tout le monde que j'ai confessé mes erreurs et mes « égarements, et que je ne reconnais de vraie religion que celle « de Jésus-Christ. »

Cette action surprenante émut tous les assistants, et plus de cinq cents personnes demandèrent, le même jour, à recevoir le baptême. Mais le Père ne croyait pas devoir accueillir prématurément ces empressements de zèle: il voulait que les nouveaux chrétiens fussent confirmés par une instruction solide contre les artifices et les subtilités des bonzes, et ne baptisait que les personnes solidement converties (1).

Les bonzes, qui persuadaient au peuple que la pauvreté, par elle-même, était une souillure et un signe de réprobation, entendant le Saint faire l'éloge de la pauvreté comme d'une vertu, et le voyant recommander et pratiquer la charité, conseillèrent aux néophytes, afin de tenter le prédicateur, d'en réclamer des aumônes, comme une récompense de leur conversion. Mais Xavier, connaissant leur malice, déjoua toutes ces ruses par son désintéressement, par

(1) Cette rare prudence produisit tous ses fruits : après le départ du Saint, l'église de Bungo persévéra d'une manière admirable. Les fidèles se rassemblaient selon la règle qu'ils avaient reçue : ils priaient en commun et s'exhortaient mutuellement à conserver la foi. Le P. Balthazar Gago, qui arriva parmi eux au mois d'août 1552, les trouva dans ces dispositions parfaites, et dirigea longtemps leur église avec le F. Joam Fernandez.

sa charité pleine de sagesse, et par son discernement à ne baptiser, comme nous l'avons dit, que les personnes parfaitement préparées (1).

Pendant que le P. Xavier opérait ces merveilles dans la capitale du Bungo, Côme de Torrez et Joam Fernandez (*Lettres*, II, 230) éprouvaient, dans Amanguchi, de cruelles vicissitudes. Les bonzes, vaincus dans les conférences publiques, suscitèrent de grands troubles afin de perdre les missionnaires. Un seigneur puissant du pays, à l'instigation des bonzes, se révolta contre le roi et vint l'assiéger dans sa ville. Ce dernier, ne pouvant résister aux forces de l'ennemi, recourut, pour éviter l'opprobre de tomber vivant dans ses mains, à une mort désespérée. Il égorgea son fils, et lui-même se donna la mort. La ville devint la proie du vainqueur et les missionnaires y auraient péri, si Naïtondono, prince du sang royal, ne les avait cachés dans son palais.

Les révoltés et les principaux du peuple déférèrent alors la souveraineté au frère du roi de Bungo, et une ambassade lui fut envoyée pour lui offrir la couronne.

Il résulta de ces circonstances, que la révolution préparée par les bonzes servit à confirmer l'existence et les progrès de l'Église chrétienne. En effet, Xavier obtint du nouveau roi la protection la plus étendue pour ses Confrères et des lois favorables pour la religion.

Le temps était venu de se rendre aux Indes, et Xavier alla prendre congé de Civan : il lui adressa les plus admirables conseils, lui recommandant sur toutes choses le salut de son âme; et, afin d'y parvenir, de mener une vie pure et d'embrasser la vérité qui lui était connue. Il lui fit entendre de ces accents de charité qui pénètrent au fond des cœurs, et le roi se montra si touché qu'il en versa des larmes abondantes.

Xavier était à Figen avec les Portugais, lorsque les bonzes crurent pouvoir, comme ceux d'Amanguchi, soulever le peuple et produire une révolution. Proclamant la colère de leurs dieux et calomniant les doctrines et la vie du Saint, ils emplirent la ville de leurs clameurs fanatiques. Mais le peuple, témoin de la vertu du

---

(1) Le zèle du Saint, dit le P. Lucena, accompagnait la prudence en marchant après elle, et ne la précédait pas de manière à la rendre aveugle.

missionnaire, demeura sourd à tous ces cris ; et les bonzes entreprirent de perdre, par une autre voie, cet ennemi mortel qui les démasquait et les appauvrissait.

Un des leurs, nommé Fucarandono, fameux par sa science, fut choisi pour provoquer notre Saint dans une conférence solennelle en présence du roi. Ce prince fut supplié de ne point laisser s'éloigner les Européens, avant que cette conférence n'eût décidé de la doctrine et de la science des religions rivales. Xavier consentit, sur l'invitation du roi, à revenir dans la capitale : estimant un gain toute occasion nouvelle de glorifier Dieu et de proclamer sa religion sainte.

Fucarandono, disent les historiens qui nous ont conservé le récit de cette conférence, essaya d'abord d'en imposer au Saint par d'audacieux mensonges, alléguant mille opinions et rêveries fondées sur la métempsycose. Le Saint réfuta, par des preuves naturelles, ces folles imaginations, et répondit, par des raisonnements sublimes, à tous les vains systèmes de la philosophie païenne. Ce fut alors que le bonze, s'égarant dans d'autres sujets, émit des propositions si manifestement fausses, et si abominables dans leur morale, que toute l'assemblée en fut scandalisée. Enfin, perdant toute mesure, Fucarandono finit par s'emporter en des cris et des invectives qui le firent chasser de la salle d'audience, par les ordres du roi.

Les bonzes, prenant parti pour Fucarandono, fermèrent tous les temples et soulevèrent le peuple. Cependant Xavier, toujours intrépide, refusa de quitter la ville et de laisser ses chrétiens exposés au ressentiment des bonzes. En vain les Portugais le supplièrent de les accompagner au port, il voulut demeurer avec ses néophytes pour voir cesser l'orage ou pour périr au milieu d'eux. Gama revint lui-même afin d'inviter le Père à ne point sacrifier sa vie : « Heureux, lui dit le Père, doit être celui de nous qui donnera « sa vie dans de telles circonstances ! Je n'ai point mérité, je le « sais, cette faveur divine : mais si notre Dieu l'accorde à mon « indignité, je l'accepte avec ravissement. Je rends grâces à votre « charité qui vous expose au danger pour me faire éviter la mort. « Pour moi, je dois donner l'exemple, et je ne saurais délaisser « mes enfants. Retournez à Figen et partez pour les Indes ; vos « intérêts et votre commerce l'exigent : je demeure, car je sens « intérieurement toute l'étendue de mon devoir envers notre Dieu

« si plein de miséricorde, qui, pour mon salut et pour celui de
« toute l'humanité, a voulu subir la mort, et la mort de la croix. »

Gama et les marchands ses compagnons se montrèrent dignes de Xavier. Renonçant à leur départ, afin de ne point abandonner le Saint, ils se rendirent tous ensemble auprès de lui, déterminés à partager sa fortune. Alors les bonzes déconcertés, et craignant une querelle armée, résolurent de provoquer une seconde conférence. Le roi consentit à leur demande, et prit soin de fixer lui-même les règles qui seraient observées : il choisit parmi les principaux de sa cour des arbitres qui devaient prononcer en dernier ressort et mettre fin à la controverse.

Fucarandono parut devant le palais environné de trois mille bonzes, présumant en imposer par ce cortége immense, et peut-être étouffer sous les clameurs des siens les discours du P. Xavier. Le roi laissa pénétrer seulement Fucarandono et quatre autres bonzes, et fit entrer ensuite le saint Père. En même temps Civan ordonna que Xavier commencerait à prendre la parole. Le premier point traité fut des motifs de recevoir la religion chrétienne au Japon, au lieu du culte faux et superstitieux des idoles Amida, Chaca, Canone et tant d'autres : le Père, s'élevant aux raisonnements les plus sublimes, exposa dans un discours lumineux la nature et les attributs de l'Être divin, supérieur à l'intelligence, mais non à la foi. Il exposa devant ses auditeurs les principales bases de la théologie divine, et son éloquence fut l'objet d'une admiration unanime.

Le second point fut relatif à la vie future et aux promesses des bonzes, qui prétendaient racheter les âmes de supplices sans fin au prix d'une aumône actuelle des riches. Xavier détruisit sans peine ces frivoles mensonges, et fit voir que le droit des hommes à la béatitude future ne pouvait résider dans les cédules des bonzes, mais en effet dans les œuvres accomplies en union aux divins mérites du Sauveur de tous les hommes, de Jésus-Christ, crucifié pour notre salut: il ajouta que le ciel des chrétiens n'excluait ni les femmes ni les pauvres, et qu'au contraire la pauvreté, soufferte pour l'amour de Dieu, devenait la clé du ciel; et que le sexe le plus faible trouvait dans les humbles vertus, qui lui sont comme naturelles, un gage d'espérance et un encouragement à mériter le salut.

Le jour suivant l'entretien commença par des questions très-subtiles et dans lesquelles Xavier fit paraître toutes les facultés de son génie. Les auteurs ne nous en ont point conservé la substance, et nous font seulement connaître que le saint Apôtre, après avoir imploré la grâce divine, éclaircit parfaitement tous les points proposés, de manière à satisfaire pleinement les esprits des juges.

Alors un bonze entreprit de prouver que la divinité qui refusait aux pauvres les biens de la terre, les tenait en mépris et en haine. Xavier répondit que la morale naturelle estimait elle-même que les richesses du monde n'étaient que de faux biens, et que bien loin de réprouver les pauvres, l'Être divin leur accordait, par une compensation pleine de miséricorde, de plus grandes facilités qu'aux riches pour opérer leur salut. Cette fois encore les arbitres donnèrent leur assentiment aux discours du Saint.

A ce point de la conférence, les bonzes déconcertés commencèrent à se disputer entre eux et à échanger réciproquement des injures : et la confusion s'étant mise dans leur parti, la dispute prit fin ce jour-là, par l'impossibilité où ils se virent d'émettre de concert aucune proposition raisonnable.

Le troisième jour, Fucarandono reprit la parole, en accusant certaines expressions employées par les chrétiens de présenter, à cause de leur son, une signification déshonnête. Ces arguties misérables n'eurent d'autre effet que de faire employer dans la suite parmi les chrétiens des paroles qui ne pouvaient être sujettes à aucune équivoque : ainsi le mot *Sancte* dans ces expressions *Sancte Petre, sancte Paule*, fut remplacé par le mot *Beate*. Quant au mot *Deus* ou *Deos* que les bonzes voulaient identifier avec *Daïo* qui dans leur langue signifie *mensonge*, le Saint ne jugea pas devoir s'arrêter à de si vains discours, et l'assemblée tout entière partagea son avis.

Enfin la prescience divine et la bonté du Créateur furent l'objet de difficultés toutes scolastiques de la part des bonzes. Xavier, profondément versé dans ces matières subtiles, répondit en théologien, et dissipa toutes les ténèbres de cette philosophie. Il réduisit les bonzes soit à se contredire, soit à garder le silence ; mais ces esprits altiers et rebelles à la raison ne se confessèrent point vaincus. Le roi, s'indignant de leur mauvaise foi, déclara la conférence terminée, et la victoire acquise au saint Père.

Le lendemain, Xavier alla prendre congé du roi, qui lui fit les adieux les plus amicaux, et qui fit partir en même temps que le Père, un ambassadeur qu'il envoyait lui-même au gouverneur des Indes. Xavier se mit en mer le 20 novembre 1551, après être demeuré deux ans et demi au Japon.

CHAPITRE VII.

(NOV. 1551 - AVRIL 1552.)

La parole de notre Saint, dénonçant à la cité pécheresse de Malacca les vengeances divines, dont ses voisins infidèles devaient être les exécuteurs, cette parole prophétique, après cinq années d'impénitence de la part des coupables, devait être enfin vérifiée. « Les avertissements du Seigneur ne tombent point à terre (1), » disait Tobie à son fils, en lui prescrivant de s'éloigner de Ninive. En effet, la main de Dieu peut demeurer longtemps étendue, mais au temps où elle s'abaisse, elle atteint le coupable, et ne remonte pas en vain.

Le 5 juin 1551, Malacca se vit assiégé par les Javans et les Malais, ses voisins : une flotte nombreuse, montée par douze mille hommes, entoura ses murs, et malgré le courage et la sagesse héroïque du gouverneur, D. Pedro da Silva, malgré les vaillants efforts de la garnison, la ville fut la proie du vainqueur. Sur trois cents Portugais, cent périrent les armes à la main. Vingt mille indigènes furent emmenés captifs, et le butin enlevé fut d'une valeur d'un million de pardams. Cependant, le Seigneur abrégea ces jours de châtiment, et lorsque la contagion et la famine menaçaient d'achever l'œuvre des ennemis, ceux-ci se retirèrent, trois mois après leur première apparition, le 16 septembre de la même année. Le P. François, étant à Bungo, avait connu le jugement du Ciel, et il avait découvert à Édouard de Gama et aux Portugais le péril de Malacca et l'instante nécessité de la secourir. Et ce charitable Père, qui saurait en douter? fut un puissant intercesseur en présence de Dieu, pour obtenir miséricorde, avant la consommation du châtiment et de la ruine. Dieu daigna sans doute révéler

---

(1) Tob., xiv, 6.

à son serviteur ce dessein si sévère, afin d'en accorder le terme aux prières de son Saint. Quoi qu'il en soit, Xavier connut dès cette heure, la levée du siége et la délivrance des habitants, mais il ne le manifesta que plus tard, comme nous le verrons.

Après quelques jours de navigation, le vaisseau fut assailli par un vent du sud, qui l'entraîna dans des parages inconnus des Portugais : pendant cinq jours, le soleil cessa d'apparaître, et le pilote finit par ignorer la voie de son navire. Au milieu de la tourmente, la grande chaloupe, amarrée à la suite du bâtiment et qui renfermait quinze hommes de l'équipage, eut ses attaches rompues, et fut entraînée en pleine mer. Les efforts du capitaine pour secourir ses gens mirent encore son vaisseau dans un plus grand péril, et la nouvelle manœuvre fit présenter le flanc à des vagues immenses qui s'abattirent sur le pont et menacèrent de tout engloutir. Xavier, intrépide au milieu de la tempête, et du naufrage, allions-nous dire, paraissait lui-même être devenu le capitaine et le pilote, à côté des vaillants officiers portugais. Levant les yeux au ciel, il s'écria vers son Dieu : « O Jésus-Christ, amour de mon âme ! secourez-nous, « Seigneur, par la vertu des cinq plaies que vous avez reçues « pour nous sur la Croix. » A ces paroles, on sentit le navire, qui s'enfonçait déjà, se relever et reprendre son équilibre.

Mais la chaloupe avait disparu ; le vent et la mer l'avaient entraînée, et Xavier gémissait avant tout sur le sort de deux mahométans esclaves, qui avaient refusé de se faire chrétiens, et qui allaient périr infidèles, et rebelles à la grâce. Il pria pour tous les passagers de la chaloupe, surtout pour ces deux esclaves, et sentant enfin sa prière exaucée, il se releva et se tournant vers le capitaine : « Cessez de vous affliger, lui dit-il ; avant trois jours la fille aura rejoint sa mère. » Rentrant alors dans sa chambre, il se remit en prières, et demeura dans une sainte extase pendant un grand nombre d'heures : lorsqu'il remonta sur le pont, il priait encore et versait d'abondantes larmes. A cet instant, il s'écria de nouveau : « Jésus, mon Seigneur, je vous conjure par les souffrances de votre Passion sacrée, ayez pitié de ces infortunés qui viennent à nous, parmi tant de périls ! »

Bientôt après, un enfant assis au pied du mât, fit entendre ces cris : « Miracle, miracle, voici la chaloupe ! » Elle venait en effet, et quoique la mer fût violemment agitée, elle traçait directement sa voie, et vint s'appliquer au côté du vaisseau, de manière à permettre de recueillir sans efforts tous les passagers qui la montaient.

Ces hommes déclarèrent que, dans la tempête, au milieu de la mer immense, ils avaient à leur gouvernail le P. François qui dirigeait la chaloupe, et les fortifiait de ses ferventes paroles.

Ainsi, par un miracle entre les miracles, le Père était présent à la fois sur le navire et dans la chaloupe : et les nombreux témoins de ce glorieux prodige adorèrent Dieu dans sa toute-puissance, et les deux mahométans confessèrent Jésus-Christ et demandèrent le baptême.

La mer étant devenue favorable, le vaisseau d'Édouard de Gama parvint, en peu de jours, dans le port de San-Chan, que les Portugais ont appelé Sancian, et que les derniers événements de la vie de Xavier rendirent à jamais illustre. Là, s'arrêtait Gama, pour réparer son navire et pour suivre ensuite une voie différente. Et le P. Xavier, ainsi qu'il l'avait connu par avance et prédit, trouva, pour le ramener aux Indes, le navire de son excellent ami Diogo de Pereira.

Avant de partir, Xavier, s'entretenant avec le pilote qui l'avait amené du Japon et qui se nommait Francisco d'Aguiar, lui prédit qu'il ne finirait point ses jours sur la mer, et que jamais aucun navire sur lequel il serait ne périrait par la tempête. Aguiar crut très-fermement à la prédiction du Père, et dans le cours de son existence, il en éprouva les effets très-sensibles, naviguant sur les bâtiments les plus délabrés, sans frayeur, dans les temps les plus formidables, au point de paraître à tous follement téméraire et comme insensé, tandis qu'il n'agissait qu'en vertu des promesses d'un Saint.

On mit à la voile de San-Chan le 31 décembre 1551.

Alors Xavier fit part à Pereira du dessein qu'il avait formé d'aller annoncer l'Évangile dans l'empire chinois (*Lettres*, II, 244, 235). Les merveilleux éloges qu'il avait entendu faire de la science et du génie des Chinois, lui faisaient concevoir une éminente idée de ce peuple, et les fruits déjà recueillis dans les royaumes de Saxuma, de Bungo et d'Amanguchi étaient, à ses yeux, les présages de succès infiniment plus grands, s'il allait combattre l'infidélité dans son fort, et si le Japon apprenait les victoires de la vérité sur l'erreur, dans les universités mêmes d'où la science japonaise tirait son origine. Déjà, lorsqu'il était au Japon, Xavier, plein de cette pensée, avait traduit en chinois l'Explication de la doctrine chrétienne, et il méditait alors les moyens d'accomplir le dessein suprême d'aller évangéliser cet empire, dont les origines étaient fabuleuses, et dont l'enceinte s'étendait, suivant l'expression chinoise, vers les quatre mers, c'est-à-dire vers les extrémités mêmes de l'horizon.

Les Portugais firent envisager à Xavier les graves différends survenus en Chine, dans les dernières années, entre leurs compatriotes et le gouvernement du pays. En effet, les exactions et les cruautés de Simam d'Andrade et d'autres Portugais avaient fait exclure des ports de la Chine la nation portugaise tout entière, et de sanglantes représailles accomplies sur les principaux coupables avaient scellé ce fatal arrêt.

Une ambassade seule, protégée par le droit des nations, pouvait ouvrir un accès jusqu'à Pékin, la capitale chinoise : et Pereira, de qui le grand cœur savait tout sacrifier pour le bien de la religion, offrit au vénérable Apôtre trente mille pièces d'or pour les frais de cette ambassade. Xavier, reconnaissant d'un bienfait si immense, conçut dès lors la pensée de faire désigner son ami par le gouverneur des Indes, pour aller lui-même en qualité d'ambassadeur auprès de l'empereur de Chine.

Cependant Pereira craignait que le siége et tous les malheurs de Malacca ne l'obligeassent à joindre son bâtiment à la flotte qui serait armée pour la délivrance de cette ville. Xavier rassura son ami, lui déclarant que Malacca, délivrée à cette heure par la frayeur panique et la fuite des assiégeants, n'avait désormais aucun besoin de secours ni de protection.

Ce fut dans le même voyage que Xavier prophétisa touchant le navire de Pereira, qui s'appelait la *Sainte-Croix*, et qui devint fameux dans toutes les Indes. Au milieu d'un violent orage, le Père, après avoir longtemps prié Dieu, dit à Pereira : « Diogo de
« Pereira, rendez graces à Notre-Seigneur, car il nous accorde
« plus de grâces que nous n'en méritons. La divine miséricorde
« nous donnera la preuve du danger présent où nous sommes
« par le sort de l'autre navire, qui est sorti de San-Chan de con-

« serve avec nous ; mais la *Sainte-Croix* évitera tout danger, et
« ne périra que de vétusté, sur le chantier même où elle fut cons-
« truite, après de longues années. »

L'orage en effet s'apaisa, et bientôt parurent à la vue du navire les débris de l'autre bâtiment, et, sur une planche flottant à l'aventure, deux matelots qui furent recueillis, et qui donnèrent la confirmation douloureuse du naufrage de leurs compagnons.

La *Sainte-Croix*, pendant l'espace de trente ans, parcourut toutes les mers de l'Inde avec une merveilleuse fortune, et ni les pirates qui l'attaquèrent, ni les orages qu'elle essuya, n'eurent sur elle aucune puissance. Un jour, elle devait faire voile de Malacca pour Cochin, avec une charge extraordinaire : et les marchands qui la montaient, effrayés eux-mêmes de voir ce vieux bâtiment naviguer à fleur d'eau, et comme dit le vieil historien Lucena, boire l'eau de toutes parts, rentrèrent précipitamment dans le port : mais encouragés par leurs compatriotes, ils se remirent en mer, et contre toute prévision humaine, ils justifièrent la prédiction de l'Apôtre. Enfin, après trente ans d'une navigation toujours favorable, la *Sainte-Croix* devenue la propriété du gouverneur de Diu, fut amenée au rivage, dans le lieu même où on l'avait construite : et là, sans que la main de l'homme l'eût seulement touchée, elle tomba d'elle-même en mille débris.

Et afin même que la bénédiction promise par le Père se perpétuât par delà ce terme, il arriva qu'un marchand, nommé Jorge Nunez, recueillit une des planches de la *Sainte-Croix* et la fit clouer à son propre navire, persuadé qu'avec ce secours il ne ferait jamais naufrage. Sa confiance fut récompensée, et son navire eut la même fortune que le vaisseau de Pereira, et, comme celui-ci, périt de vétusté, sur le rivage même de son port d'origine.

Diogo de Pereira ne devait point, à cause même des préparatifs du voyage de Chine, accompagner le Saint jusqu'aux Indes. Celui-ci lui fit connaître qu'à Malacca se trouvait un vaisseau monté par Antonio de Pereira, et qui devait attendre l'arrivée de la *Sainte-Croix* pour mettre à la voile, et le Saint, en passant devant Singapour, écrivit par terre à Antonio pour lui annoncer sa venue, et au P. François Pérez, supérieur de la maison de Malacca, pour lui recommander certaines dispositions à prendre.

La ville tout entière de Malacca fit un merveilleux accueil au

P. Xavier. On eût dit que toutes les souffrances étaient oubliées. Cependant le vénérable Père, en voyant les vestiges du siége et les ruines des édifices, fut saisi de douleur et ne put s'empêcher de rappeler aux habitants la divine justice dont il les avait menacés autrefois, et dont par leur impénitence ils avaient attiré sur eux les arrêts sévères : en même temps il les consola par des paroles de miséricorde et les conjura de faire, à ce moment enfin, une pénitence salutaire.

Ce fut alors qu'il fit part à D. Pedro de Silva, qui venait de quitter le gouvernement, et au frère de ce capitaine, D. Alvare de Gama, qui lui succédait, de son dessein d'une expédition en Chine, et il en fut pleinement approuvé. Nous verrons plus tard que l'avarice et la jalousie firent changer les dispositions d'Alvare, et, par la permission divine, empêchèrent le voyage du Saint et son apostolat dans l'empire chinois.

Xavier étant monté sur le vaisseau de Pereira, parvint heureusement à Cochin, le 24 janvier 1552 (*Lettres*, II, p. 232).

A Cochin se trouvait, depuis plusieurs mois, le roi des Maldives, que la rébellion de ses sujets avait fait s'exiler, et qui était venu solliciter l'assistance des Portugais, afin de recouvrer son royaume. Le P. Heredia l'instruisait avec zèle ; mais le prince, qui craignait d'irriter sans retour ses peuples, s'il se convertissait à la foi de Jésus-Christ, ne s'était point rendu, lorsque le P. Xavier, par sa sainte éloquence, abattit cette résistance et baptisa solennellement le néophyte. Et Dieu permit que ce prince ne trouvât point de la part des Portugais les secours qu'il en avait espérés : ses États, qui ne produisaient ni or, ni parfums, ni épiceries, ne parurent point assez riches pour être l'objet d'une protection vénale, et le souverain délaissé termina ses jours dans une condition privée, persévérant dans sa foi, que peut-être eussent compromise les dangers d'un règne.

De Cochin, le Père écrivit en Europe, au P. Ignace (*Lettres*, II, p. 206), à la Compagnie de Rome (*Lettres*, II, p. 216), et au P. Simon Rodriguez (*Lettres*, II, p. 238), pour rendre compte à son vénérable Père de sa mission au Japon, et pour réclamer des ouvriers apostoliques ; et l'on remarque en ces lettres un accroissement singulier de ces vertus saintes qui allaient bientôt parvenir à leur consommation et recevoir leur couronne. On ne sauroit les lire sans en être profondément édifié, et sans trouver dans sa foi même, en déposant le livre, plus d'amour pour Dieu, plus de charité pour ses frères, et nous pouvons le dire, plus de zèle pour la conversion des âmes.

Enfin, vers le commencement de février 1552, le P. Xavier était à Goa, dans le collége de Saint-Paul. A l'arrivée du Saint, quelqu'un du collège était malade et paraissait au moment de mourir. Néanmoins, il avait la confiance que le bien-aimé Père le délivrerait tout ensemble du mal et du péril. Xavier s'étant rendu près du religieux, cette sainte présence suffit pour procurer au malade une guérison parfaite.

Xavier était alors entouré de la plupart de ses Frères. En effet, plusieurs y étaient arrivés, appelés par ses ordres ou par ceux du P. Paul de Camerino; plusieurs étaient venus de leurs résidences pour des motifs majeurs; et il paraissait qu'à la veille de s'éloigner encore de sa vaillante armée, et cette fois pour toujours, l'homme de Dieu désirait la passer en revue, et laisser à chacun d'entre eux, comme un legs sacré, la salutaire influence de ses exemples et de ses leçons.

Le P. Gaspard Barzée était venu d'Ormuz, par l'ordre de Xavier, qui se le destinait comme successeur au Japon. Barzée, cet homme sans instruction et de basse naissance, avait, dans sa vertu sublime, pris le vol de l'aigle, et sa science éminente et la splendeur de ses œuvres étaient l'admiration du siècle (Voir *Lettres*, II, 17, et note) (1). Le P. Barzée avait régénéré la cité d'Ormuz : à sa voix les idolâtres, les mahométans et les Juifs étaient entrés en foule dans l'Église de Jésus-Christ. Les temples de l'infidélité désertés par l'erreur étaient consacrés au culte du vrai Dieu. La réforme des mœurs avait renouvelé la face d'une ville immense, fameuse dans tout l'Orient par son opulence et ses désordres. Mais les grandes œuvres de ce Père fourniraient, à elles seules, dans notre récit, un épisode immense.

Les PP. Trigault (dans la Vie du P. Barzée), et Lucena (dans un livre entier de la Vie du P. Xavier) ont raconté la vie de cet homme apostolique. Leurs récits sont pleins de faits admirables, et l'on voudrait pouvoir en donner ici la principale substance.

(1) Nous donnons dans l'*Appendice* n° IV, plusieurs fragments des lettres du P. Barzée, qui donneront une idée de son prodigieux mérite.

CHAPITRE SEPTIÈME (1551-1552).

Mais la plupart de ces premiers Jésuites n'étaient-ils pas des géants dans l'ordre spirituel ! Le Ménologe de la Compagnie n'inscrit-il pas à côté de plusieurs de leurs noms le titre de Martyr : et parmi les autres Pères, combien sont morts après avoir confessé la foi ; combien sont morts épuisés par l'apostolat, et combien n'ont achevé le cours ordinaire d'un âge complet, que pour donner, pendant de nombreuses années de mortification et de sainteté, les exemples parfaits des plus rares vertus ?

A Comorin, comme si le vénérable martyr Antonio Criminale visitait plus efficacement cette église par le secours de ses prières en présence de Dieu, que par son apostolat, lorsqu'il était présent sur la terre : — ainsi l'apôtre saint Pierre, peu de jours avant son martyre, avait promis à l'Église catholique romaine de la visiter toujours du haut du ciel par sa médiation devant Dieu, — le P. Henri Henriquez, par la force de sa doctrine, et surtout par les exemples de sa pénitence, convertissait en grand nombre les mahométans et les idolâtres. Parmi les savants qu'il rendit chrétiens, on cite un docteur brahme qui, par une tradition reçue de ses maîtres, possédait des notions vraies sur la création du monde, sur le mauvais serpent, la tentation d'Ève et le péché de notre premier Père. Ce personnage, incrédule aux idoles, reconnaissait un seul Dieu, créateur et maître du monde : et sa philosophie morale s'était élevée à ce point, par les lumières réunies de la tradition et de la conscience, qu'il avait, touchant le péché contre Dieu et les principaux devoirs de nature, des opinions pleines de sagesse et dignes d'un chrétien. Sa vie d'ailleurs était austère, et ses heures se passaient dans la contemplation du souverain principe : ses discours mêmes exprimaient des pensées si sublimes et de si touchants retours sur les choses du monde, que le P. Henriquez en était dans l'admiration. L'orgueil néanmoins le retenait encore, après que la science lui avait découvert la vérité ; mais Henriquez, à ses leçons éloquentes, ajouta la puissance de la prière, saintement offerte en présence de Dieu : et le docteur superbe finit par s'humilier avec les petits et les humbles aux pieds sanglants du divin Crucifié : et sa conversion fut le signal d'une infinité d'autres.

Aux Moluques, les PP. Lancilotti et Beira ; à Malacca, le P. François Pérez ; à Saint-Thomas-de-Méliapour, le P. Alonzo Cypriano, réalisaient des prodiges. A Baçaïm, le P. Melchior Gonçalez avait baptisé quatre cents personnes en très-peu de temps, et fait construire une église en l'honneur de la très-sainte Mère de Dieu, avec un collège pour les enfants chrétiens. Il convertit la plupart des habitants de l'île de Salsète, près Baçaïm; et la pagode magnifique de cette île, où de nombreux pèlerins venaient adorer le démon, se vit consacrée au culte du vrai Dieu. On raconte aussi qu'un vieillard, qui paraissait avoir dépassé par de longues années les limites de la vie humaine, vint trouver le missionnaire pour en être instruit dans la religion et pour demander le baptême. Après un enseignement sommaire, ce vénérable vieillard qui, pareil à l'aveugle du Saint Évangile, demandait qui était Jésus-Christ, afin de croire en lui, reçut le sacrement de Baptême, et survécut seulement quelques heures à cette grâce qui devait l'introduire, avec sa parfaite innocence, en présence de son Dieu, et lui donner, immédiatement l'intelligence souveraine et béatifique de ce Dieu.

Autrefois, dans Tana, les pères eux-mêmes vendaient leurs enfants aux mahométans, qui en faisaient leurs esclaves et ceux de Mahomet. Le P. Gonçalez racheta, pour un prix modique (1), une infinité de ces jeunes créatures, et donna l'exemple de cette œuvre pieuse, qui fut une œuvre de tous les temps dans notre Église, et qui s'appelle de nos jours l'œuvre de la Sainte-Enfance.

A Cochin, le P. Balthazar Gago venait de recevoir, avec l'approbation de l'évêque de Goa, l'église de la Mère-de-Dieu, que ses administrateurs avaient offerte à la Compagnie. Mais quelques nuages s'étant élevés dans les esprits des donateurs, le saint Père, à son arrivée du Japon, lorsqu'il passait par Cochin pour se rendre à Goa, donna vis-à-vis du monde un mémorable exemple de sa parfaite humilité : il rendit l'édifice aux donateurs, en leur exprimant, dans les termes les plus touchants, sa charité profonde, son amour de la paix et son renoncement. Les propriétaires anciens, admirant ce saint empressement, renouvelèrent, avec un secret

---

(1) Une fois, le Père acheta pour 3 tangas et demie, ou 210 reis portugais, — environ 2 francs, — deux enfants qui, des mains du prêtre qui venait de leur conférer le baptême, s'envolèrent au Paradis, et allèrent comme l'embellir de leur présence.

remords, leur première donation, et le P. François put, à juste titre, être considéré par les Pères du collége de Cochin comme leur fondateur véritable.

Le P. Paul de Camerino, pendant l'absence du P. Xavier, avait reçu dans la Compagnie les FF. Simon de Vera et Fernam d'Osorio, qui, tous les deux, terminèrent leur existence aux Moluques, après y avoir accompli des travaux immenses; et le F. Pedro d'Alçaceva, qui ramena plus tard de San-Chan les vénérables reliques de l'Apôtre, et qui se consacra durant vingt-quatre ans à l'instruction des enfants dans le collége de Saint-Paul.

Le P. Paul de Camerino, docile aux leçons parfaites de son admirable Père, donnait lui-même l'exemple de toutes les vertus, et surtout de la sainte humilité, le principal devoir recommandé par le P. Xavier, parmi tous les autres devoirs. Paul avait également, et nous devons le rapporter ici pour l'édification du monde, introduit dans sa résidence l'usage des processions et des prédications du vendredi, en l'honneur de la Passion de N.-S. J.-C., et la pieuse pratique de la discipline que les séculiers s'infligeaient dans l'église pendant l'espace d'un *Miserere*.

Avant le retour du P. Xavier, étaient arrivés du Portugal à Goa les PP. Melchior Nunez (Voir *Lettres*, II, 244 et note), Manoël de Moralez, qui fut longtemps missionnaire à Ceylan et revint terminer ses jours à Goa (*Lettres*, II, 23 et note), Melchior Gonçalez, qui fut le successeur du P. Barzée, à Ormuz; qui plus tard essaya vainement d'entrer dans le royaume du prêtre Jean, et qui revint travailler à Salcète, près Baçaïm, et mourut à Goa; et les FF. Manoël de Teixeira, Pero d'Almeida, Christovam da Costa, Antonio Diaz, Francisco Duram et Aleixo Madeira, qui accomplirent de prodigieux travaux dans les contrées d'Orient, en Chine, à Ormuz, à la Pêcherie, à Goa et à Baçaïm (1).

Dans Goa même, la religion florissait d'une manière admirable; les Portugais donnaient les exemples les plus édifiants; les païens

---

(1) Le P. Lucena, qui écrivait en 1597, dit, en parlant de ces excellents religieux : « La modestie de ceux qui existent ne me permet point de m'étendre à leur sujet, et la brièveté de cette Histoire ne me laisse point d'espace pour les œuvres saintes de ceux qui sont avec Dieu. »

h.

se convertissaient tous, et les prêtres des idoles avaient été chassés de la contrée par ordre du gouverneur.

Deux princes infidèles s'étaient récemment convertis dans la capitale des Indes. C'étaient le roi de Tanor, royaume de la côte de Malabar, entre Cranganor et Calicut. Après avoir hésité longtemps, quoiqu'un missionnaire venu dans sa cour l'eût instruit de la religion et qu'il fût convaincu, il reçut enfin le baptême; mais d'abord chrétien en secret, il conçut des scrupules, et fit consulter l'évêque de Goa. Le prélat envoya vers lui le P. Antonio Gomez, qui lui démontra le devoir de professer publiquement sa foi, et le prince n'hésita plus : venant donc à Goa malgré ses sujets, il se présenta dans la cathédrale de cette ville pour déclarer sa créance et faire acte de chrétien. Il acheta sa foi par la perte de son royaume et par l'exil: et il termina ses jours à Goa, dans la condition privée, et après une longue persévérance alla recevoir au ciel une autre couronne, infiniment supérieure à celle de la terre, des mains de Jésus-Christ lui-même.

L'autre souverain était le roi de Trichinamale, dans l'île de Ceylan. Dans ses années les plus tendres, un usurpateur lui avait ravi sa couronne; et ses gardiens l'avaient alors soustrait à la haine du tyran, et l'avaient conduit parmi les chrétiens de la Pêcherie. Les Pallawares l'avaient accueilli charitablement, et lui avaient procuré le bienfait de tous le plus précieux, la connaissance de N.-S. J.-C., et la profession de la foi chrétienne. L. P. Henriquez baptisa le jeune prince, et le P. Xavier trouva ce pieux enfant dans le collège de Saint-Paul, édifiant cette maison par sa sagesse et par sa ferveur.

Le gouverneur des Indes portugaises était alors D. Alfonse de Noronha, successeur de Jorge Cabral, qui n'avait occupé l'autorité que pendant un an. Noronha connaissait dès longtemps le saint Apôtre : il approuva tous ses plans et le choix de Pereira pour une ambassade en Chine. Le même seigneur lui offrit son concours le plus empressé et lui accorda toutes les grâces qui dépendaient de lui-même.

L'évêque D. Joam d'Albuquerque combla le P. Xavier des marques les plus sensibles de sa tendresse et de sa reconnaissance en Jésus-Christ. Cet excellent prélat avait écrit, en 1550, au P. Ignace, une lettre qui s'est conservée (*Appendice*, n° XI), et qui contient l'effusion de tous ses sentiments à l'égard des Pères de la Compagnie de Jésus.

Pendant les deux mois que le P. Xavier demeura dans Goa, et tandis que les facteurs de Pereira préparaient tout pour l'ambassade chinoise, l'Apôtre ne demeura point oisif. Ce grand capitaine de l'armée de J.-C., et nous nous exprimons ainsi, parce qu'à l'exemple de son maître Ignace, et selon les paroles réitérées de la divine Écriture, la guerre sainte est la vie du chrétien : — nous serions infini si nous voulions réciter toutes les expressions des saints Livres dont les images sont tirées de cette guerre sublime, — ce capitaine héroïque voulut désigner à ses lieutenants tous les postes les plus périlleux et ceux qui devaient, après le succès, être les plus féconds. Il disposa toutes choses pour la dilatation de la foi dans les vastes conquêtes déjà commencées, et qui s'amplifiaient tous les jours dans les Indes, afin de laisser derrière lui des bases solides, qui dussent constituer une Église énergique et vivace.

Le P. Melchior Nunez fut choisi pour Baçaïm, et Gonçalo Rodriguez pour Tana. Le P. François Henriquez fut envoyé à Cochin, le F. Louis Mendez à la Pêcherie, où ce vaillant apôtre souffrit glorieusement la mort pour l'amour de Jésus-Christ : Joam Lopez alla rejoindre, à Méliapour, le P. Alonzo Cypriano. Enfin, le P. Xavier désigna, pour l'accompagner au Japon, le P. Balthazar Gago et les FF. Édouard de Silva et Pero d'Alcaceva.

Dans le collège de Saint-Paul, qui comptait alors trente sujets de la Compagnie, le Père nomma recteur, en même temps qu'il lui conféra l'autorité de vice-provincial, le P. Me Gaspard Barzée. Barzée, anéanti par l'humilité, et qui, s'il eût osé se permettre un désir, aurait formé celui de suivre à la Chine son Père bien-aimé, s'humilia sous la charge imprévue de ce gouvernement. Xavier aurait désiré lui-même se l'associer pour compagnon dans ses nouvelles œuvres ; mais l'intérêt de la religion dans les Indes avait désigné Barzée au choix de l'Apôtre, et tous deux se soumirent : Xavier, pour obéir à Dieu, Barzée, pour obéir à son Père spirituel (1).

(1) Nous verrons, dans les *Lettres*, les admirables enseignements que laissa le P. Xavier à tous ses religieux. (*Voy.* Lettres au P. Gaspard Barzée (II, 33, 375 et suiv.); aux ouvriers apostoliques du Travancore (I, 264); au P. Paul de Camerino (II, 734); au F. Joam Bravo (II, 136).

Le P. Lucena, rappelant les derniers entretiens de Notre-Seigneur avec ses disciples avant la fête de Pâques, et lorsque le divin Jésus était sur le point d'aller vers son Père, exprime humblement la pensée que Xavier, en imitation et comme en participation de ce testament de notre Sauveur, consolait alors ses Frères par des leçons plus intimes, par des exemples plus touchants, par des miracles plus sensibles et plus prodigieux. Ses discours étaient tous de la perfection religieuse, de l'oraison et de l'union intérieure avec Dieu, de la mortification, de la pénitence, de l'humilité, de la sainte pauvreté, de la chasteté sans tache: ses dernières paroles, celles qui se trouvaient toujours sur ses lèvres, recommandèrent aux religieux de la Compagnie la persévérance dans leur vocation, l'amour de leur Institut, la connaissance approfondie de leur néant, la prompte obéissance d'action, de volonté, d'intelligence.

Le P. Xavier, désirant faire connaître au souverain pontife et au P. Ignace l'état de la religion dans les Indes, désigna le F. André Fernandez pour aller rendre compte des œuvres accomplies, et solliciter de nouveaux ouvriers, pour la moisson nouvelle qui n'attendait à cette heure que des paroles d'Apôtre pour la faire germer, que le sang des martyrs pour la féconder, et que la main d'autres saints pour la recueillir. Fernandez fut porteur des lettres précieuses (II, 289, 296, 306) que Xavier écrivit alors au P. Ignace, au P. Simon Rodriguez et au roi Jean III. André Fernandez obtint tout le succès que désirait Xavier, et, dans les années qui suivirent, des ouvriers nombreux vinrent travailler et souffrir dans les Indes, le Japon et la Chine, pour le nom de Jésus-Christ: et leurs œuvres ainsi que leurs noms vivront éternellement.

Avant de s'éloigner de Goa, le Père avait fait un exemple sévère en la personne d'Antonio Gomez, membre de la Compagnie. Gomez, noble portugais et canoniste très-éminent, avait, au moment d'entrer au noviciat, distribué tout son bien aux pauvres. Sa prédication, qui, dans le Portugal, accomplissait des merveilles, l'avait fait choisir par le P. Rodriguez pour être recteur du collége de Goa. Mais plus zélé que sage, il voulut agir dans les Indes comme il eût fait en Europe, et il entreprit dès l'abord des réformes extraordinaires : en même temps, il obtenait des conversions nombreuses; il triomphait des bonzes dans les controverses publiques, convertissait le roi de Tanor et fondait le collége de Cochin. Mais dans son ministère il avait commencé par contrarier les vues de son supérieur, le P. Paul de Camerino, et il finit par s'élever ouvertement contre lui, en licenciant tous les enfants indigènes du séminaire de Saint-Paul, et en les remplaçant par de jeunes Portugais. Xavier, dirigé par l'esprit de sagesse qui avait présidé, dans le P. Ignace, à la fondation de l'Institut, et que ce patriarche a laissé pour héritage à ses fils, rétablit les choses dans leur ancien état et rappela Gomez au devoir. Ce religieux ayant voulu s'appuyer de la protection du vice-roi et de la faveur populaire, Xavier le renvoya de la Compagnie. Gomez périt malheureusement sur mer lorsqu'il retournait en Portugal, exprimant, à sa dernière heure, tout son repentir, et fortifiant ses compagnons de naufrage par les ferventes exhortations de son ministère.

Enfin, le 15 avril 1552, le P. François Xavier prit la mer pour se rendre à Malacca, et de là vers la Chine. A Cochin, où il descendit, il encouragea de nouveau ses Frères, et, dans la traversée de cette ville à Malacca, il eut encore une fois l'occasion de commander aux éléments et d'apaiser la tempête. Sur le point d'arriver à Malacca, il découvrit à ses compagnons des épreuves dont la Compagnie était l'objet dans le Portugal, et la fin de ces épreuves.

CHAPITRE VIII.

(AVRIL-DÉCEMBRE 1552.)

Le navire était encore éloigné de Malacca, lorsque le Saint connut, par une révélation divine, un fléau contagieux qui sévissait dans cette ville. Il passa, dans de continuelles prières, en faveur de cette cité malheureuse, les derniers jours de la navigation : et dès lors les châtiments infinis, qui devaient affliger Malacca, étaient sans doute présents à sa pensée.

Dès son arrivée, il alla visiter les infirmeries, prodiguant aux malades tous les secours et toutes les consolations, et la plupart du temps, la guérison spirituelle avec la corporelle.

Au milieu des pestiférés, Xavier et ses compagnons, multipliant leurs œuvres et leurs fatigues, n'éprouvèrent aucun effet de la contagion. Parmi l'équipage de leur navire, quarante matelots périrent : la ville entière était semée de morts et de mourants. Mais Xavier et ses Confrères se virent préservés par la permission divine.

Dans ces derniers temps de la vie du Saint, des miracles signalaient tous ses pas : parmi les résurrections opérées à sa prière, et dont nos mémoires ne nous rapportent qu'un petit nombre, l'une des plus extraordinaires fut celle de François Xiavo. Ce jeune homme, empoisonné par une flèche que ses lèvres avaient touchée, venait d'expirer, et l'on s'apprêtait à l'ensevelir. François, voyant la douleur de sa mère, le prit par la main et lui dit : « Au nom de Jésus-Christ, François, levez-vous ! » Le mort se leva, et, dès cette heure, fit vœu de consacrer à Dieu la vie qu'un miracle avait rappelée en lui. Il prit l'habit de la Compagnie, et fut jusqu'à sa mort un parfait religieux.

Quand la peste eut cessé ses ravages, Xavier tourna ses pensées vers le voyage de Chine, et sollicita d'Alphonse Alvare da Gama, gouverneur de Malacca, la protection et les secours qui lui étaient nécessaires ; mais il trouva dans ce personnage des sentiments indignes d'un Portugais et d'un fils du grand amiral Vasco da Gama, indignes surtout d'un chrétien. En vain aussi Xavier l'avait comblé de ses bienfaits et des témoignages de sa charité. Le Saint avait remis à Alvare, de la part du vice-roi Noronha, des lettres lui concédant de nombreux priviléges ; et récemment, dans une maladie grave de ce gouverneur, le vénérable Père s'était fait son infirmier, le quittant à peine et lui prodiguant tous ses soins. Tous les jours Xavier célébrait en sa présence le Saint-Sacrifice de la Messe, et implorait en sa faveur la divine Miséricorde. Alvare, infidèle à la grâce, rebelle à tant de bienfaits, enviait à Pereira l'honneur et les bénéfices de l'ambassade en Chine, et il résolut de s'opposer à tout prix à cette expédition. Ni les ordres du vice-roi ni les prières de Xavier ne purent vaincre sa résistance : rien, pas même un don considérable offert par Pereira lui-même, en dédommagement des espérances déçues du malheureux gouverneur.

Gama fit enlever le gouvernail de la Sainte-Croix, et le fit déposer dans sa propre demeure, prétextant les dangers d'une invasion ennemie et la nécessité de garder tous les navires au port : et après que des nouvelles certaines eurent détruit ce prétexte, il dévoila toute sa pensée, et proclama ses desseins de colère et de longue vengeance.

Ce fut alors qu'ayant épuisé les voies personnelles de douceur et les entremises les plus respectables, Xavier résolut de tirer du fourreau le glaive spirituel dont l'Église l'avait armé, et de dénoncer au gouverneur la qualité de légat apostolique dont le souverain pontife l'avait revêtu, et les anathèmes encourus par les violateurs des décrets du saint siége. Il mit entre les mains de Joam Soarez, vicaire épiscopal de Malacca, une requête solennelle, l'invitant à la présenter à Gama, et présumant encore que ce grand coupable s'arrêterait en présence des conséquences de son crime.

Cette pièce nous a été conservée par le P. Tursellin, et nous la transcrivons, comme un précieux monument qui s'ajoute aux *Lettres* du Père, et qui nous offre un admirable exemple de courage apostolique et de charité sainte :

« Le souverain pontife Paul III, à la prière de notre roi, m'a
« envoyé dans l'Orient pour convertir les infidèles, afin que, dans la
« mesure de mes forces, je me consacrasse à y répandre l'Évan-
« gile et à propager la connaissance et le culte du Créateur du
« monde parmi les hommes formés à son image.

« Et, pour donner à cette mission un effet plus étendu et un
« caractère plus autorisé, le même pontife m'a créé légat aposto-
« lique: et en témoignage de ce mandat, il a adressé des lettres de
« sa main, avec le diplôme authentique, au roi de Portugal, afin
« que ce prince, s'il le jugeait convenable, — c'était sur sa de-
« mande, en effet, que j'étais envoyé dans les Indes, — confir-
« mât et autorisât ma mission par cet imposant caractère. Le roi
« de Portugal, lorsqu'étant appelé par lui, je fus venu à Lis-
« bonne, me remit le diplôme du souverain pontife, contenant la
« nomination de légat apostolique, et les lettres d'approbation
« royale.

« Ces titres, dès l'instant de mon arrivée dans les Indes, je
« les ai présentés à D. Joam d'Albuquerque, évêque de Goa, qui
« les a, selon qu'il était naturel, reconnus et approuvés. Et ce pré-
« lat, convaincu des heureux succès que pouvait obtenir la reli-
« gion chrétienne dans l'empire de la Chine, m'a envoyé vers cet
« empire, afin je fisse connaître à ses habitants la religion vérita-

« ble et la voie du salut. Vous pouvez vous assurer de ces dispo-
« sitions du seigneur évêque, par sa lettre adressée à l'empereur
« de la Chine, que je fais mettre sous vos yeux, afin que vous
« soyez convaincu de l'opinion et de la volonté du seigneur évê-
« que, touchant mon voyage vers la Chine.

« Le vice-roi des Indes, considérant qu'il était de l'intérêt de la
« religion que je pénétrasse avec sécurité dans le cœur de cet em-
« pire, a désigné Diogo de Pereira pour m'accompagner en qua-
« lité d'ambassadeur auprès de l'empereur de Chine. L'authenti-
« cité de cette mission est garantie par le mandat écrit, remis à
« Pereira par le vice-roi. En même temps, François Alvarez,
« commandant de la citadelle de Goa, et qui est aussi le procureur
« des intérêts de sa majesté, et l'inspecteur de ses finances, a pres-
« crit, conformément aux ordres du vice-roi, que tout ce qui a
« rapport à cette expédition recevrait son accomplissement.

« Or, le gouverneur de Malacca ne craint point de s'opposer à
« un voyage, évidemment agréé de Dieu, et si utile au salut des
« hommes, auquel ont pris part, en ses commencements, des au-
« torités si nombreuses et si éminentes : il ne craint pas de s'op-
« poser à la prédication de l'Évangile.

« Je vous prie donc instamment, et je vous conjure à cette
« heure, au nom de Dieu et de l'évêque de Goa, sous l'autorité de
« qui vous êtes placé, et attendu votre qualité de représentant de
« l'évêque en cette résidence, d'exposer sérieusement au gouver-
« neur de Malacca le sens des décrets pontificaux, commençant par
« ces paroles : *Qui vero de cætero* (Ceux qui, à d'autres égards),
« — décrets qui formulent une sentence d'anathème contre qui-
« conque s'oppose aux légats apostoliques ; — et vous conjurerez
« ce gouverneur, au nom de Dieu lui-même, de ne point entraver
« notre expédition, entreprise sous les auspices du vice-roi et du
« seigneur évêque.

« Au cas contraire, vous lui dénoncerez qu'il est, dès l'heure
« même, retranché de la communion de l'Église, en vertu de l'au-
« torité, non point du seigneur évêque, ni de vous, ni de moi-
« même, mais en vertu de la puissance et du droit suprême des
« saints pontifes, auteurs de ces décrets et de ces sacrées ordon-
« nances. Pour ces causes, vous le supplierez en mon nom, par la
« mort et par les plaies de Jésus-Christ Notre-Seigneur, de ne
« point encourir témérairement des peines ecclésiastiques d'une

« nature aussi grave. Et, sans doute, il encourrait, de la part de
« Dieu, de plus grands châtiments qu'il ne saurait jamais le pré-
« voir.

« Après cette démarche accomplie, je vous prie de me renvoyer
« la présente requête, en même temps que la réponse du gouver-
« neur, afin que ce document me serve de témoignage vis-à-vis
« du seigneur évêque, et me disculpe du soupçon de négligence,
« si je n'ai point réalisé l'expédition de Chine entreprise sous ses
« auspices.

« Je vous prie de nouveau, avec les plus vives instances, d'ac-
« complir très-promptement cet office. Bientôt sera passée la sai-
« son favorable à la navigation vers la Chine. Par cette démar-
« che, vous aurez fait une œuvre agréable à Dieu même, et que
« je désire très-vivement. Et je ne saurais me persuader que le
« gouverneur puisse être assez endurci et assez insensible pour ne
« point nous laisser partir, aussitôt qu'il aura connaissance des
« décrets pontificaux. »

Gama résista jusqu'à la fin, et le vicaire Soarez prononça l'excommunication solennelle contre lui et contre les fauteurs de ses actes.

Xavier, plein de douleur, gémissait devant Dieu sur le sort de
Gama, sur le désastre de Pereira, et surtout sur le préjudice immense qu'allait causer à la religion l'œuvre abandonnée. Ses lettres, douloureux testament qu'il adressait à ses amis des Indes et
à Pereira lui-même (II, 377 à 422), donnent à ses derniers instants
d'admirables gages d'humilité. Le Saint n'accuse que lui-même,
et l'infinité de ses péchés, du malheur qui l'afflige : il s'anéantit absolument devant Dieu : et, dans le même temps, il prie avec ferveur
pour l'infortuné D. Alvare, n'exprimant contre lui, dans ses lettres,
aucune parole de plainte : à ce point, que le gouverneur, qui fit in-
tercepter quelques-unes de ces lettres, en fut lui-même étonné, et
admira, mais d'une admiration stérile, la vertu de sa vénérable
victime.

Cependant, le Saint, au milieu de sa prière, prévoyait les châtiments rigoureux qu'attirait sur lui-même D. Alvare : « Alvare,
dit-il un jour, doit perdre à la fois son bien, son honneur e tsa vie :
Dieu veuille que son âme ne périsse point (1) ! »

(1) Deux années plus tard, D. Alvare da Gama fut chargé de fers par les
ordres du vice-roi, et conduit prisonnier à Goa, et de là à Lisbonne. Ses biens

Xavier, considérant que l'ambassade était rompue, eut la pensée de se rendre seul dans la Chine par une autre voie. Mais son grand cœur voulait épargner à ses religieux les dangers qu'il avait résolu d'affronter jusqu'au bout, et il fit alors partir pour le Japon, Balthazar Gago, Édouard de Silva et Joam d'Alcaceva; le premier, pour le royaume de Bungo, et les deux autres pour Amanguchi. Lui-même voulut prendre passage sur la *Sainte-Croix*, que le gouverneur avait armée pour son propre compte, et qu'il envoyait faire le commerce dans l'île de San-Chan.

Au moment de partir, il alla se prosterner au pied du sanctuaire, dans l'église de Notre-Dame-du-Mont, afin de recommander son voyage à la Très-Sainte-Vierge; et, après une profonde et longue oraison, il se dirigea vers le navire.

Le vicaire Soarez, qui l'accompagnait au rivage, lui demanda s'il n'avait pas, à ce moment suprême, pris congé du gouverneur : ajoutant que les faibles pourraient demeurer scandalisés, et voir une apparence de ressentiment dans la sévérité du Père : « Non, seigneur, répondit Xavier, qui croyait devoir à l'exemple cet éloignement rigoureux d'avec un excommunié, dom Alvare ne me verra plus en cette vie mortelle : je l'attends au jugement divin, où je l'accuserai devant Jésus-Christ, et où sera terrible le compte qu'il devra rendre. »

Puis, ayant fait quelques pas, il s'arrêta devant une église voisine de la mer : et dans une vive extase, il pria pendant quelque temps à voix haute pour le salut de dom Alvare.

Ensuite il se leva, par une action véhémente, et retirant ses chaussures, il les secoua vivement avec ses mains, et les frappa contre une pierre, afin, selon la parole de l'Apôtre, de ne point emporter la poussière d'une terre maudite.

Enfin le navire la *Sainte-Croix* mit à la voile, et le Saint, dans ce dernier voyage, accomplit différents prodiges que nous ont conservés nos auteurs, et que constate la bulle de canonisation.

Pendant un calme qui dura près de quinze jours, la pénurie

---

furent confisqués, un décret infamant flétrit sa personne, et une lèpre hideuse s'empara de son corps et termina son existence. Sur le point de mourir, il reconnut la main de Dieu, fit pénitence, et mourut en chrétien : et nous sommes fondé à croire qu'il dut sa conversion aux prières du Saint.

d'eau douce occasionna de grandes souffrances parmi les passagers, au nombre de plus de cinq cents personnes. Xavier fit mettre tout le monde en prières, et ayant commandé que l'on remplît d'eau de mer tous les vases du bâtiment, il fit sur eux le signe de la Croix: puis il fit goûter ces eaux, qui toutes se trouvèrent douces. Un si merveilleux prodige décida la conversion immédiate d'un certain nombre de mahométans qui étaient sur le navire.

Ces eaux mêmes, dont il restait en grande abondance après le voyage, servirent plus tard dans les Indes à la guérison d'une infinité de malades.

Un enfant âgé de cinq ans tomba dans la mer : son père qui était païen en fut inconsolable, et s'enfermant dans l'intérieur du navire, demeura trois jours sans paraître. Après cet intervalle, Xavier, qui le rencontra sur le pont, lui demanda la cause de sa douleur, et l'ayant apprise, se recueillit quelques instants et dit à cet homme : « Si Dieu vous rend votre enfant, promettez-vous de croire en Jésus-Christ? » L'infidèle promit, et trois jours plus tard, à l'heure où le soleil se levait, on vit le jeune enfant assis au bord du navire. L'enfant ignorait ce qui s'était passé durant les six jours; il se souvenait seulement d'être tombé dans la mer, et ne pouvait dire comment il en était revenu. Son heureux père, croyant à peine au témoignage de ses yeux, vint se prosterner aux pieds du Saint et demanda le baptême avec toute sa famille : l'enfant ressuscité reçut le nom de François.

Enfin, dans une île où l'on aborda, d'autres mahométans, émus de la renommée de l'Apôtre, vinrent écouter sa prédication ; et le glorieux pêcheur d'hommes recueillit encore dans ses filets évangéliques cette proie bienheureuse. Tous les nouveaux convertis demandèrent le baptême, et l'on rapporte qu'alors, au moment où il leur conférait le Sacrement divin, François parut à toute l'assemblée d'une stature au-dessus de l'humaine : ses pieds touchaient au tillac du navire, et ses mains, en baptisant, dominaient les néophytes, de qui la taille était très-élevée, et qui se tenaient debout devant lui. Cet éclatant prodige fut vérifié par de nombreux témoignages : ainsi Dieu se plaisait à glorifier son Saint par des merveilles sans nombre, et exaltait ce géant spirituel en le montrant au monde sous des apparences au-dessus de l'humanité : et ces apparences duraient un certain intervalle, par un effet de la divine Providence, pour la consolation des chrétiens et pour la conversion des gentils.

Enfin, au mois d'octobre 1552, le navire aborda dans l'île de San-Chan, entrepôt du commerce entre les Chinois et les Portugais des Indes. Dans cette île aride, image de désolation, l'Apôtre des Indes et du Japon, qui serait devenu l'Apôtre de la Chine, si Dieu l'avait permis à sa sainte ambition, éprouva les souffrances et les délaissements extrêmes qui consomment une vie sainte, en la conformant au souverain modèle, c'est-à-dire à Jésus crucifié!

Les marchands portugais, qui se trouvaient dans l'île, accueillirent le Père avec une joie profonde : on construisit pour lui, sur une colline vis-à-vis du port, un ermitage ou cabane de bois, couvert en branchages, où Xavier put célébrer le Saint-Sacrifice, instruire les enfants, pacifier les différends, et vaquer à tous les saints ministères que, dans aucune circonstance, l'homme de Dieu ne cessait d'accomplir.

Parmi ce concours de marchands, venus sur plusieurs navires pour la saison du commerce, était Pedro Velho, que le Saint aimait avec prédilection, et qui dut à ses vertus et à la protection de son ami, si puissante auprès de Dieu, les grâces les plus éminentes. Un jour, Xavier, afin d'établir une jeune fille orpheline et pauvre, pria Velho de lui donner une somme destinée pour la dot. Velho, pour toute réponse, lui remit la clef de son trésor, où se trouvaient 30,000 taëls (1). Xavier prit 200 taëls et rendit la clef. Velho, qui dans sa pensée, entendait partager avec le Saint le contenu de son coffre-fort, se plaignit affectueusement à ce vénérable ami. Alors, Xavier, profondément touché de cette charité, et le visage embrasé d'un feu prophétique, répondit à Velho : « Pedro, votre offrande est agréée de Celui qui sait apprécier nos intentions les plus secrètes : lui-même vous récompensera dans le temps ; et, dès aujourd'hui, je vous promets de sa part, que jamais, pendant cette vie, vous ne vous verrez dépourvu du nécessaire. Il vous arrivera d'être appauvri ; mais d'excellents amis viendront à votre

---

(1) Le taël, monnaie de compte usitée chez les Chinois, vaut environ 7 fr. 60 c., argent de France.

secours : enfin, vous ne mourrez point sans connaître à l'avance le temps de votre mort. »

Depuis ce jour, Velho, par une grâce bien digne d'être remarquée, et qui fut le gage et le sceau de la bénédiction de l'Apôtre, Velho devint un autre homme. D'un chrétien régulier, il devint un saint : et, marchand par sa profession, il vécut dans le monde comme un religieux, consacrant toutes ses pensées et tous les actes de son existence à la dévotion la plus fervente, et surtout à la pratique assidue des œuvres de charité. Il éprouvait, dans cette vie parfaite, une consolation profonde au souvenir de la promesse du saint, que l'heure de sa mort lui serait révélée d'avance.

En effet, Velho s'étant retiré à Macao, parvint heureusement à un âge très-avancé; et dans les chances de fortune qui lui furent défavorables, il se vit constamment assisté de ses amis, et se releva toujours. Enfin, averti par un signe que le Saint lui avait fait connaître (1), il mit ordre à ses affaires et se prépara pour mourir. Il demanda que l'on célébrât, dans l'église, un service solennel pour le repos de son âme ; et après avoir reçu les derniers Sacrements, il se coucha dans son cercueil, et entendit ainsi les dernières prières, à la fin desquelles il expira doucement, vérifiant, dans cette mort, la prédiction du Saint.

Xavier reçut, dans San-Chan, d'autres lumières prophétiques. Il connut et révéla le danger et la délivrance d'un vaisseau, surpris par un typhon et que l'on croyait perdu. Il découvrit de même aux Portugais la querelle qui s'éleva dans ce temps entre Alvare de Gama, gouverneur de Malacca, et D. Bernardo de Souza, capitaine de mer, arrivé nouvellement des Moluques dans cette ville.

Par les prières de l'Apôtre, un enfant fut ressuscité; mais ni les histoires contemporaines, ni les actes mêmes de la canonisation ne contiennent de détails sur cette grâce insigne.

Enfin, l'île de San-Chan fut délivrée par lui des tigres qui l'infestaient et qui dévoraient les habitants, si ceux-ci venaient à s'é-

---

(1) Xavier lui avait dit : « Lorsque vous trouverez le vin amer, vous serez près de votre mort. » Dans un repas qu'il donnait à ses amis, Velho trouva le vin amer, et lui seul ressentit cette impression, quoiqu'il eût fait goûter le même vin à ceux qui l'entouraient. Il s'aperçut alors que l'heure était venue, et se recueillit en vue de sa mort.

garer le soir loin des habitations. Une nuit, Xavier sortit de son ermitage, et s'avança au-devant des tigres : dès qu'il les aperçut, il leur jeta de l'eau bénite, et leur commanda de se retirer et de ne jamais reparaître. Et dès ce temps les tigres disparurent de l'île. Ainsi, nous voyons dans d'autres histoires, et dans celle, entre autres, d'un autre François, le patriarche des Frères-Mineurs, les animaux sauvages obéir au commandement des saints.

Les Portugais essayèrent en vain de détourner le Père du voyage de la Chine, lui représentant les lois rigoureuses qui fermaient cet empire à tous les étrangers, la captivité, les tortures et la mort même qui l'attendaient au seuil, et l'inutilité de son zèle. Mais Xavier, espérant contre l'espérance, téméraire aux yeux des hommes, mais reposant en Dieu toute sa confiance, cherchait, sans s'émouvoir, les moyens de pénétrer dans cette terre offerte à son courage, et que son doigt devait seulement désigner à ses fils dans l'apostolat.

Alors Dieu permit que tout lui manquât, et nous suivons, dans les lettres du Saint (II, 377 et 44), les vicissitudes nombreuses de ses espérances et de ses dispositions. Deux interprètes successivement lui firent défaut. Un marchand chinois devait le transporter, moyennant un salaire énorme, dont Pereira avait fait les frais, — ce Pereira, que nous retrouvons encore, et de qui la mémoire sera bénie aussi longtemps que se conservera le souvenir de notre Saint : — le marchand ne tint point sa parole, et Xavier demeura parmi les Portugais, s'appliquant aux devoirs du saint ministère, et attendant l'heure de Dieu.

Cependant les Portugais eux-mêmes s'éloignèrent de l'île; et le navire la *Sainte-Croix*, dont le chargement n'était point complet, demeura seul au port.

Xavier fut affligé d'une fièvre qui le fit demeurer alité durant quinze jours, mais il espérait toujours. Dieu, qui voulait l'éprouver jusqu'à la fin, et l'abreuver au divin calice des humiliations et des souffrances, permit que l'équipage de la *Sainte-Croix* finît par le délaisser dans ce moment extrême, et, par crainte du gouverneur D. Alvare, on lui refusa la plus simple assistance et les nécessités mêmes de la vie.

L'interprète chinois qui devait l'accompagner venait de retirer sa parole, et le marchand cantonais, effrayé sans doute par les dangers qu'il encourrait lui-même en introduisant le missionnaire sur le sol de la Chine, n'avait plus reparu.

Une seule espérance était demeurée dans l'esprit du Saint : c'était de revenir à Malacca, pour se joindre à l'ambassade que, tous les deux ans, le roi de Siam, état de l'île de Macassar, envoyait à l'empereur de la Chine, à titre d'hommage.

Mais Dieu, dit le P. Bouhours, inspire quelquefois de grands desseins à ses serviteurs, et ne veut pas toujours qu'ils les accomplissent, quoiqu'il veuille que, de leur côté, ils n'épargnent rien pour les exécuter.

Ce fut alors, vers le 20 novembre, que le P. Xavier fut repris de la fièvre et qu'il connut, par un avertissement divin, le jour et l'heure de sa délivrance terrestre, ainsi qu'en témoigna, dans le procès de canonisation, Joam d'Aghiar, pilote du navire, à qui le P. François l'avait fait connaître.

Au temps donc où Xavier dilatait sa charité pour attirer à Jésus-Christ un peuple immense, et, pour ainsi dire, un nouveau monde, le divin Maître voulut consommer l'apostolat de ce glorieux serviteur, en attachant son âme à la Croix. Les Indes et le Japon, où nos annales nous apprennent qu'un million d'âmes lui ont dû la foi, suffisaient à la carrière de l'Apôtre ; et la Chine, qui avait si longtemps cherché le don de Dieu, qui avait si souvent envoyé de ses sages pour aller au-devant du Révélateur et du Sauveur annoncé dans les traditions universelles, ne devait pas recevoir encore ce don de Dieu, dont l'heure est le secret de la Providence : ce don devait être seulement l'héritage spirituel d'autres enfants de la Compagnie de Jésus, des premiers successeurs de Xavier.

En présence du détroit dont l'extrême horizon était la Chine, conservant en sa douloureuse pensée le souvenir des contradictions suscitées par D. Alvare d'Ataïde, et dans la vaine attente du marchand chinois qui devait l'introduire dans cette terre promise, le saint Père ne demandait à Dieu que d'être prisonnier dans Canton, ou esclave dans le palais de Pékin, afin d'y annoncer l'Évangile.

Mais Dieu, qui voulait couronner son Apôtre, permit qu'il fût abandonné de tous les Portugais, qui tremblaient au seul nom d'Ataïde. Infirme et épuisé par deux mois de maladie, Xavier demanda, vers le milieu de novembre, d'être recueilli dans le vaisseau qui servait d'hôpital, et il y fut reçu à titre de pauvre. Trop languissant dans cet asile, à cause de l'agitation de la mer, il descendit de nouveau sur le rivage, où il vécut encore deux semaines, exposé aux injures de l'air, et abrité seulement par un toit de paille; enfin, un Portugais, plus charitable que les autres, le reçut dans sa cabane, lorsqu'il était négligé de tous, et semblable, dans son délaissement, à son divin Maître, à l'Homme de douleurs, à Notre-Seigneur Jésus-Christ. Sa nature, affaiblie par la maladie et par d'imprudentes saignées, lui occasionnait sans cesse de douloureuses convulsions; mais son visage était toujours serein, et ses yeux étaient constamment fixés vers le ciel ou sur son crucifix.

Lorsque, le 28 novembre, la connaissance l'abandonna pour trois jours, ses continuelles paroles n'étaient que de Dieu seul et du regret de la Chine. Nouveau Moïse, il avait entrevu la terre de Dieu, et il sentait qu'elle lui était fermée. Et lui, qui demandait autrefois à son Sauveur une plus grande abondance de douleurs, avec la grâce de les supporter pour son amour, répétait ces admirables paroles: *Amplius, Domine, amplius!* (Plus encore, Seigneur, plus encore!). Mais, soumis à la volonté du Père céleste, il acceptait tout de sa main, répétant sans cesse, avec le lépreux de l'Évangile: « Jésus, fils de David, ayez pitié de moi! » et ces autres paroles: « O Trinité sainte! » qui étaient son invocation de tous les moments. Il disait encore à la Vierge Marie : « Montrez que vous êtes notre mère! »

Le vendredi, 2 décembre 1552, à deux heures après-midi, jour de la semaine consacré à la commémoration de la Passion du Sauveur sur la Croix, il rendit l'âme, en prononçant ces paroles: *J'ai espéré en vous, Seigneur, et je ne serai pas confondu dans l'éternité* (1).

L'heure était venue, où saint François-Xavier, patron dans le Ciel de la mission de Chine, allait devenir le médiateur de l'apostolat de ses Frères, et les introduire comme par la main dans le nouveau champ du Père de Famille. Cette légion apostolique qui, sur les pas et sous le patronage de notre Saint, s'est multipliée comme à l'infini, a placé les Églises du Japon et de la Chine en un rang

---

(1) Psal. xxx, 2.

glorieux : et leurs innombrables martyrs prient pour elles, à cette heure, devant la face de Dieu.

Le Saint avait quarante-six ans, et il en avait passé dix et demi dans les Indes. Les différents auteurs qui nous ont raconté sa vie nous ont dit quels étaient les dons naturels dont la divine Providence avait orné sa personne ; mais les rayons de la grâce et l'auréole de la sainteté surpassent, autant que l'infini surpasse le fini, tous ces précieux avantages, qui n'avaient été que les instruments d'un ministère béni. Nous avons toutefois, pour l'édification de nos lecteurs, fait graver de nouveau le portrait publié par le P. Tursellin, en tête de la *Vie* qui fut publiée en l'année 1607.

A peine le P. Xavier avait expiré, que tous les Portugais accoururent à la pauvre cabane, devenue le sanctuaire des reliques d'un Apôtre. Ils se prosternèrent au pied de l'humble couche, embrassant les mains du vénérable mort et l'invoquant déjà dans leurs prières.

Le corps ne fut déposé dans la terre que le dimanche, vers l'heure de midi. Par les soins d'Antonio de Sainte-Foi, du pilote Aghiar et de deux serviteurs, il fut revêtu des ornements sacerdotaux, déposé dans un cercueil et recouvert de chaux vive. On l'enterra sur le penchant d'une colline, vis-à-vis la voie des navires, pour y demeurer jusqu'au départ des Portugais (1).

Le P. Xavier n'existait déjà plus, lorsque le P. Ignace, qui se le destinait pour successeur dans le généralat de la Compagnie, lui écrivit, pour le rappeler en Europe, une lettre touchante que nous donnons dans l'*Appendice* (I, n° 4).

―――∞∞∞―――

CHAPITRE IX.

FAITS POSTÉRIEURS A LA MORT DU SAINT, SA CANONISATION ET SON CULTE.

Le vaisseau la *Sainte-Foi* était sur le point de reprendre la mer, lorsqu'Antonio de Sainte-Foi pria le capitaine de faire ouvrir la sé-

(1) Dans l'*Appendice* n° XVI, nous donnons une notice étendue sur l'île de San-Chan, et sur le lieu de cette première sépulture.

i.

pulture du Saint, et de faire vérifier l'état de ses reliques. Ce fut le 17 février 1553 que cette reconnaissance eut lieu. Le corps fut trouvé tout entier, frais et comme animé par un sang vivant. La chaux n'avait point altéré la substance du corps ni les tissus qui le recouvraient. Enfin, l'odeur la plus suave s'exhalait du précieux cercueil (1).

Le navire mit à la voile, emportant les saintes reliques : et la tradition rapporte que, durant plusieurs années, les typhons ne s'élevèrent point pour désoler ces parages.

Le 22 mars 1553, la *Sainte-Croix* jeta l'ancre à Malacca, et toute la ville s'empressa d'aller recevoir le corps du P. Xavier. Le vicaire épiscopal fit ouvrir de nouveau le cercueil et trouva le corps dans une conservation parfaite. Un fléau pestilentiel qui avait reparu dans Malacca, cessa dès cette heure d'une manière absolue; et d'autres guérisons individuelles, produites par l'attouchement du cercueil, rendirent également témoignage à l'Apôtre.

Le Saint fut enterré, pendant quelques mois, dans l'église de Notre-Dame-do-Outeiro (de la Colline), vers la porte de la Sacristie.

En août de la même année 1553, le P. Joam de Beira, qui venait de Goa pour passer aux Moluques, désira voir le corps de son bien-aimé Père, et s'entendit à cet effet avec Diogo de Pereira, Guilherme de Pereira, un autre séculier, le gardien de l'église, et le F. Manoël da Tavora. Ces personnes se rendirent secrètement et de nuit dans l'église, et elles trouvèrent le corps aussi sain, les membres aussi flexibles, et la même apparence d'un sang vermeil, après cinq mois de sépulture dans un sol très-humide, que si le P. François venait d'expirer. Diogo de Pereira fit fabri-

---

(1) Un historien raconte que les Portugais enterrèrent un des leurs, qui venait de mourir, dans le lieu même de la sépulture du Saint : espérant, dit l'ancien écrivain, que ce sépulcre aurait la vertu de le délivrer des peines du Purgatoire, comme autrefois le tombeau d'Élisée eut la vertu de ressusciter un mort.

Au sujet de cette odeur suave qui s'exhalait du corps, et dont nous voyons des exemples dans un grand nombre de vies saintes, le P. Lucena fait d'édifiantes réflexions. Dans cette récompense de la pureté virginale de Xavier, il voit le sceau divin, par lequel l'Époux des vierges honore dans leur chair ceux qui sur la terre ont vécu comme des anges.

quer un cercueil magnifique, doublé de damas et recouvert de brocart : on y renferma le corps, afin de le transporter dans les Indes à la mousson prochaine. Le P. Joam de Beira poursuivit sa route vers les Moluques, et laissa le F. Manoël à la garde du vénérable dépôt. Vers la même époque revint du Japon à Malacca, le F. Pedro de Alcaceva, qui partagea l'office du F. Manoël. Tous deux s'embarquèrent avec les saintes reliques, sur le navire de Lopo de Noronha qui les conduisit à Goa.

A cette heure, dit le P. Francisco de Souza, dans le livre intitulé : *O Oriente Conquistado*, et où nous avons recueilli d'admirables détails, à cette heure commencèrent d'être sanctifiés les mers et les ports de l'Inde. Le vaisseau de Noronha, vieux et délabré, éprouva dans ce voyage la plus heureuse fortune, et les vents le respectèrent jusqu'au port. A Cochin, où l'on s'était arrêté, le corps fut visité en présence du P. François Perez et de tout le peuple, et de nombreux miracles y furent opérés. D'autres miracles eurent lieu dans Baticala.

Au port de Goa, le vice-roi D. Alphonse de Noronha fit faire une réception magnifique aux reliques du Saint. Ce fut le 15 mars 1554, que l'évêque et son clergé, et les Pères du collège de Saint-Paul, au chant du cantique : *Benedictus Dominus, Deus Israel*, allèrent recevoir le corps, et le transportèrent dans une chapelle située à une demi-lieue de Goa. Le lendemain, 16 mars, vendredi de la semaine des Rameaux, eut lieu l'entrée solennelle.

Nos écrivains sont remplis des miracles qui signalèrent l'arrivée du cortège et la présence du glorieux cercueil dans la métropole des Indes.

Nous ne voulons point nous étendre sur tous ces prodiges, dont les principaux se trouvent exprimés en la bulle de canonisation, et qui sont aussi infinis qu'extraordinaires : l'Apôtre des Indes, qui convertit plus d'un million d'infidèles, qui ressuscita plus de cinquante morts (1), qui guérit des milliers de malades, et qui fut l'objet des priviléges les plus prodigieux de la grâce, n'était-il pas l'un des plus grands thaumaturges de l'Église catholique ?

A la vue de toutes ces merveilles, le F. Joam d'Eyro, alors

---

(1) Le procès de canonisation constate vingt-quatre morts ressuscités et quatre-vingt-huit miracles. Depuis il a été constaté juridiquement que vingt-sept autres personnes avaient été ressuscitées.

religieux franciscain, et qui avait été le compagnon du P. Xavier à Méliapour, à Malacca et aux Moluques, éleva la voix et raconta devant tout le peuple tout ce qu'il savait touchant l'homme de Dieu, les secrets de sa propre conscience que Xavier lui avait révélés, et les événements futurs qu'il lui avait prédits : et ses discours furent le plus éclatant panégyrique prononcé dans cette grande fête. Le corps fut exposé durant trois jours dans l'église de Saint-Paul, et reçut enfin sa troisième sépulture au pied du grand autel, du côté de l'Évangile. On en fit une translation nouvelle en 1560, lorsque l'église fut démolie pour être remplacée par une autre plus magnifique, et on le mit dans sa place actuelle.

Le bras droit fut séparé du corps, par ordre du P. Général, Rodolphe Aquaviva, le 3 novembre 1614 : la partie supérieure fut transportée à Rome en 1615, et l'inférieure, divisée en deux, fut partagée entre les colléges de Malacca et de Cochin ; une petite portion fut envoyée à Macao.

Aussitôt que la mort du Saint fut connue en Europe, on commença à parler de sa canonisation, et en l'année 1556, D. Jean III, roi de Portugal, ordonna au vice-roi, D. Francisco Barreto (*Appendice*, n° X, *Lettre* 2ᵉ) de faire faire une enquête sur la vie et les miracles du serviteur de Dieu. Les principales informations dans les Indes furent accomplies à Goa, à Cochin, à Baçaïm et à Malacca ; on entendit à Lisbonne de nombreux témoignages, et la catholicité tout entière s'associa par ses vœux à la Béatification du nouvel Apôtre. Le pape Jules III avait lui-même versé des larmes en entendant le P. Ignace lui raconter les œuvres héroïques du P. François-Xavier.

Après un examen juridique des vertus et des miracles de Xavier, le pape Paul V, dans une bulle du 25 octobre 1619, prononça la Béatification.

Le pape Grégoire XV, qui succéda à Paul V, canonisa le Saint avec tous les rites de l'Église catholique. La cérémonie solennelle en eut lieu à Rome le 12 mars 1622. Mais la mort ayant empêché le vénérable pontife de faire publier la bulle de canonisation, ce fut le pape Urbain VIII qui la fit rédiger et publier.

Nous donnons dans notre *Appendice* (n° XVII) cette bulle datée du 6 août 1623.

Parmi tous les miracles qui attestèrent au monde la sainteté du serviteur de Dieu, nous ne pouvons passer sous silence, le fait du crucifix du château de Xavier. Ce crucifix en plâtre, de grandeur naturelle, exposé sur l'autel de la chapelle de famille, distillait, tous les vendredis, une grande abondance de sang, pendant la dernière année de l'apostolat du Saint : et le sang cessa de couler après sa mort. Dans le temps aussi où le Saint travaillait extraordinairement, ou qu'il était dans un grand péril, cette sueur de sang se répandait de tous côtés. Ce miracle fut attesté par l'évêque de Pampelune, après les informations les plus authentiques. Ainsi Notre-Seigneur avait voulu consacrer le berceau de son Apôtre par un signe sensible, et comme par une image de la Passion divine !

Le P. Marcel François Mastrilli, de Naples, qui fut prédestiné de Dieu pour la mission du Japon, où il mourut martyr, éprouva, dans l'année 1633, un accident mortel, auquel il ne survécut que par la protection de notre Saint. Dans les préparatifs d'une cérémonie, un ouvrier laissa tomber de 25 pieds de hauteur, sur la tête du jeune religieux, un marteau pesant plus de deux livres. Après 25 jours de douleurs, et lorsqu'il avait subi, sans effet, toutes les opérations de la chirurgie, Mastrilli paraissait au moment de mourir ; mais, l'Apôtre de l'Orient, qui lui avait apparu dès le commencement de sa maladie, qui n'avait cessé de le visiter et de le consoler, et qui, au milieu de toutes les délices dont il avait pénétré son âme, lui avait fait entrevoir, comme terme de sa vocation, l'apostolat et le martyre, lui rendit soudainement la santé.

Dans une de ces visions saintes, Xavier lui avait inspiré de faire le vœu de se rendre aux Indes comme missionnaire, si ses supérieurs l'y autorisaient. Dans une apparition dernière, et lorsque Mastrilli paraissait près de rendre l'âme, l'Apôtre lui rappela ce vœu, et lui commanda de réciter avec lui la formule des vœux de la Compagnie, en y ajoutant la promesse d'aller aux Indes. En même temps, Xavier lui appliqua sur la tête, à l'endroit même de sa blessure, un reliquaire contenant une parcelle de la vraie Croix et de ses propres reliques, et il lui commanda de réciter en latin cette prière ; « Je vous adore, ô Bois sacré, Croix précieuse, et vous,
« mon divin Sauveur, qui l'avez teinte de votre sang : je me con-
« sacre tout entier à vous, et pour toujours. Je vous supplie hum-
« blement de m'octroyer la grâce de répandre, pour votre saint
« Nom, jusqu'à la dernière goutte de mon sang, grâce que

« l'Apôtre des Indes n'a pu obtenir après tant de travaux. » Cette prière finie, le Saint lui fit encore prononcer les paroles suivantes : « Je renonce à mes parents, à la maison paternelle, à mes amis, à « l'Italie, et à tout ce qui pourrait apporter pour moi quelque retar- « dement à la Mission des Indes ; et je me consacre tout entier au « salut des âmes, en présence de saint François-Xavier, mon « Père (1) ; » il ajouta de lui-même ces deux derniers mots. Enfin, l'Apôtre lui dit d'avoir bon courage, et de renouveler tous les jours les promesses qu'il venait de faire.

Le Saint disparut alors, et Mastrilli se vit subitement guéri.

Ce miracle fut constaté par des procédures authentiques, et confirmé par la mission apostolique et par le martyre du P. Mastrilli. Ce vénérable religieux, après des supplices inouïs, eut la tête tranchée au Japon, en 1637.

C'est au P. Mastrilli que saint François-Xavier déclara qu'il intercéderait auprès de Dieu, en faveur de tous ceux qui imploreraient son assistance durant neuf jours de suite. Une personne affligée, ayant pratiqué cette neuvaine par les conseils du P. Mastrilli, en obtint un merveilleux succès. D'autres personnes employèrent le même moyen, et furent pareillement exaucées. Cette sainte pratique passa bientôt d'Italie en Espagne et en Portugal, en France, en Allemagne, et jusque dans le nouveau monde.

Une autre dévotion est celle des dix Vendredis ; elle consiste à donner à saint François-Xavier quelques pieux témoignages de confiance et de vénération, que l'on réitère dix vendredis consécutifs. On a choisi le vendredi, 1° parce qu'en ce jour est mort Jésus-Christ N.-S., et que saint François-Xavier a toujours eu une tendre et ardente dévotion envers la Passion et la Mort de Jésus-Christ ; 2° parce que saint François-Xavier est mort un vendredi, environ à la même heure que Jésus-Christ expira sur la croix ; 3° parce que le crucifix du château de Xavier distilla miraculeusement du sang tous les vendredis, pendant la dernière année de la vie de cet homme miraculeux. On s'est fixé au nombre de dix vendredis, parce que ç'a été pendant un pareil nombre d'années

---

(1) Abrenuntio Parentibus, propriæ domui, Amicis, Italiæ, et omnibus quæ mihi retardare possint Indicam Missionem, et me totum in animarum salutem apud Indios dico, coram sancto Francisco Xaverio, Patre meo.

que saint François-Xavier a travaillé dans les Indes et le Japon, avec un zèle infatigable et un incroyable succès, à la conversion des pécheurs et des idolâtres.

La pratique ordinaire de la neuvaine consiste dans la Confession et la Communion, les premier et dernier jours de la neuvaine; dans l'assistance de tous les jours à la sainte Messe, et dans une méditation de chaque jour. En même temps, on doit demander la grâce que l'on a en vue, avec une grande humilité, avec une grande foi, une grande résignation et une grande confiance en l'intercession de saint François-Xavier.

La dévotion des dix Vendredis consiste dans la réception de la sainte Eucharistie, les dix vendredis, et dans les autres pratiques qui accompagnent la neuvaine.

Le pape Alexandre VII avait inscrit saint François-Xavier au Calendrier romain, sous le rite semi-double.

Un décret apostolique du pape Clément X, daté du 14 juin 1670, éleva, pour toute l'Église, l'office de notre Saint au rite double, et remit la fête, du 2 au 3 décembre; dans ce décret, le souverain pontife confirmait le titre donné au Saint, par la vénération universelle de l'Église, d'Apôtre des nations nouvelles.

Le pape Benoît XIV, par un bref du 24 février 1747, déclara saint François Xavier Protecteur principal de toute l'Inde Orientale.

Par un autre bref du 24 septembre 1753, le même pape accorda une Indulgence plénière à tous les Fidèles de l'un ou de l'autre sexe, qui, pendant la neuvaine de saint François-Xavier, après s'être confessés et avoir communié, iraient, le vendredi qui précède le dernier jour de la neuvaine, dans une des églises de la *Compagnie de Jésus*, et y prieraient pour l'union des princes chrétiens, pour l'extirpation des hérésies et pour l'exaltation de la sainte Église notre mère.

Les *Annales de la Propagation de la Foi*, tom. VIII, renferment d'intéressants détails sur la dernière reconnaissance qui fut faite, en 1782, du corps de saint François-Xavier. Le bruit s'étant répandu à cette époque que ce précieux dépôt avait été enlevé, l'évêque de Cochin, alors administrateur de l'archevêché de Goa, et le gouverneur général des possessions portugaises dans l'Inde, jugèrent convenable de faire cette reconnaissance, pour dissiper les soupçons. Le corps du Saint était alors dans la même église du *Jésus*. En avant, hors du sanctuaire, on avait établi une estrade couverte de damas cramoisi, sur laquelle était placée une châsse de cristal, avec des ornements dorés ; au-dessus, à une certaine hauteur, était un magnifique baldaquin de damas avec des franges d'or : autour régnait une balustrade de bois peint. Ces préparatifs étant faits, le 9 février 1782, on ouvrit le sépulcre en présence de l'évêque, du gouverneur, de l'officialité et d'un grand nombre d'autres assistants, parmi lesquels se trouvaient quantité de nobles, de juges et de conseillers, des chanoines, des prêtres séculiers, des religieux et même des dames. On tira le cercueil : il était haut de deux pieds et long de huit : son couvercle était fermé par trois serrures, et recouvert d'un drap d'or : on le déposa dans le lieu préparé pour le recevoir, puis on leva le couvercle et un voile de soie qui couvrait tout le corps du Saint : et l'on vit ce corps en entier. Les pieds et les jambes étaient encore en bon état et palpables ; la tête couverte de sa peau, mais sèche ; en quelques endroits on apercevait le crâne : malgré cela la physionomie n'était nullement effacée ; de telle sorte qu'on eût pu en tirer des portraits. Le bras et la main gauches, assez bien conservés, étaient posés sur la poitrine. Les habits sacerdotaux dont il était revêtu paraissaient neufs, quoique la chasuble fût un présent de la reine de Portugal, de la maison de Savoie, femme de Pierre II. On observa que le Saint était de stature très-basse : ses pieds étaient demeurés assez noirs, peut-être parce qu'il était dans l'usage de faire nu-pieds tous ses voyages. Au pied droit il manquait deux doigts qui, par un pieux larcin, avaient été enlevés. On sait que le bras droit est à Rome. Quand le corps fut ainsi découvert, les assistants le baisèrent avec vénération ; après quoi on ferma le cercueil, et on le mit dans la châsse de cristal destinée à le recevoir. Le lendemain, dimanche, 10 février 1782, commença le concours du peuple, qui fut très-grand pendant les trois jours de l'exposition. L'affluence fut telle que, malgré les gardes, un des cristaux de la châsse fut rompu par la foule empressée de s'approcher des reliques. Ensuite, le troisième jour étant écoulé, le saint corps fut transporté dans un mausolée de marbre, en présence de l'évêque et du gouverneur, et dans le même ordre qu'au commencement de la cérémonie. On le couvrit d'un nouveau voile brodé ; on ferma ensuite le sépulcre avec huit clefs, que l'évêque, le gouverneur et les autres personnes préposées à la garde de ce dépôt conservèrent ; enfin, on dressa un acte de tout ce qui s'était passé.

Nous devons également transcrire un fragment d'une lettre de M. l'abbé Legrégeois. Ce pieux missionnaire eut le bonheur de visiter, en 1834, le tombeau de notre Saint, à Goa, et il a donné, sur ce sanctuaire vénérable et sur la ville de Goa, des détails d'un singulier intérêt :

» Vous ne sauriez vous faire une idée, dit M. l'abbé Legrégeois, de ce que fut jadis Goa, et de ce qu'il est aujourd'hui. C'était autrefois la ville la plus opulente, la plus religieuse et la plus puissante de l'Inde ; aujourd'hui, ce n'est plus qu'un champ planté de cocotiers et semé de ruines, au milieu desquelles on voit s'élever de loin douze ou quinze couvents avec autant d'églises, superbes vestiges de la foi et de la grandeur des anciens Portugais. Environ cent religieux et quelques prêtres séculiers, voilà tous les habitants de cette nouvelle Troie. Une nouvelle ville s'est élevée à quelque distance de l'ancienne (1) ; mais elle ne lui sera jamais comparable ni pour le nombre des habitants, ni pour la magnificence des monuments, dont plusieurs peuvent aller de pair avec nos plus fameuses cathédrales de France. C'est dans une de ces églises, appelée *Bon-Jésus*, que repose le corps de saint François-Xavier. Sur un tombeau de marbre blanc de forme pyramidale et orné de figures représentant les principaux miracles de sa vie, se trouve la châsse d'argent et de cristal qui renferme le précieux dépôt. Cette châsse est un cadeau envoyé de Rome : la sculpture en est très-belle ; c'est vraiment un ouvrage achevé. On a pratiqué sur le tombeau un autel où j'ai eu le bonheur de dire la messe. J'avais bien des grâces à demander pour moi et pour la Société dont je suis membre, et je crois ne pas vous avoir oublié non plus... Ah !

---

(1) Villa-Nova de Goa, résidence du vice-roi portugais, est bâtie dans une petite île, à cinq milles environ de l'ancienne ville ; sa population est évaluée à 17,000 âmes ; elle communique par une superbe chaussée, d'environ trois milles de longueur, avec une autre petite ville nommée San-Pedro, où réside l'archevêque de Goa, qui prend le titre de primat de l'Inde.

P. L. Le Grégeois.

puisse ce sacré dépôt ranimer la foi un peu languissante dans ce pays où jadis elle était si vive!... »

O vénérable Saint, en terminant ce travail que nous mettons sous votre patronage, nous vous prions de nous obtenir de Dieu la grâce d'accomplir et d'aimer sa volonté sainte, d'être patient dans l'épreuve, humble dans la consolation, et de parcourir l'intervalle de la vie temporelle en méritant l'héritage éternel et la vie en Jésus-Christ.

LETTRES

DE

SAINT FRANÇOIS XAVIER.

LIVRE PREMIER

Lettres écrites à Paris, en Italie et en Portugal.

(1535-1541.)

LETTRE PREMIÈRE.

Au capitaine Azpilcucte (1), son frère aîné, à Obanos (2).

Mon Seigneur,

Je vous ai écrit plusieurs fois, en ces derniers jours, et par différentes voies : j'y étais déterminé par des raisons puissantes. La première et la principale était le devoir naturel qui m'oblige envers vous, et ce sentiment de pieux respect, qu'après son amour envers nos parents, doit au plus haut degré votre jeune frère, à vous son frère aîné,

---

(1) Le capitaine Juan de Azpilcucte, frère aîné du saint, marié à N. de Sotes, sa cousine.
(2) Obanos, ville de Navarre, à trois lieues de Pampelune.

et le premier né de notre famille; c'est aussi la reconnaissance que m'ont inspirée vos bienfaits si multipliés et si considérables : le nombre et le prix en sont tels, en effet, que j'aurai toujours lieu de craindre mon insuffisance à les apprécier et à y répondre, et je croirai paraître ingrat aux yeux du monde, qui juge uniquement les intentions par les faits.

Je me sens donc vivement pressé d'aller au-devant de toutes les occasions de vous témoigner mes sentiments de reconnaissance et ma profonde tendresse, avec toute l'énergie d'un sincère et absolu dévouement, afin, s'il est possible, de m'acquitter à votre égard, dans le temps même où je reçois des preuves toujours nouvelles et d'un prix inestimable de votre grande affection pour moi. Souvent il m'arrive de considérer avec émotion, en présence de mes désirs, l'insuffisance ordinaire de mes efforts; comme aussi j'ai très-souvent appréhendé, par une sorte d'affectueuse inquiétude — et néanmoins je ne redoute ni l'embarras ni la peine d'écrire — que les lettres que je vous envoie par tous les voyageurs qui vont en Espagne, ne vous parviennent ni fidèlement ni régulièrement, pour vous porter les témoignages de mon respectueux et tendre dévouement; surtout si j'envisage l'étendue immense des pays et les difficultés infinies des communications entre Paris et Obanos. Ce sont apparemment des obstacles de ce genre qui font que je reçois de vos réponses plus rarement que je ne le désire, et sans doute aussi vous n'êtes entravé dans ces relations amicales, si délicieuses et si désirées, que parce que la fidélité, le courage ou la fortune des messagers trompent vos favorables desseins et le vif intérêt que vous ne cessez de me porter.

En effet, les récits de nos amis et d'autres témoignages non moins certains m'ont pleinement convaincu que vous prenez une part sincère et profonde aux épreuves qui m'environnent et m'oppressent, pendant que je me livre avec ardeur à mes études, sur cette terre étrangère; et que vous n'êtes pas moins sensible en votre résidence d'Obanos, au milieu de tous les avantages d'une heureuse existence, à mes veilles si laborieuses et aux soucis dont je suis assiégé, que je ne le suis moi-même à Paris, où souvent j'ai manqué du nécessaire; privation qui ne m'est sans doute imposée que parce que vos dispositions si parfaites pour venir à mon aide, ne sont point suffisamment éclairées touchant mes besoins presque infinis, dont le détail serait fastidieux, mais dont l'amertume est pour moi très-douloureuse. Au milieu de mes peines, je n'ai pour soutien que mon espérance en votre extrême bonté, et je présume, avec toute confiance, qu'à peine aurez-vous connu la nature et l'étendue de mes besoins, vous me ferez parvenir généreusement tout ce qui m'est nécessaire, et vous ramènerez l'aisance dans une vie trop péniblement éprouvée et restreinte, en y répandant l'abondante rosée de votre libéralité.

Il n'y a que peu de jours que le R. P. F. Véar m'a consacré quelques loisirs à son arrivée en cette université. Étant entré dans des conversations à votre sujet, très-étendues et pleines de charmes pour moi, insensiblement il m'a découvert qu'il vous était parvenu des plaintes à mon égard, de la part de personnes malveillantes, et à ma prière, il me les a révélées dans tous leurs détails. Si vous daignez me croire, lorsque je vous affirme solennellement que ces accusations, fausses et dénuées de tout fondement, sont une odieuse perfidie envers votre innocent et bien-aimé frère, je sais que vous entrerez dans mes peines, et que vous comprendrez d'abord de quel profond sentiment de douleur ces mensonges et ces calomnies ont pénétré mon âme qui se sent absolument sans reproche; cependant je vous en renouvelle la très-véridique assurance: j'aurais souffert avec une bien plus grande patience la perte imméritée de ma réputation personnelle, que je n'endure le chagrin que ces propos vous ont causé, et, lorsque le P. Véar m'en exprimait toute la substance, ma pensée prévenait ses paroles, et je comprenais intérieurement, connaissant toute la vivacité de votre tendresse envers moi, qu'il était impossible que ces calomnieux rapports n'eussent point atteint votre cœur d'une blessure infiniment vive.

Mais, comme les mêmes détestables hypocrites n'ont pas craint d'envelopper avec moi, dans leur commune calomnie, l'homme le plus parfait et le plus vénérable qui soit au monde, c'est-à-dire, dom maître Ignace, vous verrez une première preuve de l'innocence de sa conduite, et de la pureté de ses intentions, dans sa démarche spontanée, lorsqu'il n'hésite pas à vous aller visiter en votre résidence, et à vous remettre, en mains propres et en particulier, cette lettre que je l'ai chargé de vous rendre : en effet, s'il était celui que vous a tracé l'infidèle pinceau de la calomnie, et s'il n'était pas, au contraire, rempli d'assurance par le sentiment d'une conscience irréprochable, oserait-il jamais se remettre, sans protection et sans défense, en la puissance des personnes qu'il se souviendrait d'avoir offensées grièvement, et dont il saurait que sa conduite est parfaitement connue ?

Du reste, oubliant les calomnies des gens pervers, vous concevrez avec évidence, mon seigneur et frère aîné, vous si digne de mes respects les plus tendres, quelle grâce insigne de Dieu Notre-Seigneur ce fut pour moi de connaître et d'avoir pour ami cet homme si parfait, dom maître Ignace, lorsque vous aurez lu l'expression solennelle, et consignée ici sous la foi du serment, de ma pensée tout entière : les services dont m'a comblé cet ami surpassent infiniment tout ce que ma reconnaissance la plus dévouée lui pourrait jamais rendre dans le cours de mon existence entière, ou que je pourrais essayer d'acquitter même en partie. En effet, dans les graves embarras domestiques, que la distance qui me sépare de vous m'a souvent occasionnés, il est toujours venu me secourir utilement, tant en mettant à ma disposition les fonds qui m'étaient nécessaires, qu'en m'assistant de mille autres manières, par lui-même et par l'entremise de ses amis ; et, ce qui est d'une importance infiniment plus grande, il a préservé l'imprévoyance de ma jeunesse d'une perte presque certaine, où la mettait le danger des amitiés avec ces hommes pleins de penchant pour l'hérésie, tels que les temps présents en ont vu paraître un grand nombre en cette université de Paris, de mes contemporains, doués d'éminentes qualités, d'un vif génie et d'un commerce agréable, mais qui voilent, sous de spécieux dehors, l'altération de leur foi et de leurs mœurs. Il a lui seul préservé ma trop facile inexpérience de se laisser envahir par ces amitiés empoisonnées, et d'y attacher ses affections : car il m'a fait discerner le venin de leurs œuvres ténébreuses, et je ne dois qu'à sa charité d'avoir fui ce péril immense, péril que je n'aurais jamais cru racheter assez cher, si c'eût été dans mon pouvoir, non pas même au prix de l'univers entier. Et serait-ce l'unique bienfait de dom maître Ignace envers moi, il serait si infini que je ne saurais concevoir comment et quand je le pourrai récompenser dignement, par mes actes ou par ma reconnaissance : sans son intervention, je n'aurais jamais évité de tomber dans des liaisons avec ces jeunes gens, spécieux par leur apparence, mais à l'intérieur gangrenés de vice et d'hérésie : ainsi que l'ont fait voir, par la suite, les événements mêmes et leurs propres actes. Je vous en prie donc, et je vous en conjure, par le sang qui nous unit et par la part que vous inspire de prendre à mes sentiments, à mes désirs et à mes obligations, votre amour fraternel envers moi, appliquez-vous, avec une très-vive sollicitude, à ne rien négliger, de même que si j'étais présent pour vous le demander, en fait d'assistance et d'égards, pour bien recevoir la personne envers qui je professe et je reconnais être le plus obligé du monde, pour les bienfaits immenses dont il m'a comblé.

Après vous avoir ainsi sollicité dans l'intérêt de cette persomme, j'ajouterai ceci dans le vôtre : mettez à profit l'occasion qui vous est offerte de jouir de la conversation intime d'un homme aussi éminent en sagesse, et revêtu par Dieu des dons les plus parfaits. Croyez à mon expérience, vous devez recueillir des fruits spirituels très-abondants et une consolation infinie de ses charitables avis et de ses conseils pleins de lumière. Découvrez-lui sans crainte les peines qui affligeraient votre esprit; proposez-lui vos doutes, écoutez ses conseils, déférez à ses directions ; vous éprouverez par votre expérience personnelle que mes promesses ne sont point vaines, lorsque je vous invite à espérer des avantages inestimables de la connaissance et du commerce d'un homme aussi rempli de l'esprit de Dieu. Lui-même vous donnera des informations aussi étendues que vous le pourrez désirer, et telles qu'il est de mon intérêt de vous les donner, sur ma personne et l'état présent de mon existence ici; et je vous prie d'accorder à ses récits la même confiance que vous feriez aux miens si j'étais auprès de vous : nul, en effet, n'a pénétré plus avant dans mon intérieur ; il possède à fond tous les détails de mes affaires particulières, et connaît, pour ainsi dire, mieux que moi-même, la nature et l'étendue de mes besoins et des secours que j'attends de vous.

Après que ses paroles vous auront instruit de mes nécessités, si, comme j'en ai l'assurance, vous formez le dessein de me venir en aide, je vous prie de le prendre pour intermédiaire de vos bienfaits. Il ne doit point sans doute revenir actuellement ici, et me rendre à Paris ce qu'il aurait reçu de vous; mais il dispose d'un moyen très-sûr de me faire parvenir tout message. En cette ville est un jeune homme d'Almazan (1), mon ami, qui suit le même cours d'études :

---

(1) C'était Jacques Lainez, d'Almazan, près de Siguenza en Castille, l'un des premiers compagnons de saint Ignace; il prit une grande part à la rédaction des Constitutions de la Compagnie, et succéda comme général à saint Ignace en 1558 ; il assista au colloque de Poissy et fut l'un des théologiens du Saint-Siége au Concile de Trente. Le P. Lainez mourut en 1565.

il reçoit de sa famille les sommes nécessaires à son entretien par des remises régulières et qui ne manquent jamais. Ce jeune homme, au départ de D. M⁰ Ignace, lui a donné des lettres pour son père, avec une procuration pour une certaine affaire, et, pour s'acquitter de ces commissions, D. M⁰ Ignace doit, en vous quittant, passer par Almazan. Lorsqu'il partira donc, vous lui pourrez remettre toute la somme que vous jugerez à propos de m'envoyer. Il la déposera fidèlement et intégralement entre les mains de l'estimable habitant d'Almazan, père de mon compagnon d'études, et celui-ci me fera faire le payement que vous m'aurez destiné par l'occasion dont il se sert pour faire tenir à son fils les fonds de sa pension annuelle, en la même monnaie qu'à ce dernier : son fils, à ma prière, lui a vivement demandé cette grâce dans les lettres dont je vous ai parlé. Je vous prie instamment de nouveau de ne point laisser échapper une occasion si favorable de me faire passer quelques fonds, et de ne point permettre que mes années s'écoulent dans un dénûment aussi douloureux.

Je ne sais rien ici qui intéresse notre famille, ou qui soit de nature à vous intéresser, si ce n'est le départ furtif de notre jeune parent, qui vient de quitter cette université : tardivement informé de sa fuite, je l'ai suivi quelque temps sur un chariot, afin de le ramener, si je parvenais à l'atteindre : toute ma diligence a été vaine ; après avoir avec d'excellents chevaux couru l'espace de trente-quatre lieues, c'est-à-dire depuis Paris jusqu'à l'église de Notre-Dame de Cléri, j'ai dû renoncer à ma poursuite et revenir sur mes pas. Je vous prie de ne point manquer de me faire savoir par la plus prochaine occasion si le fugitif a paru dans la Navarre. Je crains infiniment que ce caractère, visiblement incliné vers le mal, ne revienne jamais à la régularité.

Quant à l'état présent de la religion dans ce pays, et aux tendances que fait paraître actuellement l'hérésie pour démasquer ses voies, vous pourrez mieux et plus complétement vous en instruire oralement dans la conversation de D. M° Ignace : ainsi j'omets de vous en écrire.

En terminant, seigneur, souffrez qu'à cette distance j'embrasse mille fois avec respect vos très-chères mains et celles de la dame ma sœur, votre épouse : je prie Dieu de vous enrichir de tous les biens qui rendent l'existence heureuse, de vous conserver dans le bonheur pendant de longues années, et de combler tous les vœux de vos âmes, si pieuses et si généreuses.

Tels sont mes souhaits très-sincères.

Paris, le 25 mars (1535) (1).

Votre très-dévoué serviteur et votre plus jeune frère,

François de XAVIER.

LETTRE II.

A mes frères en J.-C. N.-S., D. Ignace et D. Pierre Codace (2) à Rome, dans la tour Melangolo, chez M° Antoine Frerepan (3).

Que la grâce et la charité de Notre-Seigneur Jésus-Christ soient toujours avec nous, pour notre consolation et notre salut! Amen.

Le saint jour de Pâques j'ai reçu votre lettre, venue avec les dépêches du seigneur ambassadeur (4); et je

---

(1) L'année manque sur l'original ; mais le voyage de saint Ignace ayant eu lieu en 1535, il ne saurait exister de doute.

(2) Pierre Codace, de la ville de Laon, demanda par humilité et remplit durant longtemps l'emploi de procureur de la maison professe à Rome.

(3) Près Santa Catarina dei Funari, au foro Margana. Ce fut la seconde résidence des Jésuites à Rome, après la maison et la vigne de Quirino Garzonio, à la Trinité des Monts.

(4) Dom Pedro de Mascarenhas, ambassadeur de Jean III, roi de Portu-

ne puis vous exprimer toute la joie et la consolation qu'elle m'a causée : Dieu seul, Notre-Seigneur, en a le secret.

Désormais en cette vie, j'en suis assuré, nous ne pourrons nous entretenir que par lettres; mais dans l'autre vie nous nous reverrons face à face, et nous y serons réunis par les plus tendres embrassements. Il nous reste durant le temps que nous avons à passer dans l'exil de ce monde, à nous consoler mutuellement par des lettres fréquentes. Mon zèle à cet égard ne vous laissera rien à désirer, dans la persuasion où je suis de la sagesse et de la vérité de vos paroles au moment de notre séparation : *que les colonies doivent rester attachées à leurs métropoles, comme des filles à leurs mères, par les liens d'une confiance et d'une communication continuelles.* J'ai le ferme dessein, en mon nom et en celui de la portion de notre Compagnie qui pourra se trouver avec moi dans quelque endroit que ce soit de la terre, de demeurer dans une union intime avec vous et la Compagnie de Rome, par les lettres et par la réciprocité des services spirituels; nous aurons soin de vous rendre un compte fidèle et précis de toutes nos affaires, avec la simplicité des enfants qui rendent compte à leurs mères.

J'ai pris le temps, selon votre propre désir et d'après l'invitation qu'en renfermait votre lettre, de visiter le cardinal d'Ivrée (1). J'en ai reçu le plus touchant accueil et il m'a offert de lui-même tous ses bons offices en ce qui dépendrait de lui. Ce vieillard vénérable, au moment où devant me retirer j'allais lui baiser les mains, a daigné me serrer entre ses bras : au milieu de l'entretien qu'il a bien voulu m'accorder, je m'étais prosterné devant lui pour lui embrasser les mains au nom de toute la Compagnie. Autant

---

gal, auprès du pape Paul III, fut créé vice-roi des Indes en 1551, et mourut à Goa dans la première année de son gouvernement.

(1) Boniface Ferrier, cardinal, légat de Bologne, était d'Ivrée en Piémont : on le désignait sous le nom de cardinal d'Ivrée.

que j'ai pu juger d'après son langage, il approuve singulièrement notre institut et nos œuvres.

Le seigneur ambassadeur me comble de tant de grâces, que je serais infini si j'en voulais faire le récit, et je n'aurais jamais pu consentir à les recevoir, si je ne pensais, et si je n'étais convaincu que, dans les Indes, je pourrai les payer de tous les sacrifices et au prix de ma vie même. Dans l'église de Notre-Dame-de-Lorette, le dimanche des Rameaux, j'ai entendu sa confession, et je lui ai donné la sainte Eucharistie : j'ai administré le même sacrement à un grand nombre de personnes de sa maison. J'ai célébré le saint-sacrifice dans la chapelle de Notre-Dame, et l'excellent ambassadeur a désiré que tous les gens de sa maison reçussent avec lui la sainte communion dans ce vénérable sanctuaire. Le jour de Pâques, il s'est de nouveau confessé à moi et a reçu l'absolution sacramentelle et le corps de J.-C., en compagnie d'autres sages et édifiantes personnes de sa suite.

Le chapelain du seigneur ambassadeur se recommande instamment aux prières de toute la Compagnie : il m'a promis de nous accompagner dans les Indes.

Saluez de ma part la dame Faustina-Ancolina, et dites-lui, de grâce, que j'ai dit une fois la sainte Messe pour son cher Vincent qui est aussi le mien, et que demain je la célébrerai pour elle-même : qu'elle demeure convaincue que je ne l'oublierai jamais, même aux Indes. Rappelez aussi de ma part à dom Pierre, mon bien-aimé frère dans le Seigneur, de se confesser ainsi qu'il me l'a promis, et de recevoir la sainte Eucharistie; qu'il m'écrive pour me dire s'il a rempli ce devoir et combien de fois : s'il veut être vraiment utile à son cher Vincent, qui est en même temps le mien, recommandez-lui, de ma part, de pardonner à ceux qui ont fait périr ce cher fils : déjà celui-ci prie beaucoup dans le ciel en faveur de ses meurtriers.

Ici dans Bologne, j'ai plus d'occupation pour entendre les confessions que je n'en avais à Rome, dans l'église de Saint-Louis. Je vous salue tous avec amour : et si je ne me rappelle pas à chacun en particulier, ce n'est point, je dis la vérité, par oubli de leur personne.

Bologne, le 31 mars 1540.

Votre frère et serviteur en Jésus-Christ.

FRANÇOIS.

LETTRE III.

Aux Pères et Frères de la Compagnie de Jésus, à Rome.

Que la grâce, etc.

Nous avons éprouvé, de la part de J.-C. N.-S., une suite non interrompue de bienfaits pendant la durée de notre voyage de Rome en Portugal, qui n'a pas été de moins de trois mois. A travers tant de contrées et dans un aussi long intervalle de temps, parmi des épreuves et des périls infinis, le seigneur ambassadeur et toute sa maison, depuis le plus grand jusqu'au plus petit, n'ont cessé de jouir de la santé la plus parfaite, et c'est une faveur dont il est juste que nous rendions toute gloire et d'infinies actions de grâces à J.-C. N.-S. : nous devons surtout être reconnaissants de ce qu'il a daigné, par surcroît à son intervention ordinaire en ce monde, nous favoriser d'une protection spéciale, afin de nous préserver de tous dangers, et inspirer au seigneur ambassadeur la sage et salutaire pensée de maintenir toute sa maison dans une discipline si vertueuse, que cette maison présente plutôt l'apparence d'une communauté régulière que d'un établissement séculier. Il y a réussi en fréquentant assidûment lui-même les Sacrements de Pénitence et d'Eucharistie; d'où naturellement il est résulté que ses serviteurs, dociles à la persuasion d'un exemple aussi éminent, ont accompli d'eux-mêmes ces devoirs, si fréquemment et en si grand nombre, que nous, qui pouvions aisément suffire à leur empressement pendant le voyage, nous avions peine à les satisfaire dans les hôtelleries, à cause du défaut d'espace et de temps, et j'étais dans la nécessité, pour me prêter à leurs pieux désirs, de quitter le chemin par intervalles, et de mettre pied à terre pour choisir un lieu favorable et avancer notre œuvre spirituelle en entendant, comme à la dérobée, la confession d'une partie des gens de l'ambassadeur.

Nous voyagions encore en Italie lorsque Notre-Seigneur daigna manifester sa Providence d'une façon toute miraculeuse en la personne d'un serviteur du seigneur ambassadeur qui était avec nous : c'était celui-là même que vous avez vu à Rome différer d'abord par faiblesse et lâcheté le dessein qu'il avait conçu d'embrasser la vie religieuse, et qui finit par l'abandonner tout à fait. Nous étions arrivés sur les bords d'une rivière très-large et à peine guéable : ce malheureux ne put résister au désir de s'y aventurer; et en vain nous nous opposâmes à son entreprise. Nous le vîmes s'avancer à cheval dans le lit inconnu du torrent. À peine était-il entré, que la violence et la rapidité des flots devenant supérieures à ses forces, l'entraînèrent avec sa monture, sous nos yeux et à notre vive émotion : en un instant il fut emporté de toute la distance qui sépare votre demeure à Rome d'avec l'église de Saint-Louis. À ce moment, Dieu Notre-Seigneur daigna se montrer favorable aux ardentes prières que lui adressait son fidèle serviteur le seigneur ambassadeur, qui l'implorait avec tous les siens, non sans d'abondantes larmes, pour le sort de ce malheureux, humainement désespéré. Dieu l'exauça, et, par un miracle évident, délivra de la mort celui qui était déjà visiblement perdu. Cet homme occupait dans la suite de l'ambassadeur l'emploi de chef des écuries ; et sans contredit, pendant que les courants l'entraînaient à l'aventure, il aurait de beaucoup préféré l'existence du couvent à sa situation présente.

Le tourment le plus vif pour sa conscience était cette pensée qui lui revenait alors, d'avoir laissé échapper une occasion qu'en ce moment il aurait voulu racheter à tout prix. Plus tard il m'en fit lui-même l'aveu, confessant que, dans un état si critique, il avait été moins consterné, moins glacé, par le danger présent, que par l'action de sa propre conscience, qui lui reprochait énergiquement une vie pleine d'imprévoyance et dans laquelle aucune part n'avait été faite à la préparation à la mort. Il ajoutait que ce qui l'avait troublé le plus en ce cas extrême, c'était le regret tardif d'avoir différé d'entrer en religion, où sa vocation de la part de Dieu lui avait été très-évidente et très-sensible. Enfin il nous fut rendu, tellement rempli de ces sortes de pensées, qu'il ne cessait d'exhorter les autres à ne jamais tomber en un péché pareil au sien. Son langage acquérait une grande valeur par l'apparence et le visage de celui qui parlait : car sa pâleur tout extraordinaire et la conscience du danger passé faisaient ressembler cet homme à quelqu'un qui revient des enfers. Il discourait de même avec abondance et d'une façon vraiment pathétique sur les peines des réprouvés, comme s'il les avait effectivement subies ; et, souvent il ajoutait qu'il avait ressenti le sort de l'homme qui, pendant la vie, n'a point songé à se disposer à la mort, et qui, dans l'immédiate nécessité de mourir, n'a plus le temps de diriger sa pensée vers Dieu. Les discours de cet excellent homme n'étaient pas le fruit des lectures, de la science ou d'une méditation assidue ; ils étaient le résultat d'une expérience effective et toute personnelle. Lorsque j'y arrête ma pensée, je ne puis m'empêcher d'être ému de l'incurie d'un grand nombre de personnes de notre connaissance, et même de nos amis, que je vois différer de même la réalisation des bonnes pensées, et des saints désirs de servir Dieu, qu'ils confessent avoir ressentis : je crains, hélas ! qu'il ne survienne aussi pour eux l'un de ces moments où par aucun effort ils ne seront en état de réaliser ce qu'ils désireraient alors avec le plus d'ardeur de pouvoir accomplir.

Le jour de notre arrivée à Lisbonne, je trouvai maître Simon, qui s'attendait à un retour de la fièvre quarte : à cette heure même, on pensait que la crise allait revenir, mais notre arrivée lui causa tant de joie, non moins en vérité que je n'en éprouvai moi-même de le voir, et de le serrer entre mes bras, que tout son mal s'évanouit, et dès ce jour-là même il n'en éprouva plus de ressentiment. Un mois s'est écoulé depuis que nous sommes en cette ville : Simon a recouvré la santé la plus parfaite, et travaille avec zèle à la vigne du Seigneur, où il ne laisse pas que d'opérer de grands fruits.

Ici se trouvent un grand nombre de personnes remplies de bienveillance et d'amitié pour nous, et leur nombre est si grand, que j'éprouve du regret en voyant qu'il est impossible, à cause de leur quantité même, de rendre à tous en particulier les devoirs de visites et d'hommages que nous leur devrions rendre, à cause du rang et de la dignité de ces personnes, si le temps nous en laissait libres. J'en ai distingué plusieurs qui ont de l'inclination pour le bien, et qui sont très-désireuses de se donner au service de Dieu Notre-Seigneur : il serait infiniment utile de les assister en leurs voies, par quelques exercices spirituels, afin de leur inspirer la résolution d'accomplir dès à présent l'œuvre qu'ils diffèrent *de jour en jour ;* en effet, si grand que soit l'empressement des hommes pour accomplir ce qu'ils savent être leur devoir, ils auront peine à éviter le compte qui leur sera demandé de tous leurs retards ; aussi devient-il nécessaire d'apporter une extrême sollicitude à faire disparaître chez eux toutes les causes d'hésitation. La connaissance approfondie de leur devoir est à bien des personnes un aiguillon salutaire qui les réveille, pour ainsi dire, de leur langueur, et leur fait sentir qu'ils n'ont pas à trouver la paix où la paix n'existe pas. Ceux surtout qui font violence à leur raison, afin d'attirer Dieu où ils le désirent, et qui refusent d'aller eux-mêmes où Dieu Notre-Seigneur les appelle, se laissant bien plus diriger par leurs inclinations déréglées que par les salutaires inspirations que la Providence fait naître au fond de leurs âmes, ceux-là sont dignes en vérité de plus de compassion de notre part que d'envie de la part du monde : ne les voyons-nous pas s'agiter vainement et gravir une voie tout abrupte et à pic? Or, leurs coupables efforts dans cette périlleuse ascension ne leur feront trouver qu'un précipice au terme, et pour ainsi dire, par delà ce terme, l'arrêt de leur ruine et de leur mort éternelle.

Nous n'étions arrivés dans cette capitale que depuis trois ou quatre jours quand le roi nous fit venir en sa présence, et nous accueillit avec une grande bonté. Il était seul avec la reine dans son cabinet, et nous demeurâmes avec lui pendant plus d'une heure : Leurs majestés nous demandèrent une infinité de détails touchant notre manière de vivre : les événements et les circonstances qui nous avaient fait nous connaître et nous réunir en société; quelles avaient été nos intentions premières; enfin toutes les persécutions que nous avions éprouvées à Rome (1). Elles ont été charmées par le récit des témoignages qui ont fait découvrir la vérité. Elles nous ont loués de notre courage et de notre persévérance à conduire l'affaire jusqu'à l'arrêt suprême de la justice, et le roi nous a fait connaître son désir de lire la sentence qui nous a renvoyés de l'accusation. C'est ici le sentiment universel que nous avons agi pieusement et sagement, en ne nous laissant

---

(1) Ignace et ses confrères ayant, après de charitables avertissements demeurés inutiles, dévoilé en chaire les doctrines protestantes d'un moine ermite de Saint-Augustin, furent en butte aux persécutions et aux calomnies de tout un parti. De faux témoins vinrent les accuser au tribunal du Préfet de Rome d'être des aventuriers dangereux, et de séduire et corrompre le peuple par de fausses doctrines; enfin, d'avoir subi des condamnations infamantes en différents pays. Ignace, pour sa défense, rassembla et fit entendre les témoignages les plus imposants et les plus autorisés, et fut solennellement justifié.

séduire par aucune proposition, mais en persistant devant la justice jusqu'au prononcé de l'arrêt définitif, et on fait si publiquement l'éloge de notre conduite, qu'il est évident que l'on pense ici que si nous n'avions pas agi de la sorte, nous n'aurions recueilli jamais aucun fruit de nos travaux. Enfin, ainsi que je l'ai dit, on ne cesse de faire valoir cette constance qui s'est maintenue sans fléchir jusqu'à l'arrêt qui devait faire éclater la vérité dans tout son jour. Pour en revenir à leurs majestés, elles se sont montrées très-satisfaites des explications étendues qui leur ont été données sur la forme et le gouvernement de nos maisons, sur l'intention et le but de nos œuvres et de notre institut en général. Pendant l'audience, le roi fit appeler madame l'infante, sa fille, et son fils, le prince royal, afin de nous les présenter, et il daigna nous faire connaître combien de fils et de filles le Seigneur lui avait donnés, ceux qui étaient morts, et ceux qui survivaient.

Ces deux majestés nous ont comme à l'envi donné des témoignages de leur profonde affection pour nous : le roi nous a vivement recommandé, le jour même où nous l'avons vu pour la première fois, d'entendre les confessions des jeunes gens nobles qui font partie de sa cour (1). Il a fait paraître un ordre royal, afin que tous ces jeunes gens, qui vivent dans son palais, se présentent à leur confesseur, toutes les semaines, pour faire l'aveu de leurs péchés. Il nous a formellement recommandé de veiller à l'exécution de cet ordre, et d'avoir les yeux sur toute cette jeunesse ; il donnait pour motif de l'attention qu'il apportait à ce devoir, qu'il était persuadé que si les jeunes gens de cette condition étaient accoutumés, dès leur enfance, à connaître et à servir Dieu, ils deviendraient, avec le cours des années, des hommes de bien et de vertu ; que si la noblesse était ce

---

(1) Un de ces jeunes gens, Miguel de Souza, prit l'habit de la Compagnie, et y donna de mémorables exemples de vertu : après avoir rempli divers emplois considérables, et en dernier lieu celui de visiteur du royaume, il mourut saintement à Coïmbre, le 7 avril 1582.

qu'elle doit être, naturellement la nation se formerait sur ce modèle; et qu'ainsi l'espérance de pouvoir renouveler les mœurs de tous les séculiers du royaume dépendait en entier de la saine éducation des enfants nobles; il n'était pas douteux, ajoutait S. M., que le spectacle des vertus de ce premier ordre du royaume ne porterait à l'imiter une grande partie des autres sujets. Ce nous est une occasion de rendre à Dieu d'infinies actions de grâces, que de voir l'esprit si religieux de cet excellent monarque, son zèle pour dilater la gloire de Dieu Notre-Seigneur, et ses inclinations si vertueuses pour tout ce qui est bon et saint. Et nous, membres de la Compagnie de Jésus, lui sommes grandement redevables pour cette bienveillance extrême envers nous tous, non moins envers vous, qui demeurez à Rome, qu'envers nous-mêmes qui résidons à Lisbonne. L'ambassadeur qui, depuis notre audience, a eu l'occasion de s'entretenir avec sa majesté, m'a rapporté ces paroles du roi: «qu'il s'estimerait heureux si tous les membres admis jusqu'à ce jour dans la Compagnie pouvaient être réunis et conservés par lui dans ses États, lors même qu'il devrait employer à les entretenir et à les faire prospérer une partie considérable de ses revenus. »

Nous savons qu'un grand nombre de nos amis font ici des efforts pour s'opposer à notre départ pour les Indes, dans la persuasion où ils sont qu'ici nous recueillerons de plus grands fruits par la confession, par les entretiens familiers, en donnant les exercices spirituels, et en exhortant tous les fidèles à faire de fréquentes confessions et communions: enfin, par toutes les industries de notre zèle dans l'enseignement de la religion et la prédication de ses devoirs, ainsi que nous nous proposons de le faire dans les Indes. Parmi les personnes qui partagent cette opinion, sont le confesseur et le prédicateur du roi, et tous les deux conseillent à S. M. de nous faire demeurer ici, dans l'espérance d'une moisson plus abondante. D'autres tiennent un langage différent, et se promettent de merveilleux succès de notre ministère dans les Indes. Ceux qui parlent ainsi sont autorisés dans leurs discours, étant demeurés plusieurs années dans ces contrées. Ils affirment d'expérience que les nations indigènes sont merveilleusement disposées pour accueillir la religion de N.-S. J.-C., s'ils la reçoivent d'interprètes et de maîtres tels que nous, c'est-à-dire de qui la méthode et les œuvres éloignent tout soupçon d'avarice. Si nous conservons dans les Indes la même vie frugale, le même désintéressement au point de vue des avantages terrestres, de la richesse et du gain, ces personnes croient pouvoir nous garantir qu'avant peu d'années nous aurons converti deux ou trois royaumes à la foi de N.-S. J.-C. Les peuples n'hésiteront pas à croire en nos paroles, lorsqu'ils se seront convaincus que nous ne cherchons rien autre chose que le salut des âmes. Ces assurances, qui nous sont données par des gens qui ont par devers eux leur expérience, et qui ont, comme je vous l'ai dit, fait un séjour de plusieurs années dans les Indes, nous inspirent une extrême confiance en l'abondance des fruits que nous y recueillerons, pour le service de Dieu Notre-Seigneur.

Nous nous occupons avec un grand soin de chercher ici des prêtres qui se proposent uniquement pour récompense le service de Dieu et le salut des âmes, et qui veuillent bien nous accompagner dans les Indes : c'est présentement à nos yeux la manière la plus utile dont nous pouvons servir Notre-Seigneur et procurer sa gloire, que de nous associer des compagnons de ce caractère. Car si nous pouvions réunir une petite compagnie de douze prêtres qui voulussent entrer dans toutes nos vues et conspirer avec nous pour un pareil dessein, il est très-indubitable que nous accomplirions des œuvres merveilleuses ; et déjà quelques-uns se proposent ici pour s'unir à nous. Nous avons fait la rencontre d'un prêtre que nous avions autrefois connu dans Paris, et qui a promis de venir avec nous, et de persister jusqu'à la mort dans le genre d'existence et dans toutes les voies de notre compagnie : nous avons confiance en la stabilité de ses résolutions, car il nous a donné des preuves et des gages non douteux de la solidité de son caractère. Un autre, qui n'est que sous-diacre (1), et qui se dispose à recevoir le sacerdoce, s'est de même offert avec une grande ferveur de zèle. Enfin, un docteur en médecine qui, à Paris, avait été notre ami, a promis de passer aux Indes avec nous, et de n'employer son talent dans l'art de guérir que dans un intérêt spirituel, et pour assister les âmes et les conduire à la salutaire connaissance de leur Créateur, sans chercher aucun bénéfice temporel. C'est ce que nous avons principalement en vue, en nous associant des hommes qui soient entièrement dégagés de toute avarice ; et ce n'est point encore assez, nous voulons qu'ils soient même exempts de toute apparence même éloignée de cette passion, de telle sorte que, ni parmi nous, ni parmi ceux qui vivent avec nous, rien ne paraisse qui puisse laisser concevoir le soupçon à personne, de ce que nous irions à la recherche et comme à la conquête des biens temporels plutôt que des spirituels.

Sa majesté a fait connaître à l'évêque notre ami, et à son propre confesseur, son intention de nous faire annoncer la parole divine dans les églises et du haut de la chaire sacrée. Nous voulions différer de le faire pendant quelque temps encore, afin de commencer notre ministère par des œuvres plus humbles. Nous étions demeurés sur la réserve, et nous n'avions point fait paraître l'intention de prêcher, quoique les personnes qui nous connaissent témoignassent un très-vif désir de nous entendre dans les chaires des églises. Mais un jour sa majesté nous a fait appeler, et, après un long entretien, nous a fait connaître qu'elle aurait pour agréable que nous commençassions à nous faire entendre. Nous nous portâmes alors à ce devoir avec un empressement bien sincère, non-seulement dans l'intention de témoigner notre obéissance et notre dévouement à sa

---

(1) François de Mancias.

majesté, mais dans l'espérance que nous avons fondée en l'assistance de J.-C. N.-S., de ne point, avec la grâce de Dieu, devoir employer sans fruit nos efforts pour le salut des âmes. Nous commencerons dimanche prochain ; nous ne doutons point du succès, à la vue de la bienveillance extrême dont nous entourent les habitants de cette cité ; et nous ne cessons de prier Notre-Seigneur, afin qu'il daigne augmenter la foi de ceux qui veulent bien attendre quelque bien de notre prédication. Et cette opinion, si favorable pour nous, qui s'est répandue en tous lieux, donnera, nous l'espérons, l'occasion à Dieu, Notre-Seigneur, de faire éclater sa miséricorde, si ce n'est à cause de nous-mêmes, au moins à cause de ce grand peuple, qui se prépare à nous écouter avec tant de foi et de dévotion, et il nous sera donné de les pouvoir consoler, et de leur faire entendre ce qui est nécessaire ou utile pour le salut de leurs âmes.

Lisbonne, le 3 juillet 1540.

A vous tous, mes bien-aimés en J.-C.

FRANÇOIS.

LETTRE IV.

Au P. Me Ignace de Loyola.

Que la grâce, etc.

Après vous avoir écrit avec de grands détails touchant nos œuvres en Portugal, je retrouve en mon esprit certains points que j'avais omis, et entre autres celui-ci : si le bref qui concerne la Compagnie entière est expédié (1), veuillez, de grâce, nous en adresser un exemplaire, car le roi et tous nos amis de Portugal en prendront connaissance avec joie, ainsi

---

(1) L'Institut de la Compagnie ne fut approuvé que le 27 septembre 1540, et la bulle d'approbation ne fut promulguée qu'au mois d'avril 1541.

que de l'arrêt du gouverneur de Rome qui nous absout de toute accusation. Le roi a demandé le livre des Exercices (1) avec le désir de le lire ; si vous jugiez devoir nous envoyer l'un des exemplaires corrigés, ce serait un présent très-agréable à sa majesté. En effet ce grand prince est admirablement disposé vis-à-vis de toute la Compagnie ; et en vérité nous lui devons donner toutes les marques de déférence qui sont en notre pouvoir, à cause de l'amour singulier qu'il nous porte. J'ai reçu de vous deux lettres, toutes les deux très-courtes : l'une était datée du 8 janvier, l'autre du 1er mai.

Il sera très-agréable au seigneur ambassadeur de recevoir une lettre de vous ; celle que vous lui avez adressée, et qu'il a reçue pendant le voyage de Rome en Portugal, il la conserve avec une extrême sollicitude. Si vous ne pouvez lui écrire, faites au moins que nous puissions lui faire voir les lettres écrites par Strada (2).

En ce moment, nous nous disposons à donner les exercices à deux licenciés en théologie dont l'un est un prédicateur illustre, et l'autre est précepteur du frère du roi, de l'infant Dom-Henri. Nous nous efforçons également de les faire désirer par d'autres personnes de distinction, persuadés ainsi que nous le sommes que plus on les aura désirés, et plus on en recueillera de fruits. Nous avons de grands motifs de glorifier Dieu Notre-Seigneur à la vue du nombre infini de personnes qui fréquentent ici les divins sacrements de Pénitence et d'Eucharistie.

Déterminez ce que vous jugerez convenable à l'égard de

---

(1) Le livre des Exercices spirituels, composé par saint Ignace dans la solitude de Manrèze, fut solennellement approuvé par le pape Paul III en 1548. Il fut bientôt après approuvé par l'Université de Paris, et par les différentes Universités d'Europe. C'est de cet admirable livre que saint François de Sales disait, qu'il avait converti plus de pécheurs qu'il ne renfermait de lettres.

(2) François Strada, Espagnol, admis dans la Compagnie à Rome, fut un éminent prédicateur, et concourut puissamment aux grandes œuvres qui signalèrent la fondation de la Compagnie.

François Strada; et s'il vous paraît utile de l'envoyer à l'université de Coïmbre. Car en cette université ni lui ni les autres ne manqueront des ressources nécessaires pour leurs études, autant qu'on a lieu de le présumer en voyant les sujets qui y résident, et qui font paraître d'excellentes dispositions pour la piété et la vertu. Aussi nous n'hésitons pas à croire qu'il s'y élevera bientôt un collége de notre Compagnie (1). En temps opportun, nous n'omettrons pas de traiter avec le roi de l'érection d'un pensionnat pour les écoliers : à ce sujet nous aurions besoin d'être instruits de la forme que vous voudriez voir donner à cet établissement, et du mode à suivre dans sa création ; enfin de la personne qui doit être choisie pour en être le supérieur, et quelle discipline doit être prescrite aux pensionnaires *afin qu'ils croissent en esprit plus encore qu'en science.* Lorsque nous aurons une audience de sa majesté, nous pourrons ainsi lui exposer la règle de vie que devront observer les sujets qui s'adonneront à l'étude au sein de nos colléges. Sur tous ces points, je vous prie de nous écrire très-amplement. Rien ne paraît devoir s'opposer à ce qu'une maison s'élève à Coïmbre pour les maîtres et les écoliers, et à ce qu'il se forme de même d'autres établissements de notre institut; des personnages qui sont ici s'empresseraient de nous construire des maisons, si ces maisons devaient présentement trouver des habitants.

Le seigneur évêque, notre ami, nous a dit que le roi n'avait pas encore déterminé s'il nous enverrait dans les Indes, parce que dans son opinion nous servirions aussi bien Notre-Seigneur en Portugal que dans ses domaines d'outre-mer; mais deux évêques, qui sont d'un avis différent, ont répondu qu'aucun motif ne devait nous faire conserver ici, mais que nous devions être envoyés dans les Indes ; ils pensent en effet que plusieurs souverains indigènes se convertiront infail-

---

(1) Le collége de la Compagnie, à Coïmbre, fut effectivement fondé en 1542, par le P. Simon Rodriguez.

liblement. Nous ne cessons de nous occuper de nous associer des compagnons, et je crois qu'il n'en manquera pas, à mesure que nos affaires prendront plus de consistance et de solidité. Si nous demeurons ici, nous y fonderons plusieurs maisons. Il sera plus aisé de trouver des sujets qui s'associeront à nous pour demeurer en ce pays, que pour aller aux Indes; mais si nous y allons et si Dieu Notre-Seigneur nous accorde quelques années de vie, nous fonderons, avec le secours de ce même Dieu, quelques-unes de nos maisons parmi les peuples des Indes et d'Ethiopie.

Si le bref qui regarde toute la Compagnie n'est pas encore expédié, occupez-vous cependant, je vous prie, de nous obtenir la faculté de fonder des maisons de notre Société parmi les infidèles. Que nous demeurions établis ici ou que nous fassions voile pour les Indes, je vous prie, au nom de l'amour et du service de Dieu Notre-Seigneur, de nous écrire la forme et la règle à suivre pour nous agréger des confrères; faites-le de la manière la plus étendue : n'êtes-vous pas en effet convaincu de la faiblesse de nos talents? Si vous ne venez à notre secours, notre incapacité dans la conduite des affaires nous expose à laisser perdre les occasions d'accroître et d'étendre le service de Dieu Notre-Seigneur.

Adieu..... De Lisbonne, le 26 juillet 1540.
Le dernier de vos fils en J. C.

FRANÇOIS.

LETTRE V.

Au très-révérend Seigneur le Dr Azpilcuete (1), mon maître en J.-C., à Coïmbre.

Très-vénéré Seigneur,

Depuis que je suis en cette ville, j'ai reçu de vous deux lettres remplies de tendresse et de charité. Que J.-C. Notre-

---

(1) Le Dr Martin Azpilcuete, plus connu dans l'école sous le nom de docteur de Navarre, était oncle maternel du saint. Prêtre et chanoine régulier

Seigneur, de qui l'amour vous portait à m'écrire, vous en rende la récompense proportionnée à cette extrême charité et à cette bienveillance si sensible à mon égard; en effet, tous mes désirs ne me donneraient pas les moyens de m'acquitter de ma dette; et je ne saurais espérer de répondre à votre amitié si tendre envers une personne aussi indigne et aussi misérable que je suis : je reconnais donc et je confesse toute mon insuffisance en ce point, et je m'en remets à la divine miséricorde, dont le bienfait le plus éminent est la connaissance de nous-mêmes. Ainsi, considérant combien je suis impuissant à tous égards, après avoir fait l'essai de mes forces avec l'intention d'accomplir mon devoir, j'ai voulu reposer toute mon espérance et toute ma confiance en Dieu seul, et je me sens infiniment consolé par la pensée que Dieu pourra rendre en ma place à votre sainte âme et à celles qui lui ressemblent un prix surabondant.

Au sujet du désir que vous paraissez témoigner d'être instruit de notre existence, et surtout de notre règle de vie, je serais heureux qu'une occasion nous fût donnée de nous trouver ensemble et d'en converser à l'aise. Personne, en vérité, n'est plus disposé que je ne le suis à vous faire part avec une entière ouverture de tout ce que vous désirez connaître, et je ne désespère point que Dieu Notre-Seigneur, parmi toutes les grâces dont sa divine Majesté ne cesse de nous combler chaque jour avec une miséricorde infinie, ne m'accorde la précieuse faveur de vous voir une fois encore en cette vie et de vous entretenir à loisir, avant de m'embarquer pour les Indes avec mon confrère. C'est alors que vous pourrez entendre de ma bouche et directement les explications les plus amples sur toutes les matières dont vos lettres me demandent la rai-

---

de Saint-Augustin, il professa le droit canonique à Toulouse, à Salamanque et à Coïmbre. Il fut non moins illustre par ses vertus que par ses œuvres théologiques. Il mourut à Rome dans un âge très-avancé et fut enterré dans l'église de Saint-Antoine de Padoue des Portugais, au Champ-de-Mars.

son; mais telle est leur étendue, qu'il serait impossible de vous satisfaire par écrit. Quant à ce qu'ajoute votre lettre, que, selon l'habitude humaine, on répand beaucoup de bruits au sujet de notre institut, je ne répondrai présentement que par ces seules paroles : il importe peu, très-éminent docteur, d'être jugé par les hommes, par ceux-là surtout qui jugent avant d'avoir l'intelligence de la chose qu'ils jugent.

Braz Lopez, qui vous remettra cette lettre de ma part, désire très-vivement devenir votre auditeur et votre disciple. Il m'aime singulièrement, et j'éprouve une très-vive inclination pour lui : c'est en raison de ces liens d'amitié que je vous prie, si mes prières ont quelque crédit auprès de vous, — et elles en ont un immense à cause de votre extrême charité, — de vouloir bien accueillir avec bonté, de ma part et d'après ma recommandation, ce dévouement et ce zèle d'apprendre qu'il vous veut consacrer : car il désire vous obéir entièrement comme au maître de ses actions, et se pénétrer à fond de vos savants enseignements. Je vous conjure donc de l'inscrire parmi vos disciples : ce sera, je l'espère, une œuvre agréable à Dieu Notre-Seigneur, et bien digne de vous-même, et vous m'aurez aussi grandement obligé. Je vous serai redevable en effet d'un bienfait rare et précieux, si vous daignez vous intéresser à cet excellent jeune homme, et le diriger et le seconder dans ses études littéraires; car dans sa disposition intérieure et son amour de s'instruire, il a résolu de consacrer son adolescence à la méditation de la doctrine dans laquelle vous excellez. Or, ne devez-vous pas considérer à quel point vous êtes redevable envers Dieu, qui vous a fait riche de ce trésor immense de connaissances, non pour votre avantage unique, mais pour en faire part à votre prochain?

Que Dieu Notre-Seigneur veille toujours sur nous et nous conserve tous deux ! Amen.

Lisbonne, le 28 septembre 1540.

Votre serviteur en J.-C. pour toute ma vie.

François DE XAVIER.

LETTRE VI.

Aux PP. MM. Ignace de Loyola et Pierre Codace à Rome.

Que la grâce, etc.

Le courrier est sur son départ et nous sollicite de lui remettre nos lettres. En peu de paroles, nous sommes en bonne santé et nous croissons en nombre.

Nous sommes ici déjà six confrères, tous de nos amis de Paris, excepté deux, Paul (1) et Emmanuel de Santa-Clara; car Notre-Seigneur a daigné favoriser nos vœux et nos efforts, en nous associant ces coopérateurs, afin de répandre son nom parmi les peuples qui l'ignorent. Nous attribuons à la faveur divine, que par vos prières à Rome vous attirez sur nous, les fruits qui naissent ici de notre ministère, et qui surpassent infiniment nos facultés, notre science et notre capacité. Un si grand nombre de personnes, et de personnes d'une éminente dignité, viennent à nous pour nous ouvrir leur conscience dans la sainte confession, que le temps nous manque pour les satisfaire toutes. Le prince Dom Henri, grand inquisiteur de ce royaume et frère du roi, nous a souvent recommandé de nous charger d'assister spirituellement les prisonniers de la sainte inquisition. Nous les visitons tous les jours, et nous nous appliquons à leur faire comprendre quel grand bienfait de Dieu c'est pour eux que l'épreuve qui leur est imposée en cette école de pénitence. Une fois le jour nous prononçons une exhortation générale, et nous leur donnons à pratiquer les exercices de la première semaine, à leur grande consolation et avec de grands fruits. Un grand nombre nous ont confessé qu'ils reconnaissaient la grâce éminente que Dieu leur

---

(1) Paul, de Camerino, dans la Marche d'Ancône, en Italie, accompagna le saint aux Indes, et résida principalement à Goa; il succéda à Diogo de Borba dans l'administration du collège de Sainte-Foi dont il fut le premier recteur. Il mourut saintement en 1560.

avait faite, de leur faire entendre pour la première fois par notre ministère un grand nombre de choses nécessaires au salut de leurs âmes.

Il y a quelques jours nous vous avons adressé des lettres du roi pour le souverain pontife, et pour son ambassadeur à Rome (1) : il y recommande les intérêts de notre Compagnie comme ses intérêts propres. Pour obtenir à la cour de Portugal des recommandations de ce genre, nous n'avons plus besoin de protection étrangère, nous pouvons nous suffire par nous-mêmes. A cette heure, le roi, s'il n'était dans un deuil profond à cause de la mort du prince Édouard, aurait écrit de nouveau à Sa Sainteté et au cardinal des quatre Saints Couronnés (2), ainsi qu'à d'autres personnes de qui la faveur peut être nécessaire ou utile pour nos affaires à Rome. Mais il est, ainsi que je vous l'ai dit, si profondément enseveli dans la douleur et pénétré d'une telle affliction par la mort du prince son frère, qu'il s'est renfermé dans son palais, où personne n'est admis. Ces douloureuses féries interrompent le cours des affaires. Il faut laisser à ce deuil légitime un certain intervalle ; mais après quelque temps, lorsque la première douleur sera calmée, nous nous efforcerons d'obtenir de cet excellent prince des lettres en aussi grand nombre que vous désirerez et pour les personnes que vous aurez désignées.

Une personne, qui a terminé à Paris le cour sentier de ses études, vient d'embrasser l'existence de notre Compagnie. Il se nomme Maître Gonzalve Medeiros (3). Il n'est point encore entré dans les ordres. Au nom du service de Dieu Notre-Seigneur, nous vous prions d'obtenir et de nous envoyer un bref du souverain pontife qui l'autorise, sans

---

(1) Dom Philippe de Lancastre.
(2) Les quatre saints couronnés étaient quatre frères, martyrs sous Dioclétien. Une église de Rome leur fut dédiée et devint un titre cardinalice.
(3) Gonzalve Medeiros, l'un des premiers Pères admis par le P. Simon Rodriguez, n'alla point dans les Indes, et seconda le P. Rodriguez dans la fondation des établissements de Portugal.

être arrêté par les intervalles ordinaires, à être, dans trois jours de fête, en observant les degrés, élevé canoniquement au sacerdoce, afin qu'il puisse être déjà prêtre avant notre départ pour les Indes. Il serait nécessaire également de nous obtenir le privilége, communicable à notre choix, pour six clercs, de faire usage du nouveau bréviaire (1). Cette faculté ne serait pas sans valeur pour déterminer certaines personnes à consentir à nous accompagner dans les Indes. Nous vous en conjurons par l'amour de Notre-Seigneur, occupez-vous avec toute la diligence qui est en vous de nous faire parvenir le Bref qui nous envoie dans les Indes, car le temps de mettre à la voile est prochain. Nous avons conçu de grandes espérances touchant les fruits abondants qui doivent résulter de notre voyage.

Faites-nous connaître bientôt, nous vous en prions, ce que nous devons faire à l'égard de ceux qui ont été à Paris pour leurs études, ou qui doivent s'y rendre par la suite. Répondez aussi très-distinctement à ce que nous avons écrit de Strada, et touchant le dessein de fonder un pensionnat pour nos scolastiques dans l'université de Coïmbre; car pour cette fondation comme pour un grand nombre de saintes œuvres de cette nature, nous trouvons ici les dispositions les plus favorables dans la protection des personnages puissants et dans la générosité des gens riches. Instruisez-nous donc bientôt de vos décisions à cet égard, afin que, d'après vos ordres, nous nous efforcions d'accomplir ce qui paraîtra *le plus avantageux pour le service de Dieu*.

Le courrier se plaint du retard et nous enlève le papier des mains. Ce que j'ai écrit doit être pour vous une lettre commune de Maître Simon et de moi ; et sa signature, au nom de tous deux, sera comme le sceau de notre lettre.

Lisbonne, le 12 octobre 1540.

Au nom de tous les deux, Maître Simon.

---

(1) Bréviaire abrégé par ordre de Paul IV, avant la grande réforme du Bréviaire, qui fut commencée par Pie IV, et achevée par S. Pie V.

LETTRE VII.

Au Dr Martin Azpilcucte.

La lettre que vous m'avez écrite le 15 octobre, m'a procuré tant de joie, et de si vives consolations spirituelles, que rien au monde ne pouvait m'être plus agréable que sa lecture, désirée depuis de si longs jours et qui me découvrait tout le prix des vertueux travaux et des saintes occupations qui remplissent votre vie, et qui sont consacrés à l'enseignement de ceux qui ne désirent s'instruire qu'afin de se dévouer uniquement au service de Jésus-Christ Notre-Seigneur. Aussi je n'éprouve point à votre égard cette compassion dont je serais pénétré, si je pouvais penser que toutes ces facultés éminentes dont Notre-Seigneur Jésus-Christ a bien voulu vous doter, n'étaient pas employées par vous, comme elles le doivent être par un serviteur fidèle ; et je suis profondément convaincu que le prix de vos travaux doit infiniment surpasser les efforts et la peine qu'ils vous auront coûtés, puisqu'il est avéré que *celui qui aura été fidèle en un modique emploi, doit recevoir pour récompense un emploi considérable* (1). Si vous êtes à cette heure surchargé d'occupations par des leçons extraordinaires, vous devez vous en sentir encouragé, et accepter avec joie ce surcroît de travail, en considérant, au dedans de vous-même, qu'il vous est quelquefois arrivé de moins travailler que ne vous en faisait un devoir l'excellence de vos facultés naturelles ; et nous qui nous réjouissons de ce qui vous est salutaire, nous sommes infiniment heureux de vous voir acquitter ainsi vos dettes anciennes, et ne les point laisser à acquitter par vos héritiers. Un grand nombre de personnes ont à subir des châtiments dans la vie future, pour avoir eu trop de confiance dans les exécu-

(1) Luc, XIX, 17.

teurs de leurs volontés dernières : *or, il est terrible de tomber entre les mains du Dieu vivant* (1), *lorsqu'il s'agit surtout de rendre compte de son administration.*

Plaise à Dieu, après qu'il vous a si libéralement départi la plénitude de la science, afin de la communiquer à autrui, de vous faire la grâce d'être pareillement libéral à la répandre parmi ceux qui ne désirent savoir qu'une seule chose, qui est de servir leur Créateur et le souverain Seigneur de la nature entière : n'avez-vous pas uniquement en vue la dilatation de la gloire divine? Soyez sûr que le Seigneur de toute justice — et ainsi sera-ce infailliblement, ô très-éminent docteur, — permettra que dans la vie future, *nous soyons associés dans la consolation, si dans la vie présente nous l'avons été dans la souffrance* (2).

Je remets la fin de notre entretien au jour où je vous parlerai de vive voix, et ce jour viendra plus tôt que vous ne le pensez; car l'amour extrême que vous me témoignez dans vos lettres, me fait un absolu devoir de vous satisfaire à cet égard.

Je ne vous dirai point l'affection si vive qui m'unit à vous; Dieu, qui seul pénètre au plus intime de nos âmes, connaît la profondeur de tous mes sentiments pour vous. Adieu donc, très-excellent docteur, et continuez de m'aimer.

Lisbonne, le 4 novembre 1540.

Votre humble serviteur en N.-S.

FRANÇOIS.

LETTRE VIII.

A la Compagnie à Rome.

Que la grâce etc.

Nous avons reçu votre lettre si désirée, avec un fruit infini pour nos âmes, et tel que le devaient procurer à des

---

(1) Ad Hebr., x, 31.
(2) II ad Corinth., i, 7.

fils de favorables nouvelles de leur mère. Elle nous a fait connaître l'état florissant et prospère de toute la compagnie, les occupations vertueuses et saintes auxquelles vous vous dévouez tout entiers à Rome, les édifices d'une double nature, spirituels et matériels, que vous fondez et achevez en vue de la génération présente et de la postérité, afin que nos contemporains et nos successeurs étant mis en possession des secours nécessaires pour s'employer avec fruit dans la vigne du Seigneur, puissent avancer et conduire à la perfection désirable l'œuvre entreprise à cette heure avec de légitimes espérances de servir d'une manière éclatante la cause de Dieu Notre-Seigneur. Daigne, en effet, Notre-Seigneur nous assister, *lorsque nos corps sont absents d'auprès de vous, mais que nos âmes n'ont jamais été plus unies aux vôtres qu'en ce moment même* (1), afin que nous vous imitions, après que vous nous avez montré la voie pour servir Jésus-Christ Notre-Seigneur.

Je vous donnerai des nouvelles qui vous seront agréables : le roi, qui approuve singulièrement la forme de notre institut, et à qui l'expérience des fruits spirituels qui sont déjà résultés de nos travaux, a fait présumer pour l'avenir de nouveaux succès encore plus abondants, si le nombre de nos ouvriers se multiplie, a pris la résolution de fonder un collège, ainsi qu'une résidence de nos Pères, c'est-à-dire de la Compagnie de Jésus. Pour ces fondations, trois des nôtres sont demeurés ici, maître Simon, maître Gonzalve, et un autre prêtre, profondément versé dans le droit canonique. Un grand nombre d'autres sujets se déclarent chaque jour, et s'offrent pour faire partie de la Compagnie.

Ce dessein du roi pour l'érection de ces établissements n'est pas un dessein fugitif et sujet à changement, mais une résolution précise et durable : et depuis quelque temps, chaque fois que nous avons été admis en sa présence, il

---

(1) I ad Corinth., v, 3.

nous a de lui-même renouvelé l'expression de sa volonté, amenant le premier le discours sur ce sujet, sans que rien lui en fît naître la pensée, soit de notre part, soit de la part de nos amis à notre sollicitation ; c'est de son plein mouvement et de son entière volonté qu'il se porte au dessein d'instituer ces fondations. Il destine pour en être le siége la ville d'Evora. Je pense qu'il écrit au souverain pontife afin d'en obtenir plusieurs de nos Pères, ou au moins un, pour seconder maître Simon dans les commencements. Or cet excellent monarque, qui agit avec une si grande affection envers notre Compagnie, dont il désire l'accroissement *comme l'un d'entre nous*, et qui ne se dirige en toutes choses que par le seul sentiment de son amour et de sa piété envers Dieu Notre-Seigneur, nous impose à son égard un immense devoir, qui est de lui témoigner à jamais toute notre reconnaissance *en vue de Dieu :* en effet cette bonté si généreuse et si étendue, qui ne se limite pas à de vaines conceptions, mais qui se manifeste spontanément et avec plénitude en toutes les occasions de nous assister et de nous seconder, nous impose des obligations infinies. Que si nous ne reconnaissions pas toutes ces obligations que nous avons envers le roi, et si nous ne les confessions pas hautement ; si, dis-je, après avoir accompli le peu que nous pouvons par nos prières et nos sacrifices de chaque jour, nous ne nous efforcions de suppléer à l'insuffisance de nos œuvres, par les puissants suffrages de toutes les personnes qui se concilient d'immenses mérites en présence de la majesté divine, lorsqu'elles nous assistent de l'efficacité de leurs prières afin de nous faire le mieux servir, nous serions grandement coupables, et nous flétririons notre âme du vice énorme de l'ingratitude : nous serions nous-mêmes indignes d'une existence dont toutes les heures nous retraceraient le souvenir des bontés infinies du roi Jean de Portugal, notre protecteur et bienfaiteur éminent, envers qui notre vie tout entière ne saurait jamais suffire pour nous acquitter. Paul, et notre confrère portugais, et moi-même troisième, nous devons cette semaine faire voile pour les Indes. Nous avons conçu de grandes espérances, confiants dans le secours miséricordieux de Dieu Notre-Seigneur, de recueillir dans ces régions et d'amasser dans les greniers de l'Eglise d'abondantes moissons; et notre opinion a pour fondements les récits de personnes sages, témoins oculaires des favorables dispositions des indigènes, pour écouter la voix qui leur annoncerait des doctrines plus pures, et pour accueillir avec joie le salut qui leur serait offert.

Le roi ne nous permet de nous éloigner qu'après nous avoir favorisés et comblés de toutes sortes de grâces ; il y en a ajouté une nouvelle, en nous recommandant très-expressément au gouverneur (1), qu'il envoie cette année dans les Indes, et le navire vice-royal doit nous transporter avec ce seigneur. Il s'est montré lui-même plein de bienveillance à notre égard, à ce point qu'il a pris sur lui tout le soin de ce qui regarde notre passage, et qu'il a défendu qu'aucun de nous, ou que tout autre que lui-même s'inquiétât de nos préparatifs, ou des objets nécessaires à notre usage pour la traversée ; déjà même il a décidé qu'il nous aurait tous les jours pour convives à sa table. Je suis entré dans ces détails, non pour faire valoir à vos yeux l'honneur ou l'intérêt que ces distinctions peuvent nous offrir, ou pour nous en attribuer l'avantage : — nous serions, au contraire, heureux d'en être exemptés ; — mais vous verrez par là combien ces sentiments, si parfaits pour

---

(1) D. Martin Alphonse de Souza avait commandé la mer des Indes ; il avait pris sur les Maures la citadelle de Damam, imposé la suzeraineté portugaise au souverain de Cambaïe et obtenu de ce prince la cession de Baçaïm. Ses succès militaires et ses éminentes qualités le firent choisir pour le gouvernement des Indes ; mais il ne soutint point dans la dignité suprême les espérances qu'il avait fait concevoir : il ne sut point administrer avec fermeté, et à la fin de son séjour aux Indes, ayant altéré les monnaies de cuivre dans l'intérêt du trésor portugais, il vit s'élever des troubles sérieux, et quitta les Indes en 1545, après avoir vu ses anciens services méconnus et sa dignité compromise.

nous, du personnage le plus éminent en dignité dans les Indes, nous donnent de motifs d'espérer un puissant secours pour la conversion des infidèles que nous désirons si ardemment, et vous devez vous en réjouir dans votre zèle pour la gloire de Dieu, et vous féliciter avec nous de cette favorable occasion qui nous est offerte de porter le nom de J.-C. en la présence des rois de ces contrées ; car tout le monde connaît l'influence et l'autorité qu'exerce sur ces souverains le gouverneur portugais.

Cette confiance est confirmée aussi par le caractère, les sentiments et les vertus du vice-roi, ainsi que jusqu'à ce jour nous en avons fait l'épreuve, et que nous les avons connus par le témoignage d'autrui. Il est avant tout d'une expérience consommée dans les affaires des Indes, où il a demeuré de longues années, avec une grande réputation d'intégrité. A la cour, c'est une voix unanime, et vous savez qu'on y est sévère autant que pénétrant pour juger la vie des autres, qu'il s'est montré parfaitement homme de bien ; et d'après des autorités très-dignes de foi, l'on croit qu'il est vivement désiré dans les Indes, tant de nos compatriotes que des indigènes. Avant-hier, ce seigneur s'entretenant familièrement avec moi me racontait qu'il se trouvait une île dans les Indes, uniquement peuplée de gentils, sans aucun mélange de mahométans ou de juifs, et, disait-il, on pouvait espérer que la prédication de l'Évangile y obtiendrait de grands et rapides succès. Il ne doutait pas, en se représentant les dispositions qu'il avait observées lui-même dans les indigènes, que le roi du pays, et bientôt après lui toute l'île, n'embrassassent ouvertement la religion de Jésus-Christ.

Et si les personnes sages et d'expérience croient pouvoir bien augurer du succès, c'est qu'elles se fondent sur la connaissance et l'estime qu'elles ont de la règle de notre institut, et de nos différents ministères, dont elles ont pu vérifier ici les effets très-sensibles ; de notre part, malgré la persuasion intime où nous sommes de notre insuffisance et de notre faiblesse, nous avons la confiance que des vœux et des présages si heureux ne seront ni vains ni stériles, parce que nous sommes animés de cette créance, que Dieu prend enfin en pitié le déplorable aveuglement de ces nations, qui vivent dépourvues de tous les secours nécessaires au salut, et qu'il nous paraît qu'il daignera se servir du zèle et du dévouement des plus faibles et des plus inutiles d'entre ses serviteurs, dans sa miséricorde envers *ces peuples qui ignorent Dieu et qui adorent les démons,* afin de les faire sortir de leur erreur et de la misère spirituelle où ils languissent. Et pour vous révéler les plus secrètes pensées de notre âme, c'est en ce fondement seul, dans le secours divin, que nous espérons, — et ce secours ne saurait manquer d'être efficace; — en lui nous avons mis toute notre confiance pour entreprendre une œuvre aussi immense; c'est le ressort de nos forces, c'est l'aliment secret de notre espérance, si nos efforts doivent se réaliser par des fruits abondants : aussi nous n'épargnerons point ces efforts pour secourir ces hommes infortunés, et les attirer à la véritable connaissance de notre foi et de notre religion sainte, et nous n'avons en vue que l'amour et le service de Dieu Notre-Seigneur, dont nous sommes assurés en cette œuvre, entreprise pour sa gloire et pour son service.

Nous vous prions de la manière la plus vive de préparer pour nous, sans différer et avec toute maturité, des avis étendus et précis qui puissent nous être transmis par les navires qui feront voile de Lisbonne pour les Indes, au mois de mars de l'année prochaine. Nous désirons y trouver des recommandations de votre part, aussi complètes et aussi détaillées que possible. Nous vous en supplions, expliquez-nous distinctement ce que nous devons faire ici, comment et avec quelles précautions nous devons agir, quelle règle de vie et quelle forme de ministère nous devons adopter au milieu des infidèles. A la vérité nous n'hésitons pas à penser que l'expérience actuelle doit nous enseigner et nous diriger en plus d'une occasion ; néanmoins notre principale espérance, pour discerner plus parfaitement la volonté de Dieu dans la conduite de toute notre mission, réside à nos yeux dans votre direction et vos conseils : nous avons cette persuasion que Notre-Seigneur vous fera connaître par son inspiration ce qu'il exige de nous et dans quelle mesure il l'exige; et ceux-là même qui jusqu'à ce jour ont été ses interprètes auprès de nous, nous découvriront sans doute, avec sa permission, la profondeur de ses sentiments et ses desseins touchant le genre de vie et la forme de ministère que nous devons adopter. Enfin et par-dessus toute chose, je me sens porté à vous adresser cette prière, par la crainte qu'il ne nous arrive ce qui arrive souvent à plusieurs, à leur très-grand dommage, de ne point, par l'effet de la négligence, assez considérer et approfondir toutes les circonstances de lieu, de temps et d'intérêts où ils se trouvent, ou même de se conduire avec orgueil et présomption, sans estimer nécessaire de prendre l'avis des autres dans les cas difficiles, et de se préoccuper de l'opinion des personnes plus éclairées; et ainsi ces personnes encourent la privation, de la part de Dieu, des grâces et des lumières qu'il leur réservait, et qu'il leur aurait miséricordieusement accordées, si elles avaient humilié leur esprit et leur jugement, et confessé leur ignorance et leur faiblesse, en sollicitant le secours et l'assistance des autres, surtout de ceux par l'entremise desquels Dieu a coutume de nous découvrir en quoi et de quelle manière il veut que nous le servions. Nous vous conjurons donc, *ô vous qui êtes nos pères, et nous vous supplions mille et mille fois dans le Seigneur, au nom de notre union si intime en Jésus-Christ*, ne dédaignez pas de nous tracer avec tout votre zèle et dans une grande étendue vos avis, vos recommandations, vos enseignements, pour nous instruire en détail et profondément de tout ce que doivent éviter ou suivre, de ce que doivent craindre ou rechercher, ceux qui comme nous désirent très-ardemment, dans leur vie entière, et spécialement dans le devoir de procurer le salut des âmes, se conformer absolument à la volonté divine, dont nous espérons recevoir la pleine connaissance par vos inspirations et vos ordres ; vous assisterez notre faiblesse dans l'accomplissement de tout ce que cette volonté nous commandera, par le secours des prières spéciales que nous vous conjurons d'ajouter aux prières communes que vous avez coutume de faire ; car nous sommes obligés d'implorer cet accroissement de votre assistance en raison de nos besoins plus grands, dans les dangers extrêmes d'une navigation très-lointaine et de notre existence à venir au milieu des Indiens infidèles, c'est-à-dire d'une race abandonnée à tous les vices, dont la pernicieuse influence finirait par atteindre notre faiblesse et notre inexpérience, si des grâces de Dieu beaucoup plus abondantes ne nous étaient accordées pour en triompher, grâce à des secours également plus puissants.

Nous vous écrirons longuement des Indes par les premiers navires qui feront voile après notre arrivée ; et ce sera sur les mêmes affaires et dans le même sens que nous le ferons à sa majesté, afin d'obéir à son commandement formel : car cet excellent monarque a mis un extrême intérêt à nous le demander, au moment où nous allions nous embarquer, et lorsqu'il nous adressait un dernier adieu. Il a même pris à témoin le nom de Dieu Notre-Seigneur, et il nous a conjurés, par l'amour de ce souverain Maître, de l'instruire longuement et exactement des dispositions apparentes qu'offriront les Indes pour la conversion des âmes infortunées de leurs habitants, nous témoignant qu'il est intérieurement consumé de douleur à la vue de leur déplorable sort, qu'il n'a rien plus à cœur, et qu'il est prêt à tout faire pour empêcher les offenses qui tous les jours sont commises envers le Créateur et Sauveur du genre humain, par ses créatures formées à son image et à sa ressemblance, et rachetées à un si grand prix : tant cet excellent prince est dévoré de zèle pour la gloire de J.-C. N.-S. et pour le salut des âmes ! C'est ce qui m'excite à rendre à Dieu toute gloire et d'infinies actions de grâces de ce qu'il m'a fait voir un souverain si puissant animé de sentiments si pieux envers les choses de la religion : et j'affirme avec vérité que si je n'étais convaincu par le témoignage réel et présent de mes yeux, j'aurais peine à concevoir la pensée qu'une âme de séculier, surtout dans l'éminence du rang suprême, et parmi le tumulte d'une grande cour, pût être capable d'une dévotion et d'une charité si exquises. Que Dieu daigne accroître en lui ces dons ineffables, et multiplier pour un grand nombre d'années les jours de son existence, qu'il emploie d'une manière si précieuse : que Dieu conserve une tête *si utile et si nécessaire à son peuple!*

Je vous ai parlé du roi : je vous parlerai maintenant de sa cour. Rien ne saurait être plus régulier; elle ressemble plus à un couvent de religieux qu'au palais d'un souverain. Un si grand nombre de personnes participent ici chaque semaine aux divins sacrements de Pénitence et d'Eucharistie, que notre admiration à ce spectacle nous oblige d'en glorifier Dieu sans cesse et de lui en rendre d'infinies actions de grâces. Nous sommes tellement occupés à entendre les confessions, que si nous étions deux fois plus nombreux, ce ministère nous fournirait à tous un travail abondant : nous passons assis au saint tribunal les journées entières et une partie des nuits, quoique nous n'admettions que les seules personnes de la cour, à l'exclusion de toute autre. Je me rappelle avoir observé dans un séjour du roi à Almérim, que les gens venus du dehors pour les affaires du gouvernement, ainsi qu'il arrive d'ordinaire au siége de la cour, faisaient paraître une grande surprise d'une coutume si nouvelle, principalement de la part des gens de cour, et surtout à la vue des mêmes personnes qui, tous les dimanches et aussi les jours de fête, s'approchaient avec dévotion de la table sacrée pour recevoir le corps de J.-C.; ils avaient peine à revenir de leur étonnement, et un nombre assez grand d'entre eux, suivant l'exemple de ceux qu'ils avaient admirés, purifiaient aussi leurs âmes par la Pénitence, et venaient prendre place à la table eucharistique. S'il se trouvait un nombre suffisant de confesseurs pour admettre une aussi grande affluence que celle qui d'ordinaire accompagne les voyages de la cour, personne, en vérité, n'entreprendrait de venir traiter une affaire avec sa majesté, s'il n'avait premièrement réglé devant Dieu les affaires de sa conscience; à cette heure, plusieurs, qui sont disposés à se purifier de leurs péchés, ne trouvent point de prêtres pour les entendre ; quoique, ainsi que je vous l'ai dit, nous ne nous épargnions point, de sorte même que notre présence assidue au tribunal de la Pénitence ne nous laisse pas le loisir de prêcher dans les assemblées. Mais après y avoir mûrement réfléchi, nous avons considéré qu'il était plus avantageux pour le service de Dieu Notre-Seigneur, de nous consacrer au ministère de la confession, que de nous faire entendre d'une tribune élevée, car les prédicateurs ne sont point rares en cette cour, et les confesseurs expérimentés n'y sont pas communs : c'est ce motif qui nous a fait choisir le confessionnal de préférence à la chaire.

Nous n'avons rien autre à vous écrire de nous, si ce n'est qu'à la veille d'entreprendre le voyage des Indes, nous adressons nos vœux à Dieu Notre-Seigneur, afin qu'il daigne, après que nous vous avons quitté pour son amour, nous réunir à vous dans une vie meilleure ; car en cette vie, il est difficile d'espérer que nous puissions nous retrouver en présence, tant à cause de l'intervalle immense de terre et de mer qui existe entre Rome et les Indes, que parce que les merveilleuses moissons qui nous attendent en ces contrées ne nous permettent ni de pouvoir ni de vouloir songer à d'autres campagnes et à d'autres places, où nous puissions récolter plus de froment pour les greniers du Seigneur, au service duquel nous nous sommes consacrés. Ainsi, celui d'entre nous qui le premier sera parvenu dans le bienheureux séjour, et *qui n'y aura point rencontré le frère qu'il chérit dans le Seigneur*, se souviendra d'implorer Jésus-Christ notre roi, afin qu'il l'attire à lui, et nous rassemble tous en sa gloire.

De Lisbonne, le 18 mars 1541.

A vous tous mes bien-aimés dans le Seigneur,

François De Xavier.

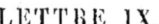

LETTRE IX.

Aux PP. Lejay (1) et Laynez.

(*Le commencement manque sur l'original.*)

A l'égard du roi et de l'aumône qu'il destine à la construction de la maison, j'écris à Pierre Codace ce qu'il doit faire à Rome. Il m'avait paru que cette affaire se présenterait d'une manière peu opportune en la saison de printemps où nous allons entrer, car elle va concourir avec les préparatifs d'une terrible guerre, considérée comme imminente avec nos voisins Africains : en effet des avis réitérés et unanimes nous représentent la race Maure comme entièrement conjurée pour entreprendre une formidable invasion sur les domaines du roi de Portugal.

A une époque moins agitée ce sera d'un immense intérêt pour le succès de nos affaires, de s'assurer à Rome les bons offices des cardinaux qui ont la faveur du roi, et de faire en sorte qu'ils consentent à lui écrire avec étendue, pour lui représenter tous les fruits qui résulteraient

---

(1) Claude Lejay, du Faucigny, dans le diocèse de Genève, l'un des premiers compagnons de saint Ignace, accomplit d'importantes missions en Allemagne et dirigea longtemps le collége de Vienne : il fut l'une des lumières du concile de Trente. Le P. Lejay mourut en 1552.

des aumônes que sa majesté consacrerait à une fondation de ce genre. Je crois qu'au nombre des éminences qui sont le plus avant dans la faveur du roi, se trouve le cardinal de Carpi (1), et j'en augure ainsi, parce que je sais qu'il est lié très-intimement avec Dom Pierre (2) : aussi des lettres de recommandation émanées de lui, de même que du cardinal des quatre Saints-Couronnés, et des autres que vous sauriez être dans des relations favorables avec sa majesté, nous seraient infiniment utiles. Et si pour quelque raison ces cardinaux hésitaient à écrire directement au roi, sans doute ils consentiraient, surtout le cardinal de Carpi, à écrire en particulier, à Dom Pierre pour le prier de traiter cette affaire en personne, et à devenir auprès de sa majesté les patrons d'une œuvre aussi excellente. Si surtout l'ambassadeur du roi qui se trouve à Rome, est bien disposé pour la Compagnie, il ne sera pas sans utilité d'en obtenir des lettres dans le même sens, pour exposer au roi combien nos intérêts à Rome ont un besoin sérieux de la faveur de sa majesté.

N'oubliez pas vous-mêmes d'écrire à Dom Pierre de Mascarenhas ; je ne saurais assez vous exprimer combien il prend de plaisir à vos lettres. Au moins demeurez convaincus qu'il vous aime *infiniment dans le Seigneur :* il conserve avec un soin extrême les lettres qu'il reçoit de vous; il les relit minutieusement, avec une joie et un fruit spirituels, dont les heureux indices éclatent sur son visage. En vérité ces témoignages si sensibles me découvrent combien il vous est affectionné, et je me sens, à ce titre, obligé de lui vouer pour toute la vie une profonde affection. Nous pensions ici, *sauf un meilleur conseil,* qu'il était à propos que vous écrivissiez au roi, pour lui rendre grâces de ses

---

(1) Le cardinal Rodolphe Pio Carpi. Il fut désigné pour être le protecteur spécial de la Compagnie. A sa mort, le pape Pie IV déclara que la Compagnie n'aurait à l'avenir d'autre protecteur que le Saint-Siége.

(2) Mascarenhas.

dispositions favorables touchant la fondation d'un collége ou d'une maison de la Compagnie; car c'est un usage très-répandu dans cette cour, et qui est devenu comme obligatoire, de s'acquitter scrupuleusement de ces sortes de devoirs, et je me suis assuré, d'après les discours de Dom Pierre lui-même, qu'une lettre en ce sens, qui serait adressée à sa majesté, lui serait infiniment agréable. Il serait à propos d'y rappeler que vous avez été informés par nous de la généreuse intention exprimée par sa majesté, pour l'érection d'un collége ou d'une maison qui porterait le nom de notre Compagnie. En effet, selon le proverbe, on aiguillonnerait ainsi le coursier déjà lancé, et ce serait pour sa majesté un nouvel et puissant encouragement afin de lui faire abréger tout délai. Ce n'est point sans motif que je vous fais part de ce qui est à ma connaissance : soyez en effet convaincus que les lettres que vous écrirez en ce sens, passeront en un grand nombre de mains, et seront lues par une infinité de personnes.

A l'égard de François de Mancias, vous saurez qu'il n'est point encore initié dans les saints ordres. Il y a dans l'Inde un évêque qui, nous en avons la confiance dans le Seigneur, consentira certainement à ordonner cet excellent sujet; toutefois il abonde plus en zèle, en vertu, en simplicité, qu'en lumières et en science, et si maître Paul ne lui communique pas une partie de son profond savoir, je crains infiniment que, sans un secours spécial de Dieu, il ne puisse soutenir avec succès l'examen qui précède ordinairement la collation des saints ordres. Si ce malheur arrivait, cela contrarierait toutes nos vues. Fr. de Mancias désire, dans la prévision de tout événement, que vous obteniez de Rome en sa faveur des lettres qui l'exemptent des conditions de savoir requises pour les saints ordres, et qui l'autorisent à recevoir *extra tempora*, les trois ordres majeurs en trois jours de fête, *au titre de pauvreté volontaire et de simplicité très-suffisante*. Afin d'obtenir cette faveur, on pourrait alléguer avec vérité qu'une très-grande bonté et une sainte simplicité suppléent en sa personne au défaut d'une science plus vaste; en effet, s'il était demeuré avec Bobadilla (1) tout le temps qu'il a passé dans la compagnie de Cacerez (2), il aurait retiré de ce commerce intime et journalier un fonds très-suffisant, et il aurait plutôt rappelé la doctrine du premier que le savoir superficiel du second ; nous n'éprouverions pas l'embarras présent, et la science habiterait sur ses lèvres avec plénitude : il courrait à pleines voiles sur la vaste mer des Ecritures.

Enfin Mancias et Dom Paul demanderaient tous les deux cette grâce de la part de Sa Sainteté, que toutes les fois qu'ils célébreraient à l'autel, ils pussent délivrer une âme des feux du purgatoire.

Le nombre des messes (3) que nous avons déjà célébrées pour le cardinal Guidiccioni s'élève à deux cent cinquante, depuis notre départ de Rome jusqu'à ce jour : que Dieu Notre-Seigneur nous accorde la grâce d'acquitter le surplus dans les Indes ! En vérité, lorsque je considère en mon âme avec quel fruit et avec quelle joie spirituelle j'ai offert jusqu'à ce jour le Saint-Sacrifice pour ce très-révérend prince de l'Église, je me sens encore plus encouragé à le recommander toujours à Dieu Notre-Seigneur, pendant le reste de ma vie, aussi souvent que j'aurai le bonheur de célébrer les saints Mystères.

(1) Nicolas-Alphonse, surnommé Bobadilla, du lieu de sa naissance, près de Palencia, en Aragon, était l'un des premiers compagnons de saint Ignace, sa grande humilité lui fit refuser l'évêché de Trente. Il prêcha longtemps en Allemagne, et accompagna les armées impériales dans les guerres de l'époque. Le P. Bobadilla mourut en 1590.

(2) Cacerez, de Ségovie, s'était associé à Ignace dans Barcelone; étant par la suite retourné dans sa patrie, il y rentra dans la vie mondaine.

(3) Ces messes étaient de celles, au nombre de plusieurs mille, qu'Ignace avait fait vœu de célébrer et de faire célébrer par ses confrères, afin d'obtenir l'approbation authentique de sa Compagnie par le souverain pontife. Par la permission divine, le cardinal Barthélemy Guidiccioni, le principal des examinateurs nommés, très-opposé d'abord au nouvel Institut, ainsi que l'étaient la plupart des cardinaux, changea complétement de sentiment, et devint le patron le plus zélé de la Compagnie.

Nous désirons vivement savoir, à cette heure que notre règle est confirmée (1), si les personnes envers qui nous nous proclamions si grandement redevables à cause de la tendre et généreuse amitié qu'elles nous avaient témoignée, qui nous avaient assistés dans nos affaires et en avaient hâté le succès par leur zèle et par leurs efforts ; si ces personnes, dis-je, sont entrées déjà dans la Compagnie, ou se disposent à y entrer bientôt ; je présume qu'il en est dans le nombre qui seraient aises de trouver la paix de leur âme, sans s'engager dans notre genre de vie qui est tout d'humiliations et d'épreuves : et cependant la trouveront-elles ? Je l'ignore. Il peut arriver, en effet, que ce qu'elles cherchent dans le sens de leur désir, elles ne le doivent rencontrer que là même où elles craignaient de le voir, et seulement si elles prennent enfin la résolution de se rendre. Ces paroles de ma part ne regardent pas le seul François Zapata ; elles s'adressent également au seigneur licencié que je ne présume pas devoir jouir d'une grande paix intérieure, tandis qu'il assiége, comme il fait, les palais des grands. En ce qui regarde le seigneur docteur en médecine Ignace Lopez, il me paraît qu'il aura compromis singulièrement sa réputation, et que ce sera de sa part avoir abdiqué la science, s'il se retire avant d'avoir parfaitement guéri l'estomac languissant du P. Ignace et la constitution délabrée de Bobadilla. Je n'ai rien à vous dire sur Jacques Zapata et sur ceux qui lui ressemblent, si ce n'est qu'il est vraisemblable que le monde les rejettera, les reconnaissant inutiles à son usage, et qu'ils éprouveront de grandes déceptions par la suite, en cherchant qui les veuille employer.

Je ne sais comment il se fait que, depuis que le roi veut faire demeurer ici plusieurs d'entre nous, et laisser partir

---

(1) Par la Bulle *Regimini militantis Ecclesiæ*, signée par le pape Paul III, le 27 septembre 1540, communiquée d'abord officieusement, et promulguée seulement en avril 1541.

les autres, je ne puis éloigner de ma pensée l'image toujours présente de notre très-cher frère Antoine Araoz (1), que je crois, comme par un secret pressentiment, devoir venir nous retrouver dans les Indes avec six élèves au moins, et plusieurs laïques pour les assister; et si tous ne sont point des prodiges de science, au moins seront-ils des hommes remplis de zèle, et disposés à consacrer tout ce qui leur reste de vie au service de Dieu Notre-Seigneur : ils devront surtout se trouver exempts du soupçon d'avarice ; nous espérons que leur venue sera pour nous d'une très-grande utilité. Et quand bien même vous ne nous enverriez pas, de pareils sujets cette année, c'est-à-dire au mois de mars de l'année prochaine, et que ce serait seulement après deux ans, lorsque vous aurez pu déjà recevoir de nos lettres datées des Indes, ce ne serait point un inconvénient, pourvu qu'à la dernière époque nous pussions compter sur un certain renfort d'ouvriers destinés par vous à ces contrées. Nous abandonnons toute cette affaire à votre sagesse, désirant cependant infiniment que, dans votre délibération, vous ne perdiez pas de vue ce que je vous déclare de nouveau comme très-véritable, et ce qui est ma conviction profonde, que nos travaux dans les Indes doivent produire des fruits très-considérables : ne présumez pas que ce soient là les présages imaginaires d'un esprit qui se fait illusion; je parle d'après le témoignage très-véridique des gens d'expérience qui sont demeurés de longues années dans ces pays, et qui sont les garants de nos espérances. Vous apprendrez par nos lettres ce que nous aurons nous-mêmes vérifié sur les lieux, et nous vous exposerons avec soin et très au long, d'après notre propre expérience, la véritable disposition de la contrée et de ses habitants, en ce qui regarde les intérêts du salut des âmes, et l'espérance et les moyens d'étendre le règne de J.-C. Ainsi que nous nous l'étions

(1) Antoine Araoz, Navarrais, parent de St Ignace, fut le premier provincial d'Espagne.

promis, la protection du gouverneur, qui se révèle à notre égard d'une manière si éclatante et par des effets si bienveillants, contribuera, sous tous les rapports et d'une manière très-efficace, à faire fructifier nos travaux dans notre mission, à cause de la souveraine et incontestable autorité dont jouit ce seigneur auprès des rois et des princes alliés du roi de Portugal, tant à cause de ses éminentes vertus, qui sont universellement appréciées, que de la dignité nouvelle dont il est revêtu et par laquelle il représente la personne royale.

S'il vous paraissait que certaines grâces spirituelles, entre celles qui se peuvent obtenir du souverain pontife, nous dussent être utiles pour accroître l'efficacité de notre ministère apostolique, agissez d'après les conseils de votre charité et de votre sagesse; mais nous désirons vivement obtenir une faveur en particulier, — et nous voudrions que le diplôme régulier et dans les formes de la chancellerie nous en fût envoyé par l'occasion la plus prochaine : — ce serait que le souverain pontife concédât aux membres de notre Compagnie résidant aux Indes la faculté de recevoir les saints ordres *extra tempora*, sans patrimoine ou bénéfice, au titre de la pauvreté volontaire qu'ils ont vouée devant Dieu; avec exemption, s'il était nécessaire, de l'empêchement canonique résultant d'une naissance illégitime

Nous finissons en vous priant, lorsque vous nous écrirez dans les Indes, de ne point le faire d'une façon sommaire et comme par acquit; nous désirons être informés par vous de tout ce qui regarde tous et chacun de nos confrères; nous désirons être instruits de leurs occupations, de l'état de leur santé, de leurs pensées mêmes; nous aimerons à connaître quelles espérances ils forment, quels fruits ils recueillent : et ceci ne devra vous causer aucune fatigue, puisque vous n'aurez l'occasion de nous écrire qu'une fois seulement chaque année. Ainsi, faites en sorte que vos lettres d'Europe défraient amplement pour nous une lecture de huit jours: nous vous adressons la promesse de faire de même à votre égard. Adieu.

De Lisbonne, le 18 mars 1541.

Au nom de tous vos frères d'ici, qui vous sont tendrement dévoués.

François DE XAVIER.

ADHÉSION AUX CONSTITUTIONS,
SUFFRAGE D'ÉLECTION ET PROMESSE DES VŒUX (1).

Déclarations cachetées, confiées au P. Laynez, par St François Xavier, à son départ pour les Indes.

Première déclaration.

Moi François, je déclare, si Sa Sainteté autorise notre institut, que j'acquiesce à toutes les résolutions qui seront prises par la Compagnie, en ce qui regarde nos constitutions, nos règles et notre forme d'existence, dans l'assemblée, à Rome, de ceux de nos confrères que l'on y aura pu convoquer et réunir. Et attendu que Sa Sainteté envoie plusieurs d'entre nous en différentes contrées en dehors de l'Italie, et que tous nos confrères ne pourront se réunir à l'assemblée, je déclare par cette lettre, et je promets d'agréer et d'accepter comme le plus sage avis, toutes les résolutions prises par ceux qui auront pu prendre part à la réunion, qu'ils soient même au nombre de deux seulement, ou de trois, ou en tel nombre qu'ils se trouvent.

---

(1) Les trois pièces qui suivent portent la date de Rome, le 15 mars 1540. Le lendemain 16 mars, Xavier partait pour le Portugal, et le 7 avril de l'année suivante, 1541, il s'embarquait pour les Indes.

Ce ne fut que le 22 avril 1541, qu'Ignace et les premiers membres de la Compagnie firent à Rome la profession des quatre vœux. Xavier y fut représenté par Laynez, aux termes de sa lettre.

Ainsi je déclare en cette lettre signée de ma main, et je m'oblige à ratifier tous leurs actes.

Écrit à Rome, le 15 mars 1540.

François.

Suffrage de S. François Xavier.

JÉSUS !

Moi François, je déclare de plus et j'atteste qu'en dehors de tout conseil humain, j'estime que celui qui me paraît devoir être élu pour être le supérieur de notre Compagnie, à qui nous devrons tous obéissance, est, d'après la justice, et le sentiment intime de ma conscience, notre ancien et véritable père Dom Ignace, qui nous a rassemblés tous, non sans des travaux infinis ; lui-même saura mieux que personne, au prix de non moindres peines, nous conserver, nous régir, nous faire avancer dans le bien, et nous conduire vers un état plus parfait encore, parce qu'il connaît profondément chacun d'entre nous. Et après la mort du P. Ignace, toujours selon le sentiment de ma conscience, et ainsi que si je devais mourir sur ces paroles mêmes, je déclare que l'on doit élire le P. maître Pierre Lefèvre. Et, à cet égard, Dieu m'est témoin que j'exprime ici mon sentiment le plus vrai.

En foi de quoi je signe de ma propre main.

Fait à Rome, le 15 mars 1540.

François.

Autre déclaration.

De même, après que la Compagnie se sera rassemblée et aura fait choix d'un supérieur, moi François, je promets dès à présent, pour ce moment-là, l'obéissance, la pauvreté et la chasteté perpétuelles. Et ainsi, mon père

Laynez, que j'aime tendrement en J.-C., je vous prie, au nom du service de Dieu Notre-Seigneur, de présenter, en mon absence et en mon nom, au Supérieur que vous aurez élu, cet acte de ma volonté et mes trois vœux de religion. Dès ce jour, en effet, je m'oblige à les observer à dater du moment de son élection.

En foi de quoi je confirme cette lettre de ma signature personnelle.

Écrit à Rome, le 15 mars 1540.

FRANÇOIS.

LIVRE II.

Voyage du Portugal aux Indes : Mozambique, Mélinde, Socotora. Premiers travaux du Saint à Goa et dans les contrées environnantes, sur la côte de Comorin et sur celle de la Pêcherie, dans le Travancore et au Cambaïe.

(1542-1544.)

LETTRE PREMIÈRE.

A la Compagnie à Rome.

Que la grâce, etc.

Avant de partir de Lisbonne avec le P. Paul et François de Mancias, je vous ai transmis d'amples détails touchant notre départ pour les Indes. Aujourd'hui, pour répondre à votre désir d'être informé, dès que j'aurais quelques heures de loisir, des circonstances de notre arrivée, je vous envoie ce récit de notre voyage et de ses circonstances.

Partis de Lisbonne, le 7 avril de l'an de N.-S. 1541, nous sommes arrivés dans les Indes, le 6 mai de l'année suivante, ayant mis ainsi plus d'une année dans un voyage

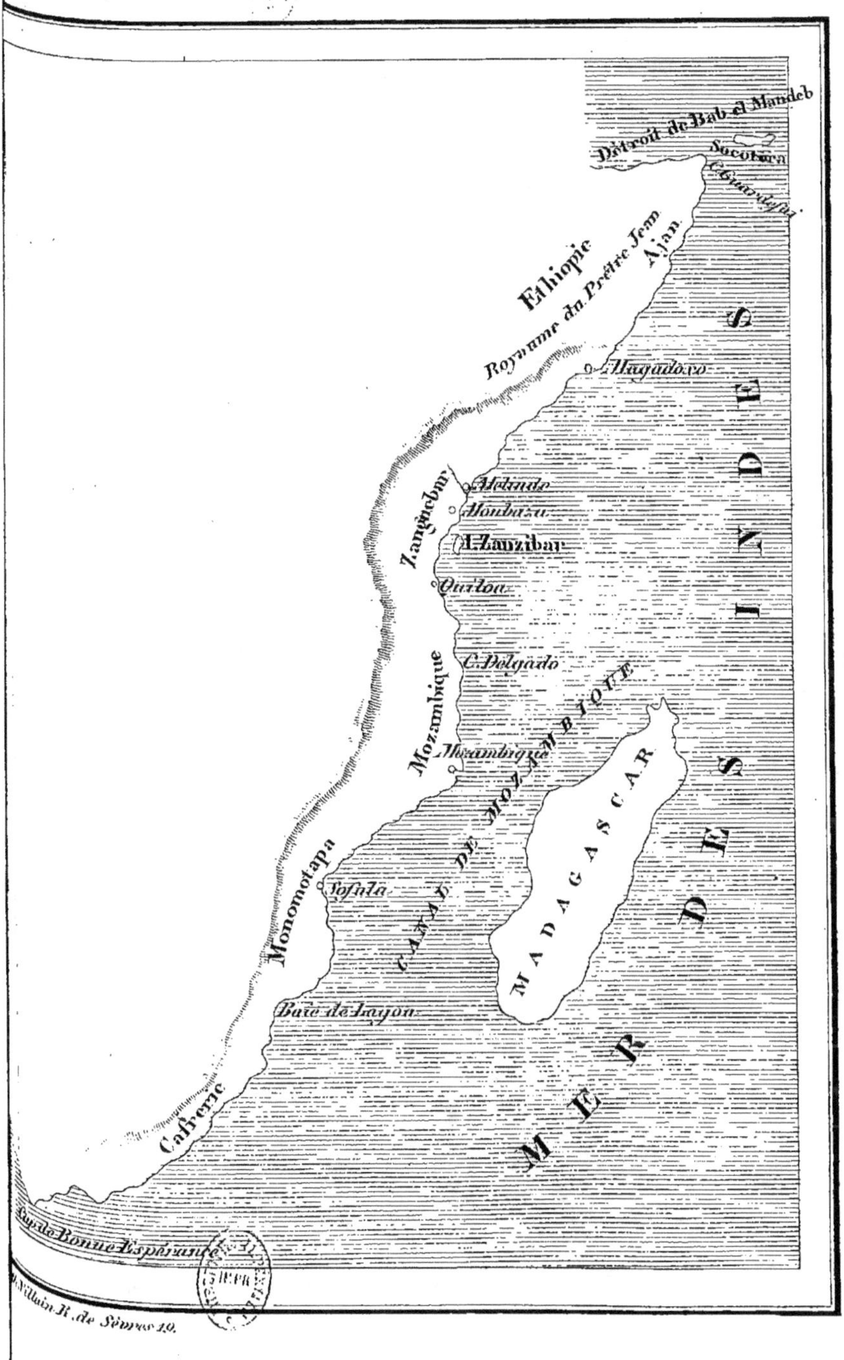

Détroit de Bab el Mandeb
Socotora
C. Guardafui
Ajan
Ethiopie
Royaume du Prêtre Jean
Magadoxo
M E R D E S I N D E S
Zanguebar
Melinde
Monbaza
I. Zanzibar
Quiloa
C. Delgado
Mozambique
Mozambique
CANAL DE MOZAMBIQUE
MADAGASCAR
Monomotapa
Sofala
Baie de Lagon
Cafrerie
Cap de Bonne Espérance
B. Villain R. de Sèvres 19.

qui d'ordinaire est de six mois à peine. Nous sommes venus sur le même navire que le gouverneur, qui nous a constamment traités avec de grands égards. J'ajouterai que notre santé personnelle a toujours été parfaite.

Nous n'avons point manqué, pendant tout le voyage, de confessions à entendre, soit de malades, soit de personnes en santé, et jamais la prédication des dimanches n'a été interrompue. Quelle reconnaissance je dois à Dieu, pour la grâce qu'il m'a faite, de rencontrer, au milieu de l'empire des eaux, des êtres humains à qui j'ai pu exposer les divins mystères, et que j'ai admis au sacrement de Pénitence, non moins indispensable sur mer que sur terre!

Dans notre route, nous avons touché à une île, appelée Mozambique (1), où nous avons hiverné durant six mois, en compagnie d'une multitude de personnes, appartenant à cinq autres grands navires. Il existe dans l'île deux forteresses, l'une défendue par une garnison du roi de Portugal, l'autre occupée par des mahométans alliés.

Pendant ces quartiers d'hiver, un grand nombre de personnes furent malades, et il n'en succomba pas moins de quatre-vingts. Nous sommes constamment demeurés dans l'hôpital, nous employant au service des malades: le P. Paul et Mancias prenaient soin des corps; pour moi, j'administrai les remèdes spirituels avec les temporels, purifiant ces malheureux de leurs péchés, et les faisant participer au corps de Jésus-Christ: néanmoins je ne pouvais satisfaire seul à l'empressement de cette multitude. Les dimanches, je prêchais en public au milieu d'un concours infini de monde, occasionné surtout par la présence du gouverneur. Souvent encore j'étais obligé d'aller entendre au dehors les confessions d'autres personnes.

---

(1) L'île de Mozambique, latérale au pays des Cafres, située par le 15º de latitude sud, fut découverte par Vasco de Gama en 1498. Les Maures qui l'occupaient avaient asservi les Cafres, ses premiers indigènes. Les Portugais imposèrent leur alliance aux Maures, en 1509, et firent de l'île un entrepôt pour leurs flottes des Indes.

Ainsi, pendant tout notre séjour à Mozambique, nous n'avons jamais interrompu l'œuvre apostolique. Le gouverneur, sa maison et sa suite militaire nous ont toujours témoigné la plus parfaite bienveillance : et avec la grâce de Dieu, nous avons employé ces six mois à la satisfaction et pour le bien de tous.

Mozambique est éloigné des Indes d'environ 900 lieues; le gouverneur se sentait pressé d'achever son voyage; mais à cause de la saison, il y avait encore un grand nombre de malades : il nous demanda donc de faire demeurer dans cette île quelques-uns d'entre nous, pour prendre soin des malades qui y étaient laissés, et qui ne pouvaient le suivre en raison de leur santé. Pour déférer à ces intentions du gouverneur, Paul et Mancias demeurèrent, et j'accompagnai le gouverneur, dont la propre santé paraissait altérée, afin de recevoir sa confession, si sa maladie s'aggravant faisait craindre des accidents plus sérieux. Je suis ainsi arrivé aux Indes en la compagnie de ce seigneur, et j'attends tous les jours mes compagnons par les navires qui d'ordinaire arrivent de Mozambique en septembre.

Voici déjà cinq mois que nous sommes à Goa (1), la capitale des Indes. C'est une magnifique cité, toute peuplée

---

(1) Goa (15° 29′ latitude nord) était au xvi⁰ siècle l'une des villes les plus considérables de l'Inde. Sa situation centrale, son admirable port, l'avaient élevée à un degré merveilleux de prospérité. Don Alphonse d'Albuquerque la conquit sur le souverain du Décan, en 1510. Elle devint bientôt la métropole des possessions portugaises dans les Indes.

Après les premières découvertes des Portugais, l'île de Madère avait été choisie pour être le siége d'un évêché. Plus tard, cet évêché fut érigé en archevêché, avec quatre églises épiscopales suffragantes, le Cap-Vert, Saint-Thomas, le Brésil et Goa. Les limites de l'évêché de Goa, érigé en 1534, par le pape Paul III, étaient du Cap de Bonne-Espérance à la Chine.

Lors de l'arrivée de notre Saint, l'évêque de Goa était D. Joam d'Albuquerque, Franciscain, nommé en 1537. Ce vénérable prélat, dont les lettres du Saint font un glorieux éloge, mourut en 1553, dans un âge très-avancé.

En 1557, Goa devint archevêché, et eut pour évêchés suffragants Cochin et Malacca; en 1575, Macao, et en 1588, Funaï au Japon.

Goa, déchue aujourd'hui, est demeurée la capitale des établissements portugais, mais toute vie paraît s'en être retirée.

de chrétiens. Elle renferme un couvent de Franciscains, habité par un grand nombre de religieux, et une magnifique cathédrale, dont le chapitre est très-nombreux; elle a plusieurs autres églises. Nous devons rendre grâce à Dieu, en voyant le nom de Jésus-Christ si fort en honneur dans une contrée aussi lointaine, et au milieu même de l'infidélité.

Depuis Mozambique, notre voyage a duré plus de deux mois. Nous avons passé plusieurs jours à Mélinde(1), port habité par des mahométans nos alliés. Souvent des marchands portugais y séjournent, et s'il arrive qu'ils y terminent leur existence, ils sont enterrés dans de grands tombeaux, distingués entre les autres par des croix. Les Portugais ont érigé près de la ville une grande et magnifique croix en pierre toute dorée. Je ne saurais vous exprimer quelle joie m'a causé cette vue; la puissance de la croix se révélait, tandis qu'elle s'élevait ainsi victorieusement au milieu des possessions mahométanes. Le sultan de Mélinde vint sur le navire pour saluer le gouverneur, et lui témoigna beaucoup d'égards et d'amitié. Pendant que j'étais à Mélinde, on fit les funérailles d'une personne qui était morte sur notre navire; on lui rendit les derniers honneurs avec toutes les cérémonies religieuses, à la grande admiration des mahométans, qui louaient nos usages dans les obsèques et la sépulture des morts. Un mahométan des principaux de la ville m'a demandé si les temples où les chrétiens allaient prier, étaient ordinairement remplis de fidèles, et si les chrétiens étaient assidus et fervents dans le culte de J.-C. Il se plaignait lui-même du refroidissement de la religion parmi les siens; et il désirait connaître si le même effet s'était produit parmi les chrétiens : de dix-sept mosquées qui se trouvaient à Mélinde, trois seulement étaient fréquentées, et

(1) Mélinde, sur la côte d'Afrique, par le 3º de latitude nord, fut découverte en 1498, par D. Vasco de Gama. Les Portugais imposèrent au prince mahométan de Mélinde la suzeraineté du Portugal, y élevèrent une citadelle et y fondèrent une des échelles de leur commerce.

encore n'était-ce que par un petit nombre de personnes. Aussi cet homme, troublé dans ses pensées, ne pouvait se rendre compte de l'affaiblissement du sentiment religieux parmi les siens. Il ne croyait pouvoir attribuer un si grand mal qu'à quelque énorme crime qu'ils auraient commis; après que nous eûmes raisonné longuement de part et d'autre sur ce point, je lui dis que Dieu, qui est la vérité même, regarde avec horreur les infidèles et leurs prières; et que, par ce motif, il voulait faire cesser des prières, objet de réprobation à ses yeux. J'avais quelque peine à faire entrer ce personnage dans mes sentiments, dont il paraissait très-éloigné, lorsque survint un de leurs kacis (1) ou docteurs, très-versé dans la doctrine de Mahomet. Il confessa devant moi, que si Mahomet ne revenait pas sur la terre avant deux ans, pour se manifester au milieu d'eux, lui-même renoncerait à sa religion. C'est en effet le propre des infidèles et des hommes égarés, de vivre d'une vie pleine d'angoisses et comme désespérée; et c'est le plus grand des bienfaits de Dieu à leur égard, que de les avertir et de temps en temps les ramener de leur aveuglement à la connaissance de la vérité.

Après avoir laissé Mélinde, nous abordâmes à Socotora (2), île d'environ cent milles de tour. C'est un pays ingrat et dépourvu de ressources, qui ne produit ni blé, ni riz, ni millet, ni vin, ni aucuns fruits; entièrement stérile

---

(1) *Kacis*, mot arabe, signifie vieillard ou ancien; dans un sens chrétien, il veut dire évêque ou prêtre. (Nous devons cette note et plusieurs autres à notre digne et savant ami M. Dubeux, professeur à l'École des langues orientales.

(2) Socotora (12° 40′ N), île à l'entrée de la mer Rouge, dans le détroit de la Mecque, abonde en encens et en aloès. Elle fut découverte, en 1506, par Diego Fernandez Pereira : ses habitants, arabes d'origine, n'avaient conservé que des vestiges, pour ainsi dire effacés, de la prédication de saint Thomas; et leur religion était un déplorable mélange des doctrines chrétiennes, judaïques et mahométanes. Chrétiens sans baptême, ils vénéraient Marie et les saints, récitaient des prières hébraïques, et paraissaient mahométans à d'autres égards. D. Alph. d'Albuquerque se rendit maître de Socotora en 1507; il y laissa le P. Antoine de Laurière, religieux de saint François, qui y fit de grands fruits : mais à la mort de ce bon prêtre, ces pauvres indigènes étaient retombés dans leur première ignorance.

et desséché, il abonde uniquement en dattes, dont on fait du pain, et en bétail. Les habitants vivent de ce pain de dattes, de lait et de la chair des animaux.

Toute l'île est dévorée par les ardeurs du soleil; les peuples qui l'habitent sont chrétiens de nom plutôt qu'en réalité, car ils sont profondément ignorants et sans culture. La plupart ne savent ni lire ni écrire, et ne possèdent aucun monument de leur histoire : seulement ils se font gloire du nom de chrétiens. On voit chez eux des temples et des croix avec des lampes. Chaque village a son kacis, qui en est comme le curé : ces kacis ne savent ni lire ni écrire, de même que les autres habitants; ils sont dépourvus de livres et savent seulement de mémoire quelques prières. Ils se rendent au temple quatre fois le jour : à minuit, à l'aurore, après midi et le soir. Ils ne font aucun usage de cloches; des crécelles de bois, comme celles usitées chez nous pendant la semaine sainte, donnent au peuple le signal pour se rassembler. Les kacis eux-mêmes ne comprennent point les prières qu'ils récitent : elles sont effectivement dans une langue étrangère, qui est, je crois, la chaldéenne. Ils rendent un culte spécial à l'apôtre saint Thomas, et se disent issus des chrétiens que cet apôtre engendra à Jésus-Christ dans ces contrées. Dans les prières dont j'ai parlé, ils répètent souvent un mot qui ressemble à notre alleluia. Mais les kacis ne baptisent personne, et ignorent absolument ce que c'est que le baptême.

Tandis que j'étais à Socotora, j'ai régénéré un grand nombre d'enfants, à la grande joie des parents. La plupart témoignaient beaucoup d'empressement à nous les amener : les pauvres gens nous offraient généreusement ce qu'ils possédaient, et leur bon cœur était tel, que j'aurais craint de refuser les dattes qui m'étaient offertes avec tant de témoignages d'amitié. Ce peuple me priait avec de vives instances de demeurer avec lui, promettant que tous les habitants de l'île viendraient se présenter d'eux-mêmes au baptême. J'ai supplié le gouverneur de me laisser demeurer dans une contrée où je trouvais une moisson déjà mûre et prête à être recueillie. Mais parce que l'île ne possède pas de garnison portugaise, et qu'elle est exposée aux déprédations des Turcs, le gouverneur craignit que je ne fusse emmené comme esclave, et ne voulut jamais accéder à ma demande. Il me répondit que je devais aller vers d'autres chrétiens, qui n'avaient pas moins besoin que les Socotoréens, et plus qu'eux peut-être, d'instructions et de secours spirituels, et chez lesquels mes efforts seraient bien mieux employés.

J'assistai à l'office du soir que récita le kacis, et qui dura l'espace d'une heure. Le kacis ne cessa de répéter les mêmes prières et de brûler de l'encens ; car cette nation remplit ses temples de la fumée des aromates. A la vérité, les kacis ont des épouses, mais ils se font remarquer par leur abstinence et leurs jeûnes. Dans leurs époques de jeûne, ils s'abstiennent non-seulement de chair et de laitage, mais encore de poisson, dont ils ont une grande abondance ; ils sont si rigoureux dans cette observance, qu'ils mourraient plutôt que de rien goûter de ce qu'ils se sont interdit, et ils ne subsistent alors que des fruits du palmier et de légumes. Ils jeûnent deux carêmes, dont l'un est de deux mois. En ces carêmes, si quelqu'un s'est rendu coupable de goûter de la chair, l'entrée du temple lui est absolument interdite.

Dans un village était une femme sarrasine, mère de deux jeunes enfants : ignorant qu'ils fussent nés d'un Sarrasin, je voulus leur conférer le baptême ; ces enfants se réfugièrent auprès de leur mère, en se plaignant de ce que je voulais les baptiser ; la mère alors s'adressa à moi, et me signifia de ne point tenter de baptiser ses enfants ; elle ajouta qu'elle était mahométane, et qu'elle ne voulait point que ses enfants fussent initiés dans la religion des chrétiens. En même temps les Socotoréens s'élevèrent contre elle, déclarant que cette race était indigne d'un si grand bienfait ; qu'ils s'opposeraient à ce qu'on baptisât des Sarrasins, alors même que ceux-ci le désireraient, et qu'ils ne permettraient jamais

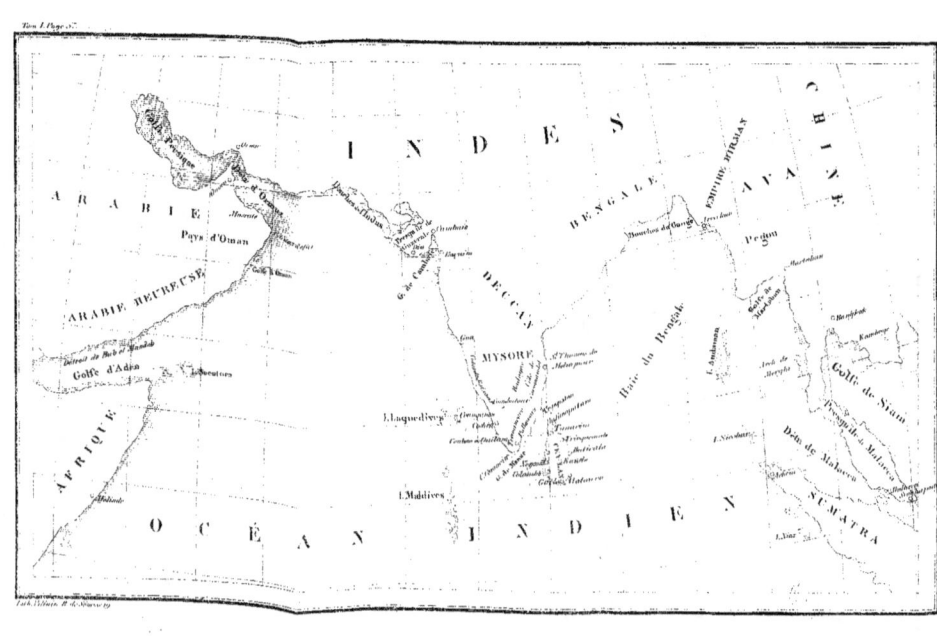

qu'un Sarrasin devint chrétien : tant est grande parmi eux la haine du nom et de la religion de Mahomet!

Nous fîmes voiles à la fin de février, et le 6 mai, comme je vous l'ai dit, nous sommes arrivés à Goa. Les cinq navires qui étaient demeurés à Mozambique en partirent également dans le milieu du mois de mars. L'un de ces navires, remarquable par sa grandeur, et chargé de précieuses marchandises, fit naufrage et périt; l'équipage seulement parvint à se sauver : les autres arrivèrent sains et saufs à Goa.

Je demeure à Goa dans l'hôpital, administrant aux malades les sacrements de Pénitence et d'Eucharistie. Mais un si grand nombre d'autres personnes se présentent pour se confesser, que si j'étais en dix églises différentes, j'aurais sans cesse des pénitents à entendre. Après la visite et le soin des malades, j'ai d'abord entendu le matin toutes les personnes qui sont venues pour se confesser : après midi je me rendais auprès des prisonniers, à qui je donnais une méthode régulière de confession, et j'entendais la confession générale de leur vie entière. Cette œuvre une fois accomplie, je me suis transporté dans l'église de Sainte-Marie, voisine de l'hôpital, où je me suis mis à instruire les enfants, qui s'y trouvaient souvent réunis plus de 300 ensemble, et à leur enseigner les prières, le symbole et les Commandements de Dieu. L'évêque de Goa a prescrit de faire de même dans les autres églises, ainsi que cela se pratique encore aujourd'hui. Les fruits qu'on en retire dépassent tout ce qu'on peut imaginer, et toute la ville s'en montre reconnaissante.

Pendant que je m'employais dans cette église, le matin des dimanches et des jours de fête je prêchais à tout le peuple en général; après le repas, j'expliquais aux indigènes les articles du symbole, au milieu d'un concours si considérable d'auditeurs, que l'édifice pouvait à peine les contenir. Ensuite je leur faisais apprendre l'oraison dominicale et la salutation angélique, le symbole des apôtres, et les dix Commandements de la loi divine. Les dimanches je célébrais la Messe pour les lépreux, dont l'hôpital est en dehors de la ville, et après avoir entendu leurs confessions, je leur distribuais le corps de Notre-Seigneur. Il n'y eut personne dans cette infirmerie, qui ne participât aux divins mystères; après m'avoir une fois entendu leur parler du haut de la chaire, ils firent tous paraître un empressement admirable.

Sur l'ordre du gouverneur je vais partir pour une contrée où il y a lieu d'espérer qu'il se fera de nombreux néophytes. J'emmène trois jeunes gens de cette contrée, deux desquels sont diacres, assez instruits dans la langue portugaise et dans leur langue naturelle; et le troisième a seulement reçu les ordres mineurs. J'espère d'heureux fruits de mon travail, et je suis persuadé qu'il sera fécond pour les intérêts de la religion. Aussitôt que le P. Paul et François de Mancias seront arrivés de Mozambique, le gouverneur les enverra me rejoindre. Ce pays est la pointe de Comorin (1), éloignée de Goa d'environ 200 milles. Je demande à Dieu que, se laissant fléchir par vos prières, il daigne oublier mes péchés, et m'accorder des grâces assez abondantes, pour que je serve dignement ses intérêts au milieu de ce peuple.

Les souffrances d'une longue navigation, la charge des péchés d'autrui, lorsqu'on porte le poids des siens propres, un séjour prolongé parmi les infidèles, dans un climat dévoré du soleil : toutes ces épreuves, supportées en vue de Dieu, comme c'est notre devoir, deviennent une source de consolations et de joies spirituelles sans mesure et sans fin. Je suis plein de cette pensée, que les amis de la croix de Notre-Seigneur-Jésus-Christ trouvent leur bonheur dans cette vie d'épreuves et de douleurs; et qu'à leurs yeux, fuir la croix ou s'en trouver privé, c'est une mort vé-

---

(1) Le cap Comorin (lat. 8° 5' N.), forme l'extrémité S. de l'Indostan. Marc Pol l'avait cité en 1295.

ritable. Peut-il être, en effet, une mort plus cruelle que de vivre sans Jésus-Christ après avoir goûté son amour, et de le délaisser pour suivre ses propres passions? En vérité, nulle croix n'est comparable à ce malheur. Qu'il est doux au contraire de vivre en mourant chaque jour, et en mortifiant ses inclinations pour suivre, au lieu de sa volonté propre, celle de Jésus-Christ !

Je vous conjure au nom du Seigneur, mes vénérables frères, de m'écrire sur tous les membres de notre Compagnie; je ne peux plus espérer de les revoir en ce monde, et, comme dit l'apôtre, *face à face;* mais qu'il me soit donné de les voir en esprit, c'est-à-dire, au moyen de vos lettres! Ne me refusez pas cette grâce, malgré toute mon indignité. Souvenez-vous que Dieu vous a rendus tels, que j'ai le droit d'attendre de vous, et d'en recevoir en effet d'abondantes consolations.

Daignez m'indiquer, d'une manière étendue, la conduite que je dois tenir pour servir Jésus-Christ au milieu des païens et des mahométans, vers qui je suis envoyé. J'ai la ferme espérance que Dieu me découvrira par vous la véritable manière de les faire entrer aisément au sein de l'Église chrétienne. Si je commets quelque erreur en cette matière, avant d'avoir reçu vos lettres, ces lettres me l'apprendront, et j'essaierai de me réformer. Cependant je ne crains pas d'attendre des mérites et de l'intercession de notre sainte mère l'Eglise, en qui repose ma confiance, et des prières de ses membres vivants, au nombre desquels vous êtes, que Jésus-Christ Notre-Seigneur propagera son Évangile sur la terre infidèle, par l'entremise de son indigne serviteur; et si en effet la plus inutile des créatures est employée pour un si grand ministère, ce sera le motif d'une grande confusion pour les sujets désignés par leur vocation aux plus grandes entreprises, et un encouragement pour les esprits timides. Qu'ils veuillent bien considérer cet homme, qui n'est que cendre et poussière, et la plus misérable des créatures, et qui rend témoignage de la pénurie des ouvriers dans les Indes ! Je suis prêt à me faire le serviteur, pour ma vie tout entière, de ceux qui voudront consacrer leurs sueurs à la vigne de notre commun Père.

Je cesse ici d'écrire, en suppliant Dieu, dans son infinie miséricorde, de nous admettre un jour au sein de sa béatitude, pour laquelle nous sommes nés, et d'accroître nos forces dès cette vie, afin que le servant avec le zèle qu'il exige, nous nous conformions toujours et partout aux décrets et aux conseils de sa Providence.

Goa, le 18 septembre 1542.

Votre inutile frère en Jésus-Christ.

François DE XAVIER.

LETTRE II.

Au R. P. Ignace, général de la Compagnie à Rome.

Que la grâce, etc.

Je vous ai écrit longuement de Goa, touchant notre voyage de Portugal aux Indes ; aujourd'hui, pour vous obéir, mon vénérable et bien-aimé père, je vous ferai le récit de mon expédition au cap Comorin.

Je suis parti, avec quelques élèves indigènes du séminaire de Goa, instruits dès leur jeunesse dans les rites de l'Eglise, et élevés aux ordres mineurs. Nous avons visité les villages des néophytes qui sont initiés depuis peu d'années à la religion chrétienne. La contrée n'est point occupée par les Portugais, à cause de sa stérilité et de son indigence : et les chrétiens du pays, dépourvus de prêtres, ne savent rien autre chose, sinon qu'ils sont chrétiens. Personne ne leur célèbre les saints mystères : personne ne leur enseigne le symbole, le *Pater*, l'*Ave Maria* et les Commandements de la loi divine. Aussitôt après mon arrivée, je me suis mis à l'œuvre sans un moment de retard. J'ai parcouru successivement les villages, conférant le baptême à tous les enfants qui ne l'avaient point encore reçu. J'ai régénéré de la sorte une foule d'enfants qui ne savaient, selon le proverbe vulgaire, discerner leur main droite d'avec la gauche. Les enfants plus âgés ne me laissaient ni réciter l'office divin, ni prendre de nourriture ou de repos, avant que je leur eusse enseigné quelque prière. C'est vraiment alors que j'ai connu *que le royaume des cieux appartient aux enfants et à ceux qui leur ressemblent* (1). Ne pouvant, en effet, me refuser sans offenser Dieu à une si juste demande, j'ai commencé à leur enseigner la profession de foi en Dieu, Père, Fils et Esprit-Saint, le symbole des apôtres, le *Pater Noster* et l'*Ave Maria*. J'ai reconnu en eux une merveilleuse intelligence; et s'ils avaient quelqu'un pour les instruire dans la religion, je ne doute pas qu'ils ne pussent devenir un jour d'excellents chrétiens.

M'étant détourné de ma route, j'entrai dans un village de païens, où personne ne voulait se faire chrétien, en présence de tous les villages voisins convertis à Jésus-Christ. Ils alléguaient qu'ils étaient sous l'obéissance d'un souverain infidèle, et qu'il leur était défendu par lui d'admettre la religion chrétienne. Il y avait, en cette place, une femme sur le point d'enfanter, et, depuis trois jours dans les douleurs, au point que tout le monde désespérait de sa vie. Mais, comme les supplications des infidèles sont en horreur aux yeux de Dieu, parce que *les dieux des nations sont tous des démons* (2), les prières de ces gens n'étaient point entendues; je me rendis alors, avec un de mes compagnons, dans la demeure de la malade, et je commençai *à invoquer* avec foi *le nom du Seigneur*, oubliant que j'étais sur une terre étrangère : mais je me

---

(1) Matt. xix, 14.
(2) Ps. xcv, 5.

rappelais cette parole : « *La terre et toute son étendue appartiennent au Seigneur, l'univers, et tous ceux qui habitent sa surface* (1). » J'entrepris ensuite, par interprète, l'explication des articles de la religion, et, par la miséricorde de Dieu, cette femme crut en ce que nous lui enseignions. Interrogée si elle voulait devenir chrétienne, elle répondit que oui, et que ce serait avec bonheur. Récitant alors un Évangile, ce qui jamais peut-être n'avait été entendu dans ces contrées, je la baptisai solennellement. Que vous dirai-je de plus ? Après le baptême elle fut délivrée, pour avoir espéré et cru en J.-C. La renommée du miracle que Dieu venait d'opérer dans cette maison se répandit à l'heure même dans tout le village. J'allai moi-même trouver les chefs, et je leur signifiai, au nom de Dieu, qu'ils eussent à reconnaître Jésus-Christ, son Fils, en qui seul réside le salut de tout le genre humain. Mais ils refusaient encore de se rendre et de renoncer à la religion de leurs ancêtres, sans la permission de leur souverain. Je me rendis auprès du ministre de ce prince, qui se trouvait dans la contrée pour le recouvrement des impôts dus à son seigneur. Lorsque ce personnage m'eut entendu parler sur notre foi, il déclara qu'il approuvait entièrement que l'on fût chrétien, et qu'il autorisait tous ceux qui le voudraient à embrasser la religion de J.-C. Mais, en donnant pour les autres un conseil salutaire, il n'en fit point usage pour lui-même. On vit alors les principaux de l'endroit se déclarer chrétiens avec toute leur famille ; le peuple obéit à l'influence de ses chefs : enfin tous, de toute condition et de tout âge, reçurent le baptême. Après l'accomplissement de cette œuvre, nous allâmes directement à Tutucurin (1), dont les habitants nous reçurent avec une grande amitié, et nous espérons recueillir dans ces contrées une moisson spirituelle abondante.

(1) Ps. xxiii, 1.
(2) Tutucurin était une grande ville sur le bord de la mer, par 8° 47 de lat. N., à 90 milles environ du cap Comorin.

Le gouverneur aime et favorise grandement ces néophytes, et, récemment, il leur a porté secours contre les Sarrasins qui les inquiétaient. La plupart sont pêcheurs, et vivent sur le rivage de la mer ; ils pourvoient principalement à leur subsistance et à celle de leur famille par la pêche des perles (1). Or, les Sarrasins leur avaient dernièrement enlevé les barques qui leur servaient pour cette pêche. Lorsque le gouverneur en fut instruit, il arma une flotte considérable, et, ayant attaqué les Sarrasins, il les battit, en fit un grand carnage, et leur enleva toutes leurs embarcations. Il rendit aux néophytes les plus aisés leurs propres barques, et fit présent aux plus pauvres des bateaux sarrasins, mettant ainsi le comble à sa victoire par une insigne générosité ; car il avait voulu reconnaître le secours divin qui lui avait été accordé pour la victoire, en faisant éprouver aux chrétiens les effets de sa charité. Les Sarrasins demeurent sans ressources et comme anéantis, et personne d'entre eux n'ose lever les yeux : tous leurs capitaines ont péri, ainsi que tous ceux qui pouvaient avoir quelque influence parmi eux.

Les néophytes chérissent le gouverneur comme un père, et en sont traités, à leur tour, comme s'ils étaient ses enfants. Je ne saurais rendre les termes dans lesquels il m'a recommandé cette jeune vigne de J.-C. A cette heure, il prépare un grand projet, aussi digne des éloges de la postérité qu'avantageux à la religion chrétienne. Il veut rassembler tous ces chrétiens, si éloignés les uns des autres par l'intervalle des lieux, et les établir dans une île, avec un roi pour les gouverner, et veiller à leurs intérêts et à leur conservation.

Si le souverain pontife connaissait tout le dévouement

---

(1) C'étaient les Pallawars, population de pêcheurs de perles et de caboteurs répandus sur tout le littoral de Comorin. Les perles sont abondantes en ces parages, mais leur teinte verte ou azurée les rend inférieures à celles de Ceylan. On trouve déjà dans Marc Pol une mention de ces peuplades.

dont fait preuve le gouverneur pour la religion chrétienne, sans doute il lui accorderait des éloges pour son zèle et pour ses services. Vous voudrez bien, si vous le jugez convenable, prier le saint-père de lui écrire pour lui exprimer sa satisfaction en raison de si éminents services : et ce ne sera point afin de lui recommander les nouveaux chrétiens, car il n'a rien plus à cœur, mais pour accorder à ce pieux gouverneur les éloges et les remercîments dont il s'est rendu digne, en prenant tant d'intérêt aux affaires de la religion, et en veillant en pasteur à la garde du troupeau de J.-C., afin de ne rien laisser périr par le fait des infidèles. Je vous prie de lui écrire vous-même, car je sais toute la joie qu'il éprouvera d'une lettre de votre part. En même temps, veuillez, avec toute la Compagnie, prier Dieu pour lui, afin qu'il obtienne l'assistance d'en haut, et la persévérance dans ses vertueux desseins. Ce n'est point, en effet, celui *qui aura bien commencé*, mais *celui qui aura persévéré jusqu'à la fin qui sera sauvé* (1).

Pour moi, plein de confiance en l'infinie bonté de Dieu, et en vos sacrifices et prières, comme en ceux de toute la Compagnie, j'espère que si ce n'est en cette vie, ce sera dans la vie bienheureuse que nous nous reverrons, avec une joie bien plus parfaite.

De Tutucurin, le 23 mai 1543.

Le dernier de vos fils et le plus éloigné par l'exil.

FRANÇOIS.

LETTRE III.

Au P. Mᵉ Ignace de Loyola.

Des personnes, visiblement animées de l'esprit de Dieu, ont fondé récemment un collége à Goa, et c'était la chose

---

(1) Matt. XXIV, 13.

du monde la plus nécessaire dans ces contrées. Ce collége s'accroît tous les jours, et nous devons rendre gloire à Dieu de l'établissement d'une maison qui doit servir à l'instruction de tant de néophytes et à la conversion de tant d'infidèles. Des hommes respectables et des principaux de la ville président à la construction de l'édifice : le gouverneur lui-même y est très-favorable ; il paraît tellement convaincu que cette fondation intéresse la propagation de la religion chrétienne, que c'est surtout avec ses fonds et par ses soins que le collége doit être agrandi et terminé. L'église qui se construit à côté du collége est conçue d'après un plan admirable. Les fondations en sont jetées ; déjà les murs s'élèvent à la hauteur des combles, et l'on pose le toit. Dans le courant de l'été prochain, l'édifice sera consacré au culte divin. Pour vous en donner une idée, il a deux fois l'étendue de l'église du collége de Sorbonne Paris. Les revenus attribués au collége sont assez considérables pour pouvoir aisément subvenir à nos écoliers, et l'on présume que ces revenus s'accroîtront encore avec le temps. Nous avons la confiance qu'avec le secours de Dieu, dans peu d'années il en sortira de nombreux sujets, qui serviront singulièrement les intérêts de la religion dans ces contrées, et qui dilateront en tous sens le domaine de la sainte Église.

D'après les commencements, j'espère qu'en six ans il y aura plus de trois cents élèves dans ce collége, de toutes races, de toutes nations, de toutes langues, dont les travaux multiplieront à l'infini le nombre des chrétiens. Le gouverneur, dès qu'il se verra libre du côté des païens, car il est continuellement en guerre avec eux, doit faire achever rapidement les bâtiments du collége. Il s'est pénétré de cette pensée, que l'on ne saurait s'occuper dans toutes les Indes d'aucune œuvre aussi pieuse et aussi sainte. Il est convaincu que ces édifices consacrés à Jésus-Christ lui ont obtenu les victoires nombreuses et considérables qu'il a remportées, et il espère, avec la grâce de

Dieu, et en suivant les mêmes errements, en remporter de plus éclatantes, s'il est possible. Aussi je vous conjure ardemment au nom de Jésus-Christ Notre-Seigneur, et de son service, de vouloir bien, vous-même et tous les membres de la Compagnie, recommander à Dieu dans vos prières Dom Martin de Souza, afin qu'il lui soit accordé d'en haut la sagesse et la force dont il a besoin pour bien administrer ces immenses États des Indes; et que finalement *il passe à travers les biens temporels, de manière à ne point perdre les éternels.*

En vérité, si je croyais que ma recommandation fût de quelque valeur, je vous le recommanderais à l'égal de moi-même; son éminente vertu me l'a rendu si cher, que je ne l'aime pas moins tendrement qu'il ne paraît m'aimer, et cette affection et ces services mutuels ont pour centre unique la gloire de Jésus-Christ. S'il devait m'arriver, ce dont Dieu me préserve, de l'oublier jamais, en vérité je mériterais de la part de Dieu, pour cette ingratitude, les peines les plus rigoureuses.

Le gouverneur vient d'écrire à sa majesté au sujet du collége, afin que le roi daigne écrire lui-même au souverain pontife, s'il le juge convenable, et lui demander pour les Indes quelques membres de notre Compagnie, qui deviendront les soutiens et les colonnes de ce collége. Cette institution est appelée par les uns le collége de la conversion de saint Paul, et par les autres le collége de la sainte Foi, et ce dernier nom me paraît le plus convenable, car ses élèves me paraissent destinés à répandre les semences de la foi chrétienne dans les esprits des infidèles.

Le gouverneur m'a recommandé de vous écrire avec détail au sujet du collége et de son établissement, et j'ai à cœur d'accomplir ses intentions. La création du collége a eu pour objet d'élever dans les principes de la religion chrétienne des enfants indigènes appartenant à différentes nations, afin qu'étant assez instruits, ils pussent être renvoyés dans leur contrée pour enseigner leurs compatriotes. Je ne saurais vous exprimer en paroles combien le gouverneur approuve notre Compagnie et apprécie son institut. Il est réellement persuadé, qu'ainsi que vous avez été le médiateur, par lequel Dieu nous a tous appelés dans la compagnie de son Fils, il ne peut lui-même remplir ses obligations envers Dieu et les devoirs de sa charge, qu'en prenant soin de vous faire exposer par lettres combien est nécessaire la bonne instruction des élèves du collége, afin que vous considériez comme nécessaire d'envoyer à cette intention quelques sujets de la Compagnie : fût-il dit que son devoir est d'achever les bâtiments du collége, et que le vôtre est de procurer des maîtres éminents pour y instruire la jeunesse. Il pense également qu'il est d'un immense intérêt pour la dignité de la religion chrétienne et l'accroissement de la piété dans ce pays, que l'on obtienne du pontife romain que le principal autel de l'église du collége soit privilégié, afin que toutes les fois qu'on y célébrera le Saint-Sacrifice pour les morts, une âme soit rachetée du purgatoire, comme cela a lieu à Rome aux autels que l'on nomme privilégiés. Et dans le but de prévenir une vue intéressée dans les prêtres qui demanderaient à y célébrer la messe, il conviendrait que le bref fût conçu dans de tels termes, que la grâce ne serait considérée comme accordée, que si le prêtre devait dire la messe à cet autel gratuitement et sans aucune espérance d'honoraire ou de compensation humaine. De même ceux qui y feraient célébrer la messe devraient, s'étant confessés, participer au sacrifice par la réception de la sainte Eucharistie : il est en effet bien naturel que celui qui se propose de délivrer du purgatoire une âme étrangère, ait premièrement délivré la sienne de l'enfer et de la damnation éternelle. Le gouverneur désire encore que les prêtres qui devront célébrer à cet autel trouvent dans des indulgences spéciales, concédées par le souverain pontife, un prix capable de le leur faire désirer. Ces grâces du souverain pontife sont d'une grande importance pour donner à l'établissement plus de faveur, comme aussi pour animer la piété des peuples. Par toutes ces demandes vous pouvez juger du caractère de celui qui a des sentiments si élevés touchant les intérêts de Dieu et de la religion, et qui s'emploie à les servir avec un si grand zèle.

Parmi les sujets que vous enverrez ici, j'ai la confiance qu'un d'eux au moins, si ce n'est tous, sera rempli d'une sagesse et d'une vertu très-éminentes ; car nos Pères étant destinés en même temps à diriger le collége, et à endurer des épreuves excessives, et telles que ces contrées en surabondent pour les missionnaires, ils seront singulièrement éprouvés dans leurs forces et dans leur courage, sur la terre et sur la mer. Ce ministère est tel qu'il exige des sujets d'une constitution énergique et dans la force de l'âge, et il convient mieux à des hommes jeunes qu'à des hommes sur le retour, quoique des hommes âgés, mais sains et actifs, puissent aussi rendre de grands services. Tous ceux qui viendront seront accueillis avec joie et avec tendresse par les habitants du collége, qui les inviteront souvent à entendre les confessions, à donner les exercices spirituels, à prêcher en public. Sans contredit, leur moisson sera complète et abondante.

Nous avons déjà plus de soixante enfants indigènes très-bien préparés, et qui sont instruits en ce moment par Diogo de Borba (1), excellent religieux de l'ordre de Saint-François : ils doivent, lorsqu'ils auront l'âge convenable, être placés dans le collége. La plupart d'entre eux savent lire, plusieurs savent écrire et sont en état de recevoir l'instruction littéraire. Je vous écris ces détails afin que vous

---

(1) Dom Diogo, né à Borba, dans le diocèse d'Evora, et qui passe pour avoir été le disciple de Me Jean d'Avila, était déjà fameux comme prédicateur lorsque Jean III l'envoya dans les Indes, en 1538, en la compagnie de Jean d'Albuquerque, évêque de Goa. Après une vie tout apostolique, il mourut saintement en 1555. — Il eut la principale part à la fondation du collége de Sainte-Foi, qui eut lieu le 10 novembre 1541 ; il donna ce collége en 1544 aux PP. de la Compagnie.

nous envoyiez un excellent maître d'humanités; il est assuré de trouver une occupation suffisante dans cet enseignement.

Au nombre des sujets que nous attendons de votre part, le gouverneur désire qu'il se trouve un prédicateur qui, par l'explication des saintes lettres et de la doctrine des sacrements, puisse contribuer à instruire de ce qu'ils doivent posséder à fond, les prêtres qui, la plupart, nous arrivent assez dépourvus de science, et afin qu'en même temps il les confirme dans l'amour de Dieu et dans la charité du prochain; ce à quoi sans doute il devra parvenir par l'exemple, non moins que par la prédication. Vous n'ignorez point, en effet, que, pour persuader, les actes sont plus efficaces que les paroles. Le gouverneur désire que nos autres confrères puissent consacrer leur zèle à entendre les confessions, à administrer les sacrements, et à convertir les infidèles. Cette île de Goa (1) peut donner des fruits très-abondants de conversion parmi les infidèles; il en est un grand nombre qui vivent dépourvus de tous secours spirituels, et qui végètent au sein des ténèbres de la superstition, étrangers à l'idée même de leur Créateur et Seigneur. Le gouverneur attend donc trois prêtres et un maître d'humanités. Il écrit lui-même au roi, si je ne me trompe, pour le prier de demander au souverain pontife quatre membres de notre Compagnie; en même temps, il le prie de solliciter les indulgences que je vous ai détaillées, afin que, le roi les ayant obtenues, nos confrères qui viendront d'Europe puissent les apporter dans les Indes. Et soyez bien convaincu que ce service leur conciliera la reconnaissance de tous les Portugais qui sont dans les Indes, et qu'ils y gagneront beaucoup de considération et d'autorité: en même temps ce sera le plus sûr moyen de faire pénétrer les sentiments religieux dans un grand nombre d'esprits. De toutes

(1) Goa se trouve effectivement dans l'île de Tissuary, qui a 2 lieues de longueur et 6 lieues de tour.

les nations que j'ai vues, la portugaise est celle qui fait, à ce qu'il me paraît, le plus de cas des indulgences de Rome, et le bénéfice de ces grâces sert infiniment à les attirer à la fréquentation des sacrements. J'espère donc que le souverain pontife, tant pour entretenir cette dévotion des Portugais qu'en considération de leur profond dévouement envers le Saint-Siége, voudra bien se montrer tout à fait libéral envers des fils si pieux, et leur accorder toutes leurs requêtes. Les grâces qui auront été obtenues du souverain pontife devront être consignées dans des rescrits pontificaux, pour nous être transmises, afin qu'elles inspirent plus de confiance, et aient plus d'authenticité.

Je pense que le gouverneur vous a écrit lui-même; s'il ne connaît point votre personne, il ne vous en est pas moins affectionné, ainsi qu'à toute notre Compagnie. Je vous prie d'écrire à ce personnage, et de lui adresser en présent deux chapelets indulgenciés par le souverain pontife, l'un pour lui-même et l'autre pour son épouse. Ils lui seront particulièrement agréables, tant à cause des indulgences qui y seront attachées, que parce qu'ils lui viendront de vous. Le gouverneur vous demande encore, par l'effet de la confiance qu'il a en vous, de lui obtenir du souverain pontife que toutes les fois que lui, son épouse ou ses enfants se seront confessés, ils puissent jouir de toutes les indulgences qui leur seraient acquises s'ils visitaient les sept basiliques de Rome. Si vous lui obtenez cette faveur, vous l'aurez très-grandement obligé; et il verra que j'ai quelque crédit auprès de vous, si, d'après la lettre que je vous écris en son nom, vous lui obtenez toutes ces grâces du souverain pontife.

Mais je termine ma lettre, et je conjure Jésus-Christ Notre-Seigneur, qui, dans son infinie miséricorde, nous a associés dans un même genre de vie, de daigner nous unir également après la mort, en son éternelle béatitude.

Goa, 18 octobre 1543.

Le dernier de vos fils et le plus éloigné de votre présence,
FRANÇOIS.

LETTRE IV.

Au P. Mᵉ Ignace de Loyola.

Que la grâce, etc.

Le gouverneur des Indes, à qui nous tous qui sommes ici, non moins que nos confrères de Rome, avons les plus grandes obligations, tant à cause de son zèle extrême pour notre divine religion, que de son amour particulier pour notre Compagnie, m'a prié de vous écrire et de vous informer des divers besoins spirituels de ces contrées. Je me rends à ses désirs, tant à cause de ses favorables dispositions pour tout ce qui regarde le culte de Dieu, que parce que ses vœux sont conformes à la piété et à la vertu, et je vous transmets ici toutes ses demandes.

En premier lieu, comme les indigènes honorent d'un culte tout spécial l'apôtre saint Thomas, patron des Indes (1), le vice-roi désire, pour accroître ce culte et cette dévotion, que le jour de la fête du saint apôtre, et les

---

(1) Une tradition qui remonte aux premiers siècles de l'Église nous apprend que l'apôtre saint Thomas a porté la religion de Jésus-Christ dans les Indes.

En 1521, on découvrit à Méliapour, sous les ruines d'une ancienne église, des reliques de saint Thomas. C'étaient, dans un sépulcre situé à une grande profondeur, quelques parcelles d'ossements, un fer de lance, et l'extrémité de la hampe, un débris de bâton ferré, un vase d'argile, et une image de saint Thomas, sculptée en marbre.

En 1543, on présenta au gouverneur, D. M.-A. de Souza, une lame de cuivre couverte de caractères à demi effacés, et qui furent déchiffrés par un savant rabbin. C'était l'acte de la donation faite au saint par un roi contemporain, d'un espace de terrain pour bâtir une église.

En 1548, on découvrit encore un bloc de marbre blanc, sur lequel était gravée en relief une croix, dont les extrémités étaient ornées de larges fleurs de lis; une colombe surmontait la croix. On y voyait différentes taches qui avaient pénétré la pierre, et qui semblaient être produites par du sang. De nombreux miracles attestèrent l'origine sainte de ce monument. L'inscription

sept jours suivants, une indulgence plénière soit accordée par le souverain pontife à toutes les personnes qui, après s'être confessées, se seront approchées de la table eucharistique. Il a exprimé cette condition, afin d'inviter le peuple à fréquenter les sacrements, et, pour que le jour de la fête soit célébré plus saintement, comme il est juste de le faire : et par la raison surtout que, dans le temps du carême, qui dans ces pays concourt avec la saison d'été, tout le monde est sous les armes. Car les Indiens étant les maîtres de la terre et les Portugais de la mer, il arrive que le temps sacré du carême se passe entièrement en expéditions de terre et en campagnes de mer, et que les soldats, ainsi que les marchands, sont ordinairement privés des sacrements de Pénitence et d'Eucharistie. C'est pourquoi le gouverneur, pour inviter davantage à la pratique des sacrements, demande au souverain pontife cette indulgence, qui sera comme un attrait pour tous les chrétiens, et il y aura, pour ainsi dire, un second carême.

Il demande aussi cette autre grâce du souverain pontife, en faveur des hôpitaux de la ville, que les malades et ceux qui les servent puissent obtenir une indulgence plénière,

gravée tout autour de la croix était en langue sanscrite, et fut ainsi traduite par de savants brahmes :

« Trente ans après que la loi chrétienne eut paru dans le monde, le 21
« décembre, l'apôtre saint Thomas mourut à Méliapour, où Dieu alors fut
« connu, où la loi fut changée, où le démon fut vaincu. Dieu naquit de la
« Vierge Marie, et demeura trente ans sous son obéissance. C'était un Dieu
« éternel. Il enseigna sa loi à douze apôtres, dont l'un vint à Méliapour, un
« bourdon à la main, et y construisit une église. Les rois du Malabar, du
« Coromandel et du Pandi, et d'autres souverains de différentes nations et
« croyances, consentirent unanimement et de leur plein gré à embrasser la re-
« ligion de l'apôtre Thomas, homme saint et vraiment pénitent. Le temps
« vint ensuite où saint Thomas mourut de la main d'un brahme, et de son
« sang il fit une croix. »

De nos jours encore existent des peuplades connues sous le nom de chrétiens de saint Thomas. Elles reconnaissent l'apôtre pour l'auteur de leur foi, et tous les ans envoient de nombreux pèlerins à son tombeau. Nous reviendrons sur ces peuplades à l'occasion de la ville de Saint-Thomas, ou Méliapour.

toutes les fois qu'ils se seront confessés et auront reçu le corps de J.-C., et qu'à la mort ils puissent recevoir à la fois l'absolution de la coulpe et de la peine. Il le demande, afin d'engager les malades à recourir plus fréquemment aux sacrements, et les personnes en santé à servir les malades avec plus de zèle, et à se porter avec plus d'ardeur aux œuvres de miséricorde ; enfin, pour que tous en général fassent paraître une piété solide et fervente, qui serve d'exemple aux infidèles, parmi lesquels ils demeurent et vivent. Le gouverneur lui-même, plein de dévotion envers la mère de Dieu, célèbre ses fêtes avec une admirable piété.

Ce seigneur réside à Goa, avec sa maison militaire, pendant la plus grande partie de l'année. Goa est située dans l'île du même nom, qui a environ dix milles d'étendue : dans l'île même se trouvent plusieurs églises consacrées à la Sainte-Vierge, qui font honneur à la religion par leur richesse, leur magnificence, les ornements sacerdotaux et les vases sacrés, enfin, par le nombre des personnes attachées au culte et la pompe des offices : tout y est plein d'éclat et de magnificence : rien n'y est à désirer, si ce n'est la décoration spirituelle, c'est-à-dire, un grand concours de fidèles. Aussi le gouverneur, considérant que ces églises célèbrent avec magnificence, chacune en son temps, les fêtes de la Sainte-Vierge, désire, pour les rendre plus fréquentées et accroître la vraie dévotion envers la bienheureuse Marie, qu'en ces jours de solennité, les fidèles qui se seront confessés et auront communié dignement, puissent obtenir une indulgence plénière.

Ces grâces sont plus nécessaires dans les Indes que dans tous les autres pays habités par des chrétiens, car, pour un nombre infini de chrétiens, — les Portugais sont nombreux; il existe une grande quantité de néophytes indiens, et tous les jours on en admet de nouveaux, — il se trouve un très-petit nombre de prêtres ; pendant le temps du carême, on ne peut suffire à entendre les confessions. Le gouverneur veut obtenir ce résultat, que personne ici ne demeure éloigné des sacrements de Pénitence et d'Eucharistie, et il sollicite, par votre entremise, toutes ces grâces du souverain pontife, afin que tout le monde désire participer aux sacrements, et faire usage des véritables trésors que Jésus-Christ Notre-Seigneur nous a légués, comme l'unique moyen d'acquérir l'éternelle béatitude.

Il existe dans cette ville, ainsi que dans la plupart des autres résidences des chrétiens, une association de personnes respectables, qui s'est imposé le devoir de soulager les chrétiens indigents, tant les chrétiens de naissance que les convertis qui sont dans la pauvreté. On l'appelle la Confrérie de la Miséricorde (1), et elle est toute composée de Portugais. C'est une chose merveilleuse, que l'ardeur et la persévérance avec lesquelles ces personnes pieuses servent Dieu par le soulagement des pauvres. Le gouverneur, désirant exciter encore leur charité, demande au souverain pontife d'accorder annuellement aux confrères qui se seront confessés et auront communié, une indulgence plénière et l'absolution de la coulpe et de la peine à l'article de la mort; et, comme la plupart ont des épouses, il désire que le privilége s'étende à ces dernières.

Les Portugais ne sont pas seulement les maîtres sur la mer des Indes, mais ils occupent aussi différentes places du littoral, où ils résident avec leurs femmes et leurs enfants. Ces établissements sont séparés par des distances considérables. Ainsi Goa est éloignée des Moluques (2), où le roi de Portugal a une forteresse, d'environ 1,000 lieues; de

---

(1) Cette Confrérie existe encore dans les colonies portugaises des Indes, et notamment à Macao.

(2) Les Moluques, ou Iles aux Épices, comprennent Amboine, Banda, Céram, Tidor, Ternate et Baciam. Ant. d'Abreu, l'un des capitaines d'Albuquerque, les trouva peuplées par des mahométans conquérants, venus de la presqu'île Malaie, qui en occupaient les rivages, et par une race indigène, les Papous, retirés au milieu des terres. La richesse du pays consiste dans ses précieuses épices, le girofle et la muscade. Les Portugais bâtirent, dès l'an 1523, une citadelle à Ternate.

Malacca (1), ville où les chrétiens sont très-nombreux, de 500 lieues; d'Ormuz (2), ville fameuse et très-fréquentée des Portugais, de 400 lieues; de la place de Diu (3), de 300 lieues; de Mozambique, de 900 lieues; de Sofala (4), de 1,200 lieues. Dans chacune de ces villes, l'évêque de Goa a un vicaire, car il ne saurait les visiter régulièrement en personne, à cause de la distance excessive des lieux. Aussi le gouverneur, n'ignorant pas combien le sacrement de confirmation est nécessaire à des chrétiens qui vivent parmi les barbares, ou qui se trouvent continuellement en guerre avec les infidèles, demande au souverain pontife, en vue de l'affermissement de la Foi chrétienne dans les Indes, qu'il autorise l'évêque de Goa à déléguer à ses vicaires le pouvoir d'administrer la confirmation, un seul évêque ne pouvant, malgré tout son désir, satisfaire à ce ministère dans des contrées si éloignées entre elles.

Dans ces régions, la nature a complétement interverti l'ordre et le retour des saisons. Dans le même temps, l'été règne sur un côté des Indes, et sur l'autre côté l'hiver se fait sentir : au contraire, lorsque ce côté ressent les rigueurs de l'hiver, l'autre est brûlé des feux de l'été; et la chaleur de ces étés est réellement incroyable: l'émanation solaire est si intense, que les poissons qui sont à peine morts se corrompent; aussi pendant la saison des chaleurs,

(1) (Lat. 2° 4' N.) L'une des villes les plus magnifiques de l'Orient au XVIᵉ siècle, fut conquise, en 1511, sur un sultan maure, par D. Alphonse d'Albuquerque. Elle porte, à cette heure, sur ses ruines, l'empreinte des sévères jugements de Dieu.

(2) Ormuz, île, ville et royaume, sur le golfe Persique. Albuquerque en fit la conquête de 1507 à 1515, et y construisit une citadelle portugaise.

(3) Diu, petite île et port à l'extrémité de la presqu'île de Guzerate, par 20° 41' de lat. N., dépendait du royaume de Cambaïe. Les Portugais y élevèrent une citadelle en 1536. Les efforts faits par les Maures pour secouer le joug des conquérants, furent l'occasion de plusieurs exploits héroïques des Portugais, et surtout du vice-roi D. Joam de Castro, qui en resta le maître. Diu n'est plus que l'ombre d'elle-même.

(4) Sofala, sur la côte d'Afrique, découverte par Sanche de Tovar. Vasco de Gama y établit un comptoir dès 1502.

tandis que la navigation est ouverte dans l'une des mers, elle est impossible dans l'autre, où les tempêtes sont si violentes que nul n'oserait les affronter. A l'époque du carême, ainsi que je l'ai dit, toutes les troupes prennent les armes, et montent sur les navires pour faire campagne; comme aussi les marchands se dirigent de tous les côtés, pour les affaires de leur commerce. Ici en effet, les Portugais, tout-puissants à la fois sur mer et sur terre, s'adonnent volontiers au commerce qui fait leur existence et celle de leur famille. Aussi, tant à cause des chaleurs excessives, qu'en raison des absences presque continuelles des Portugais, le carême est mis en oubli, et peu de personnes observent la loi du jeûne. Le vice-roi m'a chargé de vous exposer tous ces faits, et de vous prier, au nom de la gloire de Dieu, d'obtenir, s'il se peut, du souverain pontife, que le carême soit remis pour ces contrées aux mois de juin et de juillet, époque où non-seulement les chaleurs touchent à leur fin, mais où la navigation se ralentit à cause de l'état de la mer. La température plus favorable permettrait à chacun de jeûner, et tous, avertis par le temps du carême, pourraient facilement obéir au commandement qui prescrit la confession et la communion. Cette requête, à moins que vous ne la considériez autrement, me paraît fondée sur le plus grand intérêt du culte divin. Le vice-roi vous supplie instamment de ne point laisser tomber cette affaire en oubli, par la personne qui sera chargée de parler au souverain pontife. Vous trouverez la récompense de vos soins dans la reconnaissance de tous les habitants de ces contrées, et vous aurez une part dans les fruits du culte divin, et dans les mérites qui seront l'effet de toutes ces grâces.

Adieu, de Goa, le 20 décembre 1542.

A mon départ de Lisbonne, je vous ai écrit au sujet du collège de la Compagnie, que le roi avait dessein d'établir à Coïmbre, au sein de l'université. Le roi m'a fait inviter à vous écrire, pour vous demander à cet effet quelques membres de la Compagnie, et pour vous assurer de son concours et de sa protection, pour la construction et la dotation de l'établissement. Ces contrées mêmes d'Europe, séparées de nous par une si considérable distance, éprouvent le besoin d'excellents sujets qui puissent instruire dans la foi et dans les préceptes de Jésus-Christ, d'autres païens leurs compatriotes. Veuillez me faire connaître, aussitôt que vous le pourrez, quelle suite aura été donnée à cette importante affaire.

Votre fils en J.-C.

François de Xavier.

LETTRE V.

A la Compagnie à Rome.

Que la grâce, etc.

Il y a trois ans que j'ai quitté le Portugal, et je vous écris pour la troisième fois, n'ayant encore reçu qu'une lettre de vous, datée du 1ᵉʳ février 1542 : Dieu m'est témoin de la joie qu'elle m'a causée. Elle m'est parvenue seulement il y a deux mois, le navire qui l'apportait ayant passé l'hiver à Mozambique (1).

---

(1) L'édition de Louvain donne l'addition suivante :

« Je n'ai pas cru devoir garder le silence plus longtemps, et différer de vous annoncer, en peu de paroles, les progrès que fait ici la religion ; Dieu, dans sa toute-puissance, lui donne un merveilleux accroissement en ces contrées. Je veux aussi vous exposer toute notre méthode pour catéchiser les ignorants. Je vous écrirai dans la sincérité de mon âme, ô mes bien-aimés frères en J.-C., et je vous ferai connaître tout ce que le Seigneur Jésus a daigné, dans ces derniers temps, opérer dans les Indes pour le salut du genre humain, par le ministère des Pères de notre Compagnie.

« J'attends de vous que vous me rendiez cette justice, de ne point attribuer mes discours à l'ambition d'une vaine gloire : les personnes qui se savent dépourvues de mérite sont les seules qui désirent abaisser le prochain et le

Je demeure avec François de Mancias parmi les chrétiens du Comorin, qui sont en très-grand nombre, et qui se multiplient tous les jours. A mon arrivée au milieu d'eux, je leur ai demandé s'ils connaissaient Notre-Seigneur Jésus-Christ; mais à toutes mes questions sur les points de la foi, et sur ce qu'ils croyaient de plus que lorsqu'ils étaient infidèles, ils me répondaient une seule chose, à savoir qu'ils étaient chrétiens, et que leur ignorance de la langue portugaise les avait empêchés de s'instruire des mystères et des préceptes de la religion chrétienne. Comme je parlais espagnol (1) et eux malabar, qu'ils n'entendaient pas ma langue et que la leur m'était inconnue, je fis choix des plus intelligents et des plus instruits d'entre eux, et je fis rechercher avec soin ceux qui avaient quelque connaissance des deux langues. Nous étant réunis ensemble durant plusieurs jours, nous parvînmes par de communs efforts, et non sans des peines infinies, à traduire le catéchisme en langue malabare (2). Après l'avoir appris par cœur, je me mis à parcourir tous les villages de la côte, muni d'une clochette afin

voir à leur niveau ; elles essaient, du moins, de ternir l'éclat des grandes œuvres de Dieu, dont les autres ont été les instruments, et leur malice va quelquefois jusqu'à méconnaître ces œuvres. Vous trouverez plutôt, je l'espère, dans la lecture de cette lettre, une précieuse occasion de rendre grâces à notre Dieu si rempli de miséricorde.

« En effet, Dom Paul, François de Mancias et moi-même nous jouissons d'une parfaite santé dans le Seigneur. Paul travaille à Goa, dans le collége de Sainte-Foi, où il remplit son ministère avec un zèle admirable; il est chargé de diriger les enfants qui vivent dans cette maison. Je suis avec François de Mancias, depuis plus d'une année, au milieu des chrétiens d'une contrée appelée Comorin par ses indigènes. »

(1) L'édition de Louvain porte :

« Je parlais la langue basque, et eux la langue malabare. »

En effet, la langue basque est l'idiome de la Navarre, pays de notre Saint.

(2) Édition de Louvain :

« Ce catéchisme comprend la signification et la valeur du signe de la croix, la confession de la Trinité des Personnes divines, et d'un Dieu unique, le symbole des apôtres, les dix commandements de Dieu, l'oraison dominicale, la salutation angélique, le *Salve, Regina* et une formule de confession générale. »

d'assembler les enfants et les adultes. Je les réunissais deux fois le jour (1) pour leur enseigner la doctrine chrétienne. Les enfants parvinrent dans l'espace d'un mois à la réciter sans hésitation, et je leur recommandai d'enseigner à leur tour ce qu'ils avaient appris, à leurs parents, à leurs serviteurs et à leurs voisins.

Les dimanches, je faisais rassembler dans la maison de Dieu les hommes et les femmes, les jeunes gens et les jeunes filles; tous venaient avec joie et pleins du désir de s'instruire. En présence de tout le monde, je récitais dans la langue du pays et à haute voix, la profession de foi en la Très-Sainte-Trinité, l'oraison dominicale, la salutation angélique, et le symbole des apôtres; tous accompagnaient mes paroles, et paraissaient le faire avec un vif plaisir. Je reprenais ensuite le symbole, insistant sur ses différents articles, à chacun desquels je demandais à mon auditoire s'il y croyait sans hésiter, et tous, d'une voix ferme et les mains en croix sur la poitrine, professaient hautement leur foi. Je leur fais réciter le symbole plus souvent que les autres prières; et je leur déclare que ceux qui croient tout ce qui est contenu dans le symbole, ceux-là sont appelés chrétiens. Après l'explication du symbole, je leur enseigne les dix commandements, afin de leur faire connaître dans ces dix préceptes tout l'abrégé de la loi chrétienne, et pour qu'ils demeurent convaincus, que celui qui les observe tous fidèlement, est un chrétien par ses œuvres et en réalité, qui doit se tenir assuré de son salut, tandis que l'individu qui néglige un seul de ces préceptes est un mauvais chrétien, et encourt la peine des enfers, s'il ne s'est lavé de son crime par la pénitence. Les néophytes et les païens sont également surpris de ces enseignements, et admirent la sainteté de la loi chrétienne, sa parfaite consistance en elle-même, et son

---

(1) Édition de Louvain :
« J'y consacrais tous les jours quatre heures, deux heures après le soleil levé, et deux heures au déclin du jour. »

accord avec la raison. Je leur apprends ensuite les principales prières, le *Pater noster* et l'*Ave Maria*, que je commence le premier et qu'ils récitent avec moi. Nous reprenons les articles du symbole, à chacun desquels nous prononçons le *Pater* et l'*Ave*, accompagnés d'une courte invocation. Après le premier article, je récite dans la langue du pays ces paroles : Jésus, Fils du Dieu vivant, faites-nous la grâce de croire entièrement ce premier article de votre foi : afin de l'obtenir de vous, nous vous offrons la prière instituée par vous-même. Nous ajoutons cette seconde invocation : Sainte Marie, Mère de Notre-Seigneur Jésus-Christ, obtenez-nous de votre très-cher Fils de croire sans hésiter cet article de la foi chrétienne. Nous observons la même pratique pour chacun des onze articles qui suivent.

Nous faisons de même pour les préceptes du Décalogue. Après le premier précepte qui commande l'amour de Dieu, nous prions ainsi : Jésus-Christ, Fils du Dieu vivant, accordez-nous la grâce de vous aimer par-dessus tout ; et nous récitons à cette intention l'oraison dominicale. Nous prononçons après, tous ensemble, cette invocation : Sainte Marie, Mère de Jésus-Christ, obtenez-nous de votre Fils la grâce d'observer parfaitement le premier de ses commandements ; et nous récitons la salutation angélique. On suit la même pratique pour les neuf autres préceptes, en modifiant légèrement, selon le sujet, les formules additionnelles. Ainsi je les accoutume à demander ces grâces par les prières ordinaires de l'Église, et je leur promets souvent, qu'en les obtenant, ils auront avec plénitude l'abondance des autres dons, au delà même de leurs désirs. Je fais réciter à tous, et principalement à ceux qui doivent être baptisés, la formule de la confession générale, et, dans la récitation du symbole, je leur demande à chaque article s'ils y croient fermement ; après leur profession formelle, je prononce une exhortation en la langue du pays, pour expliquer brièvement la substance des vérités chrétiennes et des devoirs nécessaires au salut. Ce n'est qu'après les avoir ainsi pré parés que je les admets au baptême. L'instruction est toujours terminée par le *Salve Regina*, pour implorer l'assistance de la bienheureuse Vierge Marie.

La multitude qui se presse pour entrer dans la bergerie de Jésus-Christ est si immense, que souvent il m'est arrivé d'avoir les mains énervées par la fatigue de baptiser : souvent en un seul jour j'ai baptisé des villages entiers. Quelquefois aussi, la voix et les paroles me manquaient à force de réciter le symbole et les prières (1). On ne saurait dire tout le fruit que l'on recueille par le baptême des nouveau-nés, ainsi que par l'instruction des enfants et des autres personnes. J'ai la confiance que ces enfants, avec la grâce de Dieu, seront bien meilleurs que leurs pères ; ils font paraître un ardent amour pour la loi divine, et un zèle merveilleux pour étudier et pour communiquer aux autres la science de la religion. Remplis de haine contre l'idolâtrie, ils s'engagent dans de vives querelles avec les païens, ils s'élèvent contre l'idolâtrie dans laquelle sont encore demeurés leurs parents, et me viennent déclarer tout acte d'impiété. De mon côté, si j'apprends qu'on sacrifie aux faux dieux, j'accours avec les enfants du pays, qui font éprouver au démon plus d'injures et d'affronts, que les parents et la famille ne lui avaient rendu d'honneurs. Ces jeunes enfants se précipitent sur les idoles, les renversent, les brisent, et les foulent aux pieds après les avoir accablées d'outrages.

J'habitais depuis quatre mois dans une ville chrétienne, et je m'occupais à traduire le catéchisme, quand un grand nombre de naturels vinrent de toutes parts pour nous supplier d'aller dans leurs maisons, et de consentir à invoquer

---

(1) Édition de Louvain :

« Je leur récite le Décalogue et les prières en leur propre langue, et j'y joins une exhortation, aussi dans leur langue, pour leur faire comprendre quelle est la valeur du titre de chrétien, ce que sont le paradis et l'enfer, de qui ces deux séjours deviennent le partage final : et surtout, je leur réitère souvent l'explication du symbole et du Décalogue, qui contiennent toute la substance de notre foi. »

Dieu sur le lit de leurs malades. En même temps, une si grande quantité d'infirmes se faisaient apporter auprès de nous, que je ne pouvais suffire à réciter un Évangile sur chacun d'eux. Cependant nous n'omettions pas nos œuvres de chaque jour, l'instruction des enfants, le baptême des personnes déjà instruites, la version du catéchisme, la controverse sur les questions proposées, la sépulture des morts. Je désirais néanmoins me rendre aux désirs des malades, qui me faisaient solliciter de prier pour leur guérison ; à la vue de tous les intercesseurs venus dans l'intérêt d'autrui, je craignais de laisser s'affaiblir leur confiance en notre sainte religion, et je me serais jugé criminel de résister à leurs légitimes instances. Mais voyant se multiplier ce concours, et ne pouvant ni suffire seul à tous, ni décliner leur empressement à m'attirer dans leurs maisons, voici le moyen que j'employai pour les satisfaire tous : ne pouvant aller moi-même en tous lieux, je choisis des enfants pour les envoyer en ma place. Arrivés auprès des malades, ils assemblaient les parents et les voisins, récitaient avec eux le symbole, et encourageaient les malades eux-mêmes à une confiance absolue et fondée sur l'expérience du passé ; enfin ils récitaient les paroles solennelles de l'Église, et, vous le dirai-je, souvent la foi et la piété de ces enfants et des assistants valurent aux malades la santé du corps avec celle de l'âme. Admirable bienfait de la providence de Dieu, qui appelait ces personnes par la maladie au salut de leur âme, et les attirait par une sorte de violence à la foi de Jésus-Christ !

Les mêmes enfants sont chargés de parcourir les maisons, les rues et les places publiques, pour enseigner aux ignorants les éléments de la doctrine chrétienne ; et lorsque cette instruction me paraît être assez avancée dans un village, je passe dans un autre pour y accomplir les mêmes œuvres : c'est ainsi que je visite successivement toute la contrée. Ai-je accompli cette visite, l'œuvre se reprend pour tous les villages et dans le même ordre. Je laisse dans chaque endroit un exemplaire de la doctrine chrétienne, en recommandant de la copier à ceux qui connaissent les caractères; les autres doivent l'apprendre par cœur, et la réciter chaque jour. Il est réglé que, tous les jours de fête, on doit se réunir pour réciter ensemble les éléments de la Foi. Des catéchistes instruits ont été choisis pour présider à ces exercices, dans les trente villages chrétiens de la contrée, et D. Martin-Alphonse de Souza, gouverneur des Indes, plein d'amour pour la Compagnie et de zèle pour la religion, a bien voulu, en faveur de nos néophytes, assigner 4,000 deniers d'or (1) pour l'honoraire des catéchistes. Il estime singulièrement notre Compagnie, et désire de toute son âme la venue de quelques-uns de nos frères; il le demande lui-même au roi dans ses lettres.

Un nombre infiniment plus grand de personnes se convertirait dans les Indes, si nous ne manquions de missionnaires pour faire des chrétiens. Souvent il me vient en pensée de parcourir les universités d'Europe, et principalement celle de Paris, d'y élever la voix en tous lieux, et de crier à tous ces docteurs qui ont plus de science que de charité : «Voyez ce nombre infini d'âmes qui, par votre faute, perdent le ciel et tombent dans les enfers!» Plût à Dieu que ces grands docteurs apportassent au salut des âmes le même zèle qu'aux sciences humaines, afin de pouvoir rendre à Dieu le compte fidèle de l'intelligence et des talents qu'il leur a confiés! Qui sait si plusieurs, touchés de cette pensée, ne s'adonneraient pas au saint exercice de la méditation spirituelle, *pour entendre les paroles du Seigneur à leur âme:* renonçant à leurs passions et aux choses du monde, ils se formeraient tout entiers selon leur vocation et les conseils divins. Ils s'écrieraient du fond de leur cœur: «Me voici,

---

(1) Ces deniers d'or, appelés *fanaïes*, *fanes* ou *fanons*, étaient des monnaies indiennes d'or, avec un alliage considérable d'argent et de cuivre. Elles équivalaient à 12 réaux d'argent, environ 32 centimes de notre monnaie en valeur métallique; mais au XVIᵉ siècle, leur valeur relative était de beaucoup supérieure.

6.

Seigneur, envoyez-moi selon votre bon plaisir, et jusque dans les Indes!» Que leur vie, mon Dieu, serait plus heureuse, et leur salut plus assuré! Avec quelle espérance en la divine miséricorde, attendraient-ils à leur dernier soupir ce jugement souverain et si redoutable, que nul homme ne saurait éviter! Ils répéteraient avec joie les paroles du serviteur de l'Évangile : *Seigneur, vous m'aviez confié cinq talents, et voici cinq talents que j'ai gagnés de surcroît* (1). Si les jours et les nuits qu'ils consacrent à la connaissance des sciences de la terre, étaient consacrés à la doctrine de toutes la plus solide et la plus féconde; si le zèle qu'ils mettent à pénétrer les secrets des sciences, était voué par eux à instruire les ignorants dans les choses nécessaires au salut, ils seraient mieux préparés à rendre compte au Maître, lorsqu'il leur dira : *Rends compte de ton administration* (2). Je crains que ces docteurs qui se livrent aux études libérales dans les Universités n'aient plus en vue les honneurs et l'habit de la prélature et du sacerdoce, que les fonctions saintes et le fardeau, dont ces ornements sont les insignes. La chose en est venue au point, que les plus grands savants et les plus beaux génies confessent, qu'ils recherchent les dignités ecclésiastiques pour l'honneur de la science, et pour servir par leurs talents Notre-Seigneur et son Église. Aveugles qui ne veulent point voir que leur science se rapporte ainsi, plus à leur intérêt propre qu'à l'intérêt catholique! Ils craindraient de voir Dieu se refuser à leur ambition, et ne permettraient jamais à la Providence de diriger leurs voies. Dieu m'est témoin que j'étais presque résolu, si je ne pouvais retourner en Europe, d'écrire à l'Université de Paris, et spécialement à nos maîtres Cornet et Picard, pour leur faire connaître combien de milliers d'âmes infidèles seraient aisément converties à la religion de Jésus-Christ, s'il venait au milieu d'elles assez d'ouvriers évangéliques qui s'oubliant eux-

---

(1) Math., xxv, 20.
(2) Luc, xvi, 2.

mêmes, ne cherchassent que la gloire de Jésus-Christ. O mes bien-aimés frères, *priez le maître de la moisson, afin qu'il envoie des ouvriers dans son champ* (1).

Je vous ai écrit il y a un an, au sujet du collége qui s'élève à Goa, et dont les travaux s'avancent. Déjà la principale partie des bâtiments est terminée. On y instruit un grand nombre de jeunes gens, enfants d'infidèles de différentes contrées; les uns étudient la langue latine, les autres apprennent seulement à lire et à écrire. Le P. Paul est à leur tête comme recteur du collége : tous les jours il célèbre pour eux la messe ; il entend leurs confessions, et s'occupe sans cesse à leur inspirer de bons principes. Les bâtiments du collége sont très-vastes ; ils contiendront environ 500 élèves, et les revenus suffiront à entretenir ce nombre. Car de grandes sommes d'argent, données à titre d'aumône, ont été offertes par beaucoup de personnes, et par le gouverneur lui-même. Et nous tous chrétiens, nous devons rendre grâces à Dieu, de ce que ce séminaire a reçu le nom de collége de *Sainte-Foi* : car nous espérons qu'en peu d'années un nombre infini de païens embrasseront, par la permission divine, la foi de Jésus-Christ; et que bientôt, par l'entremise des élèves de ce collége, les limites de l'Eglise se dilateront en tous sens dans l'Orient.

Il existe dans ces contrées une race d'hommes parmi les païens, que l'on appelle brahmes. Ce sont eux qui président au culte et à la fausse religion des dieux; ils leur rendent leurs hommages dans les temples et en gardent les idoles. Rien de plus pervers, rien de plus vicieux que cette race. Je leur applique ordinairement cette parole de David : *Seigneur, délivrez-moi de cette race impie, de ce peuple méchant et perfide* (2). Toute cette classe de personnes est livrée au mensonge et à l'imposture. Ils n'ont en vue que d'abuser, le plus subtilement possible, de la sim-

---

(1) Math., ix, 38.
(2) Ps. xlii, 1.

plicité et de l'ignorance de la nation. Ils ont coutume de déclarer publiquement que les dieux exigent certaines offrandes pour leurs temples, c'est-à-dire les choses qu'eux-mêmes désirent pour leur entretien, et celui de leurs femmes, de leurs enfants et de leurs serviteurs. Ils savent persuader aux ignorants, que les idoles de leurs dieux vivent et s'alimentent comme le commun des hommes. Quelques dévots mêmes offrent deux fois le jour à l'idole, aux heures des repas, des dons en monnaie. Les brahmes se livrent à la bonne chère au son des instruments de musique, et font croire aux ignorants que ce sont les dieux qui célèbrent ainsi leurs festins. Avant que les provisions ne viennent à leur manquer, ils dénoncent au peuple la colère des dieux, à qui l'on n'a point offert tout ce qu'ils avaient demandé, et proclament que si le peuple ne se met en mesure de les satisfaire, les dieux le châtieront par la guerre, par les maladies et par la visite des mauvais esprits. Ainsi ces pauvres ignorants, prévenus par la frayeur de leurs dieux, obéissent aveuglément à la parole des brahmes. Ces brahmes ont seulement une teinture d'instruction, mais ils suppléent à l'imperfection de leur science par leur astuce et par leur malice. Les brahmes de cette côte sont irrités de me voir ainsi découvrir leurs fraudes. Lorsqu'il leur arrive de converser sans témoins avec moi, ils avouent qu'ils n'ont de patrimoine que les idoles de leurs dieux, au moyen desquelles, et par des mensonges, ils obtiennent du peuple leur subsistance. Ils déclarent que moi seul, si imparfait que je puisse être, j'en sais plus qu'eux tous réunis. Ils m'envoient souvent saluer et me font offrir des présents, et ils paraissent vivement contrariés de ce que je renvoie leurs dons : mais ils n'agissent ainsi que pour me séduire et me rendre complice de leurs crimes. Ils déclarent aussi qu'ils sont convaincus qu'il n'existe qu'un Dieu unique, et qu'ils le supplieront en ma faveur. Et moi, pour témoigner ma reconnaissance à ces brahmes, je révèle à tout le monde la vérité sur eux. Autant qu'il est en moi, je démasque aux regards de la multitude ignorante la superstition aveugle qui attache la nation à ces imposteurs, à leurs illusions et à leurs mensonges. Plusieurs, convaincus par mes raisons, ont abjuré le culte des faux dieux, et se sont empressés de se faire chrétiens : sans l'opposition des brahmes, déjà toute la nation aurait embrassé la religion de J.-C.

Si les habitants païens de la contrée sont étrangers à toute science, ils ne le sont pas à la pratique du péché. Depuis que je parcours ce pays, je n'ai pu convertir qu'un seul brahme à la religion de J.-C. C'est un vertueux jeune homme qui a dévoué sa conversion à enseigner aux enfants les éléments de la religion. Lorsque je parcours les villages chrétiens, j'entre souvent dans les temples des brahmes, que l'on appelle *pagodes*. Il m'est dernièrement arrivé, dans une pagode où j'étais entré, et qui était habitée par environ deux cents brahmes, de les voir se réunir presque tous autour de moi : après une longue conversation, je leur demandai ce que leurs dieux leur prescrivaient d'accomplir, afin d'obtenir la vie bienheureuse. Une grave contestation s'éleva parmi eux sur le point de savoir qui me répondrait. A la fin, d'un commun accord, on déféra la parole à celui qui, par son âge et son expérience, paraissait supérieur aux autres. Ce vieillard, déjà octogénaire, me demanda lui-même ce que Dieu commandait aux chrétiens. Pénétrant sa malice, je refusai de prendre la parole, avant qu'il n'eût le premier satisfait à ma question. Alors il se vit obligé de révéler son ignorance, et répondit que ses dieux imposaient à leurs fidèles deux devoirs : *l'un était de s'abstenir de tuer des vaches, parce que les dieux étaient adorés sous cette forme ; l'autre était de faire des présents aux brahmes, qui présidaient au culte.* A cette réponse, ému de la douloureuse pensée que ces peuples aveugles adoraient le démon comme une divinité, je demandai que l'on m'entendît à mon tour (1), et je récitai à haute voix le symbole des apô-

(1) Édition de Louvain :
Je les fis s'asseoir tous, et me levant seul au milieu d'eux...

tres, et les articles du Décalogue. Entrant dans une courte
explication en leur propre langue, je leur fis connaître ce que
c'était que le paradis et l'enfer ; et en même temps, quels
étaient ceux qui étaient enlevés au ciel en la compagnie
des bienheureux, et ceux qui étaient précipités dans les
peines éternelles de l'enfer. Après m'avoir entendu, ils
se levèrent tous pour me témoigner leur adhésion, et confessèrent hautement que le Dieu des chrétiens était le vrai
Dieu : car ses lois étaient en tous points conformes à la
raison. Ensuite ils me demandèrent si l'âme humaine,
comme celle de tous les animaux, périssait avec le corps.
Dieu m'inspira des raisons si complètes et si satisfaisantes
pour leurs esprits, qu'à leur grande joie, je les convainquis
de l'immortalité des âmes. Or, les arguments destinés à
convaincre ces peuples ignorants ne doivent point être sub-
tils, comme on en trouve dans les écrits des docteurs, mais
en rapport avec l'intelligence de l'auditoire. Ils me demandèrent par où l'âme s'échappait du corps, comment il arrivait que dans les rêves,—ainsi que je l'ai moi-même souvent
éprouvé, mes bien-aimés frères, lorsque je songe de vous,—
on se croyait au milieu et dans la compagnie de ses amis,
et si c'était qu'alors l'âme sortît du corps : enfin si Dieu
était blanc ou noir. En effet, parmi l'infinie variété de cou-
leurs qui paraît dans les hommes, les Indiens, étant de race
noire, préfèrent leur couleur à toute autre, et croient que les
dieux sont noirs. De là vient que la plupart de leurs idoles
sont entièrement noires, et de plus, ointes ordinairement
avec de l'huile, et exhalant une si forte odeur, qu'elles sont
à la fois horribles à voir et d'une fétidité révoltante. A toutes
ces questions, j'ai pu répondre de manière à satisfaire mes
auditeurs. Mais lorsque je les réduisais à la conséquence
extrême, qui était d'embrasser une religion dont ils confessaient la vérité, ils répondaient en s'excusant, ainsi que
font un grand nombre de chrétiens, sur ce qu'ils donneraient à parler au monde s'ils changeaient de vie et de
croyance, et qu'ils auraient à craindre, en changeant de

religion, de manquer des choses nécessaires à leur existence.

Je ne rencontrai sur ces rivages qu'un seul brahme qui fût instruit : il passait pour avoir étudié dans une très-fameuse académie. Je pris les moyens de l'entretenir sans témoins. Alors il me découvrit ce qu'il regardait comme un très-grand secret. Avant tout, les disciples de cette académie étaient obligés sous serment, par leurs maîtres, de n'en point découvrir les mystères : cependant il voulut bien, par amitié pour moi, consentir à me les révéler. Un de ces mystères était « *qu'il n'existe qu'un seul Dieu, créateur du ciel et de la terre, et que les hommes doivent lui rendre un culte : que les idoles ne sont que la figure des démons.* » Les brahmes ont quelques monuments de leur littérature sacrée, qu'ils affirment contenir les lois divines. Les maîtres enseignent dans une langue savante, ainsi que nous dans la langue latine. Ce brahme m'exposa tous ses préceptes religieux (1), avec un commentaire approprié; il serait aussi long qu'inutile de vous les rapporter. Les sages célèbrent comme nous le jour du Seigneur. En ce jour, ils répètent à différentes heures cette unique prière (2) : «*Je vous adore, ô Dieu ! et j'implore à jamais votre secours.*» Ils sont même engagés, par un serment solennel, à répéter souvent cette prière. Le brahme ajouta que la loi de la nature leur permettait la pluralité des femmes (3), et aussi, qu'on lisait dans les monuments de leur littérature, qu'un temps devait venir où tous les hommes professeraient une religion unique. Enfin il

---

(1) Lucena et Garzia :
Dix préceptes écrits dans la langue sacrée...
(2) D'après Lucena et Garzia :
Om çri narâyanâya nama. — Salut au seigneur Narâyana. — Narâyana, qui repose sur les eaux, est un des noms de Vichnou.
(3) L'édition de Louvain dit le contraire :
La loi naturelle leur interdit d'avoir plusieurs femmes.
Garzia dit :
La polygamie, quoique n'étant pas dans l'esprit de la loi, est permise par indulgence pour la nature.

me demanda de lui exposer à mon tour les principaux mystères de la religion chrétienne, s'engageant à les tenir secrets. Je lui répondis qu'il n'en entendrait pas, au contraire, une seule parole, s'il ne s'engageait auparavant à faire connaître au peuple ce que je lui aurais exposé de la religion de J.-C. Ayant reçu sa promesse (1), je lui expliquai soigneusement cette parole de Jésus-Christ, qui contient notre religion toute entière : *Celui qui croira, et qui sera baptisé, sera sauvé* (2). Il transcrivit sur ses tablettes cette parole avec son explication, qui comprenait tout le symbole des apôtres. Il y ajouta les préceptes du Décalogue, à cause de l'intime rapport qui les unit au symbole. Il me raconta alors qu'une nuit, il avait songé qu'il s'était fait chrétien avec un souverain bonheur, et qu'il était devenu mon confrère et mon compagnon. Il finit par me prier de l'initier en secret aux mystères du christianisme. Mais comme il apportait certaines conditions opposées à la loi divine, je ne consentis pas alors à lui donner le baptême. Je ne doute pas que, par la divine miséricorde, un jour il ne devienne chrétien. Je lui recommandai d'enseigner aux ignorants et aux pauvres d'esprit qu'il n'existait qu'un seul Dieu, le créateur du ciel et de la terre, et qu'il régnait au ciel; mais lié par son serment solennel, il déclara ne le pouvoir faire, craignant surtout de devenir la proie et la victime du démon.

Il ne me reste (3) qu'à vous faire part de l'abondance et de la grandeur des consolations que Dieu ne cesse de verser dans les âmes des ouvriers de sa vigne, au milieu de cette contrée barbare ; et s'il existe en cette vie un véritable et solide bonheur, il réside en ces merveilleuses consolations.

---

(1) Édition de Louvain :
Je demandai à Dieu Notre-Seigneur de m'inspirer les discours et les paroles qui, dans les saintes lettres, ont le plus de valeur et d'autorité...

(2) Marc, xvi, 16.

(3) Édition de Louvain :
J'aurais encore beaucoup de choses à vous écrire, si je n'en étais empêché par l'insuffisance du temps, et si des affaires multipliées ne m'appelaient ailleurs; je n'ajouterai qu'une seule parole...

Souvent il m'arrive d'entendre un de ces ouvriers évangéliques s'écrier : « Grâce, grâce, Seigneur, ne m'inondez pas en « cette vie de toutes ces délices, ou si votre bonté et votre « miséricorde infinies continuent à en remplir mon âme, dai- « gnez me ravir en la demeure de vos bienheureux ; celui « qui a goûté dans son âme les pures délices de votre grâce, « ne saurait désormais vivre exilé de votre présence (1). »

Une autre consolation pour moi, mes bien chers frères, c'est votre pensée, et le souvenir de notre aimable intimité, précieux bienfait dont m'a gratifié la divine miséricorde. Je reconnais en même temps, et je sens intérieurement, combien j'ai perdu d'heures dans mon existence, et combien peu de fruits j'ai recueillis de votre sainte amitié, et de votre science des vérités divines. Je dois sans doute à vos prières la grâce admirable de reconnaître, à la distance qui nous sépare, le nombre et la grandeur de mes péchés passés ; et j'y puise de nouvelles forces pour cultiver avec zèle ces terres infidèles. J'en suis pénétré de reconnaissance envers la divine miséricorde et envers votre sainte charité.

Parmi les fruits de bénédiction que je dois en cette vie à la bonté divine, et qui se renouvellent tous les jours, le plus grand à mes yeux est l'approbation et la confirmation de notre institut par le souverain pontife. Je rends à Dieu d'infinies actions de grâces de ce qu'il a daigné con-

---

(1) Édition de Louvain :
Oh ! si les hommes qui se livrent à la science travaillaient uniquement en vue d'obtenir de Dieu la grâce de devenir l'objet de ces consolations et de ces délices ! Quelles épreuves n'endurent-ils pas, afin d'acquérir la vaine sagesse de ce monde ! Oh ! si ces joies qui naissent, dans un grand nombre d'esprits, de la poursuite heureuse d'une découverte, étaient pour eux le fruit de l'instruction du prochain et des œuvres de la charité ; s'ils enseignaient à autrui les vérités nécessaires pour le salut ; s'ils écartaient de la bergerie les loups dévorants ; s'ils confirmaient dans la foi les âmes qui s'inquiètent, et s'ils ranimaient leur zèle : combien seraient-ils mieux préparés à rendre au Seigneur le compte qu'il leur demandera, lorsqu'il dira : « Rendez le compte de votre administration ! »

sacrer et perpétuer à jamais, par l'entremise de son vicaire sur la terre, la règle de religion qu'il avait révélée lui-même à son serviteur notre Père Ignace.

Ici je cesse d'écrire (1), et je prie Dieu, dans sa clémence, afin que nous ayant réunis par les liens de la vie religieuse, et dispersés ensuite à de si grands intervalles dans l'intérêt de la foi chrétienne, il daigne nous rassembler un jour dans la demeure des élus; et pour obtenir cette grâce, nous ferons bien de recourir aux prières des enfants de tout âge, que j'ai baptisés de mes mains, et que Dieu a appelés dans le séjour des bienheureux, avant qu'ils ne perdissent la robe d'innocence. Ils sont au nombre de plus de mille, et je les prie sans cesse de nous obtenir de Dieu, pour le reste de cette existence ou plutôt de cet exil, qu'il nous fasse accomplir sa volonté sainte, avec autant d'amour, avec autant d'obéissance que son divin esprit le peut désirer.

De Cochin, le 15 janvier 1544 (2).

Votre frère très-affectionné en J.-C.

François de XAVIER.

LETTRE VI.

A François de Mancias, à son départ pour Comorin.

Que la grâce, etc.

Mon très-cher frère, je désire vivement être mis au courant de ce que vous faites, et je vous prie, au nom de vo-

---

(1) Édition de Louvain :
L'année dernière, je vous ai écrit le nombre des saints sacrifices et des messes que nous avons célébrés dans les Indes, pour obéir aux ordres de maître Ignace. Je n'ai point présent le nombre de ceux que nous avons célébrés cette année.

(2) Cutillas :
Le dernier de vos frères en J.-C.

tre amour envers J.-C., de m'instruire, par des lettres écrites à loisir et avec un grand soin, de tout ce qui vous concerne, vous et les compagnons qui sont avec vous; dès que je serai à Manapare, vous le saurez par une lettre de moi; ayez soin de vous souvenir des avis que je vous ai laissés par écrit, lorsque vous m'avez quitté, et priez Dieu qu'il daigne vous fortifier par une grande patience, nécessaire surtout dans les rapports avec ces peuples. Considérez en votre esprit que c'est ici comme un purgatoire, où vous subissez déjà la peine de vos fautes, et reconnaissez cette grâce infiniment rare, que Dieu vous accorde, de pouvoir, lorsque vous vivez et respirez encore, expier avec tout le bénéfice de sa grâce, et avec des souffrances infiniment moindres, les péchés de votre vie passée.

Vous direz à Jean d'Artiaga (1) que le gouverneur m'a fait connaître, dans une lettre, qu'il lui avait fait remettre dix écus d'or, à imputer sur mon compte : j'ai répondu moi-même au gouverneur que ni vous, ni Jean d'Artiaga, ni moi, n'avions besoin d'aucun argent avant son retour de la côte de la Pêcherie, et que j'avais donné l'ordre à Artiaga de lui remettre cette somme. Vous recommanderez à Artiaga de le faire, à moins que cet argent ne soit pas un don, mais un payement qui nous advienne autrement et à titre de propriété : ce que j'ai quelque motif de supposer. Je crois savoir, en effet, que le vice-roi qui nous fournit, par l'ordre de sa majesté, tout ce qui nous est nécessaire pour notre subsistance et nos autres besoins, a fait remettre au gouverneur d'ici un billet de dix *pardams* (2) pour nous donner les moyens d'avoir

---

(1) Jean d'Artiaga était un séculier, de profession militaire, qui servait volontairement saint François-Xavier; quelquefois, il est désigné par le titre de frère.

(2) Le pardam xeraphim était une monnaie portugaise en argent, de la valeur réelle d'environ 75 centimes de notre monnaie. La valeur relative ancienne était de beaucoup supérieure. Cette monnaie portait, d'un côté, la figure de saint Sébastien, et de l'autre, un faisceau de flèches.

un interprète. Il se pourrait faire que le gouverneur, ne prévoyant pas pouvoir à cette heure nous procurer lui-même un interprète, n'espérant pas en avoir l'occasion de quelque temps, et ne voulant cependant pas conserver inutilement entre ses mains l'argent d'autrui, se fût empressé de le faire passer à ceux qui y ont droit : s'il en est ainsi, nous devons garder cet argent ; autrement il le faut rendre, et je veux qu'Artiaga le fasse immédiatement.

Je désire et j'implore pour vous toutes les grâces du ciel dans l'intérêt du service de Dieu, ainsi que je les désire et les implore pour moi-même. Adieu.

De Punicale, le 22 février 1544.

Je n'écris pas à Jean d'Artiaga, parce que cette lettre vous est commune, et s'adresse à tous deux.

Votre frère plein d'amitié.

François.

LETTRE VII.

A François de Manclas.

Mon très-cher frère en J.-C.,

Votre lettre m'a causé la joie la plus sensible. Je vous prie, avec les plus vives instances, d'agir avec cette population perverse comme font les bons parents avec des fils ingrats : ne laissez point s'affaiblir votre patience, malgré le nombre de leurs crimes et de leurs péchés : Dieu lui-même, qu'ils offensent d'une manière si grave, ne les extermine pas, quand d'un seul geste il le pourrait. Il ne se lasse point de leur accorder le nécessaire pour leur existence et pour tous leurs besoins ; s'il cessait de leur ouvrir avec plénitude sa main miséricordieuse, ils demeureraient dépourvus de tout, et ils périraient consumés par la misère, ainsi qu'ils en seraient dignes : que cet exemple vous serve à vous maintenir dans une parfaite égalité d'âme et à vous faire bannir les vaines préoccupations !

Vos travaux en ces contrées sont plus féconds que vous ne l'imaginez, et quoique vous n'obteniez pas tous les fruits que vous auriez désirés, vous rendez néanmoins, je vous l'assure, assez de services, pour n'avoir point sujet de vous repentir. Enfin, quel que soit le succès, n'avez-vous point cette consolation certaine, que vous n'êtes point demeuré dans une oisiveté volontaire, et que vous n'avez pas à vous imputer la fortune contraire des événements ? Au demeurant, comme la dureté de certaines natures incorrigibles, parmi les populations qui dépendent de sa majesté, nécessite l'emploi de l'autorité royale, ainsi que le permettent des exemples autorisés et la saine raison, j'envoie vers vous un appariteur, à qui j'ai prescrit d'infliger une amende de deux de ces monnaies appelées Fana, à chacune des femmes qui se livreront encore à leur passion pour ce breuvage qui occasionne le délire, et qu'ici l'on appelle Arack (1), contrairement aux édits de l'autorité; et de faire en même temps enfermer, durant trois jours, toutes celles qui seront convaincues du vice de l'intempérance. Vous aurez soin de faire publier hautement, dans tous les villages et dans tous les lieux d'assemblée, que cette pénalité recevra son exécution très-rigoureuse à partir d'à présent, afin que les malheureuses, sujettes à ce vice, soient sensibles à l'amende qui peut les atteindre, et

---

(1) L'usage de l'arack est encore aujourd'hui très-répandu dans l'île de Ceylan et dans les parties les plus méridionales de l'Inde. Le suc que l'on obtient des fleurs du cocotier ou du dattier, par incision, étant exposé à une douce chaleur, entre en fermentation, et forme une boisson analogue au cidre, qui enivre très-facilement. C'est le vin de palmier. Il suffit de distiller le vin de palmier après la fermentation alcoolique pour en obtenir l'arack, alcool d'une saveur brûlante, et dont l'usage est pernicieux.

n'aient plus lieu d'invoquer l'excuse de leur ignorance. Vous dénoncerez pareillement aux patangats ou chefs des villages (1), que si dorénavant on boit de l'arack à Punicale, je les en rendrai responsables, et les en punirai très-sévèrement.

Vous exhorterez Mathieu à se montrer un bon fils envers moi; car il doit être assuré, s'il agit ainsi, qu'il recevra de ma part plus de bienfaits et de services qu'il n'en pourrait jamais attendre de ses propres parents. Pendant que je suis retenu dans Manapare, sans pouvoir me rendre où je désire aller, ayez soin d'avertir sérieusement tous les patangats qu'ils doivent, s'ils sont sages, réformer dès à présent leurs désordres et leurs vices, et que s'il en est qui soient demeurés dans leur perversité première, et que je les trouve ainsi lors de mon arrivée, j'ai le pouvoir, au nom du gouverneur, de les faire charger de liens et de les envoyer à Cochin, où leur châtiment ne sera point de brève durée : qu'ils ne se fassent à cet égard aucune illusion. Et c'est ma résolution bien positive d'intervenir, afin que jamais il ne leur soit permis de retourner à Punicale. Car, il est assez avéré que la plupart des désordres et des crimes qui se commettent dans ces contrées doivent être imputés à ces personnages, qui en encourent ainsi toute la responsabilité.

Vous apporterez le plus grand soin à ce que les enfants nouveau-nés reçoivent au plus tôt, par vos mains, le saint baptême. Lorsqu'ils seront sortis de la première enfance, et qu'ils pourront commencer à s'instruire, vous vous occuperez de bonne heure de les initier aux éléments de la doctrine chrétienne; vous vous rappelez que je vous l'ai recommandé de la manière la plus vive : vous tiendrez aussi tous les dimanches une assemblée pour le ca-

---

(1) Les patangats ou patangatins étaient des chefs de villages, ayant autorité sur un certain nombre de familles dispersées dans les chaumières.

téchisme, en la forme prescrite, où toutes les personnes, quels que soient leur âge et leur sexe, devront être réunies; vous y ferez répéter les prières, et vous y enseignerez les actes des principales vertus, ainsi que j'avais coutume de le faire, comme vous le savez encore ; vous terminerez la réunion par un discours abrégé, sur un sujet de nature à procurer la réforme des mœurs. Veillez surtout avec un grand zèle, en pénétrant même dans l'intérieur des maisons d'artisans, à ce que nul ne sculpte des idoles, ou n'en fabrique.

J'ai entendu dire qu'une lettre qui m'était adressée par Alvare Fogaza, se trouvait dans vos mains : ne me l'envoyez pas, mais conservez-la jusqu'à mon arrivée.

Que Dieu Notre-Seigneur vous comble, dès cette vie et dans la vie future, d'autant de consolations que je lui en demande pour moi-même.

Adieu. De Manapare, le 14 Mars 1544.

Votre frère très-affectionné en J.-C.

FRANÇOIS.

LETTRE VIII.

A François de Mancias.

Mon très-cher frère en J.-C.,

C'est avec une joie et un fruit spirituel infinis que j'ai appris par votre lettre que vous viviez parfaitement heureux dans votre mission, et que vous étiez comme inondé des consolations célestes. Si Dieu, comme vous l'éprouvez, daigne se souvenir de vous, ayez soin vous-même de ne point l'oublier. Craignez aussi de céder à l'ennui, si ingrat que soit votre travail, et n'allez pas, succombant au découragement, laisser affaiblir la constance et l'énergie que vous avez déployées jusqu'à présent dans vos entreprises. Conservez toujours votre âme humiliée en présence de Dieu, dans un affectueux sentiment de continuelle reconnaissance. Soyez, dis-je, reconnaissant de ce qu'il a daigné vous élire pour un ministère aussi sublime que celui dans lequel il se sert de vous. Vous avez par écrit les recommandations que je vous ai laissées ; je n'y ajoute rien, je ne vous prescris rien de plus. Continuez à vous souvenir de moi, de même que votre pensée ne me quitte jamais.

Dites à Mathieu de se montrer un bon fils à mon égard ; il doit s'attendre lui-même à trouver un bon père en moi ; et je ne perds de vue aucune occasion d'agir dans son intérêt. Vous lui direz également que les dimanches, en répétant à l'assemblée du catéchisme la leçon que vous lui avez enseignée à la maison, il la doit prononcer à très-haute voix, afin que non-seulement tout l'auditoire l'entende, mais que le son de sa voix parvienne jusqu'à nous qui sommes à Manapare.

Instruisez-moi de l'état présent des chrétiens de Tutucurin, et s'ils sont encore l'objet de persécutions de la part des Portugais qui y sont établis ; apprenez-moi ce que l'on dit du gouverneur, et s'il doit passer l'hiver à Cochin.

Il se présente à cette heure, sous de favorables apparences, une entreprise très-considérable, et qui donne lieu d'espérer que le service de Dieu Notre-Seigneur en pourra recevoir un glorieux accroissement. Multipliez vos prières auprès de ce Dieu et Seigneur, afin qu'il daigne faire réussir les espérances qu'il a fait paraître à nos yeux, et conduire à maturité toute cette entreprise, en nous procurant les occasions que nous appelons de tous nos désirs.

Je vous prie de ne jamais cesser de faire paraître à l'égard de toute cette nation, envers les seigneurs et les principaux du pays, comme envers les derniers du peuple, les sentiments de la charité la plus tendre, et ne doutez point que par un effet naturel vous ne deveniez bientôt l'objet de l'affection universelle ; si vous y êtes une fois parvenu, votre voie sera plus aisée, et vous recueillerez des fruits plus abondants dans le ministère que vous remplissez à leur égard ; eux-mêmes ils seront amenés plus aisément à la foi et au service de Dieu Notre-Seigneur. Accoutumez-vous à tolérer avec une patience infinie leurs faiblesses et leurs péchés de fragilité ; concevez d'eux, par un espoir charitable, cette pensée que, s'ils ne sont point bons encore, ils peuvent le devenir un jour. Et s'il arrive que vous ne parveniez pas entièrement à les faire venir où vous auriez le désir de les voir, ne vous repentez pas de vos efforts, et contentez-vous d'aussi peu que vous leur aurez fait produire. Ainsi moi-même je me console en de semblables peines.

Que Dieu, Notre-Seigneur, soit toujours avec vous, et qu'il nous accorde sa grâce, afin que nous le servions toujours fidèlement. Adieu.

De Manapare, le 20 mars 1544.

Votre frère en J.-C.,

FRANÇOIS.

LETTRE IX.

A François de Mancias.

Mon très-cher frère en J.-C.,

Je ne saurais jamais vous exprimer en paroles le désir extrême que je ressens de vous aller visiter sur cette côte. Je vous renouvelle la très-sincère assurance, que, s'il s'offrait aujourd'hui l'occasion d'un vaisseau faisant voile pour votre contrée, je partirais à l'instant même. Trois Indiens nobles de la suite du roi de Travancore viennent de se présenter à moi, pour se plaindre d'un Portugais qui, d'après leur récit, aurait enlevé dans Patane un serviteur du prince Iniquitribirim (1), et l'aurait conduit chargé de

---

(1) Iniquitribirim, nom du roi de Travancore.

7.

liens à Punicale; on aurait même entendu ce Portugais se vanter qu'il le mènerait à Tutucurin avec lui. Lorsque vous aurez appris la vérité touchant cette affaire, écrivez-en, je vous prie, au gouverneur. Et si l'on peut encore rencontrer ce Portugais, quel qu'il puisse être, employez tous vos efforts, et faites en sorte que le prisonnier soit immédiatement délivré. S'il est redevable envers le Portugais, que la plainte soit portée devant le prince, qui décidera selon la justice, et qui maintiendra, comme il en a la coutume, le droit des nôtres. Mais ce conseil est tardif, et c'était la voie que l'on devait suivre dans l'origine. Un sujet d'un souverain allié ne devait pas être enlevé dans les États mêmes de ce prince et sans sa participation. Ainsi notre courage agit à contre-temps; l'on épargne les ennemis, et l'on persécute les amis. Cette injustice m'interdit tout accès auprès du roi, qui sans cela se serait montré favorable; serait-ce un acte de sagesse que d'aller affronter une assemblée de courtisans, tous frémissants d'indignation au sentiment si récent encore d'une suprême injure? Je conçois leur colère, née d'une cause entièrement légitime. N'est-il pas, en effet, intolérable de voir saisir et enlever, par de prétendus alliés, les serviteurs d'un souverain ami, sur les domaines mêmes de ce prince, et sans qu'on ait sollicité ni attendu son assentiment? Avait-on jamais ouï dire qu'à l'époque des Pules (1), c'est-à-dire d'une domination tyrannique, pareil at-

---

(1) Les Pules ou Poligares étaient de petits seigneurs, des espèces de hobereaux, établis dans des châteaux sur les hauteurs : ils avaient fini par asservir la plus grande partie du pays, et par usurper une autorité presque souveraine. C'était une féodalité semblable à celle d'Europe, et qui ne cessa que sous la domination puissante des conquérants indiens du XVᵉ siècle.

Les Mudaliares, dont le nom se présentera plus loin, étaient une famille de la côte de Coromandel, appartenant à la caste des Vaïçyas (marchands et cultivateurs), troisième caste de l'Inde, et qui jouit d'une très-grande influence du XIIIᵉ au XVIᵉ siècle; ses membres construisirent également un grand nombre de châteaux.

On rencontre encore dans ces pays les nombreuses ruines de ces forteresses, et la réponse invariable des habitants au voyageur est : Ceci fut bâti

tentat se fût commis en ces contrées? En vérité, j'ignore à quel dessein m'arrêter, tant à cette heure je vois les conseils du zèle et de la prudence entièrement confondus par la folle audace de ce malheureux Portugais. Je me sens vivement pressé de fuir ces pays : n'y perdons-nous pas tout notre temps, au milieu d'êtres insensibles à la considération de la justice, et qui ne tiennent aucun compte du péril où la religion et l'autorité royale peuvent se trouver exposés par la satisfaction de leurs passions sans frein : et surtout avec l'impunité qui confirme leur audace? Ne voit-on pas, en effet, avec la dernière évidence, que si les criminels auteurs de cet autre rapt accompli récemment sur un *myoparon* (1), avaient reçu le juste châtiment de leur crime, les Portugais n'auraient point commis un nouvel attentat? Il peut arriver, qu'irrité par cet excès d'injustice, le roi de Travancore se porte à quelque extrémité violente envers les chrétiens de ses domaines.

Je vous prie d'écrire au gouverneur toute la douleur que j'ai ressentie du rapt commis en la personne de cet esclave du roi de Travancore, à cause des grands malheurs qui peuvent en résulter, et de l'irritation que doit causer un forfait si odieux. J'avais presque résolu de ne plus écrire sur de pareils sujets, car ces hommes veulent faire tout ce qui plaît à leur passion, et n'ont pas la volonté d'entendre ce qui leur déplaît : comme si c'était leur faire injure que d'ouvrir seulement la bouche, tandis qu'eux-mêmes transgressent les droits les plus sacrés. Si vous apprenez, par une voie certaine, que l'homme enlevé par le Portugais se trouve à Tutucurin, je vous prie, au nom de votre zèle pour le service de Dieu, de vous rendre sur-le-champ en présence du gouverneur, et de vous employer auprès de

---

par un tel, Poligare, par un tel, Mudaliare. — Nous devons ces détails et bien d'autres renseignements à M. Théodore Pavie, indianiste et sinologue, professeur au collége de France, à qui son talent brillant et irréprochable a fait un nom justement apprécié des lecteurs religieux.

(1) Grand bateau plat des Indes.

lui d'une manière efficace, afin de faire mettre, à l'heure même, le malheureux en liberté : que le Portugais qui l'a fait prendre vienne exposer sa réclamation ou sa plainte, on lui fera droit de manière à le satisfaire légitimement.

Les Portugais trouveraient-ils naturel, si un Indien se trouvait avoir un différend avec quelqu'un d'entre eux, que cet Indien enlevât un Portugais à main armée, et l'emmenât chargé de liens sur la terre ferme ? En aucune façon. Tels doivent être les sentiments des Indiens : pourquoi leur ferions-nous éprouver le traitement que nous ne voudrions pas en éprouver nous-mêmes ? Pourquoi nous étonner s'ils s'irritent de l'offense qu'ils ont reçue, ainsi que nous le ferions nous-mêmes ? S'ils nous refusaient une réparation, cet attentat serait de notre part plus excusable. Mais quand à cette heure ils témoignent leur intention de nous rendre bonne justice, quand ils observent avec fidélité le droit des gens, et qu'ils font paraître dans leurs relations de commerce un esprit pacifique et équitable, quelle excuse plausible serions-nous en droit d'alléguer ? De quelle apparence un peu spécieuse pouvons-nous couvrir la tache honteuse de notre infidélité dans notre parole, de notre violation du droit ? Si quelque obstacle insurmontable vous arrêtait et vous empêchait de vous mettre en chemin immédiatement, envoyez Paul Vaz vers le gouverneur avec une lettre de vous.

Je vous l'affirme de nouveau, je me sens plus ému de ce message, que je ne pourrais vous l'exprimer dans une lettre. Que Dieu Notre-Seigneur nous donne assez de force d'esprit, pour que nous puissions supporter avec toute la patience nécessaire des désordres et des excès de cette nature ! Quoique je connaisse toute cette affaire par des rapports très-dignes de foi, ne manquez pas, je vous prie, de m'en écrire très-exactement toutes les circonstances, ainsi que vous les aurez connues par vous-même. Est-il vrai que le Portugais se soit emparé de l'esclave du roi de Travancore sur les domaines de ce prince ; et s'il l'a fait, quelle raison donne-t-il de son action ? enfin a-t-il, ainsi qu'on me l'a dit, le dessein de le conduire à Tutucurin, et dans quelle intention ? Je désire apprendre quelque circonstance qui puisse diminuer l'indignité d'un forfait si odieux et démentir les exagérations de la renommée. Et si rien ne paraît devoir atténuer le crime, et que les faits se soient passés tels qu'on les raconte en tous lieux, je devrai renoncer au dessein d'aller trouver le roi, auprès duquel j'avais à traiter différentes affaires intéressant le service de Dieu.

Vous n'ignorez pas combien cette nation est sensible à ces enlèvements d'esclaves, surtout étant commis sur son territoire ; il n'est pas douteux que tous à cette heure ne soient remplis d'idées de vengeance, et qu'ils ne méditent quelques outrages envers la nation portugaise et le nom chrétien. Il serait téméraire de m'aller offrir de moi-même à ces dispositions.

Je me verrai contraint de porter mes pensées vers d'autres pays, et de diriger mon zèle vers un dessein qui depuis longtemps me flatte et m'attire ; c'est d'abandonner les Indes où tant d'obstacles viennent entraver la propagation de la religion de Jésus-Christ, venant d'une part d'où jamais on n'aurait dû les craindre, et de me transporter en Éthiopie, où nous appelle l'espérance magnifique et très-fondée de dilater merveilleusement la gloire de Dieu Notre-Seigneur, en y annonçant l'Évangile ; où ne seront point des Européens pour s'opposer à nous et ruiner tout ce que nous aurons édifié. Je ne vous le cache point, je m'y sens si vivement porté, qu'il n'est pas invraisemblable que je prenne bientôt à Manaparc même une de ces barques que l'on appelle des *tones* (1), dont il s'y trouve un grand nombre, pour me rendre sans différer

(1) Petites barques n'allant qu'à la rame et qui sont d'un usage ordinaire dans la Péninsule indienne.

à Goa, afin de préparer tout ce qui est nécessaire à mon départ pour les domaines du prêtre Jean.

Que Dieu nous accorde son secours et sa grâce! Amen. De Manapare, le 21 Mars 1544.

Votre frère très-affectionné en Jésus-Christ.

FRANÇOIS.

LETTRE X.

A François de Mancias.

J'ai été ravi d'apprendre, par votre lettre, l'état de vos travaux et les fruits qui sont résultés de votre zèle. Que le Seigneur que nous servons daigne ainsi féconder, à l'avenir, vos ardents efforts, et que, dans sa clémence, il vous accorde les forces nécessaires, afin que vous puissiez suffire à cette œuvre si laborieuse, et développer toujours le progrès du bien vers une perfection plus grande; que votre courageuse persévérance triomphe entièrement des obstacles et des épreuves qui naissent à chaque pas dans la voie du bien!

Lorsque j'entends dire que les chrétiens sont persécutés et opprimés par les gentils, et par les Portugais eux-mêmes, je ne puis m'empêcher d'en ressentir au fond de l'âme une amère douleur, en pensant à l'indignité et aux dangers de pareils excès. Si cependant, comme on le dit, l'habitude et l'expérience émoussent et affaiblissent la vivacité de ces sortes de peines, j'aurais dû m'endurcir depuis longtemps par l'épreuve si souvent réitérée de pareilles douleurs; mais je ne sais comment il arrive que je ne saurais éprouver d'adoucissement, par ce remède ordinaire de l'accoutumance et du temps. J'éprouve des douleurs infinies toutes les fois que je suis témoin de scènes de violence et de tyrannie, où que j'apprends, par autrui, que des actes de sauvage injustice sont commis, par les personnes mêmes qui devraient en éprouver le plus de honte, envers ces tendres nourrissons de notre mère l'Église. En effet, ces néophytes qui, dans leur première enfance chrétienne, et, pour ainsi dire au lendemain de leur naissance à la religion, devraient être l'objet des affectueuses caresses de leurs frères aînés, nous les voyons l'objet de leur délaissement et de leur mépris, ou de leurs violences criminelles et de leurs attentats barbares; ils sont enlevés par eux et réduits en esclavage, sans que nos efforts, si grands qu'ils puissent être, aient la vertu de les protéger ou de les défendre. Je me sens pénétré d'une amère tristesse, et cette angoisse intime et dévorante m'accompagne en tous lieux. Je viens encore d'apprendre, il y a trois jours, par les lettres des Patangats, un attentat nouveau, le rapt de plusieurs servantes commis à Punicale par des Portugais. A la réception de cette douloureuse nouvelle, j'ai écrit sur-le-champ aux vicaires épiscopaux de Coulan (1) et de Cochin, les priant avec instances de proclamer la menace d'une excommunication majeure, afin d'obtenir, dans une enquête publique, les noms des ravisseurs, et que les ayant connus, on leur puisse arracher leur proie et leur infliger la peine édictée par la loi, et ce, pour l'exemple de tous.

N'oubliez point de procurer à Mathieu tout ce qui lui est nécessaire pour se vêtir; employez à son égard les procédés les plus affectueux et l'indulgence d'un père; efforcez-vous de vous attacher cet enfant, et de faire en sorte qu'il demeure avec plaisir auprès de vous; car, étant libre et maître de sa personne, il ne peut être retenu dans notre intérieur que par les liens de la seule affection. Lorsqu'il demeurait avec moi, je me suis appliqué constamment à le captiver, par tous les témoignages d'une ten-

---

(1) Coulan ou Quilam, ville et port dans le Travancore, vers le 9° de lat. N., à cent deux milles N.-O. du cap Comorin.

dresse, pour ainsi dire, maternelle, et je désire infiniment que vous suiviez mon exemple.

Dans votre traduction du symbole des apôtres, il est des observations que je crois utile de vous adresser : vous ne rendez pas, d'une manière exacte, les paroles *Credo in Deum*, par ces termes du langage vulgaire *Enaqu-venum;* en effet, le mot *Venum* répond à *Volo*, je veux, dans le dialecte des païens de cette contrée. Ainsi, vous voyez qu'il est impropre de dire : *Volo in Deum*, Je veux en Dieu; je vous engage donc à vous servir de *Vichuam* au lieu de *Venum*. Cette parole répond, dans le langage de ce pays, au mot latin *Credo*. De même, dans l'article du même symbole, où il est parlé de la Passion de J.-C., évitez d'employer l'expression *vao-pinale* : le peuple attache d'ordinaire, à cette expression, un sens d'obligation et de nécessité. Or, Jésus-Christ n'a point souffert par nécessité, mais spontanément et par sa libre volonté.

Lorsque seront arrivés les émigrants de la côte de la Pêcherie, vous vous empresserez de visiter ceux d'entre eux qui sont malades, et vous menerez partout avec vous, dans les cabanes, un enfant pour réciter sur eux les prières qui vous sont désignées dans les instructions que je vous ai laissées par écrit. Après ces oraisons et en terminant, vous réciterez une fois celui des Évangiles qui se récite en ces occasions, et vous vous rappellerez, en général, que vous devez témoigner dans vos rapports avec ce peuple une charité très-sincère, employant tout votre zèle à vous concilier ainsi leur amour. Je serais heureux d'apprendre par vous, que dès à présent personne d'entre eux ne s'adonne à la boisson de l'arack, que personne ne sculpte des idoles; que tous s'empressent de venir, le dimanche, assister à la récitation des prières ; mais, si nous n'obtenons point encore ici tout le succès que nous désirons, ne laissons point s'affaiblir notre courage, et considérons en nous-mêmes, que si, dès les premiers temps où cette infortunée nation a fait profession de la foi de J.-C., elle avait eu toujours au milieu d'elle des maîtres vigilants qui lui auraient, comme vous le faites à cette heure, prodigué les leçons nécessaires, en vérité ce seraient des chrétiens infiniment meilleurs qu'ils ne le sont.

Que Notre-Seigneur vous accorde autant de consolations en cette vie et de gloire dans l'autre, que j'en désire pour moi-même !

Adieu. De Manapare, le 27 mars 1544.

Votre frère très-affectionné en J.-C.

FRANÇOIS.

LETTRE XI.

A François de Mancias.

Mon très-cher frère,

C'est avec une satisfaction infinie que j'ai appris votre départ pour visiter les chrétiens disséminés dans la contrée, que je vous avais recommandés; mais je suis encore plus heureux d'avoir appris, par les récits des personnes qui sont venues ici, les fruits très-abondants que votre visite a produits, pour le plus grand avantage des âmes et de l'Église chrétienne. J'attendais pour hier et j'attends pour demain matin des nouvelles du gouverneur; si elles sont telles que je l'espère, je ne différerai point d'aller auprès de vous, et je me détournerai même, pour vous pouvoir rejoindre, en quelque point que vous soyez de votre voyage. En effet, je désire infiniment vous voir, quoique vous me soyez toujours présent en esprit.

Jean d'Artiaga m'a quitté, séduit par de vaines illusions qui troublaient son âme, et qui sont, je le pense, inspirées par le mauvais esprit. Mais lui-même ne s'en rend point compte, et ne paraît point être dans la voie pour se reconnaître. Il me disait, à son départ, qu'il devait aller à Coïmbatour (1) pour en catéchiser les habitants, et il ajoutait qu'il désirait se rapprocher de vous, en choisissant un lieu voisin de votre résidence. Peut-être était-ce alors son intention : mais je ne sais s'il y aura persisté, car vous n'ignorez pas combien il est inconstant, et qu'il tourne à tout vent ; quoi qu'il en soit, s'il va vous trouver, je ne pense point qu'il soit utile de perdre votre temps dans des conversations avec lui.

J'ai écrit au gouverneur afin qu'il nous procurât le nécessaire. J'ai également prié Manoël da Cruz de vous avancer des fonds, toutes les fois que vous en éprouverez le besoin, et il m'a charitablement promis de le faire. Conservez soigneusement votre santé, qui est un instrument nécessaire, afin de pouvoir servir Dieu Notre-Seigneur avec autant d'éclat que vous le faites.

Vous direz à Mathieu que j'exige absolument qu'il vous obéisse, et qu'il vous soit scrupuleusement soumis en toutes choses ; je veux qu'il observe cette loi. Ainsi que je l'ai souvent promis, je lui serai comme un père et une mère, s'il se concilie votre faveur ; autrement, et si vous ne me rendez pas un compte excellent de sa docilité, je ne me croirai point obligé de m'occuper autant de lui, et de penser autant à ses intérêts. Je vous prie en même temps de lui fournir libéralement tout ce qui lui est nécessaire pour se vêtir.

Dans la visite des hameaux isolés qui vous occupe à cette heure, voici la conduite que je vous recommande : dès votre arrivée dans une place, vous ferez rassembler tous les hommes à un jour indiqué, et toutes les femmes à un autre jour : vous les instruirez séparément de ce qu'ils ignorent au péril de leur âme, et vous ne vous contenterez pas de leur faire réciter de mémoire, dans l'assemblée, les prières que, d'après la coutume de l'Église, tous les chré-

---

(1) Petite province à l'ouest du Malabar, au centre de la presqu'ile de l'Inde, par le 11° de lat. N.

tiens savent par cœur; mais vous aurez soin, et vous le leur recommanderez vivement, qu'ils renouvellent souvent ces prières dans leurs maisons, principalement le matin et le soir. Vous ne manquerez pas de baptiser ceux qui n'ont point encore été régénérés dans les eaux du salut, les adultes aussi bien que les enfants. Au milieu de vos travaux, afin de ne point vous complaire dans les fruits qui seront opérés par vos mains, vous considérerez en vous-même que si le moulin a broyé de bon froment, toute la gloire en revient uniquement au suprême Ouvrier, le Maître du monde, qui fait couler l'eau pour mettre en mouvement la meule, et qui communique l'impulsion et la puissance à toute la machine.

Que Dieu Notre-Seigneur vous dirige de sa main et vous fortifie de sa grâce!

Adieu. De Manapare, le 8 avril 1544.

Votre frère plein d'amour en Jésus-Christ,

FRANÇOIS.

LETTRE XII.

A François de Mancias.

Mon très-cher frère en J.-C.,

J'éprouve un ardent désir de vous voir, et j'ai sujet d'espérer que Dieu dans sa miséricorde exaucera bientôt ce désir. En attendant, aucun jour ne se passe pour moi sans que je vous voie en esprit. Je ne doute point que pour vous il n'en soit de même, et qu'ainsi nous ne cessions jamais d'être présents l'un à l'autre. Je vous en prie, au nom de votre amour pour Dieu, écrivez-moi sur vous, sur tous les chrétiens, sur votre santé, sur vos affaires et tout ce qui vous regarde. Je veux que vous m'instruisiez de toutes choses minutieusement et avec précision.

J'attends ici cette semaine un Pule de Travancore, et je ne présume pas qu'il manque à venir; car lui-même a pris soin de m'écrire qu'il arriverait à cette époque. Que vous ajouterai-je? mon esprit est pénétré d'une rare et intime confiance en la bonté divine, qui me fait espérer beaucoup de bien de cette entrevue, pour le plus grand service de Dieu Notre-Seigneur : tout ce qui se sera passé, vous le saurez par nous immédiatement, afin que vous en rendiez grâces à Dieu Notre-Seigneur.

J'écris aux Patangats, à l'égard du pavillon que l'on doit construire en feuillages verts.

Il me paraissait avantageux de réunir les femmes dans l'église le samedi matin, comme il se fait à Manapare, et les hommes le dimanche. Cependant, je laisse tout à votre discrétion.

Lorsque vous aurez l'intention d'écrire au gouverneur, afin d'en être assisté dans quelqu'un de vos besoins, n'attendez point l'extrême nécessité, mais devancez ce terme par votre demande, afin que, si le gouverneur se trouve avoir besoin d'un intervalle de temps pour vous procurer le nécessaire, vous ne soyez pas exposé, par ce délai même, à souffrir une détresse excessive.

A l'égard de Jean d'Artiaga, je désire apprendre de vous où il est, et s'il sert Dieu fidèlement. Je crains infiniment qu'il ne persévère pas dans le service de Dieu, par l'effet de son inconstance, qui vous est bien connue.

Le Père qui est avec moi, et moi-même, sommes en parfaite santé.

Dites de ma part au jeune Mathieu qu'il continue à se bien conduire : qu'il prononce à haute voix, dans la réunion du catéchisme, la leçon que vous lui aurez enseignée, et qu'il l'articule très-purement : lorsque j'irai vous trouver, je lui veux porter un léger présent qui, je le sais, doit lui faire un très-grand plaisir.

Écrivez-moi si les enfants accourent avec empressement pour réciter ensemble les prières aux heures indiquées, et combien d'entre eux les possèdent bien de mémoire. Je voudrais que, dans le compte très-détaillé que vous me rendrez de ces œuvres, vous ne soyez avare ni de vos paroles ni du papier. Je désire que vous remettiez vos lettres pour moi à la première personne que vous trouverez, qui doive se rendre ici.

Que le Seigneur soit avec vous, ainsi que je désire qu'il soit avec moi! Adieu.

De Livare, le 23 avril 1544.

Votre frère très-affectionné en J.-C.

FRANÇOIS.

LETTRE XIII.

A François de Mancias.

Mon très-cher frère en J.-C.,

Ce premier jour du mois de mai, j'ai reçu votre message dont la lecture m'a fait éprouver une joie que je ne saurais jamais exprimer dans une lettre. J'avais été malade, pendant ces quatre ou cinq derniers jours, d'une fièvre ardente et continue, et j'ai deux fois été saigné dans cet intervalle; par la grâce de Dieu, je me sens rétabli; j'ai même presque oublié cette indisposition, par l'extrême plaisir que m'ont procuré les heureuses nouvelles venues de votre part. J'espère, avec le secours de Dieu, me rendre auprès de vous, à Punicale, dans le courant de l'autre semaine. Nous avions pensé que le Pule de Travancore devait venir aujourd'hui, sans doute il viendra demain matin au plus tard. Lorsque je serai près de vous, je vous ferai connaître de vive voix ce que nous aurons conclu avec lui. Que Dieu, Notre-Seigneur, permette qu'il en résulte quelque bien pour l'avancement de son service!

Le P. François Coelho (1) vous fait passer deux parasols.

Devant si prochainement m'entretenir avec vous oralement, je n'ajouterai rien à cette lettre, si ce n'est mes vœux ordinaires : que Dieu, Notre-Seigneur, daigne nous assister de sa grâce, afin qu'ainsi nous le puissions servir fidèlement !

Adieu. — De Nara.

Ce premier mai 1544.

Votre frère très-affectionné en J.-C.

FRANÇOIS.

LETTRE XIV.

A François de Mancias.

Mon très-cher frère en J.-C.,

Dieu pour qui rien n'est caché, sait combien je serais plus heureux de passer quelques jours auprès de vous, que de demeurer pendant le même temps à Tutucurin. Mais ce délai m'est nécessaire, afin d'apaiser certains différends d'une nature inquiétante, et qui mettraient ces populations dans un grand péril ; il convient donc que vous, ainsi que moi, nous fassions céder avec joie la consolation si désirée de notre entrevue, à l'intérêt immense que fait espérer l'affermissement de cette paix pour le service de Dieu ; et nous devons nous féliciter d'être, non pas où nous pourrions le désirer, mais où nous réclame la très-sainte volonté de Dieu Notre-Seigneur, le bien de son royaume, et l'intérêt de sa plus grande gloire.

---

(1) François Coelho était un prêtre séculier que le Saint employa souvent pour l'aider dans ses œuvres apostoliques, et qui, dans la suite, remplaça Mancias dans sa mission.

Je vous en prie de nouveau, et je vous en conjure, ne vous irritez point contre cette malheureuse nation, quand il arrive que par ignorance ou par faiblesse elle provoque vos mécontentements. Je sais combien c'est un inconvénient pénible d'être dérangé d'une affaire à laquelle on est tout entier livré, par des gens qui veulent vous occuper d'autres affaires qui leur sont entièrement personnelles. Mais sachez, pour ainsi dire, digérer ces importunités, conservez la sérénité de votre âme, et prêtez-vous avec douceur à ces occupations qui vous surviennent à contre-temps de divers côtés, de manière à faire tout ce qu'il vous est donné de faire; et négligez seulement ou différez, avec une entière égalité d'humeur, ce qui se trouve au-dessus de vos facultés présentes: tout en prenant soin de contenter par de bonnes paroles ceux que vous ne pouvez satisfaire par des actes; excusez-vous avec bonté: dites que votre pouvoir n'est point égal à votre bonne volonté dans leur intérêt; enfin, ce qui souvent console de n'avoir pas obtenu, donnez une espérance au lieu d'une impossible réalité. Vous devez une extrême reconnaissance à Dieu Notre-Seigneur, et je vous invite à la lui témoigner, de ce qu'il vous a mis en cette place, où, si vous vouliez être oisif, vous n'en auriez pas le pouvoir: telle est, en effet, l'infinité des soins qui vous pressent de toutes parts, qu'ils ne laissent aucune de vos heures sans occupation; mais ce qui relève et rend délicieux votre travail, si grand qu'il soit d'ailleurs, c'est que toutes ces œuvres ont évidemment pour objet le service de Dieu Notre-Seigneur.

J'envoie Pierre auprès de vous. Ayez soin de votre côté de nous renvoyer Antoine aussitôt qu'il sera rétabli, c'est-à-dire dans six à huit jours, s'il se remet comme nous l'avons pensé. J'ai écrit à Manoël da Cruz une lettre très-pressante, et, tant par raisons que par prières, je le sollicite vivement de hâter la construction de l'église. Dès que l'une de ces barques que l'on appelle des *tones* fera voile pour venir ici, vous la chargerez de m'apporter ma petite boîte. Lorsque j'aurai terminé, le plus rapidement que je le pourrai, toutes les affaires qui me retiennent ici, je m'empresserai de me rendre auprès de vous. Je désire en effet, plus vivement que vous ne pouvez l'imaginer, demeurer et travailler avec vous pendant quelques jours. Si vous éprouvez le besoin de secours ou de conseil, informez-m'en par lettre ; vous ne sauriez manquer de messagers, à cause de la fréquence des communications en tous sens. Supportez ce peuple, tolérez-le avec une patience infatigable, invincible ; retirez-le du péché, dirigez-le dans la voie du bien, autant que vous le pourrez. Si vous éprouvez en quelques-uns que votre douceur et vos bons offices ne peuvent les maintenir dans le devoir, considérez que le moment est venu pour vous d'exercer à leur égard ce devoir de miséricorde, qui consiste à châtier en temps utile un pécheur, que la sévérité seule peut déterminer à bien faire.

Que Dieu vous assiste, ainsi que je désire qu'il m'assiste moi-même !

Adieu. De Tutucurin, le 14 mai 1544.

Votre frère très-affectionné en J.-C.

FRANÇOIS.

LETTRE XV.

A François de Mansilas.

Mon très-cher frère en J.-C.

Je suis arrivé le samedi dans la soirée à Manapare. En chemin j'ai reçu des nouvelles désolantes et qui m'ont consterné, touchant les chrétiens du cap Comorin. Les infortunés sont dispersés, enlevés et traînés en captivité par les Badages (1) ; la plupart ont été emmenés captifs, le reste s'est réfugié dans les creux des rochers qui dominent la mer : ils y périssent de faim et de soif. Je cours vers eux pour les assister, et cette nuit même je dois mettre à la voile avec vingt tones manaparoises. Priez Dieu pour ces infortunés et pour nous ! Ayez soin surtout de faire beaucoup prier Dieu pour nous par les enfants.

A Coïmbatour, les habitants m'ont promis d'élever une église, et Manoël de Lima s'est engagé, pour aider à cette construction, à fournir 100 fanons de son argent propre. Rendez-vous à Coïmbatour, afin de presser cette œuvre et de la diriger. Vous pourrez entreprendre cette course le jeudi ou le vendredi, et dans la semaine qui suivra, vous pourrez, avec la permission de Dieu, visiter les chrétiens qui sont disséminés dans les campagnes, entre Punicale et Alendale ; vous passerez en revue toutes les chaumières, et vous baptiserez tous les enfants que vous trouverez privés jusqu'à présent de ce premier sacrement de l'Église; vous catéchiserez tout ce monde, et vous leur donnerez les avis qui seront nécessaires. Je désire que vous apportiez une spéciale et souveraine attention à régénérer dans l'eau sainte les nouveau-nés que vous trouverez en tous ces endroits. Vous observerez aussi si les personnes chargées d'instruire les enfants et de les réunir à des heures réglées, s'acquittent avec soin de leur devoir. Recommandez à Manoël da Cruz qui demeure à Coïmbatour, de veiller avec zèle sur les deux villages chrétiens des Carians (2); qu'il s'applique surtout à éteindre les divisions qui pourraient survenir, et à rétablir promptement la bonne harmonie ; qu'il s'oppose enfin à ce que personne ne sculpte des idoles ou ne s'enivre en buvant l'arack. Que

---

(1) Peuplade sauvage de l'intérieur, qui désolait tout le pays par ses brigandages.

(2) Les Carians étaient des populations de pêcheurs, répandues sur la côte de Comorin.

8.

tous les dimanches on rassemble pour la récitation des prières et pour l'exercice du catéchisme, le matin les hommes, et les femmes le soir.

Si vous avez auprès de vous François Coelho, dites-lui de venir immédiatement, que je le commande.

Que Dieu vous conserve par sa grâce !

Adieu. De Manapare, le mardi 20 juin 1544.

J'ai payé au Maure à qui je remets cette lettre le salaire que je lui ai promis pour qu'il fît la route de Cariapatana.

Votre frère très-affectionné en J.-C.

FRANÇOIS.

LETTRE XVI.

A François de Mancias.

Que la grâce, etc.

Je vous prie avec instance, mon très-cher frère, de parcourir incessamment cette côte, et d'en passer en revue tous les villages, d'y baptiser les nouveau-nés, et d'instruire les autres personnes. Vous réunirez séparément les hommes et les femmes pour leur faire réciter ensemble le catéchisme, et vous les engagerez à le réciter souvent dans leurs propres demeures. Vous éviterez sur toutes choses de prolonger votre séjour dans un même lieu, mais vous recommencerez fréquemment le cours de vos visites, ainsi que je le faisais, lorsque je me trouvais sur ce littoral, et ainsi que je le fais encore en la place où je suis, quoique je sois dépourvu d'interprète. Par là vous pouvez aisément vous faire une idée de mon genre d'existence et des conversations que je puis tenir. Mais je baptise les enfants: en effet, pour ce ministère, je n'ai pas besoin d'interprète; je m'applique à secourir les indigents, qui n'ont pas eux-mêmes besoin d'interprète, pour me révéler leur dénûment.

LIVRE II. — LETTRE SEIZIÈME.   117

Je vous recommande et vous prie sur toutes choses de ne point vous lasser de baptiser les nouveau-nés et d'instruire les enfants. Si les adultes et les parents de ces enfants ont le malheur d'être privés de la félicité céleste, leurs enfants du moins seront assurés d'en jouir, si la vie leur est enlevée avant qu'ils aient perdu l'innocence de leur baptême.

Aussitôt que les néophytes seront revenus de la pêche des perles, vous visiterez les malades qui pourront être parmi eux, et vous aurez soin qu'ils ne demeurent pas dépourvus du nécessaire ; vous ferez réciter sur eux des prières par les enfants, et vous-même vous lirez les Évangiles, ainsi que vous me l'avez vu faire, lorsque j'étais dans cette contrée.

Je me rends à cette heure au cap Comorin, où je conduis vingt barques chargées de provisions, pour assister nos malheureux néophytes, qui, saisis d'effroi à l'approche des Badages, ces ennemis furieux du nom chrétien, ont abandonné leurs villages, et sont allés chercher un asile sur des îlots déserts, au milieu des rochers ; ils y demeurent sans abri, dévorés du soleil, et livrés aux dernières extrémités de la faim et de la soif. Déjà plusieurs ont succombé à l'excès des souffrances, et leur déplorable sort remplit mon âme d'une douleur infinie. Encore une fois, je vous prie avec les plus vives instances d'implorer Dieu sans cesse en notre faveur. J'adresse des lettres aux patangats et aux magistrats de votre littoral, et je les invite à secourir ces pauvres gens de leurs aumônes. En même temps je vous prie de veiller à ce que ces aumônes ne soient point obtenues contre le gré des personnes ou aux dépens des pauvres, mais viennent seulement des gens de bonne volonté et des riches, afin que ces dons charitables soient le fruit d'intentions généreuses et de facultés suffisantes.

Adieu.

LETTRE XVII.

A François de Mancias.

Mon très-cher frère en J.-C.,

Vous saurez que, par la grâce de Dieu, je suis en bonne santé : que celui qui daigne me donner cette santé, daigne aussi m'accorder de l'employer uniquement pour son service ! Faites en sorte que je sois informé jour par jour de ce qui se passe où vous êtes, de l'état de vos affaires, de la situation des chrétiens; employez tout votre zèle à presser l'achèvement de l'église. Lorsqu'elle sera terminée donnez-m'en l'avis immédiat. Je vous prie de confier à un messager très-fidèle la lettre ci-incluse qui est pour le gouverneur. Je vous prie très-instamment de vous préoccuper surtout de l'éducation des enfants. Prenez aussi le plus grand soin, je le désire singulièrement, qu'aucun des enfants nouveau-nés ne manque de recevoir de vos mains le saint baptême, immédiatement après sa naissance, ou du moins le plus tôt qu'il sera possible, afin que les âmes qui bien souvent émigrent de ces petits corps avant de posséder l'usage de la raison, aillent peupler le paradis, où les adultes ne consentent à entrer ni par l'effet de la terreur des peines, ni par l'attrait de l'éternelle félicité.

Saluez affectueusement de ma part Manoël da Cruz. J'invite Mathieu à persévérer et à faire des progrès dans le bien. Appliquez-vous à vous montrer affable et bienveillant envers ce peuple, surtout envers les magistrats et les chefs des villages, que l'on appelle Adigares (1). Que Notre-Seigneur demeure toujours avec vous !

Adieu. De Virandapatana, le 22 juin 1544.

Votre frère très-affectionné en J.-C.

FRANÇOIS.

(1) Adigares, nom des préfets royaux dans le Travancore.

LETTRE XVIII.

A François de Mancias.

Mon très-cher frère en J.-C.,

Mercredi, j'étais de retour à Manapare, et Dieu Notre-Seigneur sait combien d'épreuves j'avais essuyées dans mon voyage. J'étais parti avec vingt tones, pour aller secourir les chrétiens que les Badages avaient obligés de fuir, et que je savais en proie aux mortelles angoisses de la faim et de la soif, au milieu des rochers qui limitent les rivages du Comorin; mais les vents contraires qui sévissaient avec violence, ne nous ont point permis de surmonter la puissance des courants, ni avec les rames, ni par la manœuvre du gouvernail, et tous nos efforts n'ont pu faire aborder à l'extrémité du cap une seule de nos barques. Si ces vents viennent à s'apaiser, je me dirigerai de nouveau de ce côté, pour apporter les soulagements qui seront en mon pouvoir, à ces infortunés dont la détresse est extrême : en effet, qui serait assez cruel pour se ralentir et cesser de faire les plus grands efforts pour remédier à des malheurs, les plus excessifs peut-être qui soient au monde, et qui sont le partage de ce peuple désolé, adorateur, comme nous, de N.-S. ! Tous les jours un grand nombre d'entre eux accourent se réfugier à Manapare, sans vêtements, exténués par la faim, dépourvus de tout. J'écris aux Patangats de Coïmbatour, de Punicale, et de Tutucurin, afin qu'ils recueillent quelques aumônes en leur faveur, et nous les fassent parvenir; je les engage toutefois à ne rien exiger des pauvres, et à ne point contraindre les riches, mais à inviter simplement ces derniers à contribuer dans la mesure de leur charité. Je désire, et je crois nécessaire, que vous interveniez efficacement dans cette œuvre ; car la justice et l'équité des

Patangats ne m'inspirent de confiance en rien que ce soit au monde : et toute mon assurance est en Dieu seul.

Je serai bien aise d'apprendre de vous en quel point se trouve l'affaire de la construction de l'église, à Coïmbatour. Ecrivez-moi dans un grand détail, et faites-moi savoir si Manoël de Lima a déjà versé les cent fanons qu'il avait promis pour cette œuvre. Je désirerais également que vos lettres continssent un ample récit de votre visite parmi les villages et les habitations isolées, et de ses résultats ; je désire savoir comment partout vous avez trouvé les chrétiens, comment vous les avez laissés ; si les personnes à qui nous avons, dans les différentes places, confié le soin d'instruire les enfants, s'acquittent fidèlement de ce devoir. J'ai mis la plus parfaite exactitude à leur faire remettre, par des payements réguliers, le salaire qui leur était promis, et je ne puis, à la distance où je suis, surveiller leur conduite. Aussi je désire très-vivement en être informé par vos lettres, et par des lettres détaillées ; parlez-moi de vous-même, de votre santé, de votre résidence présente, de ce qui s'y passe, et de l'état général des affaires de la religion. Nous avons été huit jours sur la mer, et vous savez par expérience combien est incommode le séjour sur les Tones ; surtout lorsque les vents contraires soufflent avec violence, comme il est arrivé dans ces derniers temps, et que les efforts les plus grands de l'industrie et des bras humains n'en ont pu triompher. Que Dieu Notre-Seigneur vous protége toujours !

Adieu. De Manapare, le 30 juin 1544.

Votre frère très-affectionné en J.-C.

FRANÇOIS.

LETTRE XIX.

A François de Mancias.

Mon très-cher frère en J.-C.,

Que Dieu, Notre-Seigneur, daigne veiller sur vous, afin de vous conserver toujours, et qu'il vous accorde une excellente santé et des forces très-abondantes, et que vous puissiez consacrer entièrement à son service! Votre dernière lettre m'a fait un extrême plaisir, car elle renfermait la preuve évidente de votre zèle, afin de préserver et de défendre ce peuple des incursions des Badages, et de lui éviter d'en être surpris et d'en devenir la victime.

Je me suis mis en route par la voie de terre, et je suis arrivé au Cap pour visiter les malheureux chrétiens qui ont survécu aux brigandages et aux fureurs des Badages. Jamais on ne vit de spectacle plus affreux : des visages pâles et défigurés par la faim; ici les champs parsemés de cadavres infects et sans sépulture; là, des hommes expirants par l'effet de leurs blessures ou de maladies sans remède. On voit des vieillards décrépits, mis à bout de leurs forces par l'âge et par la faim, essayer vainement de faire quelques pas; des femmes deviennent mères au milieu des routes, et leurs maris s'empressent autour d'elles, et ne les peuvent secourir, à cause de la détresse universelle, et de l'absolue pénurie des premières nécessités de la vie. Si vous aviez, comme moi, contemplé ce spectacle, votre cœur aurait été touché d'une atteinte bien profonde, et pénétré d'une compassion infinie. J'ai pris soin de faire transporter les plus misérables à Manapare, où se trouve déjà la plus grande partie de cette population désolée, dont nous aurons à nous occuper selon nos facultés. Priez Dieu Notre-Seigneur, afin qu'il parle au cœur des riches, et leur inspire de la compassion envers tant d'infortunés, qui dépérissent ici dans la détresse la plus extrême.

J'espère me diriger jeudi vers Punicale. Ne vous ralentissez pas, je vous prie, dans votre soin de ce peuple, jusqu'à ce qu'il soit bien avéré que les Badages se sont retirés sur leurs terres. Vous direz à Antoine Fernandez(1), surnommé le Gros, et aux Patangats du vieux Chaël, que je défends expressément que de la nouvelle colonie on aille s'établir au vieux Chaël, et que je réserve un châtiment très-sévère à tout infracteur de ma défense. Ayez soin d'exprimer à Manoël, da Cruz ainsi qu'à Mathieu les vœux que ma vive affection forme en leur faveur.

Que Notre-Seigneur soit avec vous, et qu'il nous fortifie par sa grâce, afin que nous le servions avec nos forces tout entières ! Adieu.

De Manapare, le premier août 1544.

Votre frère en J.-C.

FRANÇOIS.

LETTRE XX.

A François de Manclas.

Mon très-cher frère en J.-C.,

Que Dieu soit toujours avec vous !

Les différents événements rapportés dans votre lettre m'ont causé des émotions bien diverses. J'ai éprouvé la joie la plus vive par le récit que vous me faites des grands fruits spirituels que vous a procurés votre visite récente des villages et des hameaux de la contrée, tandis que j'ai conçu la plus vive douleur en me représentant la captivité que vous paraissez pressentir pour vous-même. En effet,

---

(1) Antoine Fernandez était un chrétien indigène à qui le saint donnera de grands éloges dans la LETTRE XXXII de ce livre.

je partage toutes vos craintes à cet égard. Si ce malheur se réalisait, je ne prendrais aucun repos avant que Dieu ne vous eût rendu à nous, ce qui serait bientôt, je l'espère : nous-même, croyez-le, nous n'avons pas manqué de pareilles épreuves et de dangers de la même nature. Que tout s'accomplisse donc pour l'honneur et la gloire de notre Dieu si plein de bonté, de notre souverain Seigneur !

J'ai chargé l'un de nos prêtres de parcourir tout le pays, et de recommander à tous les villages d'équiper les embarcations et de les mettre à la mer, dans toute l'étendue de ce littoral, afin que tout le monde soit en mesure de s'embarquer et de mettre à la voile avant l'invasion des brigands ; car j'ai de sérieux motifs de craindre qu'ils ne se jettent bientôt sur cette contrée, et j'ai appris, par des avis certains, qu'ils s'arment dans cette intention, et rassemblent leurs forces, afin de dévaster toute la partie voisine de la mer, et même l'intérieur du pays. Mon auteur est un des principaux caçanars (1), favorable aux chrétiens indigènes. Je lui avais envoyé quelqu'un, porteur d'une lettre que j'adressais au roi de Travancore, en le priant de la remettre personnellement, car il est très-aimé de ce prince, et d'employer tout son crédit et ses sollicitations les plus vives, afin de me seconder et d'obtenir de son souverain qu'il défende aux Badages, au nom de l'autorité royale, d'infester à l'avenir le territoire de nos malheureux chrétiens. J'ajoutais que le vice-roi des Indes considérerait leurs injures comme les siennes propres, et les vengerait de même.

J'avais sujet d'espérer que ce caçanar agirait dans le sens de ma prière; car il est mon ami, et, ainsi que je vous l'ai dit, il est favorable aux chrétiens, parmi lesquels sont plusieurs de ses parents et de ses amis. Il est venu lui-même auprès de moi, non-seulement pour me témoigner

---

(1) Le caçanar était un magistrat d'un ordre élevé.

son respect, mais pour m'offrir son assistance en cette occasion, et tout son dévouement. Or, je lui avais écrit, que s'il était impossible d'obtenir, par autorité, des Badages, qu'ils missent un terme à leurs déprédations, je désirais au moins qu'on nous rendît le service de me prévenir à temps de leurs desseins contre nos côtes; je ferais alors embarquer nos chrétiens à l'avance, et je leur ferais prendre la haute mer, afin qu'ils pussent échapper par la fuite aux massacres et aux brigandages dont ils seraient les victimes. C'est ce que vient de faire ce seigneur avec une scrupuleuse fidélité à sa parole.

J'ai écrit encore au gouverneur, le priant d'envoyer un des grands bateaux qu'on appelle des *catures* (1), tout armé, pour servir de protection à ce grand nombre de barques sans défense. Ne cessez point de renouveler vos avis aux indigènes du littoral, surtout à ceux qui sont le plus éloignés de la mer, afin qu'ils établissent des sentinelles sur les points élevés, pour être avertis en temps utile, et ne pas se laisser surprendre par une incursion nocturne de cavalerie, avant d'avoir pu monter sur les embarcations toutes préparées, et s'éloigner en sécurité de la terre. Mais après leur avoir fait toutes ces recommandations, je vous engage à ne vous y fier que modérément. Je connais trop leur mollesse et leur obstination désolante; ces gens regretteront une dépense de deux fanons seulement, pour les frais de ces sentinelles indispensables. Veillez donc et agissez par vous-même et par vos affidés; dès à présent, faites mettre les barques à la mer et qu'on y place, quand il sera nécessaire, les femmes et les enfants. Ne négligez pas de mettre à profit l'occasion de ce temps d'épreuve, pour exiger d'une façon plus pressante, surtout de la part des personnes du sexe et de l'âge les plus faibles, qu'ils aient recours à Dieu par la récitation des prières. La frayeur est un grand enseignement de prière, surtout, ainsi qu'il arrive à ces pauvres

---

(1) Ou catamarans, bateaux de guerre.

gens, lorsqu'aucun espoir ne se présente à la vue, que de la part de Dieu seul.

Ici je manque de papier pour écrire. J'en avais laissé chez vous une certaine quantité dans une boîte, et je vous prie de m'en envoyer, au plus tôt, ce qui m'est présentement nécessaire. J'attends par le même courrier une lettre de vous, qui m'apprendra si les embarcations sont déjà mises à la mer, et si le chétif mobilier des familles qui sont en péril sur la terre ferme, et le reste de ce qu'elles possèdent, y sont déposés; si les mères de famille y sont placées avec les enfants. Que si ce n'est point fait encore, il faut s'en occuper activement. Vous irez trouver de ma part Antoine Fernandez, surnommé le Gros, et vous le conjurerez, au nom de l'amitié qu'il veut bien avoir pour moi, de se porter sans différer au secours de cette malheureuse population; qu'il emploie son autorité pour faire accélérer leurs préparatifs; qu'il leur en fasse une nécessité, je ne dis pas dans l'intérêt de leur liberté, mais dans celui de leur vie même : oui, de leur vie et de leur sang, car les plus aisés d'entre eux seront peut-être emmenés par ces brigands altérés de rapines, dans l'espérance d'une rançon; mais les plus pauvres, de qui l'avarice n'a rien à attendre, seront immolés par ces hommes sanguinaires. Encore une fois et sur toutes choses, je vous renouvelle mon avis d'avoir, pendant les nuits, des sentinelles en observation dans toutes les parties du littoral, surtout en ce temps de la pleine lune qui peut éclairer des marches ennemies.

Que Dieu vous conserve en sa garde, elle est seule infaillible! Adieu.

De Manapare, le 3 août 1544.

Votre très-affectionné frère en J.-C.

FRANÇOIS.

LETTRE XXI.

A François de Mancias.

Mon très-cher frère en J.-C.,

Je profite d'une occasion nouvelle pour vous réitérer les avis que ce matin même je vous adressais : je vous conjure de nouveau très-instamment d'employer tous vos efforts pour soulager et pour consoler ce peuple infortuné, dans l'excès de son malheur ; et ce que j'attends comme un gage bien sensible, et pour moi bien précieux, de votre charité, écrivez-moi fidèlement ce qui s'est en réalité passé à Tutucurin. Je crains que ces troubles de Tutucurin n'accroissent les maux de nos chrétiens, éprouvés déjà si douloureusement. Ici règne une telle consternation, et une telle anxiété par l'appréhension des maux à venir, que je ne saurais vous l'exprimer par mes paroles. Je ne pourrais jamais, et personne au monde ne serait tenté de le faire, abandonner ce peuple en ce danger suprême et dans cette extrémité de malheurs. Aussi je ne désire pas que vous accompagniez Jean d'Artiaga, là où il désire vous mener, si ce n'est après qu'il n'y aura plus d'inquiétude de la part des Badages ; lorsque vous aurez appris à cet égard quelque nouvelle certaine, instruisez-m'en immédiatement.

Pour déterminer ces barbares à déposer les armes, le roi de Travancore leur adresse un brahme, qui part accompagné de l'interprète de notre gouverneur ; on ignore quel sera le succès de leur démarche. Nous les avons tous deux à Manapare, prêts à monter sur le premier navire. Je désire infiniment connaître les faits relatifs aux Portugais de Tutucurin ; je vous en conjure encore une fois, écrivez-moi toutes choses avec détail, et surtout ne différez pas d'écrire, aussitôt que vous aurez des nouvelles : confiez ces nouvelles au papier, et expédiez-les. Je suis dans une fièvre morale et dans une émotion indicibles, que vos lettres seules auront le pouvoir d'apaiser. On parle ici de Portugais et de chrétiens tués ou blessés. Est-ce réel, ou ne l'est-ce point? Que s'est-il passé, et avec quelles circonstances? je désire le connaître par vous au plus tôt. Au sujet de votre départ, nous déciderons dans notre prochaine entrevue, ce qui sera préférable; que si l'orage qui menace de la part des Badages venait à se dissiper, je me hâterais de vous écrire pour vous informer de mes intentions.

Que Notre-Seigneur soit toujours avec vous! Amen.

De Manapare, le 19 août 1544.

En ce moment même je reçois une lettre de Guarim, par laquelle, mon très-cher frère, il me fait connaître que les chrétiens se sont enfuis dans les bois, après avoir été dépouillés de tout par les Badages, qui ont blessé l'un d'entre eux, ainsi qu'un payen. Nous sommes inondés de mauvaises nouvelles. Loué soit à jamais Dieu Notre-Seigneur!

Votre frère très-affectionné en J.-C.

FRANÇOIS.

LETTRE XXII.

A François de Manclas.

Mon très-cher frère,

Que Dieu soit toujours avec vous! Amen.

D'après cette parole du Seigneur: *Celui qui n'est pas avec moi est contre moi* (1), vous pouvez comprendre à quel point nous sommes ici dépourvus d'amis, qui nous aident à convertir cette nation à J.-C. Cependant on ne doit point perdre courage, car Dieu doit à la fin rendre à chacun selon ses œuvres, et il lui sera facile, lorsqu'il le voudra, d'accomplir par le ministère d'un petit nombre, ce qui semblait demander le concours d'un plus grand. Je vous le dis

(1) Math., xii, 30.

et vous le répète encore : j'ai bien plutôt compassion de ceux qui se font les adversaires de Dieu, que je ne désire appeler sur leur tête, déjà par elle-même dévouée au malheur, un châtiment qui accroîtrait leur infortune. Toutefois la vengeance, sans que nous l'appelions, ne saurait manquer d'arriver en son temps : ne sommes-nous pas témoin des effroyables supplices que Dieu finit par infliger à ses ennemis, lorsque nous considérons en esprit ces feux inextinguibles de l'enfer, qui dévorent une infinité de pécheurs, par des ardeurs sans mesure et sans fin.

Le brahme au sujet de qui je vous ai écrit hier, se rend auprès de vous, porteur des ordres du roi pour les Badages; vous vous emploierez tout entier, je vous en conjure, afin de lui faire trouver promptement un navire, qui le transporte avec sécurité et en peu de temps à Tutucurin. Je vous conjure aussi, au nom de votre amour pour Dieu, de m'écrire immédiatement tout ce qui se passe, ou qui se sera passé dans cette place. Parlez avec les plus grands détails du gouverneur, des Portugais, des chrétiens de Tutucurin, si vous avez à cœur d'alléger ma vive inquiétude.

Saluez très-amicalement de ma part Jean d'Artiaga, ainsi que Manoël da Cruz. Dites à Mathieu qu'il ne doit pas croire qu'il travaille en vain : je lui prépare un sort plus heureux, qu'il ne peut le prévoir et même le désirer.

Que Notre-Seigneur soit toujours avec vous ! Amen.

De Manapare, le 20 août 1544.

Je vous prie, pour l'amour de Dieu, de veiller à ce que le brahme n'éprouve aucun retard pour mettre à la voile. Priez le gouverneur de l'accueillir et de le traiter avec égards, de lui faire entendre de bonnes paroles, et de lui montrer un visage ami.

Votre frère très-affectionné en J.-C.

FRANÇOIS.

LETTRE XXIII.

A François de Mancias.

Mon très-cher frère en J.-C.,

Que Dieu continue toujours de vous assister! Amen.

Votre dernière lettre m'a rempli de joie, en me donnant plusieurs nouvelles que je désirais vivement et qui m'ont été très-sensibles. J'attends encore de votre part une autre nouvelle, celle que votre peuple et toute la contrée sont entièrement délivrés des Badages, et je désire que vous m'en instruisiez, aussitôt que vous pourrez le faire avec vérité. Alors, et le danger étant passé, et lorsque vous n'aurez plus sujet d'entendre les gémissements du peuple parmi lequel vous vivez, vous pourrez vous rendre où vous invitent l'espérance fondée et l'occasion certaine de vous occuper avec de grands fruits pour le service de Dieu. En vous y envoyant, je ferai remplir votre place et exercer votre ministère par François Coelho. Ainsi vous partirez sans inquiétude, en laissant parmi tout le monde une excellente opinion de vous-même, et vous vous rendrez où vous appelle le principal intérêt de la gloire de Dieu; vous irez baptiser les indigènes de Careapatana, et remplir les autres fonctions du ministère apostolique auprès des Caréens de Beadale (1), et du gouverneur de ce pays, que l'on désigne ordinairement par le titre de Mudaliare (2). Le gouverneur de la province de Negapatam (3) jouit de beaucoup de crédit et de faveur auprès du roi de Jafanapatam, de qui la domination s'étend sur les îles de Manar; et d'après ses dispositions, on est en droit d'espérer qu'il voudra bien protéger cette province auprès du souverain. Aussitôt donc que les populations parmi lesquelles vous vivez seront dans une en-

---

(1) Beadale, île près de Manar.
(2) Mudaliare, voir lettre 9, note.
(3) Negapatam, port du Carnatique, par 10° 45' lat. N.

tière sécurité, et pleinement délivrées de l'appréhension des Badages, vous m'expédierez un courrier pour m'en avertir, afin que sans différer je vous adresse François Coelho, avec une somme d'argent, des lettres pour qui ce sera nécessaire, et des instructions écrites pour vous informer des desseins que j'ai formés sur votre mission, et vous apprendre selon quelle forme et dans quelle mesure vous devez agir.

Je vous recommande instamment notre frère Jean d'Artiaga ; écrivez-moi de quelles choses il manque, afin que j'y pourvoie, ainsi qu'il est nécessaire. Ici je me vois pour ainsi dire seul ; Antoine est demeuré malade à Manapare, et, ce qui m'est un surcroît d'embarras, je vis au milieu d'un peuple dont la langue m'est inconnue, et j'y suis dépourvu d'interprète ; j'ai seulement, pour m'en faire l'office, Rodriguez qui est à cette heure avec moi, et avant lui j'avais Antoine ; vous n'ignorez pas, par votre expérience, combien peu tous les deux possèdent notre propre langue, et par là vous pouvez vous imaginer la manière dont ma vie se passe, et les enseignements que je puis donner au peuple assemblé, quand les personnes chargées de rendre mes paroles, sont à peine comprises de moi, et ne m'entendent pas bien elles-mêmes. Je me vois obligé de me contenter de l'éloquence des signes. Je ne manque cependant pas d'occupations ; en effet, pour baptiser les nouveau-nés ou les jeunes enfants, que leurs parents me présentent pour être régénérés, je n'ai point besoin d'interprète ; ceux que je vois nus, ou de qui le visage paraît altéré par la faim, ceux-là me découvrent assez leurs besoins, par leur seule présence et leur apparence même. Ces deux sortes d'œuvres, si éminemment utiles, me procurent une continuelle occupation, de sorte que je n'ai point à regretter le temps que j'y consacre. Les Badages, qui infestaient cette côte, sont tous partis pour Cabecate, nous laissant libres et sans crainte pour le présent ; ceux qui se sont répandus dans les îles y exercent encore d'affreux ravages ; leurs rapines et leurs violences ne cesseront que lorsque l'autorité du roi de Travancore aura fait conclure avec eux quelque paix ou quelque trêve, et je vous ai dit qu'on s'employait pour y parvenir.

Que Notre-Seigneur soit toujours avec vous! Amen.

De Punicale, le 21 août 1544.

Cette nuit je mets à la voile pour Tala, afin d'aller secourir les indigents qui s'y trouvent en grand nombre, ainsi que je viens de l'apprendre, et qui sont en proie à la détresse la plus excessive.

Votre frère très-affectionné en J.-C.

FRANÇOIS.

LETTRE XXIV.

A François de Mancias.

Mon très-cher frère en J.-C.,

Le prince qui réside à Tala, et qui est parent du roi de Travancore, nous est si favorable, qu'aussitôt qu'il a connu les violences commises par les Badages envers les chrétiens de ces contrées, il a envoyé, sur le moment même, un de ses principaux serviteurs en son nom, avec une lettre pour les Adigares, leur enjoignant de permettre la libre exportation, du continent dans les îles, des vivres et des autres provisions nécessaires à l'existence, et d'assister nos chrétiens exilés en leur rendant les bons offices qui leur seraient nécessaires. Il a chargé cet officier de se faire indiquer par les chrétiens les noms des Adigares, et de les rapporter par écrit, afin de me les communiquer, et s'il a l'occasion plus tard de visiter le roi, il lui fera connaître ceux de ses sujets qui, dans la dignité d'Adigares, ont abusé de leur autorité pour persécuter les chrétiens; et il espère que le souverain, conseillé par son amitié pour nous, voudra bien y mettre ordre pour l'avenir.

9.

Je vous prie de vous entendre avec les Patangats, afin que la personne envoyée par le prince dans l'intérêt des chrétiens, soit accueillie avec une grande considération, et qu'en même temps elle soit récompensée dignement, et reçoive un juste prix de ses peines et de son voyage entrepris à cause d'eux. Je ne puis le faire moi-même, et ce peuple non plus, à cause de notre présente indigence. Que les Patangats ne craignent pas, en vue de ce devoir de bien public et de religion, de prélever une partie du fonds commun, qui bien souvent est dépensé d'une manière criminelle, c'est-à-dire pour des danses, pour des festins, et pour mille divertissements profanes. Et vous-même, sur les faibles ressources de votre indigence personnelle, prélevez quelque chose afin de le lui offrir, et de vous concilier ce personnage, que de légers présents contribueront à rendre plus zélé dans son devoir. Il mettra plus d'empressement à détourner les Adigares de persécuter encore les chrétiens, comme ils l'ont fait jusqu'à cette heure, en leur causant des maux infinis; qu'il essaie même d'en obtenir que, dans l'occasion, ils rendent à ces chrétiens tous les services qui dépendront d'eux, ainsi que, dans les circonstances ordinaires et dans les rapports de la vie, de bons et généreux voisins ont coutume de s'en rendre.

Je désire vivement apprendre de vous ce que vous aurez connu d'une manière certaine, touchant une affaire dont on a fait un grand bruit. On a raconté partout qu'un Portugais avait enlevé l'un des serviteurs du roi de Travancore, et qu'après l'avoir chargé de liens, il l'avait conduit à Tutucurin; je n'ignore pas que la voix populaire est féconde en nouvelles, souvent sans fondement, et souvent exagérées par la malignité naturelle aux hommes. Apprenez-moi bientôt si le fait est véritable; et s'il l'est en effet, quel droit le ravisseur allègue en sa faveur, enfin à quelle occasion et sous quel prétexte il a commis cette violence. Je vous ai écrit déjà d'une manière étendue au sujet de cet événement et des bruits qui en ont couru. Et il m'est d'autant plus nécessaire d'être instruit à fond de toute cette affaire, que de sa connaissance dépend notre départ pour aller auprès du roi. En effet, si l'attentat a eu lieu véritablement, et de la manière que l'on dit, je crois qu'il est à propos d'ajourner notre voyage, et de ne point nous présenter à cette cour; notre visage serait odieux à des gens pleins du souvenir d'un attentat sans excuse : qui ignore que dans tout ce royaume, et surtout dans la maison du prince, on considère que c'est le crime le plus abominable de la part d'un étranger, de porter une main violente sur le serviteur d'un souverain puissant, au milieu même de ses domaines, surtout lorsque ce prince se conduit très-différemment envers nous? Tout récemment encore, il a reçu le P. François Coelho avec les plus grands égards, et lui a accordé les grâces les plus étendues dans l'intérêt de nos chrétiens; il s'est montré si favorable envers les chrétiens par l'effet des recommandations de ce Père, qu'afin de lui témoigner avec plus d'éclat toute sa considération, il a, de son plein mouvement, créé Patangats quatre de nos chrétiens Manaparois, et ce, sans aucuns frais pour eux, et sans aucune dépense pour le peuple; il a formellement interdit d'exiger aucun argent en cette occasion, ainsi que c'était la coutume du temps des Pules. Ailleurs, il a créé trois autres Patangats, sans aucuns frais pour les habitants, déclarant avec une bonté parfaite qu'il agissait en toute cette affaire, afin de favoriser le P. Coelho qui l'était allé visiter, comme je vous l'ai dit.

Je vous en supplie, au nom de tout votre amour pour Dieu, écrivez au gouverneur la lettre la plus précise que vous le pourrez faire, en mon nom, s'il le faut, et dites-lui que je le conjure très-instamment, s'il a pour moi quelque amitié, de s'abstenir, pendant tout ce mois de septembre, de persécuter ou de faire souffrir, en quelque manière que ce soit, les sujets du principal souverain de la contrée, et de ne permettre à aucun Portugais de leur faire éprouver la moindre injure durant le même intervalle.

Donnez-lui ce motif, qui est en effet très-réel, que nous avons trouvé ces sujets du roi de Travancore mieux disposés et plus dociles que les autres populations, en ce qui se rapporte aux intérêts de la religion et à la sécurité des chrétiens. Si le gouverneur s'en rapporte à ma parole, je ne doute point que ce motif ne soit très-puissant pour obtenir qu'il ne fasse aucun mal à des gens qui méritent si bien de nous. Vous connaissez aussi la principale raison qui me fait désirer une sorte de trêve pour toute la durée de ce mois; vous n'ignorez pas que, pour de graves affaires de religion, je veux profiter de ce temps pour visiter le roi, et toute voie me serait fermée, si nos compatriotes lui donnaient de nouveaux motifs de plainte : j'en serais très-vivement affligé.

Toutefois, ainsi que je vous l'ai dit, je ne suis pas absolument fixé sur ce voyage : j'attends les nouvelles relatives à cet enlèvement d'un serviteur du roi, et je veux savoir ce que l'on peut alléguer afin de le justifier. J'attends avec sollicitude, une lettre de vous : si son contenu répond à mon désir, je me mets en voyage sans délai, et je m'embarque pour aller d'abord à Cochin; mais cette lettre sans laquelle je ne saurais prendre une décision, je ne voudrais point qu'elle fût de votre main, ou parût écrite en votre nom. Vous m'avez dit, je me le rappelle, que vous aviez à cet égard certains détails à me communiquer, et que vous ne le pouviez faire que verbalement et en présence. Je suppose que ce sont quelques faits regardant le gouverneur lui-même ou les Portugais, ou bien encore les chrétiens indigènes, et je sais combien il importe, afin que l'on puisse remédier au mal, qu'une pareille confidence n'ait point lieu dans une lettre; si elle était interceptée, vous seriez un objet de haine pour les personnes avec qui vous vivez. Je loue fort votre précaution, et néanmoins comme nous n'avons point à cette heure la faculté de nous réunir, et que dans les circonstances où je me trouve, je ne saurais m'empêcher de vouloir connaître les détails des faits, j'exige que vous me les découvriez entièrement, en faisant écrire la lettre par une main étrangère, sans que votre sceau ni aucun autre indice n'en puisse déceler l'origine; vous me ferez parvenir cette lettre par un messager très-sûr, et lorsque je serai pleinement instruit de toutes choses, je déciderai si je dois aller vers Iniquitribirim, en passant par Cochin. Mais déjà je suis résolu, si le crime dont le roi peut se montrer justement offensé, est aussi scandaleux, aussi odieux et inexcusable que la renommée le publie, de renoncer à faire la démarche.

Que Notre-Seigneur nous assiste toujours de son secours et de sa grâce!

De Manapare, le 2 septembre 1544.

Votre frère très-affectionné en J.-C.

FRANÇOIS.

LETTRE XXV.

A François de Mancias.

Mon très-cher frère en J.-C.,

Je reçois les plus affligeantes nouvelles au sujet du gouverneur: son navire est incendié, et tous les édifices qu'il possédait à terre sont aussi consumés par les flammes; lui-même, ayant tout perdu et se trouvant dépourvu de ressources, s'est réfugié dans les îles, et n'y existe qu'avec peine, et dans la détresse la plus excessive; hâtez-vous de le secourir, je vous en prie au nom de la charité divine; rassemblez avec célérité tout ce que vous pourrez des barques de Punicale qui sont dans vos environs, conduisez-les vers lui avec d'abondantes provisions, et surtout de l'eau. Faites une diligence extrême, car la détresse absolue du gouverneur ne permet aucun retard. J'écris de la manière la plus pressante aux Patangats, afin qu'ils vous assistent de tout leur zèle, dans cet office et dans ce devoir de charité vis-à-vis du gouverneur : qu'ils chargent abondamment toutes les barques dont ils pourront disposer, des provisions nécessaires en pareille circonstance, surtout d'eau bonne à boire, dont on sait combien les îles sont dépourvues ; je désire que l'on envoie le plus grand nombre de barques que l'on pourra, et qu'il y en ait assez pour transporter sur le continent cette foule immense de personnes de tout âge, que le même orage, qui a frappé le gouverneur, a fait s'exiler sur ces rochers inhospitaliers.

J'irais moi-même, et vous laisserais à Punicale, si je croyais que ma présence fût agréable au gouverneur ; mais il s'est récemment déclaré mon ennemi, dans une lettre pleine d'accusations odieuses, où se trouvait, entre autres, ce passage : qu'il ne pouvait, sans un très-grand scandale, faire le récit de tous les maux dont il me savait l'auteur à son égard. Dieu et les hommes savent si je lui ai jamais fait aucun mal, surtout de nature telle, qu'on ne saurait le rappeler sans scandale. Mais ce n'est point ici l'heure de me justifier ou de me plaindre : ce qui est essentiel, et qu'il suffit de comprendre, est que, d'après ses dispositions envers moi, je dois éviter, dans son intérêt même, de le rencontrer et d'offrir à ses yeux ma personne, qui lui serait si odieuse dans l'excès de son malheur ; ce serait ajouter une nouvelle amertume à ses autres maux ; c'est la cause principale qui me fait éviter sa présence, quoique j'en aie d'autres encore qui m'empêchent de faire le voyage. Je vous prie, au nom de Dieu, de me suppléer en cette occasion avec une charité sans bornes.

J'écris aux Patangats de Coïmbatour et de Bembare, de rassembler immédiatement toutes les barques qui seront à leur disposition, de les charger d'eau et de provisions, et d'accourir à la place où est le gouverneur. Et vous, au nom du désir que vous éprouvez de vous rendre agréable à Dieu, mettez tout votre zèle à cette œuvre, et surtout n'ayez jamais à regretter d'avoir manqué de faire les efforts les plus extrêmes, afin de secourir en temps utile ce gouverneur atteint, par des coups si violents du sort, et qui a tout droit d'éprouver, de notre part, tous les bons offices de la charité et de la miséricorde : mais à ces bons offices doivent participer ce grand nombre de malheureux chrétiens, frappés également par la tempête, et dont le souvenir m'oblige à vous supplier de ne rien omettre, afin d'apporter un remède aussi prompt qu'efficace à tant de nécessités et à tant de souffrances.

Que Notre-Seigneur soit toujours avec vous! Amen.

D'Alendale, le 5 septembre 1544.

Votre frère très-affectionné en J.-C.

FRANÇOIS.

LETTRE XXVI.

A François de Mancias.

Mon cher frère en J.-C.,

Que Dieu Notre-Seigneur nous assiste de sa grâce! Amen.

Je suis dans une extrême inquiétude au sujet des chrétiens de Tutucurin, à qui personne au monde ne prend intérêt dans leur désolante infortune. Je vous prie, au nom de votre amour pour Dieu Notre-Seigneur, et je vous adjure d'employer la diligence la plus active, pour vous instruire immédiatement de toute la réalité de leur sort, et pour me faire savoir la situation de ces pauvres gens. Si vous reconnaissez que les intérêts du service de Dieu réclament votre présence parmi eux, hâtez-vous d'y aller, avec autant de barques que vous pourrez en rassembler à Coïmbatour et à Punicale, afin d'être en mesure de transporter cette malheureuse population, réfugiée dans ces îles stériles et désertes, tant à Coïmbatour qu'à Punicale, et à

Trinchandour. Hâtez-vous, ne perdez pas un moment, et emmenez avec vous toutes les petites barques appelées tones, que vous trouverez à Punicale ; en même temps, avertissez les habitants de Coïmbatour qu'ils ont à vous suivre avec toutes leurs tones. Craignez surtout, ce qui serait le désir secret de Beterbemale, ce chef des féroces Badages, et de ses cavaliers avides de pillage, de laisser mourir de faim et de soif, par l'effet de votre retard à les secourir, les tristes débris d'un peuple que la violence et les menaces des brigands ont fait s'exiler des lieux de leur naissance. Admirable en effet a été la vigilance du gouverneur! Il paraissait naturel qu'il protégeât les chrétiens confiés à sa sollicitude et à sa sagesse; tandis qu'il semble avoir favorisé Beterbemale et ses cavaliers altérés de carnage, qui l'accompagnent dans ses courses, et qui sèment en tous lieux le meurtre et l'incendie. J'écris aux Patangats de Punicale et de Coïmbatour, et je leur recommande de faire diligence avec toutes les tones qu'ils auront à leur disposition, pour aller sous votre conduite au secours des chrétiens de Tutucurin, qui expirent de faim et de soif sur ces îles arides, et dépourvues de tout ce qui est nécessaire à l'existence, afin de les transporter ailleurs.

Vous devez entendre ainsi l'ordre que je vous ai donné d'aller en ces îles : vous l'accomplirez seulement, si vous considérez que votre départ est nécessaire au succès de l'œuvre. Mais, après que vous aurez remis ma lettre aux Patangats, si vous leur voyez assez de zèle, et s'ils embrassent l'entreprise avec ardeur, de manière à vous inspirer la confiance que d'eux-mêmes ils feront le nécessaire, vous ferez sagement de demeurer où vous êtes, et où je n'ignore pas toute l'utilité de votre présence et de vos soins. Vous devez donc apprécier au poids de la charité, et considérer selon leur juste valeur, d'une part la détresse extrême des Tutucurins, de l'autre les intérêts des personnes parmi lesquelles vous vivez, afin de faire pencher la balance du côté le plus essentiel; que si votre zèle et votre présence peuvent seuls préserver tant d'infortunés, qui languissent dans les approches de la mort, de voir arriver leur dernière heure : quittez tout, et volez à leur secours. Décidez toutes choses selon le bien; je laisse la résolution au gré de vos pensées du moment. Ayez soin surtout, soit que vous alliez, soit que vous envoyiez un autre en votre place, que les tones qui mettront à la voile pour aller vers ces infortunés, affamés et exténués par la soif, que ces tones, dis-je, transportent de l'eau et des vivres en quantité suffisante, afin de rassasier et de désaltérer ces malheureux de tout âge et de tout sexe, qui sont près d'expirer sur ces rochers arides.

Que Dieu Notre-Seigneur soit avec vous! Amen.

Faites-moi connaître bientôt si Manoël da Cruz et Mathieu sont consolés de ces tristesses où ils paraissaient être, lorsque je les ai vus pour la dernière fois.

Adieu.

Le 5 septembre 1544.

Votre frère très-affectionné en J.-C.

FRANÇOIS.

LETTRE XXVII.

A François de Mancias.

Mon très-cher frère en J.-C.,

Que Dieu daigne nous accorder sa très-sainte grâce! En effet sur cette terre nous n'avons d'appui qu'en lui seul.

J'étais à Trinchandour, et sur le point de partir pour Virandapatana, afin d'en visiter les chrétiens, ainsi que j'avais fait à Alendale, à Pudicurim, et à Trinchandour : j'avais trouvé partout une occupation surabondante, et j'avais pu me convaincre de la nécessité très-essentielle de pareilles visites. J'étais, ainsi que je vous l'ai dit, préparé et au moment de partir, lorsqu'il est survenu des avis réitérés et très-effrayants : les Badages, cette race de barbares, s'était soulevée tout entière, et s'apprêtait à prendre les armes. La cause de leurs fureurs était que les Portugais venaient d'emmener en captivité l'un des proches parents de Beterbemale, chef de ces brigands, et le frère même de son épouse ; et les Badages, exaspérés de cet affront sanglant, avaient résolu de se lever tous, pour exterminer le nom chrétien dans toute l'étendue de la côte de Comorin.

A cette nouvelle, je me suis empressé d'écrire au P. François Coelho, afin qu'aussitôt après la réception de ma lettre, il accourût à la place où se sont réfugiés les chrétiens de Comorin, et qu'il pût couvrir de notre protection ce peuple misérable, et le garantir des nouveaux désastres qui le menacent en cette circonstance. Je sais qu'on a parmi les Badages une grande opinion de mon crédit auprès d'Iniquitribirim, qu'ils appellent leur souverain. Ils sont loin, il est vrai, de lui être soumis ; quelques-uns même, et Beterbemale à leur tête, ont ouvertement secoué son obéissance ; cependant la plupart ont conservé du respect pour le nom royal, et je fonde un certain espoir sur le crédit qu'obtiendra Coelho, surtout venant de ma part, et me représentant, pour la protection de ce peuple si cruellement éprouvé. La lettre de Coelho m'apprend également que l'irritation des Badages n'a pas seulement pour motif la capture du beau-frère de Beterbemale, mais que toute la nation est sous l'influence d'un parent d'Iniquitribirim, le roi de Travancore, lequel est venu récemment au milieu d'eux, et les excite contre les gens de Comorin ; mais notre intervention paraît devoir être d'un grand poids auprès de ce seigneur, et pourra l'empêcher de faire violence aux chrétiens, parce qu'il n'ignore pas que ces chrétiens jouissent d'une certaine estime de la part de son souverain, et sont l'objet de ses égards.

Mon espérance est confirmée par une nouvelle que m'a donnée Coelho dans la même lettre : que le roi de Travancore avait envoyé vers moi trois ou quatre de ses principaux serviteurs, qui seraient arrivés déjà, si la fatigue du voyage ne les avait fait s'arrêter à Manapare pour y prendre quelque repos. Ils sont porteurs d'une lettre du roi, dans laquelle ce prince m'invite à l'aller visiter sans retard: il désire me communiquer oralement certaines affaires, d'une importance infinie pour lui-même, et qui ne nous sont pas indifférentes, autant qu'il m'est permis de le pressentir ; je pense que le roi n'agit ainsi, que parce qu'il éprouve un pressant besoin de la protection du vice-roi. En effet, nous entendons dire de tous côtés que les seigneurs ou Pules, qui se sont faits ses adversaires, sont devenus très-puissants et ont, durant leur longue prospérité, rassemblé de très-grandes richesses ; et le roi craint, non sans fondement, que, par des présents considérables, ils n'attirent dans leur parti le vice-roi portugais, et ne trouvent dans ses troupes un tout-puissant auxiliaire.

Cette connaissance de l'état des affaires d'Iniquitribirim ajoute à ma confiance dans les lettres que j'en reçois en ce moment même ; il m'y promet, avec les expressions les plus vives, sa protection absolue en faveur des chrétiens, allant jusqu'à les inviter à résider sur ses terres, et leur garantissant une existence indépendante et la sécurité la plus parfaite. Par ces motifs, je vais me hâter de me rendre auprès de lui ; j'ai fixé mon départ à la nuit prochaine, et surtout je me sens pressé par un ardent désir d'aller au secours de nos infortunés exilés, de nos chrétiens de Tutucurin et de Bembare, et de leur assurer un bon établissement sur les domaines du principal souverain de la contrée. Ce sera le premier de mes soins auprès d'Iniquitribirim, et je veux faire en sorte qu'il assigne un lieu déterminé, pour être à jamais, et sans péril d'éviction, la résidence de ces pauvres familles.

Je désire en attendant, que vous fassiez tous vos efforts et toutes vos diligences, afin de les faire passer de ces îles désertes, où ils languissent privés de toutes les ressources de la vie, à Coïmbatour et à Punicale ; et vous veillerez à ce qu'ils y reçoivent un accueil hospitalier, jusqu'à ce que j'aie pu leur assurer des secours, ainsi que je vous l'ai dit. Souvenez-vous de m'écrire longuement et avec de grands détails sur les affaires et sur la situation présente des chrétiens, et principalement du gouverneur et des Portugais ; vous me direz comment ils se conduisent, et s'ils réussissent dans leurs entreprises. Je désirerais aussi, si vous pouviez dérober quelques instants à vos autres occupations plus urgentes, que vous fissiez une visite aux chrétiens qui demeurent à Coïmbatour, aux Carians de la côte de la Pêcherie, et aux habitants du village placé sous l'autorité de Thomas de Motta, enfin à ceux qui ont leur résidence auprès de Patana. Je serais infiniment satisfait si vous trouviez le loisir de les voir tous, car je sais quel besoin ils ont de ces sortes de visites. Plût à Dieu que le temps me permît de m'y rendre : car rien ne me serait plus agréable que de pouvoir parcourir toutes ces places, et d'en faire la revue générale et complète !

Je vous prie donc de me suppléer, et sur toutes choses, assurez-vous de la manière dont réussit et avec quelle fidélité s'accomplit l'instruction des enfants. Vous savez que dans toutes les places j'ai établi des maîtres d'école : afin de pourvoir aux honoraires que je leur ai promis, vous prendrez cent fanons qui sont déposés, à cette intention, chez Manoël da Cruz, votre ami, qui réside à Punicale. Vous emploierez cette somme pour l'honoraire des maîtres d'école et des catéchistes, et chacun d'eux vous fera connaître combien je lui remets ordinairement. Surtout ne croyez jamais que l'on puisse employer d'une façon plus utile son argent et ses soins, et soyez convaincu que vous aurez travaillé très-efficacement pour le service de Dieu Notre-Seigneur, quand vous aurez pris soin que cette instruction de la jeunesse, qui est si essentielle et si nécessaire, s'accomplisse avec zèle et régularité.

Celui qui se rend auprès de vous et à qui j'ai remis

cette lettre me paraît un sujet excellent, et merveilleusement disposé pour le service de Dieu. Recevez-le d'une façon amicale, et conservez-le près de vous, jusqu'après mon retour de chez Iniquitribirim; ou si vous jugez que ce soit plus avantageux pour le service divin et à la fois plus agréable à lui-même, laissez-le à Coïmbatour, afin qu'il s'emploie dans la mesure de son zèle pour la construction de l'église. J'ai appris qu'un individu, barbier de profession, partait de votre résidence, et que je le rencontrerais sans doute sur mon passage. Je vous prie de m'écrire très-longuement par lui sur toutes nos affaires. Je suis en effet dans une grande inquiétude au sujet des affaires, tant des Portugais que des chrétiens.

Que Notre-Seigneur nous accorde dans l'autre vie plus de paix et de consolations que nous n'en éprouvons ici-bas! Adieu.

De Trinchandour, le 7 septembre 1544.

Votre frère très-affectionné en J.-C.

FRANÇOIS.

LETTRE XXVIII.

A François de Mancias.

Mon très-cher frère en J.-C.,

Votre lettre m'a fait éprouver une joie si sensible, que je ne pourrais jamais vous l'exprimer : elle m'a délivré de l'inquiétude intime et dévorante où j'étais, à l'égard du gouverneur et des autres personnes chassées de leur demeure par une commune tempête. Que Dieu Notre-Seigneur habite avec eux tous, ainsi que je désire qu'il habite avec moi! Le mercredi, deux heures avant le jour, j'ai envoyé le P. François Coelho vers le prince parent du roi de Travancore, qui se trouve en ce moment à Tala, c'est-à-dire à deux lieues de Manapare. Il en a reçu l'accueil le plus bienveillant. Le motif que j'avais, en l'envoyant, était l'espérance que j'avais conçue de ramener le calme au sein de cette contrée, qui se trouve en proie à tous les tourments de la crainte, et comme anéantie par les terribles menaces des Badages. Je voudrais, avant mon départ de ce pays, laisser à ses populations affligées, sinon une paix entière, au moins quelque trêve dans leurs épreuves. Le prince a dit à Coelho que Beterbemale faisait de grands préparatifs pour aller attaquer, par mer, le souverain, et se proposait de lui offrir la bataille. J'avais un autre motif pour envoyer Coelho, c'était d'obtenir du prince des lettres pour les Adigares : afin de leur faire ordonner de laisser exporter le riz et les autres denrées nécessaires à la vie. Le même mercredi dans l'après-midi, j'ai reçu votre lettre, et j'ai de suite fait partir une personne sûre, pour aller vers le P. Coelho, avec une lettre que ce Père doit remettre de ma part au prince : je prie ce seigneur d'écrire lui-même aux Adigares de votre contrée, afin qu'ils ne continuent point, ainsi qu'ils l'ont fait jusqu'à présent, à empêcher le transport des vivres à Punicale, et afin aussi qu'ils cessent de faire souffrir les chrétiens, et qu'ils se montrent bienveillants à leur égard ; enfin, je mets tout en œuvre pour ramener, si je le puis, quelque tranquillité sur ces tristes rivages, avant de m'éloigner pour aller vers Iniquitribirim. J'espère revenir armé d'une protection efficace, dérivée de l'autorité royale elle-même, et suffisante pour vaincre l'injustice de ces Adigares. Demain matin, j'écrirai au gouverneur ; car à cette heure, le temps ne m'en est pas laissé, par l'empressement que j'ai d'expédier le courrier. J'attends cette nuit même François Coelho. Demain matin, je me propose de vous envoyer une lettre plus étendue. Je vous prie de saluer de ma part Paul Vaz, et de dire à Mathieu que j'écris à Manoël da Cruz de lui compter douze fanons qu'il m'a demandés pour son père, et pour sa sœur qui est pauvre.

François Coelho me donnera sujet de vous écrire une lettre plus longue, ainsi que je vous l'ai promis. Que Notre-Seigneur daigne nous réunir dans son royaume ! Amen.

De Manapare, le 10 septembre 1544.

Votre frère très-affectionné en J.-C.

FRANÇOIS.

―――

LETTRE XXIX.

A François de Mancias.

Mon très-cher frère en J.-C.,

Antoine est malade et alité, et ne peut nous servir. Envoyez-moi sur-le-champ à Manapare Antoine le Pallawa, qui préparera nos aliments. Ecrivez-moi, de grâce, en quel état est votre chrétienté si désolée. L'affliction que j'en éprouve, et qui m'accompagne partout, ne me laisse aucun repos, et l'unique consolation pour moi, c'est d'être de temps en temps informé de votre situation présente. Dès que j'arriverai près du roi de Travancore, je vous ferai passer un ordre émané de lui, afin que tous les Adigares de la contrée soient obligés de traiter favorablement les chrétiens. Priez Dieu pour moi, et dites aux enfants de ne point oublier de me recommander à Dieu dans leurs prières. J'adresse une lettre de change à Manoël da Cruz, afin qu'en vertu de ce titre, il vous remette 100 fanons, pour les frais de l'instruction des enfants. Je vous envoie la lettre de change avec cette lettre.

Que Notre-Seigneur vous assiste toujours de sa protection et de sa grâce ! Amen.

De Tutucurin, le 29 septembre 1544.

Votre frère très-affectionné en J.-C.

FRANÇOIS.

LETTRE XXX.

A François de Mancias.

Je vous prie et je vous conjure très-instamment, mon bien-aimé frère, de témoigner à cette nation, et principalement aux adultes et aux vieillards, une tendresse et une charité plus qu'ordinaires, et de rechercher en même temps la bienveillance et l'amour de tous. Soyez en effet convaincu que si vous en êtes aimé, vous dirigerez les esprits selon vos désirs. Supportez avec une sage indulgence leurs infirmités et leurs faiblesses, et considérez, dans l'intérieur de votre âme, que si ce peuple n'est point encore tel que vous le désirez, avec le temps il le deviendra. Si vous ne pouvez en obtenir tout ce que vous lui demandez, acceptez ce qu'il vous donne, ainsi, vous le savez, que j'avais coutume de le faire. Soyez vis-à-vis de tous, et montrez-vous à tous dans la disposition d'un bon père envers des enfants ingrats, et ne cessez jamais de vous occuper de leurs intérêts, quoique vous les voyiez remplis encore d'une infinité de misères. Dieu lui-même, si souvent offensé par ces peuples et par nous-même, ne cesse point pour cela de nous combler de ses bienfaits : sa justice aurait le droit de nous réprouver, mais sa clémence lui fait détourner la vue de nos offenses, et le porte à nous assister au milieu de nos maux, *vainquant* ainsi, en notre faveur, *le mal par le bien* (1). Si vous ne pouvez tout ce que vous voulez, contentez-vous de vouloir ce que vous aurez pu, puisqu'il n'a pas dépendu de vous d'accomplir votre volonté tout entière. Si la multitude de vos occupations vous paraît telle qu'elle surpasse vos forces, accomplissez tout ce qui est en ce pouvoir, et tenez-vous satisfait. En même temps, rendez grâces à Dieu de ce bienfait spécial de sa

---

(1) Rom., xii, 21.

part, de ce qu'il vous a conduit dans une contrée, où, quand même vous seriez tenté de rester inactif, la multitude de vos occupations spirituelles ne vous en laisserait pas le loisir; ce qui doit être mis au rang des plus signalés bienfaits de Dieu. Imaginez-vous être en purgatoire, et y satisfaire pour vos péchés, et vous estimerez que c'est pour vous un grand privilége, que Dieu daigne ainsi compenser les peines et les feux du purgatoire, par les épreuves de cette vie. Si quelquefois la malice des hommes rendait votre douceur sans effet, vous pourrez faire usage d'une certaine sévérité; car c'est encore une œuvre de miséricorde que de corriger les pécheurs, et c'est réellement un péché grave, que de ne point les châtier, surtout si l'impunité devient un scandale pour autrui. Cependant, je ne pense point que dans ces moments critiques, ni dans aucun autre, vous deviez abandonner les pécheurs à leur sort. C'est même alors que vous devez faire prier davantage par les enfants que vous dirigez, afin que Dieu nous protége et nous assiste toujours; car, dans ces contrées, nous n'avons d'autre protection que la protection divine. Et si nous devons avoir foi dans la vérité « *Celui* « *qui n'est point avec moi est contre moi* (2), » nous reconnaîtrons combien nous sommes dépourvus de tout secours humain, ayant avec nous si peu de coopérateurs, pour nous aider à convertir ces peuples à la foi de J.-C. Toutefois, nos esprits ne doivent point s'en abattre : Dieu récompensera chacun selon ses mérites; il peut, avec un faible nombre, comme avec un nombre considérable, opérer les plus grandes merveilles. Et je plains davantage le malheur de ceux qui sont séparés de Dieu, que je n'appelle sur eux le châtiment divin. Dieu lui-même, à la fin, châtiera ses ennemis d'une manière terrible : on en voit assez d'exemples dans ceux qui éprouvent, au sein des enfers, la peine et les supplices de l'éternelle mort.

(1) Matt., xii, 30.

Je vais me rendre au Travancore pour entretenir le vice-roi. J'irai par terre jusqu'au cap Comorin, et je visiterai sur ma route les villages chrétiens, afin d'y baptiser les nouveau-nés. Veuillez beaucoup prier Dieu pour moi, et faire prier également les jeunes élèves que vous instruisez dans la doctrine chrétienne. Affermi par ce secours, je mépriserai sans peine les périls que mes amis me font entrevoir afin de me détourner de la voie de terre; car ils me représentent la contrée qu'il faut traverser, comme hostile au nom chrétien, et surtout à moi-même ; mais je ne fais ici que répéter leurs discours. Souvent, je m'ennuie de vivre, et je trouve qu'il vaut mieux mourir pour la religion que de vivre en présence de tant et de si graves injures commises contre la majesté de Dieu, lorsque surtout je ne puis m'opposer à ce que je ne saurais m'empêcher de voir. Mais pour cesser de le voir et de l'entendre, je voudrais passer en Éthiopie, dans les États du prêtre-Jean, où l'on peut rendre à Dieu de si éminents services, sans rencontrer d'adversaires. Toutefois, rien ne me fait autant souffrir que de ne point résister avec assez de zèle à ceux qui, vous le savez, attentent à la Majesté divine. Que Dieu, dans son infinie clémence, daigne leur faire miséricorde; en même temps, je le prie ardemment de demeurer avec vous, et d'accompagner mes pas. Adieu.

De Manapare, le 8 novembre 1544.

Votre frère très-affectionné en J.-C.

FRANÇOIS.

LETTRE XXXI.

A François de Mancias.

Mon très-cher frère en J.-C.,

J'étais descendu à Manapare, et j'étais sur le point de me rendre auprès d'Alexis de Souza, lorsque j'ai vu venir deux naïres (1) messagers, porteurs d'une lettre qui m'était adressée par un Portugais ; celui-ci m'écrivait qu'une cause nécessaire le retenait à Béarime : qu'il avait entre les mains une lettre du trésorier de sa majesté, et divers autres messages, dont il était chargé pour moi, et qu'il ne pouvait me les remettre, ou me les exprimer, qu'en personne. Il pouvait seulement m'écrire, que ses commissions étaient telles, qu'elles exigeaient une nouvelle entrevue de ma part avec Iniquitribirim. Alexis de Souza s'est transporté à Coulan. On dit qu'il est parti fort irrité contre les officiers du roi, c'est-à-dire les pules. Est-ce un vain bruit ? Je n'ai pu m'en assurer jusqu'à cette heure. — Je me dispose à prendre la voie de terre pour visiter les villages des chrétiens qui seront sur mon passage, et baptiser les nouveau-nés, et les adultes que je trouverai suffisamment préparés.

Je désire que mardi prochain, à moins que vous ne préfériez un autre jour, ce que je laisse à votre discrétion, vous visitiez les chrétiens exilés de Tutucurin ; et comme, dans cette nouvelle et incertaine résidence, ils n'ont aucun endroit pour leurs réunions, vous les rassemblerez hors de l'enceinte des cabanes et dans la campagne, et en cette place, vous leur donnerez vos instructions et leur administrerez les sacrements. — Je vous prie de signifier expressément à Nicolas Barbosa de ne point convoquer, pour la pêche des perles, ceux qui ont occupé dans Tutucurin les demeures des anciens habitants présentement exilés. Je suis, à cet égard, investi par sa majesté et par le vice-roi d'une portion de leur autorité, et il ne m'est point agréable que des chrétiens révoltés et rebelles, et, le dirai-je ? de véritables apostats participent aux fruits de la mer, qui est notre domaine. Je consens à ce qu'on le permette aux gens de Punicale, et, si quelques-uns d'entre eux éprouvent le désir d'aller plonger dans les parages des îles de Tutucurin, pour extraire du fond de l'eau les mères perles, je leur en laisse la

(1) Les naïres étaient une caste élevée, dont les membres embrassaient ordinairement la profession des armes.

liberté. Barbosa pourra les employer pour être les instruments de ses gains. Que s'il se montre dur à leur égard, avertissez-le sévèrement de ma part, qu'il doit prendre garde, dans son propre intérêt, je le répète, de ne point commettre de nouvelles fautes ; car le nombre et la gravité de ses anciennes prévarications sont dans le souvenir d'autres personnes que de lui.

Si le secours divin m'assiste au milieu des dangers de mon voyage et des difficultés de nos affaires, j'ai la confiance de le devoir à vos prières pour moi, et à celles des enfants que vous avez auprès de vous, et je vous demande que ces prières continuent toujours. Secondé par une si puissante assistance, je vais en avant, le front haut et le cœur affermi, contre les terreurs que les chrétiens eux-mêmes s'efforcent de me faire éprouver ; ils s'appliquent à me persuader que je cours à une perte presque certaine, lorsque j'entreprends un voyage par terre dans ces pays ; et que les peuplades barbares qui les habitent vont déployer, à coup sûr, toute la haine dont ils sont possédés contre la religion chrétienne, envers moi qui leur parais en être le principal soutien. Mais, pour vous découvrir tout le fond de mon âme, j'éprouve un tel déplaisir de l'existence, que je me sens attiré, par cela même qui leur sert de motif pour m'inspirer des craintes. J'estime, en vérité, mille fois préférable pour moi, d'être mis à mort en haine de notre loi sainte et de notre foi, que de vivre pour être témoin de tant d'offenses envers Dieu, commises à toute heure en notre présence, sans que nous y puissions apporter de remède. Oui, je dis vrai, rien ne m'est plus douloureux, que de me sentir impuissant à m'opposer aux actions des pécheurs que vous connaissez, et qui offensent Dieu si criminellement.

Que Notre-Seigneur vous protége et vous assiste à jamais ! Amen.

De Manapare, le 10 novembre 1544.

Je pars en ce moment pour Pudicare, et le P. François

Coelho va visiter les chrétiens qui demeurent à Atanapatane.

Votre frère très-affectionné en J.-C.
François.

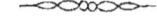

LETTRE XXXII.

A François de Mancias.

Mon très-cher frère en J.-C.,

Avant-hier, c'est-à-dire le 16 décembre, je suis arrivé à Cochin. Avant de m'y rendre, j'avais baptisé la plupart des Machuas (1), race de pêcheurs disséminée dans le royaume de Travancore; Dieu, qui pénètre le fond des cœurs, sait que j'eusse préféré retourner, sans différer, auprès d'eux, pour régénérer par le saint baptême une autre race d'hommes, qui réside au même lieu, et qui n'est pas éloignée de recevoir le joug de J.-C.

Mais le vicaire général, D. Miguel Vaz (2), a été d'avis qu'il était plus essentiel pour la religion que je me rendisse en personne auprès du vice-roi, pour en obtenir qu'il punît comme il convient le roi de Jafanapatam, à cause de la barbarie dont il vient de faire preuve envers les nouveaux chrétiens. Ainsi, dans deux ou trois jours, je me rendrai à Cambaïe, où se trouve à présent le vice-roi. J'espère en revenir bientôt avec l'aide de Dieu, après avoir heureusement terminé nos affaires pour l'avantage de la religion et de la gloire divine.

Le seigneur évêque ne doit point venir à Cochin cette année : son vicaire général partira sans doute avec les premiers

---

(1) En sanskrit Match'ouà signifie pêcheur. La caste des pêcheurs avait formé des populations en différents parages du littoral.

(2) Dom Miguel Vaz, premier coadjuteur, sous le titre de vicaire général, de l'évêque de Goa, était passé aux Indes en 1530, avec plusieurs prêtres

navires qui feront voile pour le Portugal; et comme il sait combien son retour importe aux intérêts du service de Dieu, il reviendra bientôt vers nous, je l'espère avec confiance, de la divine miséricorde. Diogo qui demeure à Goa, dans le collége de Saint-Paul, est plein d'un ardent désir de venir ici. Le P. M. Diogo et dom Paul, ainsi que toutes les personnes du collége, sont en bonne santé. Je reçois du Portugal un grand nombre de lettres récemment apportées à Goa. Il s'y trouve un diplôme pour vous autoriser à recevoir le sacerdoce, même sans l'obligation de produire un titre de patrimoine en forme régulière, ou de prouver la possession d'un bénéfice ecclésiastique suffisant à votre existence; mais je pense que vous n'avez pas besoin de cette autorisation; car vous savez que le seigneur évêque est disposé, sans s'arrêter à ces considérations, à vous admettre au sacerdoce, ainsi que récemment il a fait en faveur des PP. Manoël et Gaspard, que nous avons en ce moment à Cochin, et qui partiront bientôt pour aller cultiver avec vous la vigne du Seigneur. Les lettres dont je vous ai parlé font connaître que deux confrères se sont embarqués en Portugal pour venir ici, et je suis très-inquiet de ne les point voir arriver; je crains qu'ils n'aient eu le contretemps d'hiverner à Mozambique, ou qu'ils ne se soient vus obligés, par l'effet de la mer et des vents contraires, de re-

---

vertueux, présumés, ainsi que lui, avoir été les disciples du B. Jean d'Avila. C'étaient, entre autres, Diogo de Borba, de qui nous avons parlé, Simon Vaz, vicaire de l'île du More (en portugais, le curé est nommé *vigario*, selon l'usage ancien de l'Église romaine), et martyr en 1535; François Alvarez, son coadjuteur, confesseur de la Foi. D. Miguel Vaz coopéra à la fondation du collége de Sainte-Foi de Goa.

Envoyé en Portugal, en 1545, pour aller plaider, en présence du roi, en faveur des intérêts spirituels des chrétiens de Goa, il revint porteur d'ordres très-rigoureux adressés par le souverain à ses ministres, ce qui produisit d'abord de grands fruits.

Dom Miguel Vaz fut l'apôtre des Pallawars, sur la côte de la Pêcherie. Il y porta la foi dans trente villages, et y baptisa vingt mille personnes.

Ce saint prêtre mourut à Chaül, ville des Indes, entre Goa et Diu, en 1548, non sans soupçon de poison de la part des infidèles.

gagner le Portugal. On dit que l'un des deux est Portugais de naissance et l'autre Italien; et le roi, dans les lettres qu'il m'écrit, fait un grand éloge de tous deux. Que Dieu daigne nous les amener sains et saufs! Je ne les connais point, et ils ne sont pas de ceux que nous avions laissés à Lisbonne. Plus de soixante jeunes sujets de notre Compagnie étudient les belles-lettres dans l'université de Coïmbre, et les nouvelles qu'on nous transmet des sentiments religieux, de la pureté de mœurs et des grands talents de tous ces jeunes gens nous donnent d'amples motifs d'adresser à la bonté divine des louanges et des actions de grâces infinies. La plupart sont nés en Portugal : ce dont je me réjouis singulièrement; on nous donne aussi les plus heureuses nouvelles de nos confrères d'Italie. Je ne m'étends pas davantage à cet égard, parce que j'espère avant un mois me trouver avec vous, et alors je vous ferai lire toutes les lettres venues d'Europe.

Aussitôt après que vous aurez lu celle-ci, je vous prie avec les plus vives instances, au nom de tout votre amour pour Dieu Notre-Seigneur, et de votre désir de le servir, de vous mettre en mesure d'aller visiter les nouveaux chrétiens, que j'ai récemment baptisés en grand nombre sur le littoral de Travancore. Dans chacun des villages, vous établirez une école, où les jeunes enfants en état d'être instruits se rassembleront tous les jours, sous la direction d'un maître chargé de les former. Pour les honoraires du maître et pour les autres frais de cette fondation, vous prendrez avec vous 150 fanons de l'argent réservé pour cet emploi. Vous répartirez cette somme entre les maîtres d'école des différents villages, lorsqu'ils se seront mis à l'œuvre, et qu'ils s'acquitteront régulièrement de leurs fonctions; et vous ne quitterez aucune place, sans laisser aux maîtres une portion de leur salaire, afin qu'ils continuent leur office avec un plus grand zèle, et qu'ils conçoivent le désir de nous prouver leur travail par le progrès des enfants; et dans ce cas vous leur ferez espérer un accroissement d'honoraires. Vous ne négligerez pas un seul hameau, dans tout le pays qui s'étend jusqu'à la grande côte de la Pêcherie, sans fonder de ces réunions de jeunes enfants, y assistant vous-même pour les établir, et prenant soin qu'après votre départ elles soient continuées, par des personnes choisies avec discernement par vous. Pour votre subsistance personnelle, vous recevrez du gouverneur ce qui sera nécessaire. Vous prendrez à Manapare une tone pour vous porter à Careapatane. Mais avant d'y descendre, vous passerez par Monchure. C'est un village de Machuas non encore baptisés, situé à un peu plus d'une lieue de la pointe extrême du cap Comorin. Baptisez-les, car ils y sont suffisamment disposés, et en ont souvent témoigné le plus ardent désir, en m'envoyant quelques-uns des leurs, pour me supplier de me rendre au milieu d'eux, afin de les baptiser tous; ce n'est pas la volonté qui m'a manqué pour satisfaire à leur pieuse demande; mais, bien des fois, lorsque j'allais entreprendre ce voyage, d'autres affaires plus urgentes m'ont retenu.

Antoine Fernandez, qui est chez les chrétiens malabares, doit bientôt vous suivre, et probablement vous rejoindre, étant sur un cature très-léger et bon voilier. Il sera toujours avec vous, et vous suivrez ses directions dans tout ce que vous ferez sur cette côte, jusqu'à ce que vous en ayez régénéré tous les habitants par le saint baptême. C'est un homme d'une vie exemplaire, et tout enflammé pour la gloire de Dieu. Il a l'expérience du caractère de ces peuples, et sait la manière de traiter avec eux et les précautions qu'on doit prendre; vous accomplirez ce qu'il aura trouvé sage; jamais vous ne suivrez une autre opinion que la sienne, jamais vous ne l'empêcherez d'accomplir ce qu'il aura décidé; car on peut avoir en lui toute confiance, et je lui donnais toute la mienne, sans jamais avoir eu sujet de m'en repentir : aussi, n'est-ce pas seulement de ma part une invitation et un conseil, lorsque je vous recommande de déférer à ses avis, et de le laisser le maître en toutes choses, mais c'est ma vive et très-instante prière.

Conduisez avec vous Mathieu, et l'appariteur royal qui m'avait accompagné depuis Virana jusqu'à Patana; emmenez aussi vos serviteurs, et un canacapâle (1) qui sache écrire, et qui puisse copier, afin d'en laisser un exemplaire en chaque endroit, les prières que devront apprendre par cœur les enfants et les autres catéchumènes, par les soins et sous la surveillance des maîtres de religion qui seront établis en chaque place. Vous pourrez employer le même secrétaire pour envoyer des lettres partout où il vous paraîtra nécessaire; le même pourra lire et traduire toutes celles qui vous seront adressées des différentes parties de la contrée. Vous payerez un honoraire à ce canacapâle, non sur les fonds consacrés à l'instruction des enfants, mais sur ceux que le roi a donné ordre de nous remettre pour notre usage et pour les besoins de notre existence, et dont le gouverneur vous tiendra compte aux époques déterminées à l'avance.

En partant, vous confierez au vertueux prêtre Joam de Lizana le ministère que vous remplissiez dans les lieux que vous quittez, c'est-à-dire le baptême et l'instruction des gens de Comorin. François Mendez, qui est prêt à partir, et qui doit vous porter cette lettre, est animé d'un tel empressement que je ne saurais écrire davantage.

Que Notre-Seigneur vous assiste toujours de sa protection, ainsi que je le désire pour moi-même!

De Cochin, le 18 décembre 1544.

Votre frère très-affectionné en J.-C.

FRANÇOIS.

---

(1) Canacapâle, appellation malabare des catéchistes ou maîtres d'école.

LIVRE III.

Indes Portugaises. — Ceylan. — Manar. — Macassar.

(1545.)

LETTRE PREMIÈRE.

A Jean III, roi de Portugal.

Sire,

S'il m'est permis de déclarer à votre majesté les sentiments dont je souhaite qu'elle se pénètre : je désire en vérité que, descendant en elle-même, elle considère que Dieu Notre-Seigneur ne lui a, de préférence à tous les autres princes chrétiens de la terre, accordé cet empire des Indes, qu'afin d'éprouver sa vertu, sa fidélité dans les devoirs souverains, et les effets de sa reconnaissance pour des bienfaits infinis. Les vues divines ne tendaient point à remplir votre trésor des productions les plus précieuses de l'Orient, et de l'or des rois barbares, mais à donner carrière à votre héroïsme : l'adorable Providence offrait à votre vertu et à votre piété l'occasion d'acquérir de nouveaux mérites, et préparait les voies à votre zèle ardent et aux efforts de vos fidèles serviteurs, afin d'attirer les habitants de ces contrées à la connaissance du Créateur et du Sauveur du monde.

C'est donc à juste titre que votre majesté recommande, comme leur principal devoir, à ses envoyés dans les Indes, de s'appliquer à dilater le domaine de la foi et à propager notre sainte religion ; votre majesté n'ignore pas que Dieu lui demandera compte du salut de tant de peuples, qui sont disposés à cette heure à entrer dans les voies de la vérité, si quelqu'un les y dirige ; et que l'absence d'un maître qui les enseigne les laisserait dans la nuit de l'ignorance et dans l'infamie du péché, où sans cesse ils offenseraient leur Créateur, et prépareraient la ruine et la damnation éternelle de leurs âmes.

Votre majesté connaîtra, par le rapport de dom Miguel Vaz, coadjuteur de l'évêque de Goa, qui se rend en Portugal, les heureuses dispositions des indigènes pour embrasser la foi, et les autres circonstances de nature à favoriser les progrès de la religion chrétienne, et dont lui-même peut rendre témoignage. Ce prélat laisse de tels regrets parmi les chrétiens de ces contrées, que son retour après une année est nécessaire pour la consolation de tout le peuple et l'accroissement de sa piété. Votre majesté servira donc ses propres intérêts en le renvoyant à Goa, et en se reposant sur un ministre aussi sage et aussi zélé du devoir qui lui est imposé à elle-même, de procurer la gloire de Dieu dans les Indes. Ce ministre fidèle et rempli d'expérience, étant ainsi chargé de votre devoir, vous laissera plein de sécurité dans votre âme : convaincu, comme vous le serez, que ses rares vertus qui depuis tant d'années lui ont concilié la vénération de tout un peuple, seront le gage de son zèle à n'omettre aucune occasion de protéger ou d'étendre la religion ; et je supplie votre majesté, au nom du service de Dieu et dans l'intérêt de son Église, par considération envers tant de personnes respectables qui résident aux Indes, en faveur de nos nouveaux chrétiens, et, enfin, par égard pour moi-même qu'elle daigne regarder favorablement, je la supplie de nous renvoyer dom Miguel Vaz, en qualité de coadjuteur; et dans cette prière, je n'ai en vue que le service de Dieu, l'accroissement de notre sainte religion, et les intérêts de la conscience de votre majesté. Dieu Notre-Seigneur m'est témoin de la vérité de mes paroles. Je sais tout le regret qu'on éprouve ici de l'absence de dom Miguel Vaz, et combien il y est nécessaire. J'accomplis donc un devoir, et je décharge ma conscience, en déclarant solennellement à votre majesté, qu'il est essentiel, si elle désire l'extension et la dilatation de notre sainte foi dans les Indes, si elle désire que les nouveaux enfants de l'Église ne soient pas arrachés violemment de son sein, et ne retombent pas dans leurs superstitions anciennes, par l'effet des injustices et des persécutions inouïes auxquelles ils sont en butte, principalement de la part de vos officiers, il est essentiel de renvoyer ici dom Miguel Vaz, dont le caractère énergique et persévérant peut seul résister avec succès aux entreprises des persécuteurs.

L'évêque (1) est un prélat d'une vertu consommée, mais si grande qu'elle soit, votre majesté n'ignore pas que son âge avancé et ses nombreuses infirmités ne lui laissent plus les forces physiques nécessaires pour les travaux immenses qu'exige le devoir de sa charge : il n'y a plus que les forces de l'esprit qu'il ait conservées avec plénitude, et elles deviennent tous les jours plus admirables; Dieu le comble de ses grâces, en compensant l'affaiblissement de sa personne par un accroissement de forces spirituelles; c'est la récompense que Notre-Seigneur accorde à ses fidèles, après une longue vie employée à son service, après

(1) Dom Joam d'Albuquerque, franciscain, confesseur du roi Jean III, de qui nous avons déjà fait mention, était le premier évêque effectif de Goa, le premier titulaire étant mort avant d'avoir pris possession. Il vint occuper son siége en 1538 : après quinze ans d'une administration aussi sainte que laborieuse, il y mourut en 1553.

le sacrifice de toutes les heures et de toutes les forces à des œuvres considérables entreprises pour son amour, et c'est la consommation de la victoire remportée sur la chair révoltée contre l'esprit; c'est le fruit que la bonté divine laisse recueillir dans le déclin de l'âge à ces vaillants athlètes, pour l'exemple et l'encouragement de ceux qui sont sous leur conduite, et qui les voient renaître, pour ainsi dire, par cette rénovation des puissances de l'âme, au moment où la nature défaillante et accablée d'infirmités, se dissout et va cesser d'exister : à mesure que la vie se retire de ces personnes vénérables, leur corps terrestre se transfigure en un esprit céleste. Aussi, notre saint évêque a-t-il besoin aujourd'hui d'un coadjuteur qui l'assiste dans les travaux extérieurs du ministère apostolique.

Je vous conjure, sire, et c'est au nom du service de Dieu que je vous adresse ma prière, si en effet mon intention est toute pure, et si la vérité se trouve sur mes lèvres, d'accorder une attention favorable et efficace à mes paroles, à mes humbles conseils. Je le répète, c'est au nom de la gloire et du service de Dieu, dans l'intérêt essentiel de la conscience de votre majesté, que je la supplie, non pas seulement de recommander par lettres, à ses officiers dans les Indes, les affaires de la religion, mais aussi de consacrer l'autorité de ses volontés par la juste punition des prévaricateurs.

Craignez, sire, qu'au pied du tribunal de Dieu Notre-Seigneur,— le jour et l'heure surviennent sans être prévus, et il n'y a ni espérance ni moyen de les fuir,—craignez que la colère de Dieu, le souverain Juge, ne vous fasse entendre ces paroles : « Pourquoi n'avez-vous pas châtié vos ministres et vos serviteurs qui, sous l'autorité de votre nom, ont combattu ma religion dans les Indes : pendant ce temps même, ne les avez-vous pas sévèrement punis, si le soin de vos revenus et les devoirs de leur administration temporelle laissaient quelque chose à désirer de leur part? » J'ignore, en effet, sire, de quel poids serait en votre faveur cette excuse que vous alléguerez peut-être : « En vérité, j'écrivais tous les ans à mes ministres, et je leur recommandais avec zèle les intérêts de votre divine religion. » Sur l'heure il vous serait répondu : « Et vous laissiez impunis les transgresseurs audacieux de vos commandements solennels : tandis que les ministres infidèles de vos intérêts terrestres étaient châtiés selon leurs offenses. »

Souvenez-vous sire, de votre zèle ardent pour la gloire divine, de votre conscience que j'ai toujours connue si délicate à s'acquitter de tous les devoirs de la dignité suprême, en vue de Dieu seul : je vous en adjure dans l'intérêt du salut de votre âme. Envoyez dans les Indes un vice-roi, revêtu de l'autorité nécessaire, pour qu'il puisse pourvoir au salut d'un nombre infini d'âmes, qui sont en péril à cette heure : et que son autorité soit indépendante de celle des trésoriers de la couronne, afin qu'on voie disparaître dans l'avenir ces misères et ces scandales qui ont jusqu'à ce jour si profondément affligé la religion chrétienne.

Votre majesté doit aussi compter avec elle-même, et se représenter la somme immense de richesses temporelles qu'elle a reçues de la munificence divine, dans ces contrées des Indes; qu'elle en déduise les dépenses qu'elle a faites pour le service de Dieu et le bien de la religion; que cet examen consciencieux la conduise à un partage plus généreux, et à donner à Dieu et aux intérêts éternels tout ce que réclament et la justice et les sentiments de votre âme religieuse et véritablement royale : craignez que le créateur de tous biens n'estime votre offrande inférieure à vos devoirs de reconnaissance, après tous les dons que sa munificence vous a prodigués. Que votre majesté n'hésite pas, et qu'elle ne diffère pas d'un seul jour : quel que soit votre empressement, toujours il sera tardif.

C'est la charité qui me presse d'écrire à votre majesté, cette charité profonde et ardente que je porte pour elle au fond de mon cœur : lorsque surtout il me semble entendre les voix qui s'élèvent au ciel de cette terre des Indes, accusant votre majesté d'agir avarement envers cet empire, lorsque de tant de trésors dont elle s'est enrichie, elle laisse à peine s'écouler une faible partie en faveur de besoins spirituels si immenses.

Je croirai faire à cette heure un récit agréable à votre majesté, en lui faisant connaître l'état général de la religion dans ces pays, sur lesquels elle a reçu de Dieu la charge de veiller.

A Jafanapatam, et sur le littoral de Coulan, avant la fin de l'année, nous aurons admis plus de cent mille nouveaux chrétiens dans l'Église.

Je ne parlerai pas de l'île de Ceylan(1), dont le roi ne s'est point encore laissé toucher par les grâces dont vous l'avez comblé, ce prince continue, par une persécution acharnée, à fermer à Jésus-Christ l'entrée de son royaume.

Envoyez-nous, sire, un grand nombre d'ouvriers de notre Compagnie, non-seulement afin de baptiser et d'instruire les néophytes qui se présentent tous les jours en foule pour embrasser la religion chrétienne, mais afin qu'il en puisse être envoyé à Malacca, et dans les pays voisins, où s'opèrent en ce moment des conversions nombreuses.

Le P. maître Diogo et dom Paul sont au collège de Sainte-Foi ; je n'ajouterai rien, après les rapports si étendus qu'ils adressent à votre majesté touchant cette sainte maison ; je lui demanderai seulement comme une faveur insigne, de daigner écrire à Cosme Anes (2), qui en a commencé et qui en continue l'édifice, afin de l'encourager à le terminer et à rendre son œuvre parfaite : ce serait, sans parler de la récompense que Dieu lui réserve, une immense faveur pour lui, que cette grâce de votre majesté.

---

(1) L'île de Ceylan fut découverte en 1505, par D. Lourenço d'Almeida. Les Portugais bâtirent leur première forteresse à Colombo. — Ceylan contenait plusieurs royaumes, dont le principal était celui de Jafanapatam.

(2) Cosme Anes, trésorier du roi (Vedor da Fazenda).

François de Mancias réside avec moi, sur la côte de Comorin, parmi les chrétiens convertis par dom Miguel Vaz, coadjuteur des Indes. Avec moi demeurent aussi trois prêtres indigènes.

Le collége de Cranganor (1), fondé par le père frère Vincent (2), prend tous les jours un merveilleux accroissement: et si votre majesté lui continue la protection dont elle l'a honoré jusqu'à ce jour, les progrès seront encore plus sensibles ; combien ne devons-nous pas d'actions de grâces à Dieu, qui a permis qu'il soit résulté tant de bien de ce collége, pour l'avancement de la religion de Notre-Seigneur Jésus-Christ. Si notre espérance n'est point vaine, il doit en sortir, avant peu d'années, un grand nombre de saints religieux qui se répandront dans tout le Malabar, changeront les ténèbres du péché et de l'erreur, qui règnent sur cette contrée, en une salutaire connaissance de la misère spirituelle de tant d'âmes, et révéleront le jour de Jésus-Christ à ces intelligences ignorantes : l'on devra toutes ces œuvres, et la manifestation de la vérité chrétienne, aux disciples du père frère Vincent. Je prie, en vue de Dieu, votre majesté de favoriser ce collége, par tous les témoignages de sa royale bienveillance, et surtout par l'aumône qui est sollicitée en sa faveur.

J'ai la certitude que je dois mourir dans les Indes, et que je ne verrai plus votre majesté dans cette vie ; aussi lui demanderai-je le secours de ses prières, afin que, dans la vie future, nous puissions nous revoir au sein d'une paix bienheureuse ; et de même que votre majesté le demandera pour moi, je demanderai pour elle à Dieu Notre-Sei-

---

(1) Ville sur la côte du Malabar, à cinq lieues au N. de Cochin, par 10° 12' de lat. N. — Les Portugais y bâtirent une forteresse en 1505. — Cranganor fut érigé en évêché en 1605. — Ce siége fut supprimé en 1838.

(2) Le F. Vincent de Lagos, franciscain, accompagna aux Indes, en 1538, Don Joam d'Albuquerque. Il opéra de grands fruits à Goa et à Cranganor ; fonda, en 1540, le collége de cette dernière ville, sous le titre de *Saint-Jacques*, et y enseigna pendant dix ans. Il convertit un grand nombre de schismatiques grecs et arméniens du royaume de Tanor ; il mourut en 1550.

gneur, de lui accorder en cette vie la grâce de toujours penser et de toujours agir, comme elle doit désirer à l'heure de la mort de l'avoir toujours fait.

Cochin, le 8 février 1545.

Le serviteur de votre majesté.

FRANÇOIS.

―—⊂∞∞⊃—―

LETTRE II.

Au R. P. Ignace de Loyola, général de la Compagnie de Jésus, à Rome.

Que la grâce, etc.

Je vous prie et je vous conjure au nom de Dieu, si vous voulez posséder l'affection de tous les amis du collége de Sainte-Foi, et surtout du gouverneur, le plus dévoué de tous, je vous prie, s'il est possible, de nous faire parvenir les diplômes du souverain pontife, qu'ils vous ont prié de leur faire obtenir, afin que l'autel principal de ce collége soit privilégié par la délivrance d'une âme du purgatoire, toutes les fois que le Saint-Sacrifice y sera célébré pour un défunt, avec la condition que je vous ai exprimée, il y a deux ans, au nom du gouverneur. Nous attendons de même les autres grâces, au sujet desquelles je vous ai écrit par les ordres de ce seigneur.

Les sujets qui, après l'épreuve régulière des exercices spirituels, et quelques mois passés dans les offices les plus humbles et les plus humiliants, ne seront point jugés capables d'entendre les confessions, d'exercer la prédication, et de remplir les différents ministères de la Compagnie, nous seraient ici grandement utiles, s'ils unissaient les vertus intérieures à la vigueur du tempérament. En effet, dans ces pays infidèles, la science n'est nullement nécessaire. Il suffit de n'être pas entièrement étranger aux lettres, et de pouvoir enseigner aux enfants et aux ignorants les principales prières de l'Eglise, et, dans la visite des villes et des villages, d'être en état de baptiser les nouveau-nés. Plusieurs de ces pauvres créatures meurent sans le baptême, parce que nous ne pouvons être à la fois présents en tant de lieux si divisés par l'espace. Ainsi tous les sujets qui ne seront point de nature à pouvoir servir la Compagnie en Europe, et que vous reconnaîtrez capables de parcourir nos contrées pour baptiser les nouveau-nés, et enseigner le catéchisme aux ignorants, envoyez-nous-les, car ils trouveront parmi nous un utile emploi de leur vertu. Je désire qu'ils soient doués d'une grande force de tempérament, et endurcis à la fatigue : ces contrées éprouvent infiniment le corps, à cause des chaleurs excessives, de la disette d'eaux saines, et aussi de la nourriture peu substantielle. On vit ici de riz, de poisson et de lait, et c'est là tout ; point de pain, ni des autres aliments que vous avez en abondance. Je désire donc que ce soient des jeunes gens, ou des hommes d'une maturité verte encore, et non affaiblie par les années, afin qu'ils puissent porter la fatigue des courses continuelles, pour les baptêmes et les catéchismes ; surtout quand on considère qu'il ne s'agit point seulement de baptiser les nouveaunés, mais d'aller disputer les chrétiens à la fureur aveugle des païens. Quelquefois même, par un singulier bienfait de Dieu, l'on doit dans ce devoir, et sous peine de manquer à la charité, mettre en péril sa propre vie. Mais ces confrères se souviendront que nous sommes nés pour mourir, et que, pour un chrétien, rien n'est plus désirable que de souffrir la mort pour Jésus-Christ. Ils devront donc être à la fois doués d'un caractère énergique et affermis par la vertu d'en haut. Et comme je sens imparfaites en moi cette énergie et cette vertu, au moment où je pars pour des régions où le secours céleste est si nécessaire, je vous prie, au nom de Dieu et de sa sainte religion, de vous souvenir de moi dans vos Saints-Sacrifices, et de daigner me procurer aussi le secours des prières de toute la Compagnie. Je suis convaincu que déjà vos prières et celles de la Compagnie tout entière m'ont obtenu de Dieu d'être délivré de dangers immenses et infinis. Je vous écris ainsi pour que vous connaissiez quels hommes nous sont nécessaires. Que si vous voyez quelques-uns de ces sujets assez forts pour résister à toutes les fatigues dont j'ai parlé, mais hésitant peut-être à courir le péril de la vie, envoyez-les néanmoins ; il ne manque pas ici de régions où, sans danger de mort, ils pourront servir la cause de la religion. Souvenez-vous toujours que, pour gagner ces infidèles, il n'est pas besoin d'une grande science. Des confrères tels que je les demande, après un séjour de quelques années dans ces contrées, recevront d'en haut les grâces nécessaires pour entreprendre des œuvres plus considérables. Envoyez-nous aussi des sujets capables d'entendre les confessions, et de faire pratiquer les exercices spirituels, lors même qu'ils ne pourraient supporter de plus grands travaux. Ils résideront à Goa ou à Cochin, et dans ces villes ils pourront servir utilement la religion, et il ne leur manquera rien dans leurs besoins ; ils seront comme en Portugal. En effet, dans les villes peuplées de familles portugaises, les remèdes nécessaires à la faiblesse et à la maladie ne leur feront point défaut ; et dans les deux places dont je parle, on trouve assez de médecins et de médicaments ; tandis que dans les autres lieux, où les Portugais ne se sont pas encore établis, tels que ceux que nous parcourons à cette heure, les malades ne doivent espérer aucune assistance. Dans les deux cités de Goa et de Cochin, on pourra rendre d'éminents services, en faisant pratiquer aux habitants les exercices spirituels.

Il y a quatre ans que nous avons fait voile du Portugal, et pendant cet intervalle, je n'ai reçu de vous qu'une lettre, écrite de Rome, et deux du P. Simon, du Portugal. Je désire ardemment, mon Père, recevoir, chaque année, quelques nouvelles de vous et de tous nos frères. Je ne doute point que vous ne m'écriviez vous-même tous les ans, ainsi que je le fais pour vous ; mais je crains que les lettres ne se perdent, et que, de même que vos lettres me manquent, vous ne manquiez aussi des miennes. Deux membres de la Compagnie devaient cette année arriver aux Indes, mais leur navire n'a point encore touché Goa. Sera-t-il retourné en Portugal, ou aura-t-il passé l'hiver à Mozambique, comme le font souvent les navires portugais, je l'ignore entièrement.

Je désire être informé si notre vieil ami chemine encore sur une mule. S'il en est ainsi, comme au temps de mon départ, il doit être bien infirme, pour n'avoir point, avec tant de médecins et de remèdes, recouvré l'usage de ses membres.

Je n'ai point d'autres nouvelles à vous apprendre, et je vous conjure seulement de nous envoyer un grand nombre de sujets, pour remédier à la pénurie extrême d'ouvriers.

Je prie Dieu, si nous ne devons jamais nous revoir en cette vie, de permettre que nous nous retrouvions enfin réunis, dans la vie bienheureuse, au milieu d'une plus grande paix qu'ici-bas.

Février 1545. Cochin.

LETTRE III.

A Mᶜ Simon Rodriguez.

Je vous adresse ouverte la lettre que j'écris à Rome, afin que vous la lisiez d'abord, et qu'ayant pris connaissance de l'état des affaires dans les Indes, vous apportiez une grande sollicitude à nous faire envoyer, tous les ans, le plus grand nombre d'ouvriers évangéliques qu'il vous sera possible. Car, si grand que soit leur nombre, ils trouveront abondamment ici de quoi s'occuper glorieusement pour le service de Dieu. En ce qui regarde votre propre départ pour ces contrées, si je pouvais avoir la confiance que les forces du corps et le tempérament égalassent en vous le zèle et la vigueur de l'esprit, je m'empresserais de vous appeler, et de vous solliciter instamment de venir; si toutefois le P. Ignace approuvait ce dessein, et vous ouvrait lui-même cette voie; car il est notre Père : à lui nous devons la principale obéissance, et nous n'avons pas le droit de faire un seul pas sans son ordre.

Je veux vous parler de Diogo Fernandez; je l'ai vu à Goa dans une santé parfaite, il y a quatre semaines environ. Il vit heureux, et selon ses désirs, dans le collége de Sainte-Foi, en la compagnie de Maître Diogo de Borba et de D. Paul; il s'y emploie avec une ardeur infinie au service de Dieu, sans avoir sujet de regretter ni d'être en sa présente résidence, ni d'employer ainsi les efforts de son zèle. Il m'a dit qu'il vous écrivait très-longuement, et je vous invite singulièrement à ne pas laisser sa lettre sans réponse; car il vous aime profondément, et porte un intérêt extrême à ce qui vous touche. Votre lettre lui causera la plus vive consolation, surtout si vous lui écrivez que vous approuvez son séjour dans le collége de Goa, où il réside à cette heure.

François de Mancias et moi-même, nous nous recommandons à vos prières les plus ferventes et à celles de tous nos confrères. Exilés sur ces plages lointaines, nous demeurons les plus humbles de vos clients, et nous considérons à juste titre que, de votre secours et de votre protection, dépendent, pour la plus grande part, toutes nos espérances et tous nos intérêts. Il est donc bien digne de votre charité, car je m'adresse à vous tous en général et à chacun de vous en particulier, il est digne de votre amitié pour nous et de votre piété, de faire valoir notre cause et nos intérêts devant Dieu, dans toutes vos prières et saints sacrifices, où le zèle du devoir préside uniquement; et de nous obtenir ainsi les secours et les biens de l'âme et du corps, dont l'abondance nous est si nécessaire en ces contrées; vous réclamerez aussi pour nous les suffrages des personnes étrangères que vous dirigez dans les voies spirituelles.

Je vous en prie encore très-instamment, et je vous en conjure pour l'amour de Dieu, écrivez-moi, ou si vous ne le pouvez faire vous-même, recommandez de le faire à quelques-uns de nos confrères. Surtout, écrivez longuement : que ce ne soit point en termes sommaires et généraux, mais d'une manière très-particulière et détaillée, en citant chacun de nos confrères qui résident en Portugal, à Rome, ou ailleurs. En effet, il ne nous a pas été laissé dans cette vie de plus grande consolation spirituelle, que celle qui nous sera donnée par la lecture des lettres qui nous viendront de vous par les navires du Portugal.

Vous ferez part, si vous n'y voyez point d'inconvénient, à Pero Carvalho, notre excellent ami, de la lettre que j'écris à nos confrères de Rome, et vous lui direz, en mon nom, que, le mettant au rang et au nombre de nos frères qui sont à Rome et en Portugal, j'ai pensé que la lettre que je leur adresse lui devait être commune avec eux : c'est le motif qui m'a fait ne lui point écrire en particulier.

Vous aurez soin de faire entendre également à chacun de nos confrères, qui sont avec vous à Lisbonne, que telle est ma véritable et sincère affection envers chacun d'entre eux, que j'aurais écrit séparément à chacun, si je n'avais la confiance que cette lettre unique sera considérée par tous comme commune, et tiendra lieu d'un grand nombre de lettres, par une économie de temps précieuse pour eux, et nécessaire pour moi-même.

Au sujet des grâces et des indulgences demandées pour le singulier avantage de ces contrées, que d'après les désirs du vice-roi, j'ai fait depuis longtemps solliciter à Rome, et touchant lesquelles j'écris cette année à sa majesté ; je vous en prie, au nom de tout l'intérêt que vous prenez à la consolation et à l'avancement spirituel des populations chrétiennes de ces pays, et de votre zèle pour la gloire et pour le service de Dieu Notre-Seigneur, agissez auprès de sa majesté, et rappelez-lui de vouloir bien faire presser l'expédition de ces grâces, par l'entremise de son ambassadeur à Rome. J'ai écrit il y a plusieurs années, et j'écris encore cette année même au P. Ignace, afin qu'il obtienne du souverain pontife, en faveur du principal autel de l'église de Goa, qui sert aux membres du collége de Sainte-Foi, le double privilége dont sont revêtus plusieurs autels à Rome, où toutes les fois qu'un prêtre offre le sacrifice de la messe, il délivre une âme des feux du purgatoire. Si vous pouvez contribuer pour la moindre part à l'accomplissement de ce vœu, vous aurez acquis des droits singuliers à la reconnaissance du gouverneur qui sollicite cette grâce avec instance, et de ce vénérable collége, ainsi que de ses fondateurs, si dignes de voir se réaliser leurs désirs.

Envoyez-nous un grand nombre de sujets dans les Indes. Plus il en viendra, et plus se dilateront les limites de la sainte église. Connaissant par expérience quel dommage ici occasionne la pénurie d'hommes de zèle et de dévouement, en vue de l'extension de notre sainte foi et de la religion de J.-C. N.-S., j'insiste sans cesse, afin que des ouvriers soient envoyés vers cette moisson qui blanchit.

Dieu, qui pénètre le fond des âmes, sait quel est mon désir de vous voir, et combien j'éprouverais de joie à vous serrer dans mes bras et à m'entretenir avec vous. Vous le devez à vos vertus, et aux autres dons que Dieu a répandus en vous avec plénitude, et l'espérance d'en jouir, par un commerce actuel et présent, me rend votre personne infiniment plus désirable. Si notre réunion devait s'accorder avec l'intérêt d'un devoir plus utile, ou du moins égal, envers Dieu, de quelles délices il me remplirait, avec quel ravissement je vous consacrerais mon obéissance : Dieu seul, pour qui tous les secrets des cœurs sont à découvert, en a la véritable connaissance.

Ne permettez pas qu'aucun de vos amis soit envoyé dans les Indes, avec la charge d'y gérer les finances et les affaires de S. M. C'est des personnes revêtues de ces fonctions que l'on doit entendre ce qui est écrit : « *Ils seront effacés du livre des vivants, et leur nom ne sera pas écrit parmi ceux des justes* (1). » Si grande que soit votre confiance en ceux que vous connaissez et aimez, opposez-vous à eux, croyez-moi bien, et, luttez de tout votre pouvoir, afin qu'ils ne s'exposent pas à cet immense danger ; autrement, et s'ils ne sont confirmés dans la grâce de Dieu, comme ont été les apôtres, n'espérez pas de les voir persévérer dans leur devoir, et demeurer dans une véritable innocence. Il existe une puissance, pour ainsi dire irrésistible, qui doit les entraîner et les précipiter ; le gain va les attirer, la facilité de la proie les séduira, la cupidité s'irritera chez eux par les premières satifactions de la convoitise ; ils sentiront comme un torrent d'exemples et d'habitudes venir d'en haut, et s'écouler sur eux, et les entraîner à la fin. L'apparence odieuse, et pour ainsi dire la criminalité des actes, cessent d'être attachés au vol, par l'effet de la coutume universelle : à peine a-t-on des scrupules sur la légitimité de ce qu'on sait impuni. Partout et continuellement, on prend avec violence, on accumule des trésors pour les emporter en son pays. Ce qui est pris une fois n'est jamais restitué : et qui saurait énumérer tous les artifices et toutes les formes de rapines ? Je ne saurais assez m'étonner de voir, en dehors des vols ordinaires, des modes inusités, selon lesquels, pour ainsi dire, un avare et cruel génie conjugue le verbe *voler*, suivant mille flexions, inouïes jusqu'à ce jour. Et, lorsque les âmes des malheureux, qui vivent ainsi, sont rappelées de ce monde, il est terrible de penser que l'espérance de leur salut est absolument compromise et peut-être perdue, lorsqu'elles sont obligées de comparaître au tribunal du juge inexorable.

Miguel Vaz, qui a été ici le coadjuteur de l'évêque, se rend à Lisbonne. Vous auriez peine à trouver un homme plus rempli de zèle et de dévouement pour la gloire et pour le service de Dieu. Je ne doute pas que vous ne soyez

---

(1) Ps. LXVIII, 29.

heureux de sa présence et de ses entretiens; car en voyant la paix et la sérénité d'âme qui rayonnent en lui, et l'ardeur insigne qu'il fait paraître pour la gloire divine, je suis assuré que vous concevrez une haute idée et une juste estime de ses vertus et de ses mérites; vous pourrez croire entièrement à toutes ses paroles, et sans doute il vous entretiendra longuement et complétement de l'état de nos affaires dans les Indes. J'écris au roi pour lui parler de Miguel Vaz, et je lui conseille, autant qu'il m'est permis de le faire, pour la décharge de ma conscience et de celle de sa majesté, de le renvoyer prochainement aux Indes. Il y est infiniment nécessaire; c'est lui qui défend les agneaux de Jésus-Christ contre la violence et les artifices des loups dévorants. Miguel Vaz est un homme vaillant et intrépide; rien ne saurait l'empêcher d'élever sa parole vigilante contre les persécuteurs et les spoliateurs des nouveaux convertis à la religion de Jésus-Christ. Si le roi se proposait d'envoyer ici quelque autre personne en sa place, qui pourrait-il trouver, sans parler des talents de Miguel Vaz, qui possédât, au même degré que lui, l'expérience des affaires des Indes, auxquelles, pendant douze ans, il n'a pas seulement pris part, mais qu'il a dirigées? Qui trouverait-il, qui fût aussi aimé des gens de bien, aussi redouté des méchants? Soyez bien convaincu que, si le roi porte ses vues sur un autre, quels que soient l'attention et le zèle que S. M. saura mettre à ce choix, elle s'expose à manquer le but qu'elle se propose d'atteindre. Agissez donc, je vous prie, et faites en sorte, par de sérieuses démarches auprès de sa majesté, qu'elle renvoie vers nous Miguel Vaz.

Adieu. De Cochin, le 22 janvier 1545.

Votre véritable et très-affectionné frère en Jésus-Christ.

FRANÇOIS.

LETTRE IV.

A la Compagnie à Rome.

Que la grâce, etc.

Dieu sait, mes frères, combien j'éprouverais plus de joie de vous voir, que de vous écrire cette lettre et de la livrer au hasard des distances. Mais si cette séparation des personnes le plus tendrement unies est devenue presque immense par la permission divine, cette séparation n'a point délié les nœuds de l'affection qui nous unit tous. Il est vrai, nous ne vivons plus dans une intimité de toutes les heures, mais nous pouvons nous voir à toutes les heures par la vue de l'esprit : telle est la vertu de la véritable et sainte amitié, que les amis absents sont encore présents les uns aux autres, qu'ils se contemplent pour ainsi dire toujours, et demeurent à jamais dans la même union. Le souvenir continuel que je garde de vous tous, mes frères, est plus encore un bienfait dont je vous suis redevable, que l'effet unique de mon amitié pour vous. Vos prières, et les saints sacrifices que vous ne cessez d'offrir pour une personne aussi indigne, échauffent et conservent en moi ce tendre souvenir. C'est vous, mes frères bien-aimés, qui avez profondément gravé vos images au fond de mon cœur; et si les sentiments que je vous conserve sont aussi ardents, les vôtres à mon égard le sont bien davantage. Je prie Dieu de vous en rendre une juste récompense : car je ne saurais reconnaître vos bontés qu'en me déclarant impuissant à m'acquitter envers vous; en effet, n'ai-je pas des obligations infinies envers tous les membres de la Compagnie!

Vous désirez vivement apprendre quelques nouvelles touchant l'état de la religion dans les Indes. Je vous apprendrai que dans ce royaume de Travancore (1), où je réside en ce moment, Dieu a attiré de nombreux infidèles à la foi de son Fils Jésus-Christ. Dans l'espace d'un mois, j'ai fait des chrétiens de plus de dix mille d'entre eux; et voici la méthode qui m'a servi. À peine arrivé dans les villages païens, où l'on m'appelait pour conférer le baptême, je faisais réunir en un même lieu les hommes, les femmes et les enfants. Entrant en matière par les premiers éléments de la foi chrétienne, je leur annonçais un seul Dieu, Père, Fils et Esprit-Saint; et invoquant en même temps les trois Personnes divines et un Dieu unique, je faisais faire à chacun, trois fois, le signe de la croix; ensuite, revêtu du surplis, je commençais à haute voix, en leur nom, à lire la formule de la Confession générale, le symbole des Apôtres, les dix Commandements, l'Oraison Dominicale, la Salutation angélique et le *Salve Regina;* — j'ai depuis deux ans traduit toutes ces prières en la langue du pays, et je les ai apprises de mémoire; — j'avais soin de les faire répéter par tout le monde, sans distinction de rang ni d'âge. Je venais ensuite à l'explication des articles du symbole et des préceptes du Décalogue, dans la langue du pays. Lorsque les personnes me paraissaient suffisamment instruites pour le baptême, je recommandais à tous de demander à Dieu publiquement le pardon de leur vie passée, et de le faire à haute voix, et en la présence des ennemis de la religion chrétienne, afin de toucher le cœur des infidèles et d'affermir les croyants. Tous les païens sont pleins d'admiration pour la sainteté de la loi divine, et expriment leur profonde honte d'avoir si longtemps vécu dans l'ignorance du vrai Dieu. Ils entendent volontiers discourir sur les mystères et sur les pratiques de la religion chrétienne, et me témoignent de grands respects, à moi, misérable

(1) Travancore, province à l'extrémité S. O. de la presqu'île de l'Inde, entre les 8e et 10e degrés de lat. N. Elle renferme, encore de nos jours, une chrétienté nombreuse, issue des populations converties par saint François Xavier.

pécheur; plusieurs cependant répudient, avec un cœur endurci, la vérité qu'ils ne sauraient méconnaître. Lorsque mon instruction est terminée, je demande en particulier à tous ceux qui sollicitent le baptême, s'ils croient, sans hésiter, à chacun des articles de la Foi; tous, les bras en croix, déclarent ensemble qu'ils y croient sans réserve. C'est seulement alors que je les baptise solennellement, et je donne à chacun son nom écrit sur un billet. Après leur baptême, les nouveaux chrétiens se retirent dans leurs maisons, et nous ramènent leurs épouses et leurs familles, pour être, à leur tour, préparées au baptême. Tous étant baptisés, j'ordonne de renverser en tous lieux les temples des faux dieux et de briser toutes les idoles. Je ne saurais rendre par la parole la joie que j'éprouve de ce spectacle, en voyant renverser et détruire les idoles, par ceux-là mêmes qui naguère les adoraient. Dans tous les bourgs et villages, je laisse un abrégé de la doctrine chrétienne, écrit dans la langue du pays, et je prescris en même temps la manière dont la doctrine doit être enseignée dans les leçons du matin et du soir. Ai-je terminé ce travail dans un lieu, je passe dans un autre, et ainsi successivement. Je parcours de même tout le pays, obligeant les indigènes à entrer dans le bercail de J.-C.; et ma joie est bien plus vive que je ne saurais l'exprimer dans des lettres, ou par des paroles.

L'île de Manar (1) est éloignée d'ici d'environ 150 milles; ses habitants m'ont envoyé quelques-uns des leurs, pour me prier de vouloir bien me rendre auprès d'eux, afin de les baptiser, parce qu'ils sont résolus de se faire chrétiens. Je n'ai pu me rendre à leur désir, étant retenu par des affaires d'une extrême importance, et qui intéressent au plus haut point la religion. Mais j'ai obtenu d'un vénérable prêtre qu'il irait à ma place, aussitôt qu'il le pourrait,

---

(1) Manar (le détroit de) sépare Ceylan du Carnatique.
Manar (l'île de), dans le détroit de ce nom, a 18 milles de longueur, sur 2 milles 1/2 de largeur; elle appartenait au roi de Jafanapatam.

pour les régénérer par le baptême. Par ses soins, un grand nombre étaient déjà baptisés, quand le roi de Jafanapatam (1), suzerain de cette île, fit mettre à mort, de la manière la plus cruelle, une infinité de néophytes, par ce seul motif qu'ils s'étaient faits chrétiens. Rendons grâce au Seigneur Jésus, de ce que, même en notre temps, il permet qu'il y ait des martyrs, et de ce qu'à la vue du petit nombre d'âmes qui se servent, pour leur salut, de la miséricorde et de la bonté divines, il permet, dans le mystère de sa Providence, que la barbarie humaine remplisse ainsi les rangs, et complète le nombre des bienheureux.

Je vous ai écrit déjà combien le gouverneur des Indes est disposé favorablement à mon égard, et à l'égard de toute la Compagnie. Il a été si sensible au carnage odieux des néophytes, et en a conçu tant d'horreur, qu'à peine lui en ai-je dit quelques paroles, qu'il a fait armer une flotte considérable, pour exterminer le tyran; j'ai dû moi-même contenir la vivacité de sa juste colère. Ce roi, bourreau des chrétiens, a pour héritier direct et légitime de sa couronne un frère que la frayeur de ses cruautés a porté à s'exiler. Ce prince a promis de se rendre chrétien, avec les principaux de son royaume, s'il est mis en possession de ses États par les troupes du gouverneur. Le gouverneur a donné l'ordre à ses capitaines de mettre sur le trône le jeune prince, s'il embrasse la religion chrétienne, et de faire mettre à mort le roi persécuteur des néophytes, ou de le traiter au gré de ma volonté. Je ne désespère pas que la miséricorde de Dieu, et les prières des néophytes qu'il a rendus martyrs, ne l'amènent à reconnaître son crime, et que, par une salutaire pénitence, il n'obtienne de Dieu le pardon de sa barbarie sanguinaire.

L'île de Ceylan, où je me suis récemment rendu dans la

(1) Jafanapatam, ville et forteresse de Ceylan, par 9° 44' de lat. N. Son souverain, rendu tributaire par D. M. Alph. de Souza, fut obligé par le vice-roi D. Constantin de Bragance, en 1560, à céder l'île de Manar aux Portugais.

compagnie de François de Mancias, est éloignée du continent indien d'environ 120 milles. Un prince, fils du roi et héritier du royaume, avait résolu de se faire chrétien ; informé de son dessein, le roi le fit mettre à mort. Les témoins de cette mort ont raconté qu'ils avaient aperçu dans le ciel une croix de feu, et qu'au lieu même où on l'avait immolé, la terre s'était entr'ouverte, en forme de croix; ils ajoutent que plusieurs d'entre les habitants, à la vue de ces prodiges, se sont montrés disposés à embrasser la foi chrétienne. Un frère du prince martyr, touché par ces événements merveilleux, a demandé à un prêtre de le régénérer dans l'eau du baptême, et depuis, il s'est réfugié près du gouverneur des Indes, pour lui demander son assistance contre le roi qui a tué son frère. J'ai conversé avec ce prince dans le cours de mon voyage, et j'ai conçu, d'après ses discours, un grand espoir de voir bientôt tout le royaume embrasser la foi de Jésus-Christ. Le peuple est vivement ému de ce qui s'est passé, et l'hérédité du royaume est offerte au prince qui vient de se déclarer chrétien.

Dans le royaume de Macassar (1), éloigné de Travancore d'environ cinq cents lieues, il y a huit mois que trois des principaux seigneurs et de nombreux habitants sont entrés dans l'Église de Jésus-Christ. Ils ont envoyé des émissaires à Malacca, place du roi de Portugal, pour demander des personnes capables de les instruire dans la loi divine; et ils ont déclaré qu'après avoir vécu jusqu'alors à la manière des animaux sans raison, ils voulaient à l'avenir vivre en hommes, dès qu'ils auraient reçu la connaissance et le culte du vrai Dieu. Le commandant de cette place leur a envoyé quelques prêtres qui sont chargés de les instruire. Vous pouvez, mes bien-aimés frères, vous former une idée des fruits considérables et infinis, que promet ce champ encore sans culture. J'ose présumer d'après ces dis-

---

(1) Macassar, principal État des îles Célèbes, par 5° 10' lat. S. — Les Portugais y avaient un établissement dès l'an 1512.

positions, — cette moisson déjà mûre me permet de le dire, — que dans cette année même j'aurai fait entrer plus de cent mille chrétiens dans l'Église. *Priez le maître de la moisson afin qu'il envoie des ouvriers dans son champ.* S'il est des personnes que le désir d'étendre le culte divin, et de propager la religion, attire dans ces contrées, où déjà les campagnes blanchissent, et sont prêtes pour la récolte ; elles recevront de la part des Portugais un accueil non-seulement bienveillant, mais affectueux, et trouveront parmi eux tout ce qui leur sera nécessaire. La nation portugaise est, en effet, si passionnée pour l'extension de la foi chrétienne, que, n'existât-il point d'autres motifs, sans contredit leur zèle ardent, et leur amour si dévoué pour notre Compagnie, devraient attirer ici plusieurs d'entre vous. A cette heure, que nous reste-t-il à faire, lorsque vous voyez les esprits de ces peuples si favorablement disposés pour recevoir la semence évangélique ? Que Dieu vous révèle sa très-sainte volonté, et vous donne en même temps les forces et le courage nécessaires pour l'accomplir : que, dans sa Providence, il envoie dans ces contrées un très-grand nombre d'entre vous!

De Cochin, le 8 février 1545.

Le dernier de vos frères, et le plus délaissé.

FRANÇOIS.

LETTRE V.

Au P. François de Mauclas.

Mon très-cher Père et Frère,

Dieu, qui est le témoin de mes sentiments les plus intimes, sait combien je serais plus heureux de vous entretenir de vive voix que de le faire par lettre, et je vous exprimerais de parole, avec une attention plus précise et d'une manière plus complète, la forme et les errements que vous devez suivre dans les travaux de votre ministère et dans votre propre direction : vous vous acquitteriez ainsi plus parfaitement des éminents devoirs dont vous êtes chargé, qui sont de servir Dieu Notre-Seigneur, par la sage administration de cette nouvelle église; votre vigilance serait plus absolue, et de tous points irréprochable, sur ce tendre troupeau de chrétiens nouvellement entrés dans la bergerie de J.-C. Je vous envoie néanmoins ces avis abrégés, et dans la mesure qui me paraît utile, parce que j'ignore ce qu'il doit advenir de moi; et je me vois obligé de prendre avantage de la première occasion qui se présente, de vous donner ces conseils.

Que Notre-Seigneur nous accorde bientôt, ainsi que nous le désirons ardemment, et que nous l'attendons depuis un long temps, la grâce de connaître, par quelque signe évident, sa très-sainte volonté, touchant les pays et les circonstances où il préfère que j'emploie mes efforts, et où ces efforts seront plus utiles pour les intérêts de son divin service : nous sommes prêts à lui obéir au moindre signe, et disposés par sa grâce à accomplir immédiatement tout ce qu'il nous aura montré plus conforme à ses intentions sur nous, quelle que soit l'étendue de ces devoirs. Dieu souvent a de merveilleux moyens de manifester ses desseins; ses secrètes impressions pénètrent au fond des âmes, et les illuminent par de célestes rayons; il ne reste aux âmes où cette lumière s'est révélée, aucune incertitude sur la voie et sur les œuvres qui leur sont destinées par les conseils de la Providence. On a dit, avec une parfaite vérité, des êtres humains qui passent sur cette terre, que, pour être dans la condition et dans la loi de leur nature, ils se doivent considérer comme des étrangers et des voyageurs, sans se laisser captiver par aucune attache aux lieux et aux objets, afin de se sentir affranchis dans leur vol, et prêts à se porter où les appelle le but de leur existence et la raison suprême de leurs espérances. Ainsi notre âme doit être toujours préparée, et comme debout, pour aller d'un empressement égal au milieu des contrées, et dans les occupations les plus diverses et souvent les plus opposées. Son ardeur doit savoir tout accepter, et voler où la dirige l'apparente volonté de celui dont elle reçoit sa mission, au levant, au couchant, au midi et au nord, partout indifféremment. Son élection est déterminée uniquement par l'intérêt et par les fruits plus ou moins évidents qu'offrent ses entreprises pour la gloire divine.

J'ai appris par des témoignages certains qu'il s'ouvrait dans les parages de Malacca une vaste porte à l'Evangile, et qu'il s'y révélait un champ où nos efforts paraissent devoir être employés avec les chances les plus favorables de servir Dieu très-utilement; car il y manque des ouvriers pour une moisson déjà mûre : il est donc évident que si, dans ces pays, un grand nombre de prosélytes n'accourt pas au sein de la religion de J.-C., la cause unique en sera que personne ne les aura appelés. Je vous l'avouerai, cette occasion, qui s'offre à moi d'accroître le royaume de J.-C. et d'étendre les limites de l'Église, m'attire singulièrement; mais je me sens retenu par les affaires de Jafanapatam, encore indécises, et dont l'issue ne peut être prévue. C'est le seul motif qui me fait délibérer, et qui retarde mon départ pour Malacca; si le temps en amène la conclusion, —j'espérais que ce devait être pour le courant du mois de mai, — je me rendrai sur-le-champ à Malacca; et si je puis être assuré que Dieu veut bien se servir de mon ministère, j'irai dans les îles de Macassar, où l'on nous dit que plusieurs personnes ont embrassé récemment la loi de J.-C.; on nous a même écrit que le souverain de ces contrées avait demandé des prédicateurs de l'Évangile, et je crains qu'il n'en ait point obtenu en effet, car je ne pense pas que l'on ait trouvé personne en état de s'acquitter de ce ministère. Si, je le répète, j'ai pu décider avant la fin de mai que je dois me rendre à Malacca, je ne mettrai point à la voile avant d'avoir fait partir un courrier pour le seigneur gouverneur, afin de lui faire part de ma résolution, et de lui demander des lettres de recommandation auprès du gouverneur de Malacca, contenant l'invitation de nous assister et de nous favoriser de tout son pouvoir, et dans l'étendue de nos besoins, pour nous mettre à même de servir efficacement Dieu Notre-Seigneur dans la conversion de ces peuples. Si tout se réalise au gré de mes desseins, et que mon voyage à Macassar soit devenu nécessaire, je ne monterai pas sur le navire avant de vous avoir écrit de Malacca même, et de vous avoir informé de toutes mes affaires.

Cependant, je vous prie de ne vous point lasser, de ne point perdre courage : ne ralentissez point vos efforts dans l'œuvre si lente et si laborieuse du ministère apostolique parmi ces populations ignorantes. Visitez assidûment tous ces villages, prêchant chaque jour au peuple, et surtout veillez diligemment à ne laisser, en aucun endroit, des enfants nouveau-nés sans les régénérer par le baptême. Apportez une singulière attention, dans toutes les localités, à ce que les enfants soient instruits, dans des écoles quotidiennes, de la doctrine chrétienne, et mettez votre sollicitude à faire accomplir très-exactement leur devoir par les maîtres qui seront nommés.

Vous recevrez de Joam da Cruz (1), 2,000 fanons, somme qu'il a réunie pour être consacrée aux frais de l'instruction des enfants; vous réclamerez aussi la somme destinée au même emploi et que vous avez laissée entre les mains du P. Joam de Lizana; et, partout où il sera nécessaire, vous instituerez des écoles nouvelles, et vous remettrez les anciennes en bon ordre; que toute votre application se porte à faire enseigner, assidûment et universellement, les éléments de la doctrine chrétienne, et les prières que l'on doit posséder de mémoire, à tous les jeunes enfants dans les villages et les hameaux de tout ce littoral. Vous n'établirez votre demeure en aucun endroit, et vous ne séjournerez nulle part; vous

(1) Seigneur Malabar, très-zélé pour la religion, créé chevalier par Jean III.

visiterez continuellement toutes les églises, ainsi que je faisais, lorsque j'étais en ce pays. Soyez convaincu, qu'en agissant ainsi, vous acquerrez des mérites infinis devant Dieu.

Étant à Manapare, j'ai appris le dommage éprouvé par l'église de cette place, et je me suis rendu compte exactement des sommes qui seraient nécessaires pour sa réparation. On demandera cette somme à Diogo Rebello, entre les mains de qui j'ai déposé 2,000 fanons, que m'avait donnés le roi de Travancore, pour l'édification d'églises chrétiennes dans ses États. Le P. François Coelho a dépensé déjà quelque chose de ces fonds : lui-même vous fera connaître à quoi se montent ses dépenses. Les autres 2,000 fanons conservés par Joam da Cruz, vous les consacrerez en entier aux écoles et aux maîtres. Et ainsi qu'il me semble ne vous avoir jamais assez recommandé de le pratiquer avec une patience et un zèle à toute épreuve, je vous recommande encore très-vivement de faire incessamment la revue de tous les villages, de ne jamais manquer d'y annoncer la parole divine et d'y administrer les sacrements, partout où vous le verrez nécessaire à ces chrétiens; je ne vous recommande pas seulement les laïques, mais les prêtres et les clercs ordonnés parmi les Malabares; examinez avec soin leur manière de vivre, donnez-leur de sages avis, et employez les voies qui vous seront indiquées par les circonstances, afin de les faire vivre dans la piété et la chasteté; exerçant leur ministère pour la gloire de Dieu, et donnant au peuple l'exemple salutaire de leur innocence et de leurs vertus.

J'oubliais, à l'égard de Joam de Lizana, de vous avertir de déduire sur la somme qu'il a entre les mains, et que vous devez lui redemander, cent fanons qu'il m'a prêtés lorsque vous étiez à Punicale, et que j'ai employés pour les frais ordinaires des églises et des écoles chrétiennes. Vous devez donc retrancher cette somme du montant des fonds destinés aux dépenses des écoles; du reste, je vous ordonne d'éviter, avec un scrupule extrême, d'employer à d'autres usages l'argent recueilli pour servir à l'honoraire des catéchistes et des maîtres de religion.

Je crains que vous ne soyez contrarié de me voir comme en défiance de votre mémoire, et vous réitérant sans cesse les mêmes avis; mais pardonnez à ma vive sollicitude et à la chaleur d'un zèle qui se préoccupe, sans doute, d'un scrupule inutile : prenez en bonne part cette vive et nouvelle prière que je vous adresse, d'apporter une extrême attention aux deux avis qui résumeront toutes mes instructions, et que je considère comme d'une souveraine importance. Le premier est de visiter assidûment tous les villages, sans jamais interrompre vos courses, sans vous arrêter en aucune place, baptisant partout les enfants nouveau-nés, instruisant ou faisant instruire les adultes, et les enfants qui sont en état de comprendre la doctrine; l'autre avis se rapporte à la vigilance exacte et assidue que j'entends que vous exerciez sur la conduite des clercs indigènes du Malabar, et sur les exemples qu'ils donnent au peuple : en effet, je crains qu'ils n'encourent leur damnation éternelle, et qu'ils n'y entraînent le peuple avec eux. Si vous découvrez en eux quelque écart, redressez-le, corrigez-le sur-le-champ avec sévérité; car si nous laissions cette puissance dont nous possédons la plénitude, demeurer inactive en son devoir, comme une épée en son fourreau, lorsque la circonstance nous presse de venger les graves offenses qui sont commises envers Dieu, surtout lorsqu'il s'y joint le scandale envers un grand nombre, ce serait nous souiller d'un grand crime, digne en vérité des peines les plus rigoureuses.

Employez-vous afin de rendre plus facile à Cosme de Païva de décharger sa conscience des vols et des brigandages dont il s'est souillé déplorablement dans ces contrées; des concussions, des impuretés, des homicides qui ont été commis à Tutucurin et qui sont le résultat de sa tyrannie criminelle : allez le voir en particulier, et parlez-lui comme à un ami, faites-lui sentir combien il importe à son honneur de restituer les sommes qu'il a extorquées aux malheureux que les Portugais ont mis à mort. Je lui écrirais moi-même, si j'en espérais quelque fruit pour sa conversion ; mais vous l'avertirez de ma part que je ne saurais me dispenser d'un devoir essentiel, qui est de déclarer au roi et au seigneur gouverneur des Indes, par lettre ou de vive voix, ses détestables attentats, afin qu'ils le châtient selon qu'il l'a mérité ; le devoir m'oblige aussi de m'adresser au prince dom Henri, président du tribunal de la Sainte-Inquisition, afin, qu'en vertu de sa suprême autorité dans ce saint tribunal, il agisse contre lui dans les termes de la loi, comme envers un homme qui s'oppose à la conversion des infidèles, et qui persécute avec barbarie les néophytes initiés nouvellement à notre loi sainte et à la foi de J.-C. Ajoutez à vos conseils qu'il ne lui reste qu'un moyen de me fermer la bouche, et de conjurer tant de maux qui sont près de fondre sur lui : c'est de faire paraître un prompt et éclatant repentir, par des actes qui répareront le scandale public ; c'est de rendre, dès à présent, tous ses trésors mal acquis, de donner toutes les preuves de conversion qu'exige la discipline chrétienne, en condamnant ses crimes passés et en promettant de vivre saintement à l'avenir.

Si Jean d'Artiaga se trouve encore sur cette côte, je ne veux point que vous permettiez qu'il y réside plus longtemps, et afin de l'obliger à s'éloigner, vous signifirez à Cosme de Païva de ne plus lui remettre aucune somme pour sa subsistance, du moins sur les fonds qui nous appartiennent, parce que nous ne jugeons pas utile qu'il prolonge son séjour en cette contrée.

Vous donnerez l'hospitalité à Vasco Fernandez, qui vous remettra cette lettre ; car j'ai lieu d'espérer, d'après les grâces merveilleuses dont la divine miséricorde a commencé de le combler, qu'un jour il fera partie de notre Compagnie. C'est un jeune homme d'une conduite excellente et rempli d'un immense désir de servir Dieu pour son seul amour; vous comprenez assez de vous-même, sans que j'insiste auprès de vous, combien de tels désirs doivent être favorisés.

J'attends de votre part une lettre très-étendue, qui me parle en détail de votre santé, et des fruits de vos travaux; qui m'apprenne si les chrétiens dont vous vous occupez font des progrès dans la religion, quels sont ces progrès : si Cosme de Païva est enfin revenu à de meilleurs sentiments, s'il a rendu le produit de ses larcins aux chrétiens qu'il a dépouillés.

Que Dieu Notre-Seigneur vous assiste toujours d'autant de grâces que j'en désire pour moi-même! Adieu.

De Négapatam, le 7 avril 1545.

Votre frère en J.-C.

FRANÇOIS.

LETTRE VI.

Aux PP. Diogo de Borba et Paul de Camerino, administrateurs du Collége de Goa.

Que la grâce, etc.

L'expédition de Jafanapatam vient d'aboutir à néant : et le roi, qui avait promis de se faire chrétien, n'a point été rétabli dans ses États. L'effet des circonstances a ruiné toute l'entreprise. Un vaisseau du roi de Portugal, revenant du Pégou (1) aux Indes, avec une cargaison considérable, s'est vu chassé par la tempête et forcé d'aborder sur les côtes du royaume de Jafanapatam; le roi de ce pays s'est emparé des marchandises. Les Portugais ont

---

(1) Le Pégou, ancien royaume des Indes, situé entre la rivière d'Ava et le golfe de Martaban, du 16° au 19° de lat. N.

cru devoir surseoir à la guerre jusques après la restitution de leur propriété : c'est ainsi que les ordres du gouverneur n'ont point reçu leur accomplissement ; mais ils le recevront, s'il plaît à Dieu.

J'ai séjourné quelques jours à Négapatam. Enfin, le vent, qui était contraire à mon retour, a changé la direction de mon voyage : prenant conseil des événements, je me suis rendu dans la ville de Saint-Thomas (1). Dans ce vénérable sanctuaire de l'apôtre, je ne cessai d'implorer Dieu par les plus ferventes prières, afin qu'il daignât me découvrir sa volonté, car j'étais résolu sincèrement à l'accomplir avec plénitude. J'espérais de même que celui *qui donne la volonté, me donnerait le pouvoir d'accomplir cette volonté* (2). En effet, dans son infinie miséricorde, Dieu daigna se souvenir de moi. Ce fut avec une joie infinie et qui pénétra toute mon âme, que je reconnus que Dieu m'appelait à Malacca, et de là à Macassar, où un grand nombre d'indigènes se sont récemment convertis à J.-C., afin d'y confirmer ces néophytes dans la foi qu'ils ont embrassée. J'ai fait traduire en leur langage, avec de courtes explications, les éléments et les préceptes de la religion chrétienne. N'est-il pas en effet bien naturel que ceux-là qui se sont

---

(1) L'ancienne Calamine, appelée, par les indigènes, Méliapour ou la ville du Paon, à cause de sa beauté et de sa prééminence entre les autres cités des Indes, fut nommée, par les Portugais, la ville de Saint-Thomas, en mémoire de l'apôtre dont elle possédait les reliques ; nous avons raconté la découverte des ossements du saint, et des empreintes de son sang.

L'authenticité de ces reliques fut confirmée par d'éclatants miracles.

La prédication de saint Thomas dans les Indes a laissé, dans ces contrées, des traces qui ont survécu à la cité de Méliapour, car cette place n'est plus aujourd'hui qu'un amas de ruines, au milieu desquelles est la chapelle du saint.

A 200 lieues de cette ville, sur la côte du Malabar, dans les provinces de Travancore, de Cochin et d'Augamale, on rencontre des chrétiens qui font remonter leur origine à l'apôtre saint Thomas.

Saint-Thomas de Méliapour fut érigé en évêché en 1606, mais le schisme portugais fit supprimer le siége en 1838.

(2) Philipp. ii, 13.

rendus chrétiens de leur propre mouvement, reçoivent de nous toute sorte d'assistance, et qu'afin de pouvoir demander à Dieu l'accroissement de leur foi, et les forces nécessaires pour observer la loi divine, ils aient à leur disposition des prières traduites en leur propre langue, et spécialement une formule de confession générale? Ils s'en serviront chaque jour pour confesser à Dieu leurs péchés, et cela leur tiendra lieu de confession sacramentelle, tant qu'ils n'auront point auprès d'eux des prêtres sachant la langue de Macassar.

Le P. François de Mancias, et quelques prêtres malabares, demeurent parmi les chrétiens de Comorin. Où ils sont, mon secours n'est point nécessaire. Les Pères qui ont hiverné à Mozambique, et ceux que nous attendons cette année d'Europe, accompagneront les princes ceylanais, qui doivent revenir en ces contrées.

J'espère que, dans mon voyage, Dieu m'accordera sa protection tout entière. En effet, ainsi que je vous l'ai dit, il a daigné me révéler ses ordres souverains; et j'ai si fermement résolu d'accomplir ce que m'a inspiré sa divine Providence, que si j'avais le malheur d'y manquer, je me croirais en révolte envers Dieu, et déchu, dans la vie comme après la mort, de toute espérance de salut. S'il arrive, cette année, qu'il ne se présente pas d'occasion par un vaisseau portugais, je n'hésiterai pas à me confier à un navire sarrasin ou païen faisant voiles pour Malacca. J'ai mis en Dieu, pour qui seul j'entreprends ce voyage, une si entière confiance, que si même il ne partait point cette année de bâtiment marchand, et que la plus misérable barque se dirigeât d'ici vers Malacca, pleinement assuré du secours divin, je n'hésiterais pas à faire la traversée avec elle.

J'ai placé, et j'ai affermi mon espérance en Dieu seul. Je vous prie en son nom, mes frères bien-aimés, de me recommander à lui, moi misérable pécheur, dans vos saints sacrifices de chaque jour, et dans vos prières continuelles. Je pense me diriger à la fin d'août vers Malacca. Les navires qui doivent s'y rendre attendent les vents favorables, qui s'élèvent d'ordinaire à cette époque de l'année. J'ai demandé au gouverneur des Indes un ordre de sa main pour le gouverneur de Malacca, afin qu'il mette à ma disposition un navire et les objets qui me seront nécessaires pour le voyage de Macassar. Je vous prie, au nom de votre amour envers Dieu, de veiller à la délivrance de cet ordre, et à son envoi par le porteur de la présente. Vous m'enverrez, en même temps, un petit bréviaire romain.

Saluez affectueusement, en mon nom, Cosme Anes, notre excellent ami, qui nous est si profondément dévoué. Je ne lui écris point en particulier, parce que je désire que cette lettre vous soit commune à tous trois.

S'il arrive quelques membres de la Compagnie qui soient étrangers, et ignorants de la langue portugaise, il leur sera nécessaire de l'apprendre; autrement, personne ici ne pourrait les entendre.

Je vous écrirai de Malacca, pour vous rendre compte des conversions déjà faites, et de la disposition des infidèles, afin que vous preniez des mesures pour nous envoyer des sujets capables d'étendre la foi chrétienne. La maison qui s'appelle le séminaire de Sainte-Foi doit justifier son nom par ses œuvres. Je vous écrirai plus au long par les *Patamesses* (1), qui mettront à la voile au mois de juillet.

Que le Seigneur Jésus-Christ nous unisse dans sa félicité, car j'ignore si nous nous reverrons en cette vie.

De la ville de Saint-Thomas, le 8 mai 1545.

Le dernier de vos frères.

François.

(1) Barques du pays.

LETTRE VII.

A la Compagnie en Portugal.

Que la grâce, etc.

Je vous ai écrit longuement des Indes, touchant nos affaires, avant de me diriger vers Macassar, où nous avons appris que deux rois s'étaient faits chrétiens. Depuis un mois et demi je suis arrêté à Malacca, attendant une occasion favorable pour mettre à la voile. Nous prendrons bientôt la mer, si Dieu le permet. Macassar est distant de Goa de plus de mille lieues; des gens qui en sont revenus nous ont rapporté que toute la nation y est admirablement disposée pour recevoir l'Évangile, et qu'il peut y être fait un grand nombre de chrétiens. Cette nation n'a point de temples des faux dieux, ni de prêtres et docteurs d'idolâtrie. Elle vénère le soleil levant, et n'a pas d'autre religion; mais les diverses peuplades sont continuellement en guerre entre elles.

Depuis mon arrivée à Malacca, qui est un port fameux par l'affluence des commerçants, les occupations spirituelles ne m'ont point manqué. Les dimanches, je prêche au peuple assemblé, et mes prédications me satisfont moins qu'elles ne paraissent contenter ceux qui veulent bien venir m'entendre. Tous les jours pendant une heure, et quelquefois davantage, j'enseigne aux enfants les prières fondamentales de l'Église : je passe le reste du temps dans l'hôpital, où j'entends les confessions des malades; je leur célèbre le Saint-Sacrifice, et leur distribue le corps de Jésus-Christ. Je suis tellement accablé par le nombre de ceux qui demandent à se confesser, que je ne puis les satisfaire tous. J'emploie aussi un temps considérable à traduire le catéchisme du latin dans la langue usitée à Macassar; car il est très-pénible d'ignorer absolument la langue de ceux avec qui l'on est en rapport.

LIVRE III. — LETTRE SEPTIÈME.   189

En quittant les Indes, je me suis arrêté dans la ville de Saint-Thomas, où les indigènes affirment qu'est conservé le corps de l'apôtre Saint-Thomas. Dans cette place demeurent plus de cent familles portugaises, et l'on y voit une église assez fréquentée, où tous les habitants et les peuples voisins s'accordent à déclarer que le corps de l'apôtre se trouve déposé.

Lorsque j'y attendais l'occasion d'un navire pour Malacca, je fis la rencontre d'un marchand qui y était débarqué avec ses marchandises. Cet homme, ayant pris une idée des choses spirituelles, comprit aisément qu'il existait d'autres marchandises beaucoup plus précieuses que les siennes, et dont il n'avait jamais soupçonné l'existence. Aussi quittant commerce et marchandises, il s'est offert pour devenir mon compagnon, et s'est dès ce moment associé à moi pour le voyage de Macassar. Son nom est Jean d'Eyro (1) : il est pleinement résolu d'embrasser la pauvreté pour sa vie entière, et de se consacrer uniquement au service de Jésus-Christ. Il a trente-cinq ans, et soldat du monde jusqu'à ce jour, il se dévoue à Jésus-Christ, et sollicite instamment vos prières pour être par elles recommandé à Dieu.

A Malacca plusieurs lettres m'ont été remises, tant de Rome que de Lisbonne, et je ne saurais vous dire combien j'en ai ressenti et j'en ressens encore de joie. Chaque fois que je les lis,—et je les lis souvent,—je me représente que vous êtes ici avec moi, ou que je suis en Europe avec vous : et si ce ne peut être corporellement, ce l'est spirituellement.

Les Pères qui sont venus d'Europe avec D. Joam de Castro (2), m'ont écrit de Goa pour m'annoncer leur arrivée. Je

---

(1) Jean d'Eyro, d'un caractère inconstant, ne fut point reçu par le Saint dans la Compagnie de Jésus ; Xavier le prit seulement avec lui comme catéchiste, et le conduisit à Malacca. Plus tard, Eyro prit l'habit de saint François, et y vécut en bon religieux.

(2) Après d'éclatantes victoires, D. Joam de Castro fut nommé vice-roi des Indes en 1545 ; il fit lever le siége de Diu, et construisit une citadelle dans cette ville ; manquant de fonds pour le service du roi, il en emprunta

leur réponds à cette heure que deux d'entre eux doivent se rendre au cap Comorin, pour assister le P. F. de Mancias que j'y ai laissé, avec trois prêtres indigènes, occupé de l'instruction des chrétiens de ce pays. J'invite le troisième à demeurer à Goa, pour enseigner les humanités aux élèves du collége de Sainte-Foi.

Le navire étant près de partir, je ne vous rappellerai pas ce que je vous ai écrit des Indes. Dans une année j'espère, si Dieu le permet, vous écrire longuement au sujet de Macassar.

Je ne vous adresse qu'une prière, ô mes frères bien-aimés! c'est que tous les ans il nous vienne un grand nombre de sujets de la Compagnie, car ce grand nombre est nécessaire; et pour la conversion des païens, il n'est point besoin d'une grande science littéraire, mais d'un long exercice de vertu.

Je termine, en suppliant Dieu de nous découvrir sa volonté, et de nous accorder la force de l'accomplir.

De Malacca, 10 novembre 1545.

LETTRE VIII.

Au P. Simon Rodriguez, en Portugal.

Que la grâce etc.

Je vous prie et je vous conjure, par les entrailles de J.-C., d'envoyer ici de nombreux confrères : que ce soient ou des prédicateurs, ou des sujets d'une vertu solidement éprouvée; car, en ces contrées, l'attrait du péché se présente à chaque heure. Ne seraient-ils point éminents par

---

à la ville de Goa, par une lettre héroïque, offrant en gage le corps de son fils, et, à défaut de ce corps, décomposé par l'effet des blessures, les poils de sa propre barbe; au retour de ses campagnes, il reçut à Goa les honneurs du triomphe : enfin, au bout de toute sa gloire, il mourut avec de grands sentiments de piété, dans les bras de saint François Xavier, au mois de juin 1548.

leur science, il faut, je vous conjure d'y être attentif, qu'ils le soient par leur vertu : ici en effet, la vertu est plus précieuse que la science; quoique la vertu à laquelle la science sert d'ornement soit évidemment préférable, car les places de guerre du roi de Portugal réclament des gens instruits. Nous sommes grandement redevable envers le roi de Portugal, notre excellent protecteur, et envers les Portugais des Indes, pour toute leur bienveillance et leur générosité vis-à-vis de nous. Et nous ne pourrons jamais leur témoigner assez de reconnaissance pour leurs bienfaits infinis, si ce n'est, sans doute, en soulageant leurs âmes et leurs consciences du poids qui les oppresse, lorsqu'elles sont distraites par tant et de si importantes occupations, et en rendant ainsi la voie de leur salut plus aisée et plus dégagée d'obstacles.

Que J.-C. N.-S., dans sa clémence et dans sa miséricorde, amène dans sa vigne un grand nombre d'excellents ouvriers, et qu'il nous rassemble où le voudra la Providence, si ce n'est sur la terre, au moins dans le ciel ! Amen.

Malacca, 5 décembre 1545.

Votre frère très-affectionné en J.-C.

FRANÇOIS.

LETTRE IX.

Aux PP. Paul de Camerino, Jean de Beira (1) et Ant. Criminale (2).

Dans la lettre assez étendue que je vous ai fait parvenir

---

(1) Espagnol, de Galice, prêcha l'Évangile aux Moluques et dans les îles du More. Il mourut à Goa vers 1564.

(2) Antonio Criminale, premier martyr de la Compagnie, né à Sisi, près de Parme, fut reçu dans la Compagnie à Rome, en 1542 ; il fut pendant quatre ans à la tête de la mission des Pallawars, et fut massacré par les Badages, en 1549, à Punicale, sur la côte de la Pêcherie. Peu de temps auparavant, étant à l'autel, il vit la Sainte-Hostie comme baignée de sang entre ses mains, et ce miracle fut apparent pour tout le peuple. Il y reconnut le présage de son prochain martyre.

Écrivez-moi, je vous prie, avec de grands détails sur nos pères et frères, et principalement sur le P. François de Mancias, par le navire qui doit bientôt faire voile de Goa pour les Moluques. Je sais que vous le ferez avec zèle et d'une manière complète : je l'espère ainsi, et je jouis par avance de la consolation que me donnera la lecture de votre lettre. Je vous prie, mes bien-aimés frères, de vous souvenir continuellement de moi, dans vos pieux entretiens de tous les jours avec Dieu, et dans vos Saints-Sacrifices. J'éprouve un singulier besoin de cette assistance, à cause des dangers que je vais affronter dans ce voyage de mer, pour aller vers des contrées barbares, et fécondes en toutes sortes d'épreuves.

Simon Botelho, qui part d'ici pour se rendre à Goa, est rempli de favorables dispositions envers votre sainte maison. Il vous rendra compte fidèlement de ce qui regarde ma personne et de l'état de mes affaires. Il m'aime très-sincèrement, et je lui porte une égale affection; c'est un parfait homme de bien, et qui aime Dieu véritablement. Je vous prie de cultiver soigneusement son amitié. Il m'a rendu tous les offices d'un véritable ami, me faisant remettre, à titre de présent, tout ce qui m'était nécessaire pour les préparatifs et les besoins de mon voyage, et m'exprimant tous les sentiments de la charité la plus vive et la plus profonde. Que Dieu, qui seul en a la puissance, le récompense en ma place ! je ne puis que reconnaître toute l'étendue de mes obligations envers lui.

Que Dieu Notre-Seigneur, mes bien-aimés frères en J.-C., nous rassemble dans sa sainte gloire, puisqu'en cette vie nous vivons séparés par de si grands espaces.

De Malacca, le 16 décembre 1545.

Le dernier de vos frères en J.-C.

FRANÇOIS.

AUX AMES AMBITIEUSES DE LEUR SALUT ÉTERNEL (1).

Le chrétien qui ne se contente pas d'en prendre le titre, et qui fait profession de l'être effectivement et par une pratique solide, doit, le matin, à son réveil, diriger son esprit vers l'accomplissement de trois actes qui sont les prémices de ses devoirs envers Dieu, et à qui ils sont souverainement agréables. Le premier est la confession et l'adoration de la Très-Sainte-Trinité, de Dieu unique dans sa nature, et triple dans ses personnes. C'est le caractère du christianisme que cette profession de foi et cet hommage envers les trois Personnes divines dans une essence unique, et nous accomplissons le devoir de cette profession de foi par l'acte formel du signe de la croix, et l'expression simultanée des noms du Père, du Fils et du Saint-Esprit, ainsi que l'Église l'enseigne à ses enfants : en même temps notre esprit doit accompagner, par une pieuse intention, le mouvement de la main et le son de la voix. Vous devrez donc vous signer, au moment de votre réveil, au front et à la poitrine, et proférer au même instant, dans le profond recueillement d'un esprit vraiment religieux, l'invocation solennelle de la Sainte-Trinité, Père, Fils et Esprit-Saint, pour adorer Dieu, l'unique Éternel, le tout-puissant, le souverainement bon.

Le second devoir est l'acte des trois vertus théologales,

---

(1) Cette pièce a été composée par le P. François-Xavier Philippucci, sur différents documents venus de Goa. Notre Saint avait la coutume de donner aux personnes qu'il avait ramenées dans les voies de la religion, une forme de vie exprimée oralement ou tracée par écrit. Les copies de ce règlement se transmettaient de main en main, quelquefois même on les affichait publiquement. On en recueillit des exemplaires, diversement modifiés, selon la circonstance des lieux, ou la qualité des personnes à qui ils étaient destinés. De l'ensemble de ces feuilles, le P. Philippucci composa la pièce que nous traduisons. Naturellement elle est sans date, et doit se rapporter aux premières prédications du Saint dans les Indes.

par lequel il est juste de consacrer au Créateur les prémices des œuvres du jour, et de se concilier, par avance, sa faveur si nécessaire durant tout le cours de notre existence. Récitez donc le symbole de la Foi, en exprimant de tout votre cœur chacun de ses articles, et embrassant par une énergique adhésion tous les dogmes qui y sont renfermés touchant la nature de Dieu, les Personnes divines, l'incarnation, la vie, la mort et la résurrection de J.-C., la sainte Église et tous les autres dogmes, et en le prononçant des lèvres, concevez cette pensée : Je suis intimement convaincu de tout ce que la sainte Église catholique, apostolique, romaine, croit et enseigne de vous, ô mon Dieu! qui êtes un seul Dieu en trois personnes ; de tout ce qu'elle croit et enseigne du Fils du Père éternel, qui, pour moi, s'est fait homme, a souffert, est mort, est ressuscité, et qui règne au ciel avec le Père et l'Esprit-Saint : et tous les autres articles de Foi que croit et enseigne cette sainte Église. Je suis prêt à tout perdre, à souffrir toute violence, bien plus, à répandre mon sang, à faire le sacrifice de ma vie, plutôt que de renoncer à ma foi, ou de consentir au moindre doute sur ces vérités. Je suis pleinement résolu de vivre et de mourir en cette profession, et si la parole me manque au temps de ma dernière heure, dès à présent et pour cette heure, je profère l'expression de mes sentiments, et je vous reconnais, ô Seigneur Jésus! pour le Fils de Dieu, je crois en vous, je vous consacre très-humblement tous mes sentiments. Amen (1).

(1) Orlandin, dans l'*Histoire de la Compagnie* (liv. VIII, n° 141), donne la variante suivante, comme étant la formule que chaque catéchumène apprenait par cœur, et exprimait de bouche avant de recevoir le baptême :

« O mon Dieu! je confesse réellement, ainsi qu'il convient à un chrétien,
« la Très-Sainte-Trinité, Père, Fils et Esprit-Saint, trois personnes et un
« seul Dieu. Je crois fermement, et sans hésiter, tout ce que croit et professe notre sainte mère l'Église romaine, et ainsi je promets de vivre et
« de mourir dans la sainte Foi catholique de mon Seigneur Jésus-Christ,
« Dieu et homme, qui est mort pour nous ; et, dès aujourd'hui, pour l'heure
« de ma mort, si je dois, à cette heure, être privé de la parole, je confesse
« de toute mon âme mon Seigneur Jésus-Christ. »

LIVRE III. — RÈGLE DE VIE CHRÉTIENNE.

J'espère aussi de vous, ô Jésus-Christ, mon Rédempteur! et j'attends de votre divine miséricorde que, par vos mérites, assisté du secours de votre grâce, si je coopère à cette grâce par de bonnes œuvres, et si j'accomplis les préceptes de votre sainte Loi, je parviendrai un jour à la gloire et à la félicité pour lesquelles vous avez daigné me créer et m'élire. Amen.

Je vous aime également, ô mon Dieu! sur toutes choses, et je hais et déteste de tout mon cœur les péchés par lesquels je vous ai offensé, parce qu'ils vous déplaisent, à vous qui êtes souverainement bon et digne d'amour; et je confesse vous devoir, et je m'efforcerai de vous témoigner un incomparable amour, vous plaçant en mon jugement infiniment au-dessus de toutes les créatures les plus admirables et les plus parfaites, et je prends la résolution absolue et irrévocable de ne jamais consentir à vous offenser, ou à commettre aucune action qui puisse déplaire à votre bonté souveraine, et me mettre en danger de perdre votre sainte grâce, en laquelle je veux très-fermement persévérer jusqu'à mon dernier soupir! Amen.

En troisième lieu, pour inaugurer dignement le commencement du jour et de la veille, on doit demander à Dieu Notre-Seigneur le secours de sa grâce, afin d'observer exactement les dix Commandements de sa très-sainte Loi : en effet, nul ne peut arriver au salut éternel que par leur observation. On récitera donc distinctement les préceptes du Décalogue : et après les avoir exprimés lentement et avec réflexion, on ajoutera ces paroles : Dieu Notre-Seigneur a dit que ceux qui observeraient et qui pratiqueraient ces dix Commandements, iraient en Paradis, et y jouiraient éternellement d'une souveraine félicité. Dieu Notre-Seigneur a dit que ceux qui n'observeraient pas et qui ne mettraient pas en pratique ces dix Commandements, iraient en Enfer, où ils seraient en proie à d'éternels supplices.

On ajoutera ces deux prières, afin d'obtenir la grâce d'observer les Commandements de Dieu :

Je vous prie et je vous conjure, ô mon Seigneur Jésus-Christ ! accordez-moi la grâce, pour aujourd'hui et pour tout le temps de ma vie, d'observer parfaitement ces dix Commandements.

Je vous prie et je vous conjure, ô ma Souveraine sainte Marie ! intercédez pour moi auprès de votre béni Fils Jésus-Christ, et obtenez de lui qu'il m'accorde, pour aujourd'hui et pour tout le temps de ma vie, la grâce de parfaitement observer ces dix Commandements. Amen.

Ensuite, on prononcera, avec une attention pleine de dévotion et d'amour, cette prière à Dieu Notre-Seigneur :

O mon Dieu tout-puissant ! Père de mon âme, Créateur de tout ce qui est dans le monde, c'est en vous, ô mon Dieu et mon Seigneur ! qui êtes le fondement de toute ma félicité, que je mets ma confiance la plus absolue. J'espère, sans aucune hésitation, que j'obtiendrai, de votre miséricorde, mon salut éternel, par les mérites infinis de la Passion et de la mort de mon Seigneur Jésus-Christ, quels que soient le nombre et l'immensité des péchés que j'aie commis depuis mes années les plus tendres jusqu'à ce jour. C'est vous, ô Seigneur ! qui m'avez créé et qui m'avez donné une âme et un corps, et tout ce que je possède. Vous, seul et non un autre, m'avez formé à votre image et à votre ressemblance. Je vous rends, ô mon Dieu ! le tribut de mes louanges et de mes actions de grâces, surtout à cause du bienfait que vous m'avez accordé de connaître votre foi et la véritable loi de votre Fils Jésus-Christ. Appréciez, Seigneur, dans votre balance, mes péchés d'une part, et de l'autre les mérites de la mort et de la Passion de mon Seigneur Jésus-Christ, et non point mes vains et inutiles mérites : et je serai délivré du pouvoir de l'ennemi, pour aller jouir éternellement de la gloire du paradis.

Prière à notre très-sainte Souveraine.

O sainte Souveraine, ô Marie! espérance des chrétiens, et reine des anges et de tous les saints et saintes qui sont dans le ciel en présence de Dieu ; je me recommande à vous, ô ma Souveraine! et à tous les saints, dès à présent, et pour l'heure de ma mort, afin que vous me préserviez du monde, de la chair et du démon, qui sont mes ennemis, et qui tendent sans cesse des embûches à mon âme, aspirant uniquement à la précipiter dans les enfers, et y employant tous leurs artifices. Je vous prie et je vous conjure, ô Mère infiniment tendre! de me préserver. Amen.

Prière à saint Michel-Archange.

O mon puissant protecteur, saint Michel-Archange! défendez-moi contre le démon à l'heure de ma mort, et lorsque je devrai paraître au tribunal suprême, pour y rendre compte, à Dieu mon Seigneur, des actions de ma vie entière. Amen.

Prière au saint Ange-Gardien.

Après la formule ordinaire : Ange de Dieu, qui êtes mon gardien, etc., on ajoutera : Je vous conjure, ô saint et bienheureux Ange, aux soins et à la providence duquel je suis confié, assistez-moi toujours et me secourez à l'heure de mon danger. Portez mes prières en la présence de Dieu Notre-Seigneur, et faites pénétrer votre voix à son oreille miséricordieuse, afin que, par sa grâce et par l'effet de votre intercession, il m'accorde la rémission de mes fautes passées, la connaissance véritable et la contrition de mes fautes présentes, enfin la vigilance nécessaire pour éviter les dangers qui, dans l'avenir, menaceraient ma fragilité ; qu'il m'accorde également la grâce de vivre saintement, et de persévérer ainsi jusqu'à la fin. Bannissez loin de moi, par la vertu de Dieu tout-puissant, toutes les tentations de Satan, et ce que je ne puis mériter par mes œuvres personnelles, obtenez, par vos prières qui sont accueillies avec complaisance de notre commun Maître, qu'aucune imperfection n'entre en moi et n'y trouve sa place, qu'aucun levain de malice n'y germe. Et s'il arrive que vous me voyiez errer en dehors de la voie droite, et décliner vers les assemblées des pécheurs, employez toutes vos industries, afin de me ramener à la suite de mon Sauveur et dans les voies de sa justice : lorsque vous m'aurez vu tomber dans la tribulation et dans les épreuves, employez, dans votre aimable charité, tous vos bons offices auprès de Dieu, pour m'apporter en cette occasion votre favorable assistance qui m'est si nécessaire. Ne me délaissez jamais, je vous en conjure, mais protégez-moi constamment, visitez-moi, secondez-moi et défendez-moi de toute persécution et de tout assaut des mauvais esprits, en veillant sur moi nuit et jour, à toutes les heures et à tous les moments : dirigez-moi où vous voulez que j'aille, accompagnez et gardez-moi. Mais sur toutes choses, ô mon conducteur et mon saint gardien, je vous prie et je vous conjure de déployer tous vos efforts, de multiplier les soins de votre zèle, au temps de ma sortie de cette vie, et de ne point permettre que je sois frappé d'épouvante par les attaques ou les vaines illusions des démons mes adversaires : agissez, à l'avance, d'une manière efficace, afin que je ne tombe point dans le désespoir, et ne vous séparez pas d'avec moi, avant de m'avoir introduit dans la présence béatifique de Dieu Notre-Seigneur : où, avec vous, avec la bienheureuse Vierge Mère de Dieu, et avec tous les saints, je jouirai toujours de la gloire du paradis, qui nous sera donnée par Jésus-Christ Notre-Seigneur, qui vit et règne éternellement avec le Père et le Saint Esprit dans l'éternité. Amen.

Après avoir commencé par ces prières, le chrétien serviteur de Dieu doit encore, avant de se livrer aux occupations de son existence, méditer pendant un certain espace de temps, sur la loi du Seigneur, — ce qu'il fera d'une manière avantageuse, en renouvelant, le matin de chaque jour, l'exercice suivant. Prosterné dans la présence de Dieu, il repassera et méditera séparément les dix Commandements de sa loi, en cette forme précise: Le premier Commandement de la loi divine, qui m'est imposée par le Seigneur mon Créateur, est celui-ci : Vous aimerez et vous adorerez le Seigneur votre Dieu, de tout votre cœur, etc. Alors il considérera en lui-même, et remontant vers les premiers souvenirs de son enfance, il passera en revue toutes les fautes qu'il a commises contre ce précepte, durant sa vie entière : puis, les condamnant et les détestant de tout son cœur, il implorera de Dieu le pardon de ces fautes, et concevra le très-ferme propos d'éviter désormais les péchés de ce genre, et d'encourir plutôt le péril et la perte de tous les biens, de la santé et de la vie même, que de commettre volontairement rien qui soit contraire à un commandement si légitime et si salutaire.

Il ajoutera deux points de méditations, conçus à peu près en ces termes: S'adressant d'abord à Jésus-Christ, il dira : Je vous en prie et je vous en conjure, ô Jésus mon Seigneur! accordez-moi, pour aujourd'hui et pour tout le temps de ma vie, l'abondance de vos grâces, afin que j'observe parfaitement ce premier précepte de votre sainte loi. Ensuite, à la sainte Mère de Jésus-Christ : O ma souveraine sainte Marie! je vous conjure de prier en ma faveur le Fils béni de vos entrailles, Jésus-Christ mon Seigneur, afin qu'aujourd'hui et pendant tous les jours qui me restent à vivre de cette vie mortelle, par un effet de sa clémence, il m'accorde l'abondance de ses grâces, afin que j'accomplisse entièrement tout ce qui m'est imposé par ce premier Commandement de sa très-sainte loi. Il passera de même en revue les neuf autres préceptes du Décalogue.

Cet exercice, s'il est accompli fidèlement au commencement de chaque jour, est d'une merveilleuse utilité pour faire arriver au salut éternel: en effet, comme le chrétien n'a point d'autre voie pour parvenir à cette félicité, qui est sa vocation suprême, que d'opérer les œuvres de sainteté et d'éviter les actions mauvaises, dont les unes sont commandées et les autres sont interdites par les dix préceptes de la Loi Divine, il est aisé de voir combien nous est utile, pour arriver à ce but, la contemplation scrupuleuse et attentive de chacun des préceptes divins, où nous considérons comme dans un miroir toutes les imperfections qui doivent disparaître de notre âme, et où nous découvrons tout ce qui est défectueux en nous. Il en résulte que par une sincère contrition nous effaçons nos anciennes taches, et nous nous préservons de celles que les occasions dangereuses de la vie nous mettraient dans le cas de commettre, à leur contact imprévu; ainsi, enfin, les mauvaises habitudes et les défauts invétérés s'atténuent; tous les jours nous acquérons de nouvelles forces par un renouvellement de nos bonnes résolutions; et en ne cessant d'implorer le secours divin, afin de pouvoir résister aux tentations de mal qui naissent sous toutes les formes, et qui toutes se peuvent rapporter aux divers points des dix Commandements de Dieu, nous pouvons, par là même, examiner et juger très-utilement nos actes, dans une discussion approfondie de tous les jours.

C'est ainsi que l'on remédie à cet aveuglement de l'œil spirituel, ordinaire en toutes les personnes qui vivent sans réfléchir, qui se laissent aller au péché sans en avoir le sentiment, et en qui la longue habitude a, véritablement, émoussé l'aiguillon de la conscience; elles boivent, pour ainsi dire, à longs traits, l'iniquité comme l'eau, dans l'ignorance absolue de leurs actes, tandis qu'infortunées, elles attirent sur elles-mêmes l'arrêt de leur réprobation finale, et encourent, comme en se jouant, la suprême chance de leur damnation éternelle.

En cet exercice il faut s'appliquer surtout à méditer profondément les préceptes que chacun enfreint le plus souvent et le plus gravement : on doit s'exciter à une plus vive douleur de ces sortes de péchés, par le motif de l'amour envers la Majesté divine qui en a été offensée, et on doit rassembler toutes les forces de son âme, afin de concevoir le propos irrévocable de s'abstenir désormais de ces péchés, d'en éviter les occasions, et de prendre tous les moyens pour détruire en sa racine la mauvaise habitude qui nous entraîne et qui nous fait tomber : mais on doit implorer surtout à cet effet le secours efficace de la grâce divine.

Après avoir terminé la revue des dix Commandements, le chrétien doit prononcer, avec une attention profonde, ces paroles ou d'autres semblables : Je crois fermement que si, ce qu'à Dieu ne plaise, la mort me surprenait avant que j'eusse obtenu le pardon de quelque péché grave, commis contre un des dix Commandements divins, aussitôt ma malheureuse âme, inexorablement condamnée, serait précipitée dans les feux éternels de l'enfer, pour y être dans les supplices pendant toute l'éternité, sans espoir de rédemption. Je suis pareillement très-persuadé que si, comme je le désire et l'espère, lorsque je rendrai le dernier soupir, je me trouve purifié de toute faute mortelle, et si dès à présent je corrige en moi la funeste habitude de pécher contre les dix Commandements divins, Dieu Notre-Seigneur aura compassion de mon âme, et quel que soit le nombre des péchés de ma vie, me conduira vers le salut éternel, c'est-à-dire, vers la gloire du paradis, après que j'aurai lavé les souillures de mes péchés, par les épreuves et les souffrances de la terre, endurées avec patience, ou par les peines du purgatoire.

Le matin au sortir de sa demeure, le chrétien doit d'abord se rendre à l'église et y assister au sacrifice non-sanglant ; et pendant le sacrifice il pourra réciter intérieurement, ou de bouche s'il le préfère, ces prières, ou d'autres semblables :

O Seigneur Jésus-Christ, l'amour de mon cœur, par ces cinq plaies que votre amour pour nous vous a infligées sur la croix, secourez vos serviteurs que vous avez rachetés par votre Précieux Sang! (1) Amen.

Seigneur Jésus-Christ, très-miséricordieux sauveur des hommes, par la sainte croix que vous avez consacrée au contact de votre Corps infiniment pur, et que vous avez teinte de votre Précieux Sang; par la vertu de votre Passion, et de la mort que vous avez subie pour moi sur la croix, pardonnez-moi mes péchés, comme vous avez pardonné au larron crucifié avec vous; accordez-moi la victoire sur les ennemis de mon âme; et, par votre grâce, attirez les hommes qui me font la guerre, à la véritable connaissance de votre divinité, et au repentir de leurs péchés! Amen.

Lorsque le très-saint Corps du Seigneur est élevé vers le ciel et montré au peuple, il dira :

Je vous adore, ô mon Seigneur-Jésus-Christ! et je vous bénis d'avoir racheté le monde, et moi-même, par votre sainte Croix! Amen.

Lorsqu'on élève le sacré calice du Précieux Sang de Notre-Seigneur, il dira :

Je vous adore, ô Sang très-sacré de mon Seigneur Jésus,

---

(1) Variante donnée par l'édition de Bologne :

Prière de saint François Xavier aux Cinq Plaies de Jésus-Christ.

« O Seigneur Jésus-Christ! en la puissance de qui toutes choses sont placées, sans que personne puisse résister à votre volonté; qui avez daigné naître, mourir et ressusciter; par le mystère de votre Corps Sacré, par vos Cinq Plaies et l'effusion de votre Précieux Sang, ayez compassion de nous, ainsi que vous le savez nécessaire à nos âmes et à nos corps; délivrez-nous des tentations du démon, et de tous les périls dont vous savez que nous sommes assiégés; conservez-nous, jusqu'à la fin, dans votre obéissance; fortifiez-nous et accordez-nous une véritable conversion, l'intervalle pour une sincère pénitence, et la rémission de tous nos péchés après notre mort; accordez-nous d'aimer nos frères, nos sœurs, nos amis et nos ennemis, et d'en être aimés; enfin d'être éternellement heureux avec tous les Saints de votre Royaume, ô vous, qui êtes mon Dieu! qui vivez et régnez avec Dieu le Père et le Saint-Esprit, dans tous les siècles des siècles! Amen. »

qui avez été répandu sur la croix pour sauver les pécheurs, et moi-même ! Amen.

Et comme il convient que le chrétien ne soit pas seulement occupé de son propre salut, mais qu'il le soit de celui des autres, je conseillerais à chacun de réciter cette prière pour la conversion des infidèles, au moment où le prêtre consomme le Corps et le Sang sacrés de Jésus-Christ, en terminant le sacrifice :

O Dieu, éternel créateur de toutes choses, souvenez-vous des âmes des infidèles que vous avez aussi tirées du néant, et que vous avez formées à votre image et à votre ressemblance. Considérez, Seigneur, que déshonorant votre nom, ces âmes vont remplir les enfers; souvenez-vous que Jésus, votre Fils, a subi, pour leur salut, la mort la plus douloureuse : de grâce, Seigneur, daignez ne plus permettre que votre Fils soit méprisé de ces infidèles ; laissez-vous fléchir par les prières des saints vos élus, et par celles de l'Église, la très-sainte épouse de votre Fils, et souvenez-vous de votre miséricorde; oubliez leur idolâtrie et leur infidélité, faites qu'eux-mêmes reconnaissent enfin le Seigneur Jésus-Christ, que vous avez envoyé, en qui est notre salut, notre vie, et notre résurrection; par qui nous avons été délivrés et affranchis, et à qui toute gloire soit rendue dans l'infinité des siècles ! Amen.

Pendant le jour, les usages de la vie et le commerce indispensable avec les hommes, offrent des périls et donnent matière à des péchés, dans les personnes surtout qui, par des chutes multipliées, ont contracté l'habitude du mal. Celles-là, surtout, doivent se rappeler continuellement la brièveté de cette vie, le temps imminent de la mort, le compte qu'elles devront rendre à Dieu de toutes les actions de leur existence, le jugement universel où nous comparaîtrons tous ensemble devant le tribunal de Jésus-Christ, les feux éternels réservés aux damnés, et la déshérence irrévocable que peut occasionner un seul péché mortel, c'est-à-dire la perte de l'éternelle félicité du Paradis, pour laquelle nous avons été créés. Une personne qui d'ordinaire est remplie de ces pensées, en se livrant aux occupations et aux délassements de cette vie, tombera bien plus rarement qu'une autre, et se relèvera plus aisément de ses chutes; on la trouvera toujours disposée à faire, durant sa vie, ce qu'elle voudrait, à l'heure de sa mort, avoir fait toujours.

Il sera de même très-salutaire pour tous, de se bien convaincre et de se pénétrer de cette pensée, qu'il existe un intervalle considérable entre les péchés de fragilité, de la part des personnes animées au fond d'une sincère inclination pour le bien, et qui sont l'effet comme imprévu et involontaire d'une tentation violente et de la séduction d'un attrait perfide, et les péchés d'habitude invétérée, qui se renouvellent sans cesse et audacieusement, à la face du ciel. On ne saurait concevoir toute l'immensité des premiers, et la moindre gravité des seconds, qui trouvent aussi leur pardon plus facile de la part de Dieu. Et je ne voudrais pas désespérer des sentiments de pénitence formés en ces personnes que la dernière maladie surprend dans un péché de la première espèce, et je veux croire qu'ils lui seraient salutaires, tandis que je tremblerai pour les autres, qui me paraissent dans une disposition, à moins abandonner les occasions de péché, qu'à s'en trouver abandonnées; il me paraît vraisemblable qu'il existe comme un compromis entre la miséricorde et la justice divines, par lequel l'infinie miséricorde peut recueillir en son sein les personnes d'une vie ordinairement vertueuse et chrétienne, et qu'une malheureuse faiblesse de nature aura fait tomber dans une faute mortelle, par l'effet d'une tentation imprévue; tandis que les rigueurs de la divine justice étendront leur domaine sur ceux que l'habitude non interrompue du péché a rendus, pour ainsi dire, les sectateurs du mal, et a marqués de son empreinte effrontée, jusqu'à l'extrémité de leur vie mortelle.

Je recommande surtout ces méditations aux personnes qui en sont encore aux premiers combats, mêlés de succès divers, en la sainte guerre contre le péché. Quant à celles qui sont plus avancées dans la vie intérieure, et qui ont commencé de goûter combien le Seigneur est aimable, je leur conseille d'élever souvent, durant la journée, leurs âmes vers Dieu, de renouveler souvent les actes de foi, de religion, d'espérance et surtout de pure et sincère charité. Il est avantageux de posséder de mémoire des formules de ces actes, tirés des psaumes et des hymnes sacrés : on pourra de même les réciter en langage vulgaire et aussi les chanter; voici le modèle d'un acte d'amour de Dieu, dégagé de toute pensée personnelle, et dont pourront faire usage ceux qui le trouveront à leur gré :

O mon Dieu! ce n'est ni la crainte de votre main qui lance la foudre, ni l'horreur du feu de l'enfer, qui dévore éternellement les pécheurs, qui me déterminent à vous servir. Vous m'y engagez par vous-même, ô mon Dieu! Vous m'attirez, ô Jésus-Christ, percé d'une lance : votre croix me presse, et le sang, ô Jésus, qui s'écoule de vos plaies! N'y eût-il plus d'enfer à craindre, n'y eût-il plus de gloire à espérer : néanmoins, ô mon Créateur! ravi de vos perfections infinies, vénérant votre Majesté divine, si sublime et si sainte, et votre ineffable Providence, je vous aimerais, sans attendre aucun prix de mon amour. O Jésus-Christ, Fils de Dieu, fils d'une Vierge, plein de douceur, de force et d'innocence, qui avez daigné mourir pour nous, je vous aimerais sans récompense, avec tout l'amour dont vous êtes digne (1)!

---

(1) Tout ce passage est rendu en vers latins dans l'édition de Bologne. La même édition donne une variante, également en vers latins, et qui est la traduction d'un sonnet espagnol, attribué à saint Fr. Xavier. Nous donnons ici ce sonnet et sa traduction française :

> No me mueve, mi Dios, para quererte,
> El Cielo que me tienes prometido :
> Ni me mueve el Infierno tan temido
> Para dexar por esso de ofenderte.

Après les occupations du jour, quand revient le temps du repos de la nuit, un chrétien doit bien se garder de se livrer au sommeil, qui est l'image de la mort, sans avoir préparé son âme, comme à la mort même. Qui pourrait, en effet, lui garantir, que le lendemain il s'éveillera sain de corps et d'esprit? S'il est sage, il reconnaîtra, sans pouvoir en douter, que pendant cette nuit qu'il va commencer, plusieurs, dans l'étendue de l'univers, succombant sous un coup imprévu, passeront sans aucun intervalle du sommeil à la mort. Et puisque personne ne lui peut garantir qu'il ne sera point de ce nombre, ne serait-ce pas une folie insigne que de négliger une précaution salutaire, dont l'omission irréparable peut être suivie de regrets éternels ? Ainsi, prosternez-vous devant Dieu, notre souverain Juge, et d'abord, considérant, avec toute l'attention dont vous êtes capable, les grands et innombrables bienfaits qu'il a daigné vous accorder durant le cours de votre vie, spécialement dans le jour qui vient de s'écouler, rendez-lui vos actions de grâces, avec le sentiment de la

> Tu me mueves, Señor : mueve me el verte
> Clavado en essa Cruz, y escarnecido ;
> Mueve me el ver tu cuerpo tan herido ;
> Mueven me tus afrentas, y tu muerte.
>
> Mueves me al tu amor en tal manera
> Que aunque no hubiera Cielo, yo te amara ;
> Y aunque no hubiera Infierno, te temiera.
>
> No me tienes que dar porque te quiera ;
> Que aunque quanto espero, no esperara,
> Lo mismo que te quiero, te quisiera.

« Ce n'est point le Ciel que vous m'avez promis, qui me fait vous aimer, ni l'Enfer si redouté qui me fait éviter de vous offenser ;

« C'est vous, Seigneur, qui m'avez touché ; c'est la vue des clous qui vous attachent à cette Croix, tout sanglant ; c'est votre cœur transpercé ; ce sont vos humiliations, et votre mort.

« Vous m'attirez si vivement à votre amour, que je vous aimerais, n'y eût-il point de Ciel ; que je vous craindrais, n'y eût-il point d'Enfer.

« Vous n'avez besoin de me rien donner afin que je vous aime : car si je n'espérais pas tout ce que j'espère, je vous aimerais encore autant que je vous aime. »

plus vive reconnaissance : ensuite, après avoir imploré la lumière d'en haut, afin de connaître vos fautes, opposez aux biens que vous avez reçus le mal que vous avez commis, vous rappelant tous vos manquements contre la loi de Dieu, spécialement ceux commis dans la dernière journée, par omission, par œuvre ou par désir, par acte, par pensée ou par parole.

Condamnez ensuite, par une confession intérieure et très-sincère, et avec une profonde douleur, cette multitude de péchés qui s'est révélée à votre examen : détestez-les du fond de votre cœur, donnez-les à consumer au feu du divin amour, qui seul a la puissance d'en effacer les souillures, et pénétrez-vous d'une véritable contrition, en vue de la charité parfaite et infinie d'un Dieu souverainement aimable; efforcez-vous, de tout votre cœur, d'effacer et d'anéantir en vous toute imperfection : formez enfin la ferme résolution de ne plus consentir à rien de semblable, ni par l'espoir d'aucun avantage, ni par la crainte d'aucun danger que ce puisse être. Rempli de ces sentiments, prononcez la formule ordinaire de la confession des péchés : Je me confesse à Dieu, etc. Implorez, en terminant, le secours de Dieu, pour être fidèle aux engagements que vous aurez pris, vous servant, à cet effet, des prières à Jésus-Christ, à sa Très-Sainte-Mère, au Saint-Ange Gardien et aux autres habitants du Ciel.

Les parents et les chefs de famille doivent avoir grand soin d'accoutumer les enfants des deux sexes, dès leur âge le plus tendre, à réciter chaque jour, le matin et le soir, ces prières ou d'autres semblables; et s'ils ne sont point capables de prier mentalement, de leur faire au moins réciter, à l'heure de leur réveil, et avant d'aller prendre le repos de la nuit, trois fois la Salutation Angélique, après s'être agenouillés pour rendre hommage à Dieu, selon la pratique de l'Église; puis ensuite l'oraison Dominicale, et le sacré symbole, en développant les points relatifs à la Passion, à la mort et à la résurrection de J.-C.

AUX CATÉCHISTES DE LA COMPAGNIE DE JÉSUS

DANS LES INDES (1).

Méthode pour catéchiser les ignorants.

Je veux ici vous exposer, mes bien-aimés frères, la forme et la méthode que l'expérience et le succès m'ont fait adopter, pour enseigner les éléments de la doctrine chrétienne à ces populations ignorantes, et j'espère qu'en les observant, vous en recueillerez les fruits les plus consolants pour la gloire de Dieu et de J.-C. N.-S., et pour le salut des âmes.

Le peuple étant rassemblé, celui qui se dispose à donner l'explication du catéchisme fera d'abord le signe de la croix : la tête découverte et les mains élevées vers le ciel, il prononcera le premier, — et deux enfants répéteront ses paroles, — l'Oraison Dominicale, d'une voix haute et intelligible, de sorte que le catéchiste exprimera le premier chacune des paroles, et que les enfants la répéteront immédiatement.

Ensuite, le catéchiste devra dire à l'assemblée :

Maintenant, mes frères, faisons profession de notre foi, et exprimons les trois actes essentiels des trois vertus les plus éminentes, qui sont appelées théologiques, et qui sont la Foi, l'Espérance et la Charité.

Et commençant par la Foi, il adressera cette question aux assistants : Croyez-vous tous en un seul Dieu véritable, tout-puissant, éternel, immense, infiniment sage ? Tous devront répondre : Oui, mon Père, par la grâce de Dieu, nous y croyons. Le catéchiste reprendra : Prononcez

---

(1) Cette pièce ne porte point de date. Elle se rapporte, comme la précédente, aux premières prédications du Saint dans les Indes, avec cette différence qu'elle a pour objet la conversion des infidèles, tandis que l'autre pièce est commune à tous les chrétiens.

donc tous ensemble avec moi : O Seigneur Jésus-Christ, Fils du Dieu vivant! accordez-nous la grâce de croire très-fermement cet article de notre sainte Foi : ajoutons, afin de l'obtenir, un *Pater Noster.* Cette prière sera récitée par tout le monde, et à voix basse. Ensuite le maître, élevant de nouveau la voix, dira : Prononcez donc tous avec moi : O Sainte-Vierge Marie, Mère de Dieu! obtenez-nous de Dieu la grâce de croire très-fermement cet article de notre sainte Foi; et afin d'obtenir d'elle cette faveur, récitons tous en son honneur et à voix basse la Salutation Angélique. Après que tous l'auront récitée secrètement, le maître reprendra : Croyez-vous, mes frères, que ce Dieu est le seul Dieu véritable, unique en son essence et triple en ses personnes, Dieu Père, Dieu Fils et Dieu Esprit-Saint? Tous répondront : Oui, mon Père, par la grâce de Dieu, nous le croyons. Puis les deux prières exprimées ci-dessus seront récitées avec le *Pater* et l'*Ave*, prononcés à voix basse par chacun des assistants. Ensuite on passera à cette autre question : Croyez-vous, mes frères, que ce même Dieu est le Créateur de toutes choses, qu'il est notre Sauveur et l'auteur de notre gloire? Et tous diront : Nous le croyons parfaitement, mon Père, avec la grâce de Dieu. Puis on dira les deux prières, avec le *Pater* et l'*Ave*. En cette forme seront passés en revue tous les autres articles de Foi; principalement ceux qui se rapportent à l'humanité de Jésus-Christ Notre-Seigneur; et la forme des questions sera celle-ci : Croyez-vous, mes frères, que la seconde personne de la Très-Sainte-Trinité, le Fils unique de Dieu, a été conçu du Saint-Esprit, s'est incarné dans les entrailles de la très-pure Vierge Marie, et est né de la même Marie Notre-Dame, toujours Vierge? On répondra : Oui, mon Père, par la grâce de Dieu, nous le croyons. On renouvellera les deux prières avec le *Pater* et l'*Ave*, dans la forme énoncée plus haut. Le catéchiste poursuivra : Croyez-vous, mes frères, que ce même Fils de Dieu, fait homme, a été crucifié, qu'il est mort, et a été mis dans le

14.

tombeau, qu'il est descendu dans les limbes, et qu'il en a délivré les âmes des vénérables patriarches, qui y attendaient sa très-sainte venue? On dira : Oui, nous le croyons, par la grâce de Dieu; et l'on ajoutera les invocations ordinaires. Le maître dira : Croyez-vous que notre même Seigneur est ressuscité le troisième jour, et qu'il est monté au ciel, où il est assis à la droite de Dieu le Père-Tout-Puissant, d'où il viendra pour juger les vivants et les morts; pour examiner, et pour récompenser ou punir, selon sa justice, les bonnes et les mauvaises actions des hommes? On répondra : Nous le croyons parfaitement, par la grâce de Dieu : et l'on ajoutera les prières ordinaires, avec le *Pater* et l'*Ave*. Le catéchiste dira : Croyez-vous qu'il existe un enfer, c'est-à-dire, une fournaise éternelle, où seront tourmentés sans fin ceux qui seront morts séparés de la grâce de Dieu; qu'il existe également un Paradis et une gloire éternelle, dont jouiront les personnes vertueuses, qui auront terminé leur existence en la même grâce de Dieu; enfin qu'il existe un purgatoire où les âmes satisfont pendant un temps à la justice divine, en subissant une peine de leurs péchés, lorsqu'ayant obtenu pendant leur vie la rémission de la faute, elles n'ont pas acquitté pleinement la peine qu'elles avaient encourue? Il ajoutera : Croyez-vous à sept sacrements, à toute la doctrine des Saints Évangiles, et à tout ce que croit et professe encore la sainte Église romaine? On dira : « Nous croyons toutes ces vérités, par la grâce de Dieu. On ajoutera les deux prières avec le *Pater* et l'*Ave*. Le maître reprendra : Offrons au Saint-Esprit les sept *Pater* et les sept *Ave* que nous venons de réciter, afin qu'il daigne enrichir nos âmes de ses sept dons, principalement de ceux qui peuvent nous aider à croire très-fermement tout ce que nous enseigne la sainte Foi catholique. Après cela le maître ajoutera : Nous avons jusqu'à présent, mes frères, exprimé la profession de notre sainte Foi.

Il nous reste à exprimer les actes des deux autres vertus

dont nous avons parlé dès le commencement, de l'Espérance et de la Charité : Courage donc et dites avec moi : O Jésus-Christ, mon Dieu et mon Seigneur ! confiant en votre divine miséricorde, j'espère qu'en vertu de vos mérites, conduit et assisté par votre grâce, coopérant moi-même à cette grâce par des œuvres chrétiennes, et observant tous vos Commandements, je dois arriver un jour à la gloire et à la félicité pour lesquelles vous m'avez créé. Je vous aime, ô mon Dieu ! par-dessus toutes choses, et de toute mon âme. Je me repens de vous avoir offensé, parce que vous êtes mon Dieu, très-éminemment digne de toute gloire, de toute vénération, de tout culte, à cause de l'amour infini que je vous dois, et parce que je vous mets au-dessus de toute chose du monde, et je forme la résolution absolue de ne jamais rien faire qui puisse être contraire à votre divine volonté, et m'exposer au péril de perdre votre sainte grâce. Amen.

Tel sera toujours le préliminaire des écoles doctrinales : ensuite le catéchiste entrera dans l'exposition particulière de chacun des dogmes de notre sainte Foi, d'un sacrement, d'une vertu, d'une prière, ou de quelqu'un des sujets qu'il est dans l'intérêt d'un chrétien de connaître; exposant dans un discours uni et simple, à la portée des intelligences les plus ordinaires, les vérités qu'il enseigne, et confirmant à la fin ce qu'il a enseigné, par le récit d'un exemple en rapport avec le sujet traité. Enfin il exprimera le premier la formule de la confession générale, et les enfants répéteront ses paroles; en même temps il invitera tous les assistants à exprimer du plus profond de leur âme un acte de véritable contrition, c'est-à-dire de la douleur du péché, formé par le pur amour de Dieu qu'ils ont offensé. En terminant, le catéchiste invitera tout le monde à réciter trois *Ave Maria*, le premier pour les personnes présentes, et les deux autres, à d'autres intentions, selon le gré de chacun.

LIVRE IV.

Amboine. — Les Moluques. — L'île du More. — Malacca.

(1546-1547.)

LETTRE PREMIÈRE.

A la Compagnie à Goa.

Que la grâce etc.

Le 1ᵉʳ janvier 1546, nous avons fait voile de Malacca pour les Moluques. Nous avons pris terre à Amboine, le 16 février. Cette île a environ 90 milles de tour. Elle est très-peuplée d'indigènes et d'étrangers. Elle renferme 6 villes ou villages de chrétiens, que j'ai visités aussitôt après mon arrivée ; j'y ai baptisé un grand nombre de nouveau-nés et de jeunes enfants. Bientôt est survenue à Amboine la flotte espagnole de Fernando de Souza, partie de la nouvelle Espagne pour se rendre aux Moluques (1). Le nombre de

(1) L'empereur Charles-Quint, interprétant à l'avantage de son ambition les bulles des souverains pontifes, qui concédaient aux Portugais l'empire des Indes Orientales, entreprit de conquérir les Moluques, en venant par l'Amérique. La flotte, partie de la Nouvelle-Espagne, c'est-à-dire du Mexique, n'obtint aucun résultat, et ses capitaines furent désavoués par l'Empereur, sur les justes réclamations du roi de Portugal, Jean III.

ces navires nous a occasionné une si grande affluence d'occupations spirituelles, par la nécessité d'entendre les confessions, de prêcher en public, et d'assister les malades et les mourants, que le temps me manquait absolument pour satisfaire à toutes ces œuvres. J'ai pu me faire une idée du caractère et des dispositions des habitants; et j'ai conçu l'espérance de voir, au retour du seigneur de l'île, — c'est un Portugais d'un rang élevé, très-affermi dans sa religion, qui commande à cette heure la citadelle du roi de Portugal aux Moluques, — de voir, dis-je, des fruits spirituels abondants couronner nos efforts (1).

A 4 milles environ d'Amboine, est l'île du More (2), où

(1) Dans les dernières années, Ternate avait eu pour gouverneur un des plus grands hommes dont s'honore le Portugal, Antonio Galvam, guerrier, législateur, et, surtout, chrétien plein de zèle; il vainquit le roi de Tidor, régénéra la contrée qu'il gouvernait, et fonda, dans Ternate, le premier collége indien; il refusa la souveraineté que lui voulaient déférer les populations reconnaissantes, et revint à Lisbonne, où il ne trouva que la disgrâce et la pauvreté. Il fut obligé, pour vivre, de servir les malades dans l'hôpital, et, après quatorze ans passés dans cet humble emploi, il y mourut. Mémorable exemple des vertus les plus héroïques en même temps que les plus saintes !

Antoine Galvam écrivit un beau livre sur les premières découvertes des Portugais, sous le titre de : *Tratado dos descobrimentos antigos e modernos*.

A Ternate et à Tidor, on répétait, longtemps après sa mort, des chants populaires composés en son honneur.

(2) More (Ile du), à 68 lieues E. de Ternate. — Sa capitale était Momoïa. Le roi de l'île de More avait reçu le baptême, à la persuasion de Gonzalo Velozo, marchand portugais, et avait appelé dans ses États Simon Vaz, prêtre séculier, qui, avec l'assistance d'un autre prêtre, nommé François Alvarez, baptisa un grand nombre d'indigènes. Mais les actes tyranniques des Portugais furent l'occasion d'un massacre général, dans lequel Simon Vaz périt, victime de son dévouement apostolique envers ses néophytes. François Alvarez, couvert de blessures, parvint à s'échapper. Depuis ce funeste événement, qui avait eu lieu en 1535, parmi les chrétiens de Momoïa, les uns avaient apostasié, et les autres avaient insensiblement perdu la Foi.

L'île du More fut, ainsi que nous le verrons, l'une des chrétientés les plus précieuses à notre Saint.

En 1562, un de ses indigènes, baptisé des propres mains de saint Fr. Xavier, sous le nom de François Moro, mourut martyr à Amboine, où les événements l'avaient conduit.

vivent de nombreux chrétiens, entièrement ignorants des vérités et des préceptes de la religion chrétienne. Je vais me rendre dans cette île, afin de pourvoir au salut de tant d'âmes : en effet, j'ai la persuasion que je dois m'efforcer, au péril de ma vie même, de les arracher à la mort éternelle. Je suis résolu d'aller au-devant des dangers de mort, même les plus évidents : j'ai mis toute mon espérance en la divine Providence, et je veux obéir à la parole de l'Évangile : *Celui qui aura voulu sauver son âme, la perdra ; mais celui qui l'aura perdue à cause de moi, la trouvera* (1).

Croyez, mes bien-aimés frères, que les expressions de cette sentence, qui paraissent en général d'un sens si lumineux, perdent si absolument leur lumière, et deviennent si impénétrables, lorsque l'heure est venue de se résoudre à donner sa vie pour Dieu, que celui-là seul en conserve l'intelligence, à qui Dieu lui-même les a rendues sensibles, par un effet de sa miséricorde. C'est dans ces instants-là que se découvrent toute la faiblesse et l'infirmité de notre nature.

Que Dieu donc, dans sa miséricorde, nous donne, en de pareils moments et dans de pareilles épreuves, le secours tout-puissant de sa grâce, afin de nous faire glorieusement affronter le combat et de nous y rendre vainqueurs !

Qu'il daigne lui-même demeurer toujours avec nous ! Amen.

D'Amboine, le 8 mai 1546. FRANÇOIS.

LETTRE II.

Au P. Paul de Camerino.

Que la grâce, etc.

O mon cher Paul, la prière que je vous ai souvent adressée, de parole ainsi que par lettres, je vous la renouvelle

(1) Matt. XVI, 25.

encore bien vivement : je vous conjure de vous y conformer, et d'obéir entièrement et sur toutes choses aux administrateurs du collége. Si j'étais en votre place, je n'aurais rien plus à cœur que d'accomplir toutes leurs intentions. Croyez à mes avis, et demeurez convaincu que rien n'est plus sûr pour le salut, et ne nous préserve davantage de l'erreur, que d'aimer à être sous l'autorité d'un supérieur, et d'obéir avec joie à ses commandements. C'est, au contraire, une occasion de chute et de ruine que de vivre à sa volonté et de ne reconnaître l'autorité d'aucun supérieur. Que si vous opérez le bien, en dehors des obligations qui vous sont imposées, estimez, mon cher frère, que vous vous êtes plus éloigné que rapproché du bien réel. Vous obéirez donc en toutes choses, et d'une manière absolue, au P. Diogo de Borba, de qui la volonté demeure unie avec la volonté divine, et vous serez entièrement soumis à son autorité. En agissant ainsi, vous vous rendrez agréable, non-seulement à moi, mais à Dieu lui-même.

Envoyez-moi deux des confrères qui demeurent au cap Comorin, et particulièrement Jean de Beira. Vous mettrez en leur place deux des Pères nouvellement venus de Portugal. Et comme l'étendue de la contrée, et l'immensité des travaux rend notre nombre insuffisant, je prie les confrères qui viendront ici, d'amener, s'il est possible, avec eux, quelques sujets pris en dehors de la Compagnie, pour nous seconder et nous soulager dans l'instruction religieuse des villages de ces îles. Si ce ne sont pas des prêtres, que du moins ce soient des personnes qui aient passé par les épreuves du monde et de la chair, et par les tentations du démon, et qui soient avides de venger sur elles-mêmes leurs propres injures, qui sont celles de Dieu. Nos confrères feront bien d'apporter avec eux les vases et les ornements du sacrifice. Mais les calices devront être d'étain ; ils seront plus en sûreté que des calices d'argent, au milieu d'un peuple pervers, et des infidèles au parmi lesquels se passe notre vie.

Des religieux espagnols de Saint-Augustin (1) se rendent d'Amboine à Goa; vous pourrez connaître par eux l'état de nos œuvres. Je vous les recommande instamment : je vous prie de faire, pour leur être utile, tout ce qui sera en votre pouvoir, et de les combler de témoignages d'affection et de tendresse. Ce sont d'excellents religieux, d'une vertu très-réelle. Je pars pour les îles de More : que Dieu demeure avec vous, qu'il m'accompagne, et qu'après la vie, il daigne transférer nos âmes au sein de son royaume, où nous jouirons assurément de plus de paix et de bonheur qu'ici-bas !

D'Amboine, le 10 mai 1546.

P. S. Vous ferez immédiatement parvenir la lettre ci-jointe à nos confrères de Comorin, afin qu'ils aient le temps de partir de Goa, et d'arriver aux Moluques au commencement d'avril de l'année prochaine.

FRANÇOIS.

LETTRE III.

Aux Confrères de Comorin, Antonio Criminale et Jean de Beira.

Que la grâce, etc.

L'année dernière, étant à Malacca, je vous ai écrit une lettre commune, pour vous prier, au nom de Dieu, vous Jean de Beira, et vous Antonio Criminale, de vous rendre immédiatement au cap Comorin. Il me paraissait nécessaire que vous partissiez pour cette contrée, afin d'en instruire et d'en fortifier les malheureux néophytes, de concert avec le P. François de Mancias, que j'avais laissé parmi ces chrétiens avec Jean de Lizana et trois autres

---

(1) Venus sur la flotte de D. Fernando de Souza.

prêtres, indigènes. Afin d'ajouter au mérite de votre action, je vous le commandais formellement, au nom de votre amour de l'obéissance. Je ne doute point que cette lettre ne vous soit parvenue, et que vous ne vous y soyez conformés.

Je suis parti de Malaca pour les Moluques le 1er de janvier, et le 16 février je suis arrivé dans l'île d'Amboine : j'ai immédiatement parcouru les villages chrétiens de cette île, y régénérant par le baptême tous les nouveau-nés. Dans le même temps, D. Fernando de Souza, à la tête d'une flotte espagnole qui se rendait de la Nouvelle-Espagne aux Moluques, est arrivé à Amboine. Il y avait huit vaisseaux dans le port, qui m'ont donné plus d'occupation que je ne saurais l'exprimer. Pendant mon séjour, j'ai pu me rendre compte des dispositions des indigènes ; et j'espère, avec le secours de Dieu, que lorsque Jordan de Freitas (1), gouverneur des Moluques, et seigneur souverain d'Amboine, personnage très-dévoué à la propagation de la religion, sera venu fixer sa résidence à Amboine, ce qui paraît devoir être avant un an, tous les habitants embrasseront la foi de J.-C. L'île a environ 90 milles de tour ; elle renferme de nombreux villages, dont sept sont habités par des chrétiens. A 400 milles environ d'Amboine, en terre ferme, est une contrée appelée le pays du More, où j'ai appris qu'il existait un grand nombre de chrétiens,

(1) Jordan de Freitas, qui succéda à D. Jorge de Castro, dans le gouvernement des Moluques, avait déterminé la conversion de Tabarija, dernier souverain de Ternate, qui prit, au baptême, le nom d'Emmanuel. Il était animé de bonnes intentions, mais égaré par l'ambition, il agit avec injustice envers le prince Cachil Aeiro, le plus proche parent du dernier roi, et lui fit éprouver d'indignes traitements. Ce malheureux prince fut justifié et rétabli dans ses domaines par D. Joam de Castro ; mais il finit par être assassiné par l'ordre des Portugais qui succédèrent à Freitas.

En aucune contrée, les Portugais ne commirent autant d'excès qu'à Ternate ; ses malheureux habitants l'abandonnèrent par trois fois, et finirent, de désespoir, par en ruiner tous les édifices et couper tous les arbres.

Ce furent tous ces excès qui arrachèrent à notre Saint les plaintes si douloureuses qu'exhala plus tard son âme apostolique.

mais tous profondément ignorants des vérités de la religion. Je dois m'y rendre incessamment.

J'ai voulu vous donner ces détails, afin que vous connussiez combien votre secours est nécessaire en cette contrée. Bien que je sache que, dans la place où vous êtes, vous n'êtes point oisif, cependant, comme vous n'y êtes point absolument nécessaire, je vous prie, au nom de J.-C., vous François de Mancias, et vous Jean de Beira, de vous rendre au plus tôt ici, et afin que ce voyage vous soit une plus grande occasion d'obéissance et de mérites, je vous l'ordonne formellement. Que si, par un effet de la Providence, l'un de vous était sorti de cette vie, un autre devra prendre sa place, au choix du P. Antonio Criminale, mais toujours de manière à ce que l'un de vous trois demeure, avec les prêtres indigènes, parmi les chrétiens de Comorin.

Si cette année il nous arrive des confrères du Portugal, pour nous venir en aide, je les prie, au nom de Dieu, de partir pour le cap Comorin, afin d'y instruire les chrétiens. S'il arrive des nouvelles du Portugal, vous m'en ferez part immédiatement, et vous remettrez les lettres mêmes aux Pères qui partiront pour les Moluques. Et afin que les membres de la Compagnie, qui arriveront de Portugal, retirent de plus grands fruits de leur obéissance, je leur ordonne, en vertu de mon autorité et de mes pouvoirs, de se rendre au cap Comorin. Comme je pressens que cette lettre vous parviendra vers le mois de mars de l'année prochaine, et qu'un vaisseau du roi se rendra en mai, de Goa aux Moluques, je vous invite à venir sur ce vaisseau : à la lecture de cette lettre, vous reviendrez donc du cap Comorin à Goa, et vous disposerez à partir pour les Moluques.

Les Moluquois espèrent que le même navire amènera leur prince qu'ils attendent de jour en jour (1). Les Por-

---

(1) C'était le roi dom Emmanuel, qui mourut à Goa, peu de temps après son baptême, en léguant ses domaines à la couronne de Portugal.

tugais présument aussi que le nouveau commandant de la forteresse du roi de Portugal aux Moluques, doit venir en même temps. Si le souverain de qui je viens de parler, a reçu le baptême à Goa, j'ai la ferme espérance qu'un grand nombre de ses sujets deviendront chrétiens. Mais eût-il même refusé d'embrasser la religion de J.-C., vous pouvez rendre ici d'éminents services.

Chacun de vous apportera les objets nécessaires pour le Saint-Sacrifice : mais que les calices soient d'étain, afin de les préserver plus aisément des mains avides du peuple infidèle, parmi lequel vous aurez à vivre.

Et ainsi que vous êtes des membres de la Compagnie de Jésus, et que j'ai la confiance que vous accomplirez ce dont je vous ai prié au nom de J.-C., et que je vous ai commandé en vue de votre amour de l'obéissance, je n'ajouterai rien, si ce n'est de vous inviter à venir sans retard ; car je vous attends avec un empressement extrême. Je ne doute point que votre venue, avec la grâce de Dieu, ne soit opportune en elle-même, agréable à J.-C., et salutaire à ce peuple. Je vous prie, mes frères, d'amener avec vous quelques-uns des élèves du séminaire de Goa, qui se destinent au sacerdoce, afin de vous en faire aider dans l'enseignement de la doctrine chrétienne à nos insulaires. Dans tous les cas, que chacun de vous amène avec lui des coopérateurs, et s'ils ne sont point encore prêtres, ou engagés dans les saints ordres, qu'ils soient au moins les ennemis du monde, du démon et de leur chair, et résolus à tirer vengeance des injures qu'ils en ont reçues.

Que Dieu nous rassemble vivants sous son obéissance, et morts dans son royaume, par un effet de sa miséricorde, dans ce royaume où un repos et une joie, bien au-dessus des biens présents, nous sont réservés !

D'Amboine, le 10 mai 1546.

FRANÇOIS.

LETTRE IV.

A la Compagnie, à Rome.

Que la grâce etc.

Je vous ai écrit il y a un an que deux princes de l'île de Macassar, et un grand nombre de leurs sujets, avaient fait profession de la religion chrétienne. J'ai pensé que ce serait l'occasion d'opérer de grands fruits, et j'y ai vu l'entrée ouverte à la propagation de l'Évangile parmi les contrées environnantes : plein d'empressement, j'ai quitté le cap Comorin pour aller visiter ces rivages. Macassar est éloigné de Comorin de plus de 900 lieues. Avant de nous embarquer, j'ai eu soin de ne point laisser les chrétiens de Comorin dépourvus des secours nécessaires pour la pratique de leur culte et la conservation de leur piété. Je leur ai donné pour les conduire cinq prêtres, François de Mancias, de la Compagnie, trois prêtres indigènes, et Jean de Lizana, originaire d'Espagne. Les chrétiens de l'île de Ceylan, voisins du cap Comorin, sont parfaitement dirigés par deux Franciscains et par deux prêtres séculiers. Ces deux églises n'ont donc aucun besoin de mes travaux, et les autres chrétiens, qui résident dans les places portugaises, sont instruits par les vicaires de l'évêque de Goa.

Dans la pensée, que mes soins étaient inutiles dans les Indes, je me suis rendu à Méliapour, qui porte aujourd'hui le nom de Saint-Thomas, afin d'aller de ce port à Macassar. C'est là que j'ai fait la rencontre d'un marchand, qui me supplia d'entendre sa confession. Après avoir accompli ce devoir, il se sentit si vivement touché de la grâce divine, qu'ayant le lendemain distribué aux pauvres la somme provenue de la vente de ses marchandises et de son navire, il voulut prendre pour exemple la nudité de Jésus-Christ, et le suivre, et il se donna à moi pour être mon compagnon.

Ayant mis à la voile, nous vînmes ensemble à Malacca, cité fameuse du roi de Portugal. Le gouverneur m'apprit que récemment il avait envoyé à Macassar un prêtre de grande vertu, et des troupes en nombre suffisant pour protéger les nouveaux chrétiens, au cas où ils seraient inquiétés. Il me conseilla de demeurer à Malacca jusqu'après le retour du bâtiment qui les avait portés, et qui nous apprendrait des nouvelles sur l'état de la religion dans cette contrée. Déférant à l'avis du gouverneur, je demeurai plus de trois mois à Malacca. Pendant cet intervalle, je ne manquai point des occasions de faire du bien. Les jours de fête et les dimanches, je prêchais au peuple dans l'église ; j'employais le reste du temps à entendre les confessions et à consoler les malades, au milieu desquels je résidais à l'hôpital. J'enseignais aux néophytes, et surtout aux enfants, les éléments de la doctrine chrétienne ; je travaillais à réconcilier ensemble les soldats et les habitants de la ville, qui se trouvaient en hostilité violente. Tous les jours après le coucher du soleil, je parcourais la ville en agitant une clochette, afin d'avertir les habitants d'implorer la divine miséricorde, en faveur des âmes qui sont éprouvées dans les feux du purgatoire. Souvent les enfants me suivaient au sortir du catéchisme, et ce concours produisait un grand effet dans la cité.

Mais lorsque je vis que les vents favorables pour revenir de Macassar avaient cessé, et qu'il ne venait aucunes nouvelles du prêtre et des soldats qui y avaient été envoyés, je ne crus point devoir m'arrêter plus longtemps, et quittant Malacca, je fis voile pour les Moluques. Le roi du Portugal possède aux Moluques une place forte, appelée Ternate, dans la partie la plus éloignée des Indes. A environ 200 milles de cette place, et dans la partie la plus rapprochée, se trouve Amboine, île assez peuplée d'indigènes et d'étrangers. Le roi de Portugal a fait don de cette île à un seigneur portugais, illustre par ses vertus et sa piété, qui doit, dit-on, venir s'y établir avant deux ans avec sa femme, ses enfants, et toute sa maison. L'île entière ne renferme que sept villages de chrétiens, que j'ai parcourus, et où j'ai baptisé tous les nouveau-nés, et les enfants qui n'étaient point encore régénérés. Plusieurs dans le nombre ont quitté la vie peu de temps après leur baptême, de sorte qu'il parut évident que l'existence ne leur avait été conservée par Dieu, que jusqu'à l'heure où la vie éternelle devait leur être ouverte.

Vers le même temps, arrivèrent huit vaisseaux espagnols qui demeurèrent pendant trois mois. Je ne puis dire de combien d'occupations je fus accablé pendant tout ce temps : je prêchais afin d'exciter toutes ces personnes à une vie régulière et vertueuse, je les entendais en confession, je les visitais dans la maladie, et je les assistais à la mort, afin qu'ils sortissent de ce monde dans des sentiments de résignation et de confiance en Dieu: dispositions bien difficiles, à qui a toujours vécu dans le mépris des lois divines. Ces personnes-là meurent avec d'autant moins d'assurance, et d'espoir en la clémence de Dieu, qu'autrefois elles ont eu plus d'audace pour se plonger dans la fange de tous les crimes. Beaucoup aussi qui vivaient dans des inimitiés violentes, état qui n'est point rare parmi les gens de guerre, se sont, avec la grâce de Dieu, remis en bon accord.

Enfin, la flotte s'est dirigée vers les Indes, et moi-même, en compagnie de Jean d'Eyro, de qui je vous ai parlé, j'ai pris la route opposée, c'est-à-dire la direction des Moluques.

Au delà des Moluques, à la distance d'environ 200 milles, est une contrée appelée la terre du More, dont un grand nombre d'habitants professent, depuis de longues années, la religion chrétienne ; mais étant demeurés dans l'abandon, et laissés, pour ainsi dire, orphelins par la mort des prêtres qui les avaient instruits, ils sont retournés à leur ignorance et à leur barbarie primitives. C'est une terre pleine de périls, et surtout redoutable aux étrangers. La férocité des naturels est extrême, et ils ont coutume de mêler, dans les aliments qui sont offerts aux étrangers, tous les genres de poison. La crainte a détourné plusieurs prêtres d'aller exercer leur ministère auprès de ces insulaires. Mais à la vue de l'immensité de leurs besoins, sans personne pour les instruire, et pour les purifier par les sacrements, je me suis convaincu du devoir où j'étais de m'occuper de leur salut, même au péril de ma vie. J'ai résolu de m'y transporter au plus tôt, et d'offrir ma vie au danger. En vérité, j'ai mis en Dieu toute mon espérance, et je veux, autant qu'il est en moi, obéir au précepte du Seigneur Jésus-Christ : « *Qui cherche à sauver son âme la perdra; qui la perdra pour l'amour de moi, la trouvera* (1). »

Cette parole est simple à l'intelligence, mais elle est toute autre dans la pratique. Quand l'heure est venue de perdre la vie, pour ne la retrouver qu'en Dieu ; lorsque les périls de mort sont imminents, et que l'on voit avec évidence que d'obéir à Dieu peut coûter l'existence, on ne sait comment il arrive que la clarté première du précepte se trouve obscurcie par de profondes ténèbres. Les plus fameux docteurs sont impuissants à pénétrer cette admirable sentence, qui n'est compris que de ceux dont Dieu lui-même, par un don privilégié de sa grâce, s'est fait le maître intérieur. C'est dans ces rencontres que se révèle au grand jour la réalité de notre faiblesse et l'infirmité de notre nature. Mes amis me conjuraient de ne point aller vers un peuple aussi barbare ; voyant qu'ils n'avaient rien obtenu, ni par prières, ni par larmes, ils m'apportèrent à l'envi les remèdes les plus propres à conjurer tous les poisons : mais j'ai tout refusé, de crainte que la quantité de ces remèdes ne me chargeât d'un autre fardeau, celui de la crainte, dont jusqu'alors je me trouvais exempt. J'avais mis toute mon espérance en l'appui de la divine

---

(1) Matt., XVI, 25.

Providence, et j'avais à redouter de me fonder sur le secours humain, et d'affaiblir ainsi ma confiance en Dieu même. Je leur ai rendu grâces, et les ai vivement suppliés, de seulement prier Dieu pour moi, — ce remède étant évidemment le plus assuré de tous.

Mais je reviens au voyage des Moluques. Notre traversée fut loin d'être favorable : nous nous vîmes exposés à des périls infinis de la part des pirates et du côté de la mer; et les plus grands encore sont venus de la mer. Le navire qui nous portait, entraîné parmi les écueils par la violence de la tempête, courut trois milles en labourant le fond avec son gouvernail. Si des écueils cachés sous les eaux, ou des inégalités de fond se fussent rencontrés sur notre route (ce que nous redoutions à tous les moments), nous aurions fait naufrage, et nous aurions tous péri. Je fus dans cette occasion témoin de bien des larmes, de bien des angoisses et des douleurs, lorsque nous voyons la mort présente à tous les moments. Mais Dieu ne voulait pas notre perte; il voulait nous enseigner par le danger, afin qu'instruits par notre expérience, nous reconnussions la profonde infirmité de nos moyens, toutes les fois que nous pensons à nous appuyer sur nos forces personnelles ou sur les secours humains. Que si vous êtes une fois convaincu de la fragilité de vos propres ressources, et si vous détachez entièrement votre confiance des puissances humaines, pour reposer toutes vos espérances dans le souverain arbitre du monde, qui seul peut détourner, en un instant, les périls auxquels on s'expose en vue de son amour, alors vous verrez avec vérité que l'univers est régi par la main et par la Providence de Dieu seul, et que tout danger de vie doit être négligé, si l'on considère les célestes délices que la divine Providence nous prépare en ces occasions; la mort même, en effet, peut-elle être redoutée, lorsqu'on possède ces admirables consolations; et cependant il arrive, par un effet extraordinaire, qu'après que le péril est passé, nous n'en pouvons exprimer toute l'étendue par nos paroles :

tandis qu'il nous reste un délicieux souvenir du bienfait divin, qui nous excite jour et nuit à recevoir avec empressement, à souffrir avec énergie, toutes les épreuves, pour l'amour d'un Dieu si bon : ce souvenir nous porte à lui rendre hommage dans tout le cours de notre existence, et nous espérons que, dans sa clémence infinie, il nous donnera les forces et le courage nécessaires pour le servir avec zèle et fidélité, en vue de ses miséricordes.

Lorsque j'étais à Malacca, je fis la rencontre d'un marchand portugais qui revenait du riche empire de la Chine. Il me raconta qu'un Chinois, homme respectable et grave, qui avait longtemps vécu dans la capitale, lui avait demandé si les chrétiens se nourrissaient de la chair du porc, et qu'il avait répondu que les chrétiens ne la rejettaient pas; à son tour, il lui avait demandé le motif de cette question. Le Chinois reprit qu'il existait une nation, au milieu des montagnes de l'empire, qui différait entièrement d'avec les Chinois par les mœurs et par les institutions : elle s'abstenait de la chair de porc, et célébrait différentes fêtes avec une grande pompe. D'après le récit du marchand, je ne pus deviner si la nation dont le Chinois entendait parler, était de ces chrétiens qui allient les rites et les cérémonies judaïques avec les doctrines du christianisme, comme sont, à notre connaissance, les Éthiopiens des bords de la Mer-Rouge; ou des juifs, dont il y a de répandus sur toute la face de l'univers : car l'opinion générale est que ce ne sont point des Sarrasins (1).

---

(1) C'était la colonie juive de Khaï-Fong-Fou, dont ont parlé les Mémoires des Missionnaires. En 1850, les Anglais ont envoyé vérifier son existence, par des émissaires indigènes. Deux ou trois familles subsistaient encore, sans pasteur et presque sans culte. Leurs livres sacrés, dont on put se procurer un exemplaire, étaient incomplets de toute la partie postérieure à la grande captivité de Babylone, ce qui fixe la date de l'émigration.

Nous sommes redevables à l'extrême obligeance du docteur Smith, évêque anglican de Hong-Kong, d'un fac-simile de ces livres; nous en avons fait hommage à l'illustre professeur d'hébreu au collége de France, M. Étienne Quatremère.

Tous les ans, un grand nombre de marchands font le voyage de Malacca en Chine; j'ai prié plusieurs d'entre eux de s'informer avec soin des mœurs de cette race, de ses pratiques, de ses lois et institutions, afin que, d'après ces notions, je puisse découvrir et vérifier si ce sont des juifs ou des chrétiens. Il existe, en effet, des preuves de la venue de l'apôtre saint Thomas en Chine (1), où il aurait converti un grand nombre d'habitants à la foi de J.-C. Avant que les Portugais n'eussent réduit les Indes sous leur domination, l'Église grecque y envoyait des évêques, pour gouverner les chrétientés fondées par saint Thomas et ses disciples : et lorsque les Portugais venaient d'accomplir la conquête des Indes, un des évêques grecs dont j'ai parlé, déclara, dit-on, qu'il avait appris des autres évêques qu'il avait rencontrés dans les Indes, que saint Thomas avait pénétré par delà les frontières de la Chine, qu'il en avait parcouru les cités, et que sa prédication avait conquis à Jésus-Christ un grand nombre d'indigènes. Aussitôt que j'aurai recueilli quelques documents et informations par autrui, ou dans le cours de mes travaux, je compte vous en faire part.

Avant de quitter Malacca, j'ai appris l'arrivée à Goa de trois membres de la Compagnie, qui m'ont fait parvenir des lettres de Rome avec les leurs. A la lecture de vos lettres, j'ai triomphé de joie, d'y trouver, touchant les affaires de la Compagnie, ce que je désirais le plus. Et comme, parmi les trois, l'un était envoyé pour enseigner les lettres aux élèves du collége de Sainte-Foi, et que les deux autres étaient principalement destinés pour cette mission, je leur ai écrit sur-le-champ, afin que le maître d'humanités demeurât à Goa, et que les autres se rendis-

---

(1) Le bréviaire chaldéen de l'église de St-Thomas, au Malabar, contient ces paroles, aux leçons du IIe nocturne (trad. en latin par le P. Jean-Marie jésuite) :

« Per D. Thomam Sinæ et Ethiopes conversi sunt ad veritatem, etc. »

sent au cap Comorin, pour y instruire les néophytes en compagnie de François de Mancias. Changeant de conseil à cette heure, je leur prescris de venir l'année prochaine aux Moluques, où j'entrevois un champ infiniment plus favorable à la propagation de la religion chrétienne.

Les Moluques se composent d'une quantité de petites îles, et l'on ne sait pas encore positivement si quelque partie tient au continent. Presque toutes les îles sont habitées, et les naturels sont rassemblés dans de gros villages. Tous ces insulaires se feraient volontiers chrétiens, s'ils ne manquaient point de prédicateurs pour les y exhorter. Et s'il y avait dans la contrée une maison de la Compagnie, la plupart embrasseraient la religion de J.-C. J'ai formellement résolu de faire en sorte qu'une maison soit établie pour nos confrères. Je prévois déjà combien de peuples seront, par là même, attirés à J.-C. Dans cette île d'Amboine, les païens sont beaucoup plus nombreux que les mahométans, et une hostilité profonde sépare les deux races. En effet, les mahométans contraignaient les indigènes, ou à embrasser le culte de Mahomet, ou à les servir comme esclaves. Or, la plupart des païens, détestant plus encore le nom de Mahomet que le joug de l'esclavage, rejettent avec horreur la superstition mahométane. S'ils avaient quelqu'un pour leur enseigner la vraie religion, ils seraient attirés sans peine dans le troupeau de J.-C., car le nom de J.-C. les trouve moins éloignés que le nom de Mahomet. Voici soixante-dix ans que le venin mahométan a infecté cette île, dont auparavant tous les naturels étaient païens. Le mal est venu de quelques prêtres de Mahomet qu'on appelle caciz, sortis de la Mecque, ville d'Arabie, où l'on conserve avec une grande vénération le corps exécrable de Mahomet, et qui, trouvant moyen de pénétrer dans le pays, ont attiré dans leur secte un nombre considérable d'habitants. Les indigènes qui sont mahométans, sont sans instruction, et ne savent ce que c'est que la doctrine empoisonnée qu'ils suivent. J'espère donc qu'on pourra facilement leur faire abandonner ce culte.

Je vous communique ces détails, afin que vous entriez dans ma douleur, et que vous ressentiez, comme il est naturel, une affliction profonde de la perte déplorable de tant d'âmes, qui périssent tous les jours par le manque absolu d'assistance. Que ceux qui les veulent secourir, ne perdent point de temps! Seraient-ils peu versés dans les belles-lettres et dans les autres sciences, ils seront toujours capables du ministère qu'ils rempliront ici, s'ils sont bien pénétrés de la pensée, qu'ils ne viennent que pour le seul amour de J.-C., afin de vivre au milieu de ces peuples, et d'y exhaler leur dernier soupir dans l'ardeur d'un si beau zèle. Si seulement chaque année venaient douze hommes animés de cet esprit, en vérité la détestable secte de Mahomet serait anéantie sans retour, et tous les habitants embrasseraient la religion de J.-C. Enfin, il arriverait que tant de crimes abominables et impies n'outrageraient plus la Majesté divine parmi ces nations, comme il arrive par l'ignorance où elles sont de la loi divine. En effet, la plupart des habitants de ces îles sont des êtres sauvages et féroces, d'une perfidie insigne, et d'une ingratitude sans exemple. On trouve aussi des îles à la surface de ces mers, dont les habitants se repaissent de chair humaine, principalement de celle des prisonniers faits à la guerre. Si quelqu'un des leurs expire de mort naturelle, ils ne touchent point au reste de son corps, mais ils lui coupent les pieds et les mains, dont ils font leurs délices. Et même, si l'on en croit certains récits, ils poussent la barbarie à ce point, que, si l'un d'eux se propose de célébrer un grand festin, il demande à son voisin de lui céder son père avancé en âge, afin de l'égorger et de le servir en repas à ses amis : il offre en retour de sa demande, à celui dont il réclame cette faveur, de lui rendre plus tard un pareil service, lorsque son voisin célébrera lui-même un festin. La dépravation des mœurs est si grande et si dénaturée, qu'il n'est point d'impuretés que ces peuples ne commettent. J'ai le dessein d'aller, le mois prochain, dans une île où se commettent le plus ordinairement ces deux crimes effroyables, de dévorer les prisonniers de guerre, et de se livrer, entre voisins, les parents avancés en âge, pour être servis dans les festins. Je me détermine à ce voyage, parce que j'ai appris que les indigènes voulaient se convertir, d'une vie si criminelle et si détestable, à la sainteté de la vie chrétienne.

Ces îles jouissent d'un ciel admirable, et sont couvertes d'arbres élevés et magnifiques; elles sont arrosées par des pluies abondantes, protégées de toutes parts par des rochers immenses, et si bien défendues par l'escarpement et l'élévation du terrain, que les habitants n'ont besoin d'aucuns remparts, pour être garantis des attaques de leurs ennemis; aux approches d'une guerre, ils sont assurés d'être assez protégés, s'ils se retirent dans leurs rochers, dont les accès sont tellement escarpés, et si hérissés de défenses naturelles, que chez eux il n'existe point de chevaux : l'usage en serait impossible. Il s'y fait ressentir des tremblements de terre très-fréquents, et si violents, que les navires qui se trouvent dans ces parages, croient souvent avoir donné parmi des écueils : la terre fait entendre un bruit formidable, et tout le monde est saisi d'une indicible frayeur. Un grand nombre de ces îles lancent au loin des flammes: et les feux souterrains s'échappent avec tant de force, qu'aucuns canons d'airain, si grands qu'il en existe, ne lancent leurs projectiles avec plus de fracas : souvent même la puissance de ces foyers fait jaillir au loin d'énormes quartiers de roches. Dieu sans doute a voulu, si je puis le dire, entr'ouvrir la porte des enfers, à ces créatures à qui nul n'annonçait les châtiments réservés aux impies, et leur donner comme une vision de la fournaise qui doit consumer éternellement les âmes des méchants, afin que l'horreur de ce spectacle leur servît de leçon, et leur fît au moins comprendre la grandeur des supplices qui leur sont destinés, s'ils ne sortent de leur abîme de crimes et d'infamies. Toutes ces îles ont un différent langage; quelquefois, dans la même île, les idiomes diffèrent, les habitants des divers villages ne parlent point la même langue; cependant, en raison du commerce, la plupart comprennent la langue malaise. Aussi lorsque j'étais encore à Malacca, je me suis occupé de faire traduire en langue malaise le Symbole des apôtres avec son explication, une formule de confession générale, l'Oraison dominicale, la Salutation angélique, et les dix Commandements de la Loi, afin d'être mieux entendu de ces peuples, lorsque je leur parlerai des choses de Dieu. Ils n'ont presque aucuns monuments écrits : la plupart ne savent ni écrire ni lire : un petit nombre écrit avec les caractères arabes; les Arabes, qui sont prêtres de la fausse religion de Mahomet, et que l'on appelle caciz ou alfaquis (1), ont depuis peu de temps enseigné à quelques indigènes leur façon d'écrire, et le font à présent encore. Car, avant l'introduction des rites mahométans, personne dans ces îles ne connaissait l'usage de l'écriture.

Dans cette île d'Amboine, j'ai vu une chose incroyable, et jusqu'à présent inouïe, que peut-être il est intéressant de faire connaître. J'ai vu, dis-je, un bouc nourrissant de jeunes chevreaux avec son lait : une mamelle, placée auprès des parties de la génération, donnait chaque jour une écuellée de lait. J'ai vu le fait de mes propres yeux, et autrement je ne l'aurais pas cru. Un Portugais de distinction a pris avec lui ce bouc, pour l'envoyer en Portugal (2).

Pour revenir à mon voyage, je vous conjure, mes Pères

---

(1) Alfaqui, docteur arabe, versé dans la connaissance des sciences divines et humaines.

(2) Aristote avait parlé d'un bouc, originaire de Lemnos, qui était lactifère. — De notre temps, en 1845, un bouc semblable fut amené à la ménagerie de Paris, et y vécut près de 5 ans : il y allaita l'un de ses chevreaux privé de mère. — Le même fait a été observé plusieurs fois chez divers autres animaux et même chez l'homme. Cette anomalie a été l'objet de deux notes communiquées à l'Académie des sciences en 1845 et 1852, par M. Isidore Geoffroy Saint-Hilaire.

et Frères bien-aimés, au nom de Jésus-Christ, souverain seigneur de l'univers, de sa très-sainte Mère, des citoyens du ciel, qui jouissent de l'éternelle gloire, de vous souvenir de moi, et d'intercéder sans cesse en ma faveur auprès de Dieu. Vous voyez à cette heure de combien de secours j'ai besoin; et j'ai reconnu souvent au milieu de tous mes périls spirituels et corporels, combien vos prières m'avaient été secourables. Moi-même, afin de ne point perdre votre souvenir, je porte sur moi partout, avec la formule solennelle de ma profession, les noms de vous tous, tels qu'ils sont tracés de votre main dans les lettres que vous m'avez adressées : et pour la joie singulière que me donne cet aimable souvenir, je remercie premièrement Dieu, comme il est légitime de le faire; vous ensuite, mes bien-aimés Pères et Frères, que Dieu s'est plu à orner de tant de vertus admirables. Et ainsi que j'ai la confiance de jouir de votre présence, avec un bonheur incomparable, dans l'éternelle vie, je cesse à cette heure de m'entretenir avec vous.

Amboine, 8 mai 1547.

LETTRE V.

A Jean III, roi de Portugal.

Sire,

Les affaires qui intéressent la religion et le culte sacré, ainsi que le service de Dieu Notre-Seigneur, dans ces contrées de Malacca et des Moluques, seront, j'en ai la confiance, rendues évidentes à votre majesté, par la lettre que j'adresse à la Compagnie en Europe; en cette lettre est contenue la réponse à celle que vous nous avez adressée, Seigneur, vous que nous tenons et reconnaissons pour principal et véritable protecteur de toute la Compagnie de Jésus, et de qui l'affection et les faveurs accomplissent avec plénitude les obligations d'un pareil titre. Les personnes remplies de religion et de zèle qui se rendent auprès de vous, seigneur, dans le dessein de procurer l'avancement du service de Dieu, sauront éclairer entièrement votre majesté touchant l'état de la religion parmi ces chrétientés des Indes.

De son côté, le P. Joam de Villa de Conde (1), fidèle serviteur de Dieu, et d'une expérience consommée en ce qui regarde les affaires de l'île de Ceylan, écrit à cet égard, à votre majesté, ce qu'il croit utile pour l'acquit de sa propre conscience et la décharge de celle de votre majesté; et il croit essentiel, pour lui, de parler, et pour votre majesté de l'entendre, dans l'intérêt de votre âme et de la sienne propre. Vous trouverez tous les faits de Ceylan exposés par lui d'une manière étendue et précise, tant dans la lettre qu'il adresse à votre majesté que dans les mémoires et documents qui accompagnent cette lettre : tous ces écrits m'ont été communiqués par lui : et je considère que votre majesté s'acquittera d'un devoir digne de sa sagesse ordinaire, si Elle veut bien ordonner immédiatement, d'après la science que lui auront donnée des informations aussi authentiques, les mesures qui lui auront paru nécessaires, et qui satisferont à ses premières et principales obligations en sa souveraineté des Indes. Enfin, je présume aussi que mes confrères de la Compagnie n'auront pas manqué d'écrire à votre majesté, et de lui rendre compte, dans le plus scrupuleux détail, de l'état des chrétientés de Comorin, de Goa, et de toutes celles qui, dans ces pays des Indes, sont déjà fondées, ou se fondent et se développent tous les jours.

En ce qui me regarde personnellement, j'ai souvent et mûrement réfléchi, et me suis souvent demandé si j'ex-

---

(1) Le P. F. Joam de Villa de Conde fut envoyé l'année suivante en Portugal par l'évêque de Goa, dont il était un des vicaires, pour aller porter, au pied du trône de Portugal, les plaintes douloureuses du vénérable prélat. Voir la lettre troisième du Ve livre.

poserais, dans une lettre, à votre majesté, ce que la considération de tout ce qui se passe autour de moi et la méditation approfondie des faits, me fait regarder comme le plus essentiel à la propagation de notre sainte religion dans ces pays, et à son établissement sur des bases inébranlables. Je me sentais, d'une part, sollicité de vous écrire, par le zèle du service de Dieu et par l'intérêt de sa gloire, et d'une autre part, je me sentais retenu, et comme effrayé, par le peu de succès qui me paraissait réservé : car je ne présumais pas que mes conceptions et mes propositions fussent jamais réalisées. Néanmoins je ne croyais pas pouvoir garder le silence sans être infidèle à mon devoir; surtout lorsqu'il me paraissait évident, que ce n'était pas sans un secret dessein et sans une inspiration de Dieu même, que ces pensées avaient pris naissance dans mon esprit : et je ne pouvais concevoir de but plus vraisemblable, à cette révélation qui me venait de la part de Dieu, que de m'imposer le devoir de tout révéler à votre majesté : j'hésitais encore, redoutant, si je vous exposais tout ce qui cause ma douleur, que cette lettre-ci n'accusât devant Dieu votre majesté, à l'heure de la mort, et n'accrût encore pour elle la chance formidable et les justes rigueurs du jugement suprême, en le privant, dès aujourd'hui, de l'excuse de son ignorance.

Votre majesté daignera croire à mes paroles : si ce m'était un douloureux combat, j'avais en même temps l'intime conscience que je n'avais en vue et que je n'ambitionnais rien au monde que de me consumer dans les travaux, et de sacrifier ma vie même, pour procurer le salut des âmes dans les contrées des Indes, et pour alléger ainsi, dans la mesure de mes facultés, le fardeau des devoirs qui vous sont imposés; d'acquitter de la sorte une partie de vos obligations personnelles, et de décharger d'autant la conscience de votre majesté; enfin de vous apporter plus de sécurité devant la terrible décision du dernier jugement. En effet, votre grand amour envers notre Compagnie, m'inspirait de former tous ces vœux dans votre intérêt, et j'en achèterais le succès par mille efforts et par des épreuves infinies. Ces pensées diverses qui se partageaient mon esprit, et cette succession de craintes, inspirées par mon devoir et par le danger de V. M., déchiraient, seigneur, je dois vous l'avouer, et troublaient singulièrement toutes les facultés de mon âme; elles m'occasionnaient d'étranges perplexités : jusqu'à ce que enfin, je me suis résolu d'accomplir ce que je regarde comme un suprême devoir, et de décharger ma conscience en vous découvrant le poids secret qui l'oppresse.

Je vous parlerai, seigneur, de tout ce dont une longue expérience personnelle m'a rendu témoin dans ces contrées de l'Inde, de Malacca et des Moluques, et des maux infinis qui font saigner mon âme et l'accablent de douleur. Que votre majesté soit convaincue, qu'en ces pays comme ailleurs, on néglige, pour la plus grande part, les œuvres que l'on devrait accomplir pour le service de Dieu, par l'effet de rivalités et de jalousies, voilées sous de saintes apparences, mais véritablement criminelles et funestes; on ne voit que susceptibilités secrètes entre les personnes qui sont à la tête des affaires. L'un dit : C'est à moi d'agir; je ne veux que personne me ravisse l'honneur de cette œuvre. Un autre au contraire: Si je ne fais point cette chose, je ne veux point vous la voir accomplir. Un autre, enfin, élève une autre plainte : Je porte le poids du jour, et j'opère des merveilles, tandis que d'autres recueillent le mérite et le fruit de mon œuvre. Ce conflit d'intérêts dégénère en disputes; on écrit, on intrigue de toutes parts; chacun s'efforce de prévaloir sur les autres. Et cependant le temps s'écoule, les occasions de bien faire s'évanouissent; et la part, qui doit être faite au service de Dieu Notre-Seigneur, se trouve mise en oubli. Et ce sont des causes de cette nature qui font négliger les œuvres qui procureraient le plus de gloire et d'avantage à votre majesté dans les Indes.

J'ai découvert un remède à ce mal, tel, que si on l'employait, un grand nombre d'indigènes de ces contrées se feraient chrétiens, j'en ai la conviction; et les chrétiens qui sont privés de la faveur des personnes puissantes, et sont par là même exposés à mille injustices, seraient aimés et considérés par les autorités portugaises; ni Portugais ni Indiens n'oseraient, à l'avenir, les persécuter ni les dépouiller. Ce serait que votre majesté déclarât, soit par une lettre au vice-roi, et aux gouverneurs qui sont dans les Indes, soit de vive voix aux personnes qu'elle enverrait pour occuper ici les principales dignités, qu'elle leur déclarât, très-solennellement, que vous recommandez d'une manière toute spéciale au vice-roi et au gouverneur de chaque place l'accroissement de notre sainte religion, et que vous avez sa propagation singulièrement à cœur, et aussi que vous leur recommandez, d'une façon particulière, la personne de tous les religieux et prêtres qui sont dans les Indes : que vous vous reposez sur la fidélité de vos serviteurs; que vous leur en demanderez un compte rigoureux, et que vous saurez apprécier le mérite ou le démérite de leur conduite, afin d'y avoir égard, et de les récompenser ou de les punir en conséquence.

Et afin que cette déclaration fût moins sujette à l'interprétation, je désirerais encore qu'elle exprimât les noms de nous tous, qui résidons en ces contrées, et que vous affirmiez que vous n'entendez vous décharger sur aucun d'entre nous, ni sur tous ensemble, des devoirs qui sont imposés à votre conscience; mais que vous obligez à accomplir elles-mêmes ces devoirs les personnes investies par vous de l'autorité de gouverneur général ou de gouverneur particulier, selon les différentes fonctions où elles ont l'occasion de servir les intérêts chrétiens. Dieu lui-même ayant imposé à votre majesté l'immense obligation de pourvoir au salut éternel des peuples ses sujets, vous ne devez point vous en décharger sur d'autres, que sur les dépositaires de votre autorité dans ces pays, et sur ceux qui représentent la personne royale par l'éminence de la dignité qui leur est conférée ; et si vous reconnaissez que l'oubli de leur devoir, par quelques-uns de ces personnages, a été la cause qu'un grand nombre n'ont point embrassé la foi de J.-C., dans leur gouvernement et pendant le temps de leur charge, vous leur infligerez les peines que la négligence d'une obligation si grave a attirées sur leur tête : surtout, après que vous les aurez prévenus à l'avance que le suprême devoir de faire pénétrer la connaissance de la religion de J.-C. dans les âmes des infidèles qui sont sous votre empire, est délégué par vous à vos principaux ministres dans les Indes.

Ordonnez que toutes les fois que le vice-roi ou un gouverneur vous écrira, il vous expose l'état présent de la religion : combien d'infidèles ont embrassé la foi, et quels ils sont ; quelles espérances on a sujet de concevoir pour la conversion des autres, et quels moyens on y peut employer : déclarez que vous n'ajouterez foi qu'aux lettres de ces personnages, en tout ce qui concerne la religion : que vous ne vous arrêterez à aucun autre avis, de quelque part qu'il vienne : que si, dans la contrée ou dans la province sur laquelle ils ont autorité, notre sainte Église n'a pas, durant le temps de leur administration, vu s'accroître le nombre de ses néophytes, tandis qu'il est très-évident qu'ils peuvent se multiplier presqu'à l'infini dans tous les temps et dans tous les lieux, si ceux qui gouvernent y sont favorables ; que votre majesté, dis-je, déclare solennellement au nom de son autorité souveraine, et même dans les diplômes qui les instituent et les investissent de leurs pouvoirs, que vous ne manquerez pas de les en rendre responsables et de les en châtier.

Je désirerais très-ardemment que vous daignassiez confirmer vos intentions par un serment authentique et dans les termes les plus solennels, en invoquant le nom de Dieu même, et déclarer que celui de vos gouverneurs qui aura mis obstacle aux progrès de la religion, verra dès son retour en Portugal, tous ses biens confisqués : ses richesses, et jusqu'à son patrimoine, seront consacrés à des œuvres de miséricorde (1); sa personne sera chargée de fers, et soumise à une réclusion rigoureuse pendant un grand nombre d'années. Avertissez très-positivement ces officiers, afin qu'ils ne se fassent point d'illusion, et ne se flattent point que vos menaces demeureront sans effet, dites-leur que rien n'est plus certain, et que vous n'admettrez aucune des excuses qui pourront vous être présentées, qu'une seule voie enfin leur est ouverte pour éviter vos justes rigueurs et pour se concilier vos bonnes grâces, qui est de contribuer à faire un grand nombre de chrétiens, pendant le cours de leur administration.

Je pourrais démontrer à votre majesté la nécessité de ces mesures, par une infinité de preuves très-évidentes à mes yeux. Mais je ne saurais m'y arrêter, dans la crainte d'être importun à votre majesté, et pour n'avoir point à lui faire le récit de mes douleurs passées et présentes, sans avantage évident à cette heure. Je me bornerai à dire que si le vice-roi ou les gouverneurs, quels qu'ils soient, sont parfaitement convaincus que votre majesté parle avec une autorité sans réplique, et ne manquera pas d'accomplir ce qu'elle aura promis et juré, on verra, dans l'espace d'une année, toute la population de Ceylan, plusieurs souverains de la côte de Malabar, et tous les indigènes de la contrée qui avoisine le cap Comorin, embrasser la religion de J.-C.; et tant que les vice-rois et les gouverneurs provinciaux des Indes ne seront point sous l'influence de cette crainte, de perdre leurs emplois et leurs biens, s'ils ne procurent la conversion d'un grand nombre d'infidèles, votre majesté ne doit point espérer de grands fruits de la prédication évangélique dans les Indes, elle doit même être convaincue qu'on ne verra pas un grand nombre se présenter au baptême, et que ceux qui se seront fait baptiser ne feront pas de

---

(1) Édition de Bologne :
« Seront remises à la Confrérie de la Miséricorde. »

grands progrès dans la religion; il n'existe aucun autre obstacle à ce que tout ce qui existe d'habitants dans les Indes reconnaissent la divinité de J.-C., et fassent profession de nos dogmes sacrés, que la négligence du vice-roi ou des gouverneurs à s'en occuper, parce que votre majesté n'aura point édicté contre cette négligence des châtiments assez rigoureux.

Et ainsi que j'ai peine à espérer que mes vœux se réalisent jamais, je me sens, en vérité, prêt à me repentir d'avoir écrit ces choses, lorsque je considère surtout que votre majesté, par l'effet même de cet avertissement de ma part, sera jugée plus rigoureusement au tribunal de Dieu : et je ne sais si, dans cette occasion suprême, vous verrez admise l'excuse, que vous essaierez peut-être d'alléguer, c'est-à-dire, que vous n'étiez pas obligé d'ajouter une foi implicite à mes lettres; or, dans mon opinion très-sincère, et, je crois, très-fondée, jamais, je le déclare à votre majesté, je n'aurais tracé ces observations, touchant les gouverneurs et les administrateurs de ces pays, si j'avais pu me persuader, en quelque manière, que je pouvais sans crime garder le silence.

Je n'ai point encore déterminé, seigneur, si je dois me rendre au Japon : mais le principal intérêt qui me fait incliner à m'y rendre, est que je doute infiniment de rencontrer jamais, dans les Indes, la véritable et efficace protection de la part des autorités, qui serait nécessaire pour le progrès de notre sainte religion, et la conservation des chrétientés existantes.

Je prie et je conjure votre majesté, au nom de tout son amour pour Dieu Notre-Seigneur, et de son zèle pour le service de ce même Dieu, d'accorder à ses très-fidèles sujets des Indes, et à nous en même temps, l'insigne faveur royale, de nous envoyer ici, l'année prochaine, un grand nombre de prédicateurs de notre Compagnie. Car je vous le déclare, seigneur, en toute vérité, vos royales citadelles des Indes éprouvent un grand besoin de sujets de ce genre, tant à cause des Portugais qui vivent dans ces places, que des nouveaux chrétiens qui habitent les villes ou les bourgs tributaires. Je parle ici par expérience et comme témoin oculaire, et je n'exprime que ce dont j'ai moi-même constaté l'évidence.

Pendant le temps que j'étais à Malacca et aux Moluques, je parlais en public deux fois chaque jour de dimanche ou de fête. J'étais obligé de suivre cet usage, parce que j'avais reconnu que les soldats et les habitants éprouvaient un besoin très-essentiel d'être fréquemment nourris de la divine parole. J'instruisais donc du haut de la chaire les Portugais à la messe le matin ; et après le repas, j'enseignais dans un langage en rapport avec leur intelligence, les enfants de ces mêmes Portugais et leurs serviteurs, ainsi que les enfants chrétiens des indigènes ; et j'expliquais successivement les articles de la doctrine chrétienne. Un certain jour de la semaine, je faisais rassembler dans l'église les épouses des Portugais, tant indigènes que nées du mélange des deux races, et je leur adressais une instruction familière sur les articles de la Foi et les sacrements de Pénitence et d'Eucharistie. En peu d'années, on verrait se réaliser des fruits infinis pour le service de Dieu, si ce mode d'enseignement se pratiquait constamment, et dans tous les lieux. En même temps, dans les forteresses, j'enseignais, tous les jours après midi, la doctrine chrétienne aux enfants portugais des deux sexes, ainsi qu'aux serviteurs et servantes, et aux chrétiens indigènes : et cette continuité d'instructions a eu pour effet de faire entièrement cesser toutes les superstitions idolâtriques, et les prestiges de magie qui étaient si fréquents auparavant parmi ces néophytes remplis d'ignorance.

Je m'étends ainsi, dans mon discours à votre majesté, pour lui faire apprécier dans sa sagesse combien nous est nécessaire le grand nombre des prédicateurs ; et afin aussi que votre majesté daigne se souvenir de nous les envoyer : en effet, si la pénurie d'ouvriers, qui se fait déjà si vivement sentir, devait durer un certain temps encore, non-seulement les nouveaux convertis à notre sainte religion seraient exposés à perdre la Foi, mais les Portugais eux-mêmes, pour la plupart, ne seraient plus chrétiens que de nom seulement. J'appréhende infiniment, seigneur, que tous mes vœux n'aient point le succès que je désire, et qui serait essentiel : et connaissant la fortune malheureuse de l'Inde, j'ai peine à me persuader que jamais elle jouisse des avantages que je lui souhaite: c'est, en quelque sorte, sa condition naturelle et comme son mauvais sort, qu'elle ne puisse voir s'affermir en elle une religion solide et pure, la régularité dans le devoir, et une vertu consommée et parfaite : le bien ne peut pénétrer dans les mœurs publiques, et devenir l'état général et le caractère essentiel de la nation.

Le 21 janvier de cette année, je suis arrivé à Cochin venant de Malacca, où j'avais rencontré l'évêque, de qui la présence et la conversation m'avaient procuré de grands avantages spirituels ; j'ai pu connaître avec quelle charité ce prélat endure des épreuves corporelles infinies, tandis qu'il parcourt successivement toutes les places de son diocèse, qu'il visite et cultive, en même temps, les chrétientés de Saint-Thomas, et qu'il s'acquitte ainsi de son devoir avec plénitude, et comme il convient à un légitime et zélé pasteur : tel il se montre effectivement par ses œuvres. Ses admirables travaux reçoivent en ces contrées, de la part d'un certain nombre de personnes, la récompense ordinaire des saints en ce monde. Mais j'ai été singulièrement édifié, et j'ai conçu la plus grande vénération pour la personne de ce prélat, en voyant, par des marques très-évidentes, toute l'étendue de sa patience. J'ai entendu murmurer, à son égard, certains bruits semés dans les Indes par les enfants du siècle, et je pense que les mêmes personnes écriront à votre majesté, et lui exposeront les sinistres accusations qu'elles osent élever contre sa réputation à l'occasion de la mort de D. Miguel Vaz ; à cet égard, je me crois obligé de rendre en sa faveur un témoignage solennel et très-véridique, et je le rends afin d'accomplir un devoir essentiel : j'affirme que je sais de source certaine, quoiqu'il ne me soit point permis de dire ou d'écrire par quelle voie et de quelle manière je l'ai appris, je sais, dis-je, que l'évêque ne saurait encourir, à ce sujet, aucune accusation, non plus que je ne le saurais moi-même, qui étais si éloigné, et au sein des Moluques, quand a eu lieu ce triste événement.

Je prie et je conjure votre majesté, au nom de tout son amour envers Dieu et de son zèle pour la religion, et afin de conserver son âme pure et entièrement exempte de toute responsabilité, de ne rien faire ou ordonner en cette occasion, qui puisse être préjudiciable à notre excellent prélat. En vérité, si votre majesté paraissait ajouter foi à de si monstrueuses calomnies, elle donnerait un très-grand crédit et une autorité très-pernicieuse aux esprits méchants qui se rencontrent dans les Indes.

La grâce que votre majesté a faite à Pero Gonzalez, vicaire épiscopal à Cochin (1), de l'admettre au rang des chapelains de la chapelle royale, et de recevoir son neveu parmi les pages de la cour, je la considère comme une

---

(1) Cochin (lat. 9° 5' N.) était le chef-lieu d'une principauté indépendante. Elle renfermait de nombreuses chrétientés de Saint-Thomas et deux colonies de juifs, l'une ancienne, et datant de la captivité de Babylone, l'autre plus récente.

Le grand Albuquerque bâtit une citadelle à Cochin, en 1503.

Les chrétiens de Saint-Thomas, établis sur le territoire de Cochin, étaient devenus, vers le VIe siècle, Jacobites ou Nestoriens : ils obéissaient à un évêque, envoyé tantôt par le patriarche jacobite de Ninive, tantôt par le patriarche nestorien de Babylone, et qui prenait le titre épiscopal d'Angamalé.

Le pape Paul IV, en 1557, créa un évêché à Cochin.—En 1596, un concile provincial fut tenu à Odiamper, dans le Malabare, par la réunion des syro-chaldéens. — En 1605, fut supprimé le titre syrien d'Angamalé, et institué le diocèse de Cranganor dont nous avons parlé.

Les Hollandais, maîtres de Cochin, en ont détruit les églises, et dans les derniers temps, le titulaire schismatique, suffragant de Goa, avait transporté sa résidence à Quilam. Le siége de Cochin fut supprimé par le pape Grégoire XVI, en 1838.

faveur qui nous est personnelle, à cause des éminents services que ce noble personnage a rendus à notre Compagnie. Je dois donc ici confesser ma reconnaissance personnelle et celle de tous les membres de notre Compagnie envers votre majesté, et vous n'en serez, seigneur, nullement surpris, lorsque vous saurez que la demeure du vicaire épiscopal de Cochin est comme l'hôtellerie de la Compagnie de Jésus. Sa bienveillance à notre égard ne se renferme pas dans les limites de l'hospitalité vulgaire ou d'une amitié commune; sa libéralité va jusqu'à ce point, qu'après avoir, en notre faveur, dépensé tout ce qu'il a présentement à sa disposition, il emprunte d'autrui pour combler la mesure de ses bienfaits. Je prie donc votre majesté, au nom de la Compagnie tout entière, de vouloir bien lui faire expédier, ainsi qu'à son neveu, les lettres nécessaires, afin que leurs pensions soient fidèlement acquittées. Tous deux sont dignes de ces grâces : le vicaire épiscopal, parce qu'il veille au salut éternel des fidèles sujets de votre majesté; et son neveu, parce qu'il sert vaillamment à l'armée, sa patrie et l'État, sous les auspices de votre majesté.

Je termine par ce vœu, que Dieu Notre-Seigneur accorde à votre majesté de sentir profondément en son âme et de réaliser par ses actes, tout ce qu'au moment de la mort elle désirera d'avoir accompli.

De Cochin, le 20 janvier 1548.

L'inutile serviteur de votre majesté,

FRANÇOIS.

LETTRE VI.

Au P. Ignace de Loyola, général de la Compagnie, à Rome.

Que la grâce, etc.

Dieu m'est témoin de l'ardent désir que j'aurais de vous revoir, en cette vie, mon bien-aimé Père, afin de vous entretenir sur divers sujets pour lesquels j'aurais besoin de votre assistance, ainsi que des remèdes spirituels qui dépendent de vous : car l'espace, ni l'intervalle des distances, ne sont un obstacle à l'obéissance. Plusieurs de nos frères qui sont répandus dans ces contrées, et nous-même, nous éprouvons un pressant besoin d'un médecin de nos âmes. Je vous conjure au nom du Seigneur Jésus, ô mon excellent Père, d'étendre vos regards sur vos enfants qui demeurent aux Indes, et de leur envoyer un homme énergique et consommé dans la sainteté, dont l'esprit de zèle et de ferveur réveillera mon âme languissante. J'ai l'espérance que la vue en Dieu des dispositions intérieures de vos enfants vous fera bientôt remédier à l'affaiblissement spirituel de leurs âmes, et leur donner les moyens de suivre, avec plus d'amour, les voies de la vie parfaite.

Ces contrées réclament surtout des prédicateurs, et aucun des religieux que le P. Simon nous a envoyés n'est un prédicateur. Les Portugais eux-mêmes qui habitent les Indes, qui nous recherchent et qui nous aiment, seraient très-heureux de posséder de bons prédicateurs de notre Compagnie. Je vous prie au nom de Dieu et de sa religion, de vous souvenir de leur légitime et pieuse demande, et d'envoyer ici quelques Pères capables de cet emploi, et qui enseignent aux errants la voie du salut. Les Pères qui seront envoyés pour visiter les villages païens et y porter l'Évangile, devront être assez avancés dans la vertu, pour vivre dans ces contrées soit réunis, soit isolément, partout où les appellera l'intérêt de la prédication chrétienne, aux Moluques, en Chine ou au Japon ; et si c'était dans ce dernier pays, le tableau que je vous en envoie vous fera connaître aisément quels sujets conviennent à ses habitants.

Nous attendons avec une impatience extrême les indulgences du souverain pontife, et le privilége pour le grand autel de notre collége, ainsi que l'autorisation pour les prêtres, de suppléer l'évêque en conférant la Confirmation chez les peuples éloignés; toutes ces grâces, je vous les ai demandées les années précédentes. Au sujet du carême, l'expérience m'a convaincu qu'il était réellement superflu de rien modifier. Les Portugais sont tellement disséminés dans toute l'étendue des Indes, que si l'on considère l'avantage universel, aucun changement n'est nécessaire. En effet, l'hiver ne règne pas à la même époque dans toutes les villes et les résidences des Portugais. Prenant donc conseil du bien général, je trouve préférable que rien ne soit innové, quoique je rencontre encore des avis opposés.

Jusqu'à cette heure je n'ai point déterminé si j'irai au Japon l'année prochaine, avec un ou deux confrères, ou si j'y enverrai devant moi deux membres de la Compagnie; mais je suis résolu soit d'y aller, soit d'y envoyer. Dans l'état présent, mon esprit incline au départ, pour moi-même. Je prie Dieu de me faire clairement connaître ce qui lui sera le plus agréable.

Des trois confrères qui sont allés aux Moluques, j'ai jugé convenable d'en choisir un pour être le supérieur des autres. J'ai désigné Jean de Beira, à qui les autres obéiront comme à vous. Ses confrères s'en sont vivement réjouis. J'ai l'intention d'agir de même au cap Comorin et dans les autres lieux où résident ensemble plusieurs de nos frères.

Veuillez invoquer dans vos prières et faire invoquer dans celles de vos amis le secours du ciel pour nous qui vivons au milieu de l'infidélité. Afin de vous y intéresser davantage, je prie Dieu tout-puissant de vous montrer, par sa lumière, combien j'ai besoin de votre assistance et de vos suffrages.

Cochin, 20 janvier 1548.

LETTRE VII.

A Me Simon Rodriguez, en Portugal.

Que la grâce, etc.

Je vous recommande, mon bien-aimé frère, au nom de votre amour pour J.-C., d'envoyer ici plusieurs prédicateurs de la Compagnie, car c'est de tels sujets que les Indes ont le plus besoin. De tous ceux que vous avez récemment envoyés, je n'ai trouvé de prédicateurs que Jean de Beira, le P. Ribeiro (1) et le laïque Nicolas qui sont aux Moluques, et François Adami (2) qui est à Cochin. Lorsque je me suis informé des autres, il m'a été répondu qu'aucun d'eux n'était propre à la prédication. Je vous prie aussi, au nom de votre amour pour Dieu, de choisir scrupuleusement ceux que vous croirez devoir nous être envoyés pour convertir les païens. Vous ferez bien de choisir des sujets d'une sagesse et d'une vertu très-éprouvées, et qui aient pendant plusieurs années remporté de nombreuses et éclatantes victoires sur eux-mêmes. Ils devront en même temps n'être point délicats de nature, mais jouir d'une santé robuste, les travaux des Indes n'exigeant pas seulement les vertus de l'âme, mais aussi les forces du corps. Et le roi se donnerait de grands mérites devant Dieu, s'il faisait passer dans les Indes un grand nombre de prédicateurs de notre Compagnie: tant la nation indienne tout entière est grossière et ignorante. Je vous donne ces informations, à cause de l'expérience que j'ai acquise de ces contrées. Que si là propagation de la religion chrétienne dans les royaumes infidèles paraît présenter de grandes difficultés, gardez-vous

---

(1) Le P. Nuno Ribeiro mourut martyr à Amboine, empoisonné par les naturels, le jour de l'Assomption 1549.

(2) Le Saint, à l'occasion de sa mort, fera le plus touchant éloge d'Adami. Voir Livre V, lettre v.

de vous laisser décourager de l'entreprise, car la première et la principale difficulté réside en nous-mêmes. Nous devons donc d'abord nous préoccuper de nos concitoyens, et après eux, des infidèles. Je vous prie, au nom de Dieu, de faire tous vos efforts afin que dans un an nous voyions arriver de bons prédicateurs.

Je ne vous écris rien des affaires des Indes, parce que je suis revenu seulement il y a 8 jours, de Malacca aux Indes, et je ne sais presque rien encore de ces affaires ; cependant il y a des motifs de s'affliger dans les nouvelles que j'ai reçues. Mes compagnons, je pense, vous en écriront tous les détails. Ceux de nos frères que vous destinerez pour la conversion des infidèles, devront être tels, qu'ils puissent avec confiance être envoyés seuls, ou en compagnie de confrères, partout où il sera nécessaire, aux Moluques, en Chine, au Japon, au Pégou, ou ailleurs. Auprès des peuples de ces contrées, des hommes sans grande science, mais d'une éminente vertu, pourront rendre d'immenses services à la cause de Dieu.

Il est un conseil, qu'en raison de ses nombreux et considérables bienfaits envers notre Compagnie, je voudrais faire parvenir au roi de Portugal, qu'intéresse en premier lieu le salut de ses sujets, et ensuite celui des infidèles qui vivent dans ses domaines étrangers. Je désire que S. M., pour servir les intérêts de la religion, et acquitter les obligations spirituelles de son âme, envoie dans toutes les places des Indes occupées par des garnisons portugaises, des prédicateurs habiles, soit de notre Compagnie, soit des religions de St-François ou de St-Dominique (1), qui, libres d'autre soin, puissent, les dimanches et les jours de fête, prêcher les vérités de l'Évangile, avant midi pour les Portugais, et le soir pour leurs serviteurs, et qui soient en

---

(1) Douze Dominicains passèrent à Goa, en 1545, sous la conduite du P. Diogo Bermudez. Ils fondèrent d'importants établissements dans les Indes. Le P. Diogo Bermudez mourut en 1560.—Nous avons déjà parlé des Franciscains.

état d'expliquer les articles de la Foi aux néophytes indigènes. Ils devront également prêcher une fois la semaine, pour les épouses et les enfants des Portugais, sur les articles du symbole, et sur les sacrements de Pénitence et d'Eucharistie. J'ai appris par expérience combien l'institution de ces pratiques est nécessaire en ces contrées.

Si je croyais que le roi ne fût point offensé de mes fidèles et dévoués conseils, je lui donnerais l'avis bien salutaire de méditer tous les jours, durant un quart d'heure, sur cette parole divine : « *Que sert à l'homme de gagner le monde entier, s'il vient à perdre son âme* (1) ? » Il en demanderait à Dieu la véritable intelligence, et les sentiments intérieurs qui doivent en être le fruit ; enfin toutes ses prières auraient pour conclusion cette maxime : *que sert à l'homme de gagner le monde entier*, etc. Il est temps de porter la lumière dans l'esprit de S. M., car l'heure est plus prochaine qu'il ne pense où le Roi des rois, et le Seigneur des seigneurs, l'appellera devant son trône pour y rendre compte, et lui fera entendre cette formidable parole : Rends le compte de ton administration. Faites donc en sorte qu'il nous donne toute l'assistance qui nous est nécessaire pour la propagation de la Foi dans les Indes.

L'unique et efficace moyen, d'après mon expérience, de propager la religion dans les Indes, est que le roi déclare par un édit, à tous ses officiers dans les Indes, qu'il n'a confiance en personne, que dans les hommes qui s'efforcent de tout leur pouvoir d'étendre le règne de la religion. Et qu'il leur ordonne positivement de s'occuper avec zèle de multiplier les chrétiens au cap Comorin, afin d'attirer l'île de Céylan à la foi de J.-C. ; de rassembler de tous côtés des personnes pieuses, afin d'en être secondés, et de se servir pour le ministère évangélique, tant des sujets de notre Compagnie que de tous ceux qui leur paraîtront propres à propager la religion. Si les gouverneurs se montrent faibles

(1) Matt., XVI, 26.

et sans énergie, que S. M. leur inspire une salutaire frayeur, et déclare avec serment, — ce serment sera très-agréable devant Dieu, et le sera plus encore, s'il est scrupuleusement accompli,—que s'ils n'acquittent point en son nom le devoir de sa propre conscience, et s'ils n'emploient pas tous leurs efforts pour propager la religion chrétienne dans les Indes, à leur retour à Lisbonne, leur prévarication sera punie de la confiscation de leurs biens et d'une réclusion de longue durée. Si le roi rend un édit de ce genre, et s'il traite avec sévérité ceux qui y auront contrevenu, un grand nombre d'indigènes s'empresseront d'embrasser la foi de J.-C.; autrement on ne doit se promettre aucun succès. A cette heure vous connaissez mes sentiments. Je me tais sur le reste; je dirai seulement que si mes vœux sont accomplis, nos infortunés néophytes seront vengés de leurs souffrances et des déprédations qu'ils ont endurées; et les autres indigènes seront amenés, sans peine, au bercail de J.-C.; car, si, dans la propagation de la religion chrétienne, l'autorité de S. M. ou du vice-roi ne se fait point sentir, on ne pourra réussir à rien. Croyez à ma parole et à mon expérience, plus grande qu'il n'est nécessaire. Je connais toutes les causes, mais il est inutile de les déclarer ici. Je désire deux choses dans les Indes : en premier lieu, que les gouverneurs soient obligés par l'édit que je réclame, et que, dans toutes les places portugaises, il y ait de bons prédicateurs. Ces deux choses accomplies à Goa d'abord, et ensuite dans le reste de l'Inde, seraient d'un immense intérêt pour la religion chrétienne.

Que Jésus Notre-Seigneur, nous assiste toujours ! Amen.
Cochin, 20 janvier 1548.

LETTRE VIII.

Aux Pères et Frères de la Compagnie de Jésus, à Rome.

Que la grâce, etc.

Dans l'année 1548 de N.-S., je vous ai longuement parlé des îles Moluques, qui sont situées à 60 lieues de Malacca. Dans l'île d'Amboine, où le roi de Portugal entretient une garnison, demeurent un grand nombre de Portugais qui exploitent ces contrées très-fertiles en toutes sortes d'épices. C'est là seulement que croît l'arbuste appelé girofle.

Je suis demeuré trois mois à Amboine, qui renferme sept villages de chrétiens, et, pendant ce temps, j'ai baptisé un grand nombre d'enfants, dont le salut était en grand péril, à cause du manque de prêtre, celui qui avait été chargé de cette chrétienté étant mort depuis longtemps.

J'avais eu le loisir de visiter tous les villages, et de régénérer les enfants dans l'eau du baptême, lorsqu'il arriva sept navires dont plusieurs étaient espagnols. Ces derniers venaient de la Nouvelle-Espagne que l'on appelle ordinairement les Indes-Occidentales, envoyés par l'empereur Charles à la découverte de nouvelles terres; ils demeurèrent à Amboine environ trois mois, et me donnèrent assez d'occupation. J'étais obligé de prêcher les dimanches et les jours de fête, j'avais tous les jours à entendre des confessions en grand nombre, à pacifier les différends, à visiter les malades; tout mon temps était consacré à des devoirs de ce genre, et parmi des personnes si éloignées de la religion, je craignais singulièrement de ne pas recueillir de grands fruits de salut. Je dois rendre à Dieu d'immortelles actions de grâces, de ce qu'il a rempli d'un esprit pacifique des hommes qui paraissaient faire profession de n'être jamais en paix ni avec Dieu ni avec les hommes.

Après ces trois mois, les Espagnols se dirigèrent vers

les Indes portugaises : et je m'empressai de passer aux Moluques, où j'employai trois autres mois à prêcher les jours de fête, à entendre assidûment les confessions, à enseigner tous les jours le catéchisme aux enfants et aux néophytes. Les dimanches et les fêtes, après le repas, je donnais à ces mêmes néophytes une explication étendue du symbole des apôtres. Les mêmes jours, je faisais deux instructions, l'une à l'heure de la messe aux Portugais, l'autre après midi aux néophytes.

J'ai de justes motifs de rendre grâce à Dieu pour les fruits que nous avons recueillis de ce travail : nos néophytes se sentaient, en effet, si remplis d'ardeur pour chanter les cantiques et la gloire de Dieu, que les enfants moluquois dans les places, les jeunes filles et les femmes dans l'intérieur des maisons, les laboureurs dans la campagne, les pêcheurs au milieu des eaux, au lieu de chants licencieux et blasphématoires, récitaient en chantant les éléments de la doctrine chrétienne. Et comme toutes les paroles de ces chants étaient dans la langue du pays, les nouveaux chrétiens et les naturels infidèles les comprenaient également. Enfin, Dieu permit que les Portugais de la contrée, et les autres habitants, chrétiens et infidèles, prissent en peu de temps assez d'amitié pour moi, pour que je parusse avoir trouvé grâce à leurs yeux.

Je passai de là dans les îles que l'on nomme les îles du More, à 60 lieues des Moluques : elles renferment un grand nombre de villages chrétiens, privés depuis longtemps de culture religieuse, à cause de la distance qui les sépare des Indes, et parce que les naturels ont fait périr l'unique prêtre qui s'était fixé parmi eux. Je baptisai dans ces îles un grand nombre d'enfants, et dans l'espace de trois mois, car j'y demeurai ce temps, je visitai toutes les chrétientés, et les conquis aux vérités que j'annonçais et à J.-C. Toutes ces îles, à cause des divisions intestines entre les habitants, et des guerres qui en sont la suite, sont pleines de dangers; les habitants y sont barbares, ignorants de toutes lettres, sans monuments écrits du passé, sans notions aucunes de l'écriture et de la lecture. Ils ont coutume de faire périr leurs ennemis par le poison, et ce genre de mort est la destinée d'un grand nombre. La terre est aride et dépourvue des productions qui servent à la vie ; on n'y trouve ni blé, ni vignes ; à peine les indigènes connaissent-ils la viande; ils n'ont aucune sorte de bétail, si ce n'est quelques porcs, qui sont plutôt un objet de curiosité qu'une ressource alimentaire: les sangliers y sont très-nombreux, l'eau douce est très-rare ; le riz abonde, et on voit beaucoup de ces arbres qui donnent le pain, et d'autres qui fournissent une espèce de vin : l'écorce d'autres arbres sert, avec ses filaments tissés, à confectionner les vêtements de tout le peuple.

Je vous ai donné ces détails, mes bien-aimés Frères, afin de vous faire connaître l'immensité des joies spirituelles dont l'on est comblé dans ces îles : tous ces dangers, toutes ces épreuves, supportés pour l'amour de N.-S. J.-C., sont des trésors abondants de consolations divines ; que dis-je, nous pourrions envisager ces îles comme ayant été créées pour rendre, après quelques années, nos yeux comme étrangers à la lumière du jour, à cause de l'abondance infinie et de la douceur de nos larmes. Nulle part, en effet, je ne me souviens d'avoir été rempli de plus vives et de plus durables impressions de félicité spirituelle, et nulle part, je n'ai porté si légèrement les fatigues et les souffrances du corps; même au milieu de ces îles environnées d'ennemis, habitées seulement par des amis très-peu sûrs, et dépourvues entièrement des secours ordinaires en temps de maladie, et des objets les plus nécessaires pour soutenir et conserver l'existence. Elles sont telles enfin, que je puis dire, avec vérité, qu'elles méritent plutôt le nom d'îles de la Divine Espérance, que celui d'îles du More.

Il existe, dans ces contrées, une race d'hommes ennemie de l'Évangile ; ce sont les Javares : ils croient obtenir l'immortalité, lorsqu'ils ont égorgé quelqu'un de leurs semblables, et souvent on en a vu qui, n'ayant point occasion d'immoler un étranger, ont fait périr leur femme et leurs enfants. Ces Javares font de nombreuses victimes parmi les chrétiens.

L'une des îles est fréquemment ébranlée dans toute son étendue par des tremblements de terre, et elle vomit continuellement de son sein des flammes et de la cendre. Les naturels prétendent que la violence de l'incendie souterrain est si grande, que les rochers qui supportent la ville sont entièrement embrasés. L'on peut croire à leurs paroles; car il arrive souvent que d'énormes pierres incandescentes sont lancées dans les airs, et paraissent, par leur grandeur, comme des troncs d'arbres immenses : lorsque le vent s'élève avec violence des cavités souterraines, il se répand dans les airs une si grande abondance de cendres, que les hommes et les femmes qui travaillent dans la campagne, reviennent dans leurs demeures tout inondés par cette cendre, à ce point, qu'à peine on peut discerner leurs yeux, les traits de leur visage, et même leurs narines : on les prendrait pour des démons, plutôt que pour des hommes. Je parle d'après les récits des naturels, et non pour en avoir été moi-même le témoin; car, pendant la durée de mon séjour, il ne s'est point élevé de ces ouragans. Les habitants m'ont aussi raconté que, pendant ces vents violents, les cendres sont transportées dans les airs en si grande quantité, qu'un grand nombre de sangliers en sont aveuglés et étouffés, et qu'après l'orage, on les trouve morts au milieu des champs. On dit aussi que dans ces tourmentes on rencontre un grand nombre de poissons morts sur le rivage, pareillement victimes du fléau. On sait, en effet, que les poissons qui boivent de l'eau mêlée de cendres périssent ordinairement. Les indigènes me demandaient les causes de ces prodiges naturels : je leur répondais que c'était l'image des régions infernales, où seraient précipités les adorateurs des idoles. Les tremblements de terre sont d'une telle violence, que le jour de la fête de l'archange saint Michel, tandis que je célébrais le Saint-Sacrifice dans l'église, la terre fut si violemment ébranlée, que je craignis vivement de voir s'écrouler l'autel.

Peut-être, saint Michel, à cette heure, précipitait-il au fond de l'abîme tous les mauvais anges qui, dans ces contrées, s'opposent au culte du vrai Dieu, après les avoir renversés par la puissance de ses armes divines.

Après avoir visité tous les villages chrétiens, je revins aux Moluques, où j'employai trois mois encore à prêcher deux fois les jours de fête, le matin pour les Portugais, et le soir, après le repas, pour les néophytes, à entendre les confessions chaque jour, le matin et le soir, et à enseigner à fond le catéchisme. Après avoir terminé l'œuvre du catéchisme, j'expliquai, les dimanches et les jours de fête (1), les articles du symbole aux chrétiens indigènes, en observant, à chaque article de mon enseignement journalier, de m'élever avec force contre le culte des idoles. Le jeudi et le samedi, j'instruisais séparément les femmes indigènes des Portugais sur les articles de la Foi, les préceptes de la loi de Dieu, et les sacrements de Pénitence et d'Eucharistie.

On était au temps du carême, et la plupart d'entre elles s'approchèrent de la sainte Eucharistie, à laquelle elles n'avaient jamais participé de leur vie. Pendant les six mois de mon séjour aux Moluques, les Portugais, ainsi que leurs femmes et leurs enfants, et les chrétiens indigènes, firent de grands progrès dans la piété. A la fin du carême, je quittai les Moluques, et je fis voile pour Malacca, ayant reçu les témoignages d'affections les plus touchants de la part, non-seulement des chrétiens, mais encore des infidèles.

(1) Cutillas donne un sens différent :
« Après avoir terminé l'œuvre du Catéchisme, qui avait lieu les dimanches et les jours de fête, j'expliquais pendant la semaine, à l'exception du jeudi et du samedi, etc. »

Les occupations ne me manquèrent pas durant le voyage. Dans une île, sur notre route, je trouvai quatre vaisseaux portugais, et je demeurai vingt jours avec leurs équipages; je leur prêchai trois fois, je purifiai de leurs péchés un très-grand nombre d'eux, et je parvins à pacifier beaucoup de haines. En quittant les Moluques, j'avais, afin d'éviter les gémissements et les larmes de mes chers néophytes, pris le temps de la nuit pour m'embarquer furtivement. Mais il ne fut point possible de dissimuler mon départ, et je me vis surpris par mes amis : cette séparation, pendant la nuit, d'avec ces enfants que j'avais engendrés à J.-C., me fut bien douloureuse, et je craignis vivement que mon éloignement ne fût préjudiciable à leur salut. Je leur recommandai à tous de ne jamais manquer de réciter tous les jours, à la même heure, l'explication du catéchisme; et aux néophytes, d'apprendre de mémoire une courte explication du symbole que j'avais composée pour eux. Un vertueux prêtre, mon sincère ami, se chargea du soin de les instruire tous les jours pendant deux heures, d'enseigner, une fois la semaine, aux femmes des Portugais, les articles de la Foi, et de leur prêcher sur les sacrements de Pénitence et d'Eucharistie.

Lorsque j'étais à Malacca, j'établis la coutume de recommander tous les jours, au milieu des places, vers l'entrée de la nuit, les défunts qui sont éprouvés dans le purgatoire, et les âmes des vivants qui sont dans l'état de mort spirituelle, aux prières des âmes religieuses. Cette pratique devint l'encouragement des personnes pieuses et la terreur des pécheurs. Les habitants chargèrent quelqu'un du devoir spécial de parcourir tous les jours la ville, en tenant une lanterne d'une main et de l'autre une clochette, et en répétant à haute voix ces paroles, sur les places et dans les rues : *Priez pour les âmes des fidèles chrétiens qui souffrent dans le purgatoire;* et ces autres encore : *Priez également pour ceux qui, vivant dans les liens du péché mortel, ne travaillent point à se convertir.*

Le souverain mahométan des Moluques reconnaît la suzeraineté du roi de Portugal, et s'en fait un titre d'honneur. Il ne parle du roi, qu'en l'appelant son seigneur. Ce prince parle facilement le portugais. Le royaume des Moluques ne tient pas au continent, mais est tout entier composé d'îles. Les principales de ces îles sont en la puissance des mahométans. Le souverain lui-même est moins empêché de se faire chrétien, par la religion de Mahomet que par ses passions et par l'habitude d'une vie licencieuse; au surplus, il n'a rien de mahométan, si ce n'est la circoncision pratiquée dès l'enfance et ses nombreux mariages; car il a cent épouses, sans parler d'une infinité de concubines. Les mahométans des Moluques ignorent presque entièrement la loi de Mahomet : ils n'ont qu'un petit nombre de prêtres ou kaciz, tous fort ignorants, qui leur viennent de l'extérieur. Le roi m'a témoigné les plus grands empressements, au point d'exciter l'envie des seigneurs de sa cour. Il se montrait très-désireux de mon amitié, et, me faisant entrevoir qu'il pourrait embrasser un jour la religion chrétienne, il me priait de ne point lui témoigner d'éloignement à cause de sa profession du mahométisme. Il déclarait hautement que les mahométans et les chrétiens adoraient le même Dieu, et qu'un jour viendrait où les deux religions n'en feraient qu'une seule. Toutes les fois que je le visitais, il paraissait charmé de ma présence; je ne pus cependant parvenir à le rendre chrétien : j'en obtins seulement la promesse qu'il ferait baptiser l'un de ses nombreux enfants, s'engageant à donner, à ce fils chrétien, l'investiture de la souveraineté du More.

En 1546, étant sur le point de me rendre aux Moluques, j'écrivis d'Amboine à nos frères nouvellement arrivés de Portugal, afin qu'ils eussent à profiter, l'année suivante, de quelques-uns des vaisseaux allant des Indes à Malacca, pour se rendre dans cette ville : ils y sont venus en effet. Trois de la Compagnie, parmi lesquels deux prêtres, Jean de Beira et Nuno Ribeiro, sont arrivés très à propos à Malacca, lorsque j'y abordais en revenant des Moluques. Nous sommes demeurés ensemble pendant un mois, à ma bien vive satisfaction. Je ne doute nullement qu'ils ne soient, en effet, capables de rendre dans les Moluques d'éminents services à la religion. Ils sont partis au mois d'août pour s'y rendre, et la traversée est de deux mois. Pendant mon séjour à Malacca, je leur ai fait connaître les mœurs de ces contrées, et d'après mon expérience, je leur ai indiqué la manière de se conduire avec les habitants. Ils vont être si éloignés des Indes, qu'à peine pourrons-nous en recevoir une lettre par année. Je leur ai aussi recommandé de rendre compte à Rome, toutes les années, de l'extension de la religion chrétienne dans ces pays, et de l'espoir qu'ils offriront pour l'avenir : ils ont promis de se conformer à mes avis.

Les quatre mois de mon séjour à Malacca, en attendant une occasion favorable pour la traversée des Indes, n'ont point été sans occupations spirituelles ; et comme je ne pouvais satisfaire seul aux besoins de tous, il m'est arrivé de déplaire à quelques-uns ; mais ces légers mécontentements, ayant leur origine dans le repentir et la pénitence, loin de m'affliger, m'étaient plutôt agréables, à cause des sentiments de piété dont ils étaient la preuve. Je donnais aussi beaucoup de temps à l'apaisement et à la conciliation des inimitiés et des haines, si promptes à s'élever parmi les Portugais, peuple toujours militant. Après que le catéchisme fut terminé, je fis entendre aux enfants et aux néophytes l'explication du Symbole dans leur langue naturelle, afin de le bien faire comprendre de tout le monde : ainsi j'avais déjà fait dans les Moluques, pour être à même de jeter dans les esprits, sur les ruines de la superstition idolâtrique, de solides fondements de la religion chrétienne. Cette instruction peut facilement se donner en un an, si l'on fait apprendre chaque jour seulement vingt paroles, afin de les graver plus aisément dans les esprits grossiers des néophytes. Il est éminemment utile de répéter souvent les récits de la vie du Sauveur, pour les faire pénétrer et les fixer dans la mémoire, avec leur explication. C'est seulement ainsi que ces peuples se rendent à la vérité, et prennent en horreur les fables et les illusions infernales, qui remplissaient la mémoire des païens des temps anciens, et qui existent dans celle des païens de notre temps.

J'ai sérieusement recommandé à un prêtre séculier de me suppléer auprès d'eux, de s'acquitter des mêmes offices, et de pratiquer tous les jours, avant midi, le même ordre d'enseignements : il m'en a fait la promesse ; et j'espère, avec la grâce de Dieu, que son œuvre s'accomplira sans peine. A mon départ de Malacca, les principaux habitants ont vivement insisté pour que j'envoyasse, dans leur ville, deux sujets de la Compagnie, afin d'y annoncer la parole divine à eux-mêmes, à leurs épouses et aux chrétiens indigènes, et d'instruire à ma place, dans la doctrine chrétienne, leurs enfants, leurs serviteurs et leurs servantes. Ils l'ont sollicité avec tant de zèle, que je regarde comme un devoir pour moi de satisfaire, au prix de tous mes efforts, à leur pieuse requête, venant surtout de personnes qui ont si bien mérité de notre Compagnie.

Au mois d'avril 1547 (c'est-à-dire dans la saison où les navires quittent les Indes pour se rendre à Malacca et aux Moluques), je vis à Malacca un marchand portugais, homme d'une grande piété et très-véridique, qui me fit des récits infinis sur de grandes îles nouvellement découvertes et que l'on nomme le Japon. La propagation de la religion de J.-C. s'y peut accomplir avec plus de succès qu'en toute autre contrée des Indes, car la nation japonaise aime à s'instruire plus qu'aucune nation du monde. Ce marchand était accompagné d'un japonais, nommé Anger, qui, d'après les entretiens qu'il avait eus avec des personnes de Malacca, avait résolu de venir me trouver. Au Japon, il avait consulté des marchands portugais de ses amis et leur avait découvert les blessures de sa conscience, en leur demandant un moyen de sauver son âme et d'apaiser la colère de Dieu : ces

17.

marchands lui avaient donné le conseil de se rendre près de moi à Malacca. Il avait suivi leur avis et s'était embarqué sur leur navire; mais au moment de son arrivée à Malacca, je me trouvais aux Moluques. A cette nouvelle, il reprit avec un vif regret le chemin de son pays. Il était déjà en vue du Japon, lorsqu'une tempête s'étant soudainement déclarée rejeta le vaisseau, non sans de grands périls, vers les côtes de Malacca. Il y apprit alors mon retour, et vint me trouver avec un grand désir de s'instruire dans la religion chrétienne. Il a quelque connaissance de la langue portugaise, et nous pûmes nous entendre sans le secours d'un interprète. Si les autres Japonais ont la même ardeur pour s'instruire, il est évident qu'ils surpassent en intelligence toutes les nations découvertes jusqu'à ce jour. Lorsqu'il assistait à l'explication du catéchisme, il transcrivait avec soin, sur un livre, les articles du Symbole. Souvent aussi dans l'église, au milieu du peuple, il récitait de mémoire les leçons qu'il avait apprises, et faisait des questions nombreuses et pleines d'intelligence, tant était grand son désir de s'instruire, ce qui est le secours le plus puissant de tous pour arriver à la connaissance de la vérité. Le huitième jour après son arrivée à Malacca, il se rendit dans l'Inde. Je désirais lui faire prendre le navire où j'étais moi-même; mais ses relations avec les autres Portugais qui faisaient la même route, ne lui permirent pas de se séparer d'amis si dévoués et qui lui avaient rendu de si grands services. Je l'attends à Cochin avant dix jours.

Je demandai à Anger si, dans le cas où je l'accompagnerais au Japon, il présumait que les habitants embrassassent la religion de J.-C.; il me répondit que ses compatriotes n'accordaient pas de suite leur assentiment à tout ce qu'on leur annonçait, mais qu'ils feraient sans doute un grand nombre de questions, afin de connaître les dogmes que j'apportais; qu'ils considéreraient surtout si mes actions étaient d'accord avec mes paroles; si je les satisfaisais à ces deux égards, en contentant leur juste curiosité par des réponses concluantes, et en menant une vie pure et supérieure à toute critique de leur part, après s'être eux-mêmes éclairés et instruits, ils attireraient infailliblement à Jésus-Christ leur souverain et toute sa noblesse, ainsi que tous leurs concitoyens : car le caractère de la nation était de suivre les conseils de la raison.

Le marchand portugais, mon ami, qui a séjourné longtemps au Japon, m'a aussi laissé des mémoires rédigés avec soin, et contenant la description du pays et des mœurs des habitants, avec tout le détail des choses qu'il a observées lui-même, ou connues par des rapports dignes de foi. Je vous envoie ces mémoires avec ma lettre.

Tous les marchands portugais qui reviennent du Japon me garantissent que si je fais ce voyage, j'y emploierai mes efforts plus heureusement encore que dans les Indes ; que je dois, en effet, m'y trouver en rapport avec un peuple docile aux inspirations de la raison.

J'ai le secret pressentiment qu'avant deux ans je dois aller au Japon, ou bien quelque autre de la Compagnie ira en ma place. Il est vrai, le voyage offre des dangers, en raison des tempêtes si terribles de ces mers, et des brigandages des pirates chinois, ce qui fait qu'un grand nombre de vaisseaux périssent soit par la mer, soit par les pirates.

Mais j'attends de vous, mes pères et mes frères bien-aimés, que vous demanderez à Dieu notre conservation dans un voyage qui a été fatal à tant de personnes. Pendant ce temps, Anger apprendra plus à fond la langue portugaise ; il aura connu la puissance des Portugais dans les Indes, l'industrie européenne et notre manière de vivre : il se préparera dignement au baptême, et me secondera pour traduire en japonais le catéchisme et une explication étendue de la vie de J.-C., s'il possède, en effet, le talent d'écrire dans sa propre langue.

Voici le huitième jour depuis mon arrivée aux Indes, et je n'ai pu voir encore mes frères. Aussi ne puis-je rien vous écrire touchant les fruits recueillis durant mon absence : je présume que nos frères eux-mêmes vous auront écrit pour vous faire part de leurs travaux.

A mon retour de Malacca aux Indes, j'ai échappé à de grands périls. Pendant trois jours et trois nuits, le navire a été le jouet d'une tempête telle, que je n'ai point souvenir d'en avoir vu de pareille. Plusieurs de nos passagers pleuraient déjà leur propre mort, et formaient la résolution, si le secours divin les délivrait du danger présent, de ne plus désormais reprendre la mer. Les marchands se virent obligés d'acheter leur salut par l'abandon de toutes leurs marchandises. Au plus fort de la tempête, j'ai imploré Dieu par la puissante entremise des membres de notre Compagnie, de nos amis spirituels, et de tous les fidèles chrétiens, implorant l'Église, épouse de J.-C., de qui les prières continuelles, dans son exil terrestre, pénètrent les portes du ciel, afin d'en être efficacement protégés auprès du Roi du ciel.

De là m'élevant dans ma prière vers tous les esprits bienheureux, j'invoquai principalement Pierre Lefèvre (1) et ceux de nos frères qui sont morts, pour associer les morts aux vivants, en les prenant pour intercesseurs, afin de fléchir la colère divine. Enfin, j'implorai successivement tous les chœurs des anges et toute la hiérarchie des saints, et, pour obtenir plus sûrement le pardon de mes péchés sans nombre, je me mis sous la protection de la trèssainte Mère de Dieu, cette Reine du ciel, qui sut toujours obtenir de son Fils tout ce qu'elle lui demanda. Je terminai en plaçant toute mon espérance dans les mérites infinis de J.-C. Notre-Seigneur et Sauveur, et ainsi environné de tant et de si puissants auxiliaires, je me sentis pénétré d'une

---

(1) Pierre Lefèvre, de Villaret, en Savoie, premier compagnon de saint Ignace et comme la seconde base de l'Institut, concourut, par sa vie apostolique et sa science pleine d'autorité, à la fondation et à la dilatation de la Compagnie en Italie, en France, en Portugal, en Espagne, et surtout en Allemagne. Cet admirable religieux, sur lequel nous ne voulons pas nous étendre, était mort à Rome, le 1er août 1546, ayant 40 ans à peine.

consolation bien plus pure parmi les périls mêmes de cette effroyable tempête que je n'en ressentis à l'heure qui suivit notre délivrance. Je suis rempli de confusion, moi le plus criminel des hommes, d'avoir versé tant de larmes d'une joie presque céleste, au milieu d'un péril si extrême. Alors je suppliais ardemment Jésus-Christ Notre-Seigneur de ne point me retirer de ce péril, s'il ne me réservait à d'autres périls de même nature, ou plus considérables encore, pour son service et pour sa gloire.

Il est souvent arrivé que Dieu m'a fait connaître, par une inspiration intérieure, l'infinité des dangers corporels et des occasions de chute spirituelle dont il m'a préservé, grâce aux prières et aux saints sacrifices de mes frères, les uns combattant encore sur cette terre, les autres jouissant déjà des célestes récompenses. Et mes paroles ont ici pour objet, mes pères et mes frères bien-aimés en J.-C., de confesser devant vous les bienfaits sans nombre et sans mesure dont je suis redevable à Dieu et à vous-mêmes, dans l'impuissance où je me sens de vous en récompenser.

Lorsque j'ai commencé mon discours touchant notre Compagnie, je ne puis m'arrêter de parler ni d'écrire ; mais le départ immédiat des vaisseaux m'oblige malgré moi de cesser et me fait terminer ma lettre ; je ne puis mieux finir que par cette solennelle déclaration : *Si jamais je t'oublie, ô Compagnie de Jésus, que ma main droite soit donnée à l'oubli* (1) ! tant me sont présents les bienfaits de toute nature dont je suis redevable à tous mes frères, et, sans doute, je dois à vos prières la connaissance intime que Dieu daigne rendre si sensible à ma faible intelligence, de tous les bienfaits de la Compagnie envers moi : mon esprit serait à lui seul trop faible et trop imparfait pour s'élever à leur conception parfaite. Cependant, pour me préserver du péché de l'ingratitude, Dieu,

---

(1) Ps. cxxxvi, 5.

dans sa miséricordieuse bonté, m'en a donné quelque lumière. Mais je cesse : je prie Jésus-Christ Notre-Seigneur qui nous a réunis dans sa compagnie pendant cette vie de douleurs, de nous rassembler par son élection, au jour de l'éternité, dans la compagnie de ses saints : après surtout que, pour son amour, nous avons été séparés personnellement en cette vie.

Si vous nous adressez quelque recommandation, soit à ceux de nous qui se trouvent aux Moluques, soit à ceux qui partent pour le Japon, vous ne devez point oublier que la réponse ne saurait vous parvenir avant trois ans et neuf mois; la cause en est naturelle : vos lettres n'arrivent aux Indes qu'après neuf mois, et il se passe huit mois encore avant que les navires aient les vents favorables pour se rendre aux Moluques; et s'ils ont la fortune de faire la plus heureuse navigation à l'aller et au retour, ils y emploient au moins vingt et un mois ; enfin, des Indes à Rome, les lettres sont huit mois en route, si les vents et la mousson sont favorables ; et il arrive, par les vents contraires, que plus d'une année devient nécessaire pour le voyage de Rome.

Cochin, 21 janvier 1548.

LETTRE IX.

Aux PP. de la Compagnie qui font la mission au Travancore.

Je veux, sur toutes choses, vous recommander de veiller avec un zèle extrême au baptême des enfants, afin de ne laisser aucun nouveau-né sans qu'il soit immédiatement régénéré dans les eaux qui font les chrétiens, dans aucun des villages ou des hameaux que vous visiterez en personne, ou que vous ferez visiter par quelqu'un des vôtres. C'est, à mes yeux, le principal et le plus avantageux, pour le salut des âmes, de tous les devoirs de votre ministère, que vous pouvez accomplir en ces contrées : aussi, je désire que vous n'en remettiez jamais le soin à d'autres, que vous ne vous en reposiez jamais sur autrui. Explorez tout par vous-mêmes, et visitez tout en personne : régénérez de vos propres mains ceux que vous trouverez n'ayant point reçu ce premier et indispensable sacrement.

Je sais qu'on a fait un devoir aux receveurs des deniers royaux qui exercent leur emploi parmi ces indigènes, et qu'on a également recommandé très-vivement aux pères de famille, aussitôt que la famille se sera accrue par la naissance d'un nouveau fruit de l'épouse, d'en donner avis, et d'appeler les ministres de Dieu pour les baptiser. Il ne faut point, néanmoins, s'endormir en cette confiance. Les receveurs ont d'autres affaires, et les pères peuvent oublier. Cependant les nouveau-nés sont exposés à mourir sans baptême. Allez donc en personne, cherchez, informez-vous à chaque demeure si aucune femme n'y est récemment accouchée, enfin, s'il s'y trouve, d'une manière ou d'une autre, un enfant qui n'ait point encore reçu l'eau baptismale. Vos recherches et vos questions seront rarement vaines : on vous apportera les enfants, et vous en ferez à l'heure même des chrétiens; vous assurerez ainsi le salut de leur âme, qui serait gravement compromise sans ce zèle actif de votre part, et qui pourrait être à jamais privée de l'éternel bonheur.

Croyez à mon expérience : tout l'intérêt et le fruit de notre présence au milieu de ce peuple se résument en ces deux devoirs, de baptiser les nouveau-nés et d'enseigner les enfants qui sont en âge d'être instruits. Je vous prescris de vous acquitter du second de ces devoirs avec autant ou même avec plus de zèle que vous n'en mettrez au premier, et de vous occuper de la manière la plus active et la plus assidue de l'instruction des enfants.

Vous devrez charger d'autres personnes de ce ministère; car vous-mêmes, ne devant avoir de résidence fixe en aucun de ces villages, mais étant toujours en mouvement pour les visiter tous, et obligés de parcourir continuellement la contrée pour vos inspections, afin de surveiller les progrès de cette église, à qui votre vigilance est absolument nécessaire, il est évident que vous ne sauriez vaquer avec l'assiduité requise à la tenue des écoles journalières. Instituez donc, dans tous les villages et dans les hameaux, des maîtres instruits, des catéchistes indigènes, qui réuniront tous les jours, ainsi qu'il est réglé, les enfants du voisinage, afin de leur enseigner et de leur inculquer les lettres et les éléments de la religion, de même que les prières, que ces enfants devront posséder par cœur : et pour assurer l'accomplissement de ce devoir, vous aurez soin, dans chacun des villages où vous conduiront vos visites générales, de ne jamais manquer de rassembler tous les enfants, et en présence de leurs maîtres, de les interroger sur ce qu'ils auront appris, pour vous rendre compte à la fois de leur zèle et de celui des maîtres; vous remarquerez avec soin combien de prières sacrées on vous aura récitées sans aucune faute, et jusqu'à quel point de la doctrine catéchétique l'enseignement et l'instruction sont parvenus; vous annoncerez en même temps votre prochain retour, et vous ferez savoir que vous apprécierez, d'après les progrès accomplis jusqu'à ce jour, ceux qui auront eu lieu pendant le temps de votre absence, ajoutant que vous connaîtrez ainsi qui se sera distingué par la constance de ses efforts, et qui aura faibli dans son zèle. Cette attente sera de nature à exciter l'émulation commune des maîtres et des écoliers.

Vous aurez soin que, tous les dimanches, les hommes se rassemblent dans l'église, afin d'y réciter les prières, et votre principale attention sera de vous assurer si les Patangats fréquentent ces assemblées. Dans les lieux où vous vous trouverez présents pendant ces jours, vous présiderez vous-mêmes aux réunions; et, après que tous les assistants auront récité de mémoire les prières, vous leur donnerez une courte et simple explication de ce qu'ils auront récité. Vous ferez la censure des défauts dominants dans la chrétienté ; vous en exposerez l'horreur et le danger, par des exemples sensibles et par des comparaisons à la portée des plus ignorants : et afin d'inspirer une crainte salutaire à ceux qui auraient différé de se corriger, vous multiplierez, dans votre discours, les preuves menaçantes de la colère et de la vengeance divine, non-seulement de cette vengeance tardive qui ne s'exercera qu'après la vie, mais de la vengeance actuelle et comme présente, des maladies, des épidémies, des morts prématurées, de l'invasion des barbares qui les dépouilleront, qui les feront prisonniers et leur feront subir mille maux, enfin tous ces malheurs à travers lesquels passeront les pécheurs endurcis avant de tomber à la fin dans les éternels supplices de l'enfer. En chaque lieu, vous vous informerez s'il y existe des dissensions et des inimitiés entre quelques-uns des habitants, et vous apporterez tous vos efforts, non-seulement à les réconcilier ensemble, et à leur faire abjurer tout ressentiment intérieur ; mais à le leur faire déclarer publiquement, afin que le scandale se trouve ainsi réparé. Les hommes donc, dont l'inimitié a été publique, devront, à l'assemblée des hommes, qui, selon que je l'ai dit, aura lieu tous les dimanches, et les femmes dans l'assemblée des personnes de leur sexe, qui aura lieu tous les samedis, déclarer, sur votre invitation, en présence de tous, qu'ils ont regret des offenses dont ils se sont rendus coupables, qu'ils en sollicitent le pardon, qu'ils veulent à l'avenir oublier celles qu'ils auront reçues, et ont fermement résolu de rendre aux personnes qu'ils avaient auparavant offensées ou haïes, tous les devoirs de la charité fraternelle.

Aussitôt que la traduction en langue malabare de l'explication des articles de la Foi, dont j'avais chargé le P. François Coelho, sera terminée, vous aurez soin qu'un grand nombre d'exemplaires, un par chaque village, soient répandus partout, et que dans les assemblées dominicales des hommes, dans les assemblées des femmes, le samedi, un lecteur les prononce d'une voix claire et parfaitement intelligible; et partout où l'un de vous se rencontrera le jour de ces assemblées, qu'il ajoute à cette lecture la parole vivante : exposant, d'une manière plus sensible et plus évidente, ce que l'intelligence la plus paresseuse aura semblé difficilement saisir. Les aumônes et les offrandes acquittées en vertu d'un vœu par les personnes qui ont échappé à une maladie, ou à des périls d'autre genre, et qui d'ordinaire sont apportées dans ces assemblées des hommes et des femmes, devront être, par vos soins, versées intégralement dans le sein des pauvres; et vous ne consentirez jamais à en recevoir la moindre partie, pour être consacrée à votre usage personnel.

Chaque dimanche, dans l'assemblée des hommes, et chaque samedi dans celle des femmes, vous aurez soin de faire publier, qu'aussitôt que dans leurs demeures une personne, quelle qu'elle soit, sera tombée malade, on vous doit avertir à l'heure même, afin que vous puissiez l'assister en temps opportun, et lui administrer les secours spirituels nécessaires pour l'âme, au temps de son passage : déclarez de la manière la plus solennelle que, si quelqu'un vient à manquer à ce devoir, et que son parent ou son serviteur passe de ce monde sans avoir été muni des secours sacramentels, vous ne permettrez point que le défunt soit enseveli dans le cimetière des chrétiens avec les cérémonies de l'église.

Lorsque vous visiterez un malade, vous lui ferez réciter, s'il le peut, le sacré Symbole, en sa propre langue, ou vous le ferez réciter par un des assistants, et à chaque article, vous demanderez au malade s'il croit fermement et de toute son âme aux doctrines qui y sont contenus; ensuite, vous lui ferez exprimer une formule de confession générale, et les prières que tout le monde doit posséder par cœur : enfin vous réciterez sur lui le saint Évangile.

Lorsqu'une personne sera morte, vous sortirez de l'église pour vous rendre à la maison où repose le défunt, la croix en avant, accompagnés des enfants, et, à l'allée comme au retour, ceux-ci chanteront les prières qu'ils ont apprises dans les écoles de la doctrine chrétienne : lorsque le corps sera arrivé à la chapelle, vous réciterez les prières sacrées que prescrit l'Église pour cette circonstance, et vous les réciterez de nouveau, dans la forme accoutumée, avant de confier le corps à la terre : vous aurez toujours soin d'adresser à la foule des assistants qu'aura attirés la cérémonie, quelques paroles d'exhortation en rapport avec la circonstance, et de leur rappeler la nécessité de la mort et la fragilité de notre existence; et combien, en présence de cette pensée, il est nécessaire de vivre saintement, et de ne point différer de faire pénitence de ses fautes; car si l'on est surpris par la mort étant dans ses péchés, on ne saurait éviter la réprobation éternelle; tandis qu'au contraire, en persévérant dans la grâce de Dieu, l'on a sujet d'espérer que la mort vous introduira dans la gloire du Paradis. Vous recommanderez, le dimanche aux hommes, et le samedi aux femmes, de porter à l'église les enfants malades, afin que vous puissiez réciter sur eux le saint Évangile. Cette pratique aura pour effet d'exciter et de fortifier la foi des pères et des mères, et de leur inspirer un dévouement sincère envers l'Église et ses saints mystères. Enfin cela même sera salutaire pour l'existence et pour la santé de ces petits êtres.

À l'égard des affaires litigieuses et de celles qui ont rapport aux intérêts de chacun, qui pourraient s'élever parmi les chrétiens, votre premier devoir doit être d'user d'une extrême douceur et des voies les plus persuasives, afin que les deux parties, s'entendant entre elles, terminent leurs différends à l'amiable et d'après les règles de l'équité. Si vous ne les y pouvez amener et que, d'ailleurs, l'affaire soit de peu d'importance, le dimanche après les offices de l'Église, vous remettrez aux Patangats locaux le soin d'entendre les raisons des parties et de régler leurs différends. Pour vous, ce ne doit être que le moins possible et dans de très-rares occasions, que vous pourrez vous laisser initier à ces natures d'affaires qui empiéteraient sur votre temps, qui pourraient affaiblir votre autorité, et qui feraient tort aux devoirs spirituels qui sont le propre de notre vocation : quelles que soient les instances des personnes qui vous défèrent la décision de leurs causes, en vous priant de les entendre, excusez-vous en alléguant vos occupations plus importantes, et déclinez prudemment une enquête qui exige du temps, et l'irritation qui suit un arrêt rendu ; enfin, renvoyez-les à se pourvoir devant le gouverneur portugais de la contrée, pour les causes de majeure importance, ou bien si les personnes veulent absolument, dans leur commun intérêt, être jugées par un prêtre, adressez-les au P. Antonio Criminale.

Mettez tous vos efforts à vous concilier l'amour de ces populations ; vous serez bien plus à même de leur être utiles, si vous en êtes aimés, que si vous en êtes craints. Ne prononcez et n'infligez aucune punition avant d'avoir consulté mûrement le P. Antonio Criminale, et, même avec son assentiment, n'ordonnez d'arrêter personne ou n'imposez sur personne une amende encourue, dans un endroit où se trouverait un gouverneur portugais, sans l'en avoir informé, lui avoir exposé toute l'affaire et l'avoir fait entrer dans vos sentiments ; quant à la peine qui doit être justement infligée à quiconque, homme ou femme, sera convaincu d'avoir sculpté des idoles des faux dieux, ce sera l'exil de la localité où ils auront commis la faute, et la relégation dans une autre place ; néanmoins, vous ne bannirez jamais personne pour cette cause, sans avoir l'entière approbation du P. Criminale. Lorsqu'il y aura lieu de punir, parce qu'ils l'auront mérité, les enfants qui suivent habituellement les écoles de la doctrine chrétienne, vous serez indulgents, autant que le permettra l'intérêt de la discipline : il est plus avantageux de fermer quelquefois les yeux sur des fautes qui sont, d'ordinaire, l'effet naturel de leur âge, que, par une sévérité sans doute légitime, d'irriter de jeunes esprits et de s'attirer leur haine ; s'ils ont une fois pris en aversion ceux qui n'ont en vue que leur salut, ils donneront malheureusement dans une infinité d'excès, au lieu qu'en général vous en obtiendrez plus aisément qu'ils se conduisent bien, si vous leur témoignez une vive affection, que si vous leur imposez le devoir avec une extrême rigueur.

Abstenez-vous avec soin de reprendre les chrétiens indigènes en présence des Portugais, et, au contraire alors, défendez-les toujours, et lorsqu'ils seront accusés, couvrez-les de votre protection, les excusant et les relevant autant qu'il vous sera possible, priant les Portugais de vouloir bien considérer l'imparfaite et fausse éducation qu'ont reçue ces pauvres gens, tout nouvellement convertis au christianisme; représentez l'époque si rapprochée encore de leur profession de la foi, les circonstances diverses de l'absence de prêtres, des incursions des Badages et de la perpétuelle frayeur où l'on se trouvait, combien peu de loisir ces néophytes ont eu pour appliquer sérieusement leur esprit à l'étude des vérités chrétiennes, et pour s'en instruire autant qu'il était nécessaire; et si les Portugais font un sage retour en eux-mêmes, non-seulement ils sentiront qu'ils doivent être indulgents pour des imperfections trop naturelles dans une barbarie aussi inculte, mais ils auront plutôt sujet d'être surpris que ces peuples ne soient point plus imparfaits, que ne le font paraître les fautes où ils tombent, et qui sont en général si légères.

Vous témoignerez les dispositions les plus amicales aux prêtres malabares, et vous leur rendrez tous les devoirs de la charité, surtout en ce qui regarde la religion ; vous ferez en sorte qu'ils prennent l'habitude de purifier souvent leurs âmes par la confession, d'offrir pieusement et souvent le Saint-Sacrifice de la messe, et d'être, par leur vie parfaite, la lumière et l'exemple du peuple : et s'il arrive que vous ayez à vous plaindre d'eux, où à leur faire entendre quelque parole de blâme, évitez qu'il en paraisse rien en dehors, que l'on puisse leur opposer : observez surtout cette règle, dans les lettres que vous aurez occasion de leur écrire.

Vous vous appliquerez en tout temps à vous concilier le gouverneur portugais par les marques de votre respect et de votre déférence absolus, et vous éviterez avec une extrême attention de vous trouver en différend avec lui, par quelque motif que ce soit : vous vous efforcerez également de conserver l'amitié de tous les Portugais qui vivent dans cette contrée. Vous n'aurez de prévention contre aucun, et vous vous garderez de déplaire à aucun : mais, par une douceur, une prudence, et une charité très-sincères, vous vous montrerez pacifiques avec ceux-là mêmes qui sont les ennemis de la paix : si quelqu'un, de son propre mouvement, s'élève contre vous, vous l'apaiserez par vos bons offices et par vos manières affectueuses, de sorte que malgré lui il se sente aimé de vous et s'en laisse aimer, et qu'il craigne de laisser éclater en une querelle ouverte sa secrète irritation contre vous : mes paroles ne doivent pas néanmoins vous rendre aveugles sur les persécutions dont souvent nos chrétiens sont l'objet ; lorsque vous vous apercevrez de méfaits de ce genre, faites entendre hautement votre censure, mais avec modération et avec toutes les marques d'un véritable amour ; et si vous ne parvenez point à y mettre fin, portez plainte au gouverneur, et défendez, avec douceur, le droit des innocents opprimés, en conservant, autant qu'il se peut faire, l'amitié de ceux qui sont devenus vos adversaires. Je vous recommande encore, à cause de la gravité de l'avis, à l'égard du gouverneur, de toujours et à tout prix conserver sa protection et son amitié : n'ayez rien plus à cœur que d'éviter de lui déplaire, et de vous maintenir dans sa faveur ; faites, s'il le faut, tous les sacrifices pour y parvenir.

Que tous vos entretiens avec les Portugais aient pour objet les choses de Dieu et les matières qui ont rapport au salut de l'âme et à l'avancement spirituel : parlez-leur même, dans les conversations privées, de la mort, du jugement, des peines de l'enfer et du purgatoire ; conseillez-leur de fréquenter les sacrements de Pénitence et d'Eucharistie, et d'observer les dix Commandements de la Loi de Dieu, et toutes les obligations de la religion ; car si, dans vos rapports avec eux, vous vous laissez aller à des discours d'une autre nature, il doit arriver infailliblement l'une de ces deux choses : ou que, lorsqu'ils viendront à vous, ils choisiront de préférence les sujets d'entretien qui conviendront le plus à leurs intérêts spirituels ; ou, s'ils ne peuvent supporter l'aridité de ces sujets, ils cesseront de vous venir visiter, et vous laisseront la liberté de vos heures, qui seront employées par vous, avec tant de fruit, dans les occupations essentielles de vos différents ministères.

Souvenez-vous, lorsque vous en aurez l'occasion, d'écrire aux pères et aux frères de notre Compagnie à Goa, leur rendant compte, pour leur consolation, et pour les encourager à bien faire, du fruit de vos œuvres et du succès de vos efforts pour la gloire de Dieu : vous écrirez également, dans le même sens, au seigneur évêque, avec toutes les marques d'une profonde révérence et soumission, comme au prélat votre supérieur, sous l'autorité et la juridiction de qui se trouve toute l'étendue de ces contrées. Vous n'irez dans aucun État, dans aucune province, lors même que les souverains et les princes vous appelleraient, qu'avec l'assentiment du P. Antonio Criminale et du gouverneur portugais du pays, et si l'on vous adressait de plus pressantes sollicitations, vous opposeriez l'obéissance dont vous faites profession, et qui justifie l'impossibilité où vous êtes de quitter la résidence qui vous est prescrite, sans un ordre formel de vos supérieurs.

Je vous renouvelle encore avec force ma recommandation, en quelque lieu et avec quelques personnes que vous vous trouviez, de vous appliquer à vous montrer aimable et gracieux avec tout le monde : conciliez-vous les bonnes grâces de tous ; obligez tous également ; n'adressez la parole à personne, qu'avec des formes aimables et modestes. Cette bienveillance dans les actes, rendue plus attrayante encore par l'aménité du langage, vous rendra l'objet de la sympathie universelle, et vous ouvrira tous les cœurs, vous donnant par là même une puissance merveilleuse afin de réaliser d'abondants fruits spirituels. Que Dieu vous accorde cette grâce, et qu'il demeure toujours avec vous tous ! Amen.

Février 1548.
Tout à vous.

FRANÇOIS.

LETTRE X.

A Diogo de Pereira (1), à Malacca.

Que la grâce, etc.

J'aurais préféré vous voir avant votre départ pour la Chine, que de simplement vous écrire sans vous avoir vu; mais le gouverneur m'a prié de venir ici, à Goa, et j'ai dû me rendre à ses désirs. J'avais eu la pensée de visiter mes confrères sur la côte de Comorin, et j'aurais aussi désiré conférer avec vous, ô mon excellent ami ! touchant le dessein que j'ai de me rendre au Japon, et que j'accomplirai sans doute l'année prochaine. Je sais, de science certaine, que cette contrée nous donnerait une abondante moisson spirituelle, et que la foi de Jésus-Christ s'y propagerait en tous lieux.

---

(1) Diogo de Pereira. Ce marchand qui n'hésita pas à sacrifier sa fortune et tous les intérêts de son existence pour le service de Dieu, en reçut, dès ce monde, une ample récompense de la part du roi Jean III, selon la prédiction du Saint.

Je vous recommande, au nom de notre amitié, d'acquérir, avant votre départ pour la Chine, un trésor d'un prix inestimable, que les marchands malais et chinois négligent d'ordinaire, j'entends parler d'une bonne conscience, dont la plupart de ces personnes ignorent même l'existence. Tous ces marchands sont persuadés que le soin de leur âme et de leur conscience leur serait une cause infaillible de ruine. J'espère cependant, avec le secours divin, que Diogo de Pereira, mon digne ami, pour s'être muni du trésor d'une bonne conscience, ne laissera pas que de s'enrichir, tandis que d'autres, insoucieux des biens spirituels, tomberont, peut-être, dans la pauvreté la plus excessive. Je ne cesse de demander à Dieu qu'il vous conduise heureusement en Chine, et qu'il vous ramène vers nous en santé, et plus riche encore des biens spirituels que de ceux du siècle.

J'envoie de Goa à Malacca deux de nos confrères. L'un, François Perez (1), est prêtre ; et, selon notre méthode, il prêchera, confessera et instruira les enfants et les ignorants; l'autre (2), qui est son coadjuteur et qui n'est pas encore prêtre, enseignera la lecture aux enfants portugais; plus tard il leur fera lire et relire de petits livres de piété, préférables, pour ces jeunes esprits, aux écrits dangereux de controverse malaise, dont la lecture fait de nos enfants portugais de véritables petits Malais.

Que le Seigneur Jésus demeure avec vous, comme j'ai le désir qu'il demeure avec moi.

De Goa, le 2 avril 1548. FRANÇOIS.

(1) Le P. François Perez, Castillan, fut envoyé par le Saint de Goa à Malacca, en 1545, et y fonda un collége de la Compagnie. Il travailla à Travancore, à la côte de la Pêcherie, et fixa plus tard sa résidence à Négapatan, où il mourut saintement, en 1583, après quarante-trois ans de merveilleux travaux. Le P. Xavier l'avait jugé l'un des plus grands saints qui existassent, de son temps, dans l'Église de Dieu.

(2) C'était Roch d'Oliveira, scolastique, excellent professeur.

LETTRE XI.

A François Henriquez (1), au Travancore.

Que la grâce et la charité de J.-C. N.-S., etc.

J'aurais préféré, sans doute, mon bien cher frère, m'entretenir avec vous de parole plutôt que par lettre, et vous apporter quelques consolations dans les peines et les épreuves que vous supportez pour l'amour de J.-C. Je n'ignore pas que ces consolations ne sont pas l'objet de vos désirs, comme pour les personnes qui jouissent avidement des plaisirs de ce monde, afin de passer leur vie dans les délices terrestres. Ne devons-nous pas gémir sur leur malheur, tandis qu'il faut porter envie à ceux dont, selon l'Apôtre, *le monde n'était pas digne*. Ne vous attristez pas, mon frère, si vous obtenez moins de succès que vous ne présumiez, dans la culture de ces chrétientés nouvelles; cette nation n'est-elle point, comme vous l'écriviez, entièrement livrée au culte des idoles, et le roi, si contraire à la religion, ne se montre-t-il pas un ardent persécuteur des chrétiens? Ne doutez pas que vous n'opériez plus de bien que vous ne pensez, en allant à la recherche des nouveau-nés pour les enfanter au ciel par le baptême. Si vous considérez bien toutes choses avec les lumières de l'esprit, vous trouverez qu'un faible nombre parmi les habitants des Indes, blancs et noirs, sont dignes d'aller au ciel, si ce n'est les enfants de moins de quatorze ans, qui sortent de cette vie avec leur innocence baptismale.

Ne voyez-vous pas, mon bien cher frère, qu'ainsi que je vous l'ai dit, vous opérez plus de bien que vous ne le pensez? Considérez le nombre des enfants baptisés par vos mains, qui déjà possèdent la félicité du ciel, dont ils se-

---

(1) Ce Père, arrivé aux Indes en 1546, fut missionnaire au Travancore et à Cochin.

raient privés, si vous vous étiez retiré sans les avoir enfantés à J.-C. par le baptême. Ne voyez-vous pas que l'éternel ennemi des âmes, qui vous hait profondément, désire votre départ immédiat, afin que personne, à l'avenir, dans ce royaume de Travancore, ne soit élu pour le royaume du ciel? C'est un de ses artifices les plus ordinaires, que de faire entrevoir comme une espérance de servir Dieu plus utilement ailleurs, afin d'inquiéter et de détourner ceux qui rendent à Dieu les plus éminents services en la place où ils sont. Je crains qu'il n'emploie cette ruse à votre égard, afin de vous éloigner de ce pays. Ne perdez pas de vue que dans les huit mois de votre séjour, vous avez sauvé plus d'âmes en baptisant les enfants moribonds, que vous n'en avez sauvé dans le nombre des années que vous êtes demeuré dans le Portugal et aux Indes. Cessez d'être surpris de vous voir si vivement assiégé par le démon. Il n'agit ainsi, et ne combat contre vous, que pour vous faire quitter ce pays pour un autre, où vous aurez moins d'âmes à sauver. Apprenez plutôt ce qui doit, je pense, vous satisfaire infiniment, qu'il nous est arrivé plusieurs confrères du Portugal au mois de septembre. En quittant Goa, je leur ai laissé l'ordre de venir à notre aide. A présent, je retourne à Goa pour une affaire qui concerne la religion, et si je la termine heureusement, j'en verrai naître d'heureux fruits pour la conversion d'un grand nombre d'indigènes.

Je vous invite à demander à Dieu, que si nos péchés ne nous permettent point d'être ses dignes ministres, il daigne, dans son infinie bonté, et dans son immense charité pour les hommes, se servir au moins de notre entremise, si misérable qu'elle soit, pour la propagation de sa religion.

Punicale, 19 octobre 1548.

LETTRE XII.

Au P. Ignace Martinez de la Compagnie de Jésus.

Jésus!

Que le saint nom de Jésus soit à jamais glorifié, et que nous chérissions J.-C. autant qu'il est de notre devoir!

Dans la lettre commune à tous, je recommande très-instamment à........ (1), néanmoins, je vous adresse cette lettre en particulier, afin que vous preniez l'affaire aussi à cœur que son importance l'exige, les choses se trouvant surtout dans un très-grand désordre.

J'écris très-longuement à Sa Révérence, touchant le collége de Villa-Viciosa. Dieu veuille qu'il n'en arrive pas différemment que je ne l'exprime : autrement, rien ne peut réussir.

J'écris également à notre P. Ignace, ainsi qu'il est nécessaire pour lever toutes les incertitudes qui pourront s'élever, parce qu'elles ne seraient pas d'une médiocre importance. Dieu, cependant, demeure toujours immuable ; et il s'agit de sa cause, que lui-même saura protéger.

Le frère Roch Martinez est malade de la fièvre, mais sans nous inspirer d'inquiétudes pour sa vie : il vous écrit lui-même de sa main.

Le peu de temps qui nous est laissé par le départ des navires ne me permet pas de m'étendre davantage, et les points les plus importants se trouvent dans la lettre commune à tous. J'y serais revenu dans les lettres individuelles, si j'en avais eu le loisir.

---

(1) Quelques mots ont été rendus illisibles par le temps ; c'était sans doute le nom d'un des supérieurs de la Compagnie, et l'indication du sujet de la lettre.

Que le très-saint nom de Jésus soit notre protection à jamais ! Amen.

De Goa, le 22 décembre 1548.

Votre serviteur au nom de Jésus.

François de Xavier.

CATÉCHÉTIQUE AUX MOLUQUOIS (1).

Explication étendue du symbole.

C'est un grand bonheur pour les chrétiens que d'apprendre et de connaître la manière et l'ordre selon lesquels Dieu a donné de rien l'origine à toutes choses, pour l'usage et pour le service des hommes. Au commencement, il créa les cieux et la terre, les anges, le soleil, la lune, et les étoiles, le jour et la nuit ; les plantes et toutes les sortes de semences, les fruits du sol et ceux des arbres ; les oiseaux et les animaux qui vivent sur la terre ; la mer, les rivières et les lacs, et les animaux aquatiques. Après que tous ces êtres furent créés, il fit, le dernier de tous, l'homme qu'il forma à son image et à sa ressemblance.

Le premier homme créé de Dieu fut Adam, et la première femme fut Ève. Les ayant formés et animés tous deux, et les ayant placés dans le Paradis terrestre, il les bénit, les fiança mutuellement, et les unit par le lien du mariage, et il leur donna pour loi dans cette union, d'engendrer des enfants et de peupler la terre d'habitants. De cet Adam et de cette Ève, nous sommes tous nés ; d'eux est venue et s'est propagée l'universalité du genre humain. Ce premier type est le modèle de l'unité dans le ma-

---

(1) La *Catéchétique aux Moluquois* fut écrite par le Saint, en 1546.
Mgr Asseline, évêque de Boulogne, a traduit cette belle instruction avec élégance, mais sans s'astreindre à une scrupuleuse fidélité.

riage entre les hommes. En effet, le Père de la sagesse, l'Auteur de la nature n'a point donné à Adam plus d'une épouse, et il est évident que c'est violer l'ordonnance divine que de suivre la coutume criminelle de la plupart des Maures et des idolâtres, et, chose plus perverse et plus déplorable encore, d'une infinité de mauvais chrétiens, qui entretiennent plusieurs femmes à la fois dans leurs demeures; et ceux-là même qui vivent avec une seule, encourent souvent les censures qui dérivent de la loi primitive : car Dieu n'a permis à Adam et à Ève de donner naissance à des enfants, qu'après avoir été légitimement unis par l'autorité de leur Créateur.

Or les fornicateurs qui se montrent ainsi rebelles à leur divin Auteur, doivent s'attendre à une peine en rapport avec leur crime. Que ceux-là reconnaissent aussi, qui sont adorateurs des idoles, de quel crime ils se rendent coupables, lorsqu'ils abandonnent avec mépris Dieu, le seul vrai Créateur de toutes choses, et, que, dans leur fanatique erreur, ils rendent leurs adorations à des simulacres muets, à des fantômes émanés de l'enfer : tandis que la saine raison nous montre avec évidence que nous devons demander la règle de notre existence à la source même de notre vie, ceux-là, dans leur folie sacrilége, livrent toutes leurs espérances et le principe de leurs actions à des prestiges et à des sortiléges, et à la vaine prescience des devins : ils transfèrent au démon, l'implacable ennemi de leur salut, la créance et la vénération qu'ils devaient à Dieu, l'Auteur de tous les biens, qui leur a donné leur âme, leur corps, tout ce qu'ils sont, tout ce qu'ils peuvent et ce qu'ils possèdent : impiété qui n'est pas moins honteuse et détestable en elle-même, que fatale aux infortunés qui la commettent : car leur superstition insensée les exclut du ciel où a été préparée, pour les âmes des adorateurs de Dieu, une demeure d'éternel repos, et la plénitude de toutes les consolations : bienheureux séjour de la félicité, pour laquelle le Créateur infiniment bon a fait naître les hommes.

Combien sont plus sages les véritables chrétiens, fidèles à Dieu leur Seigneur, qui croient en lui, et l'adorent en esprit, qui dévouent toutes les facultés de leur intelligence et toutes les affections de leur cœur à l'unique, véritable, suprême et éternel Esprit, architecte du ciel et de la terre, et font paraître au dehors cette religion intérieure de l'âme par des hommages publics, en fréquentant les églises, où ils vénèrent aux pieds des autels érigés en l'honneur du Dieu vivant, les images de Jésus-Christ son Fils, de la Vierge Mère de J.-C., et des saints les serviteurs de Dieu, qui, après une vie entière de fidélité dans son service, règnent avec lui dans la gloire du Paradis.

Au milieu de ces représentations vénérables, effet d'un souvenir salutaire des choses et des personnes dont elles sont l'image, les genoux sur la terre et les mains élevées au ciel, ils y dirigent en même temps leurs regards et leurs cœurs, et confessent Dieu dont le ciel est la demeure, Dieu en qui seul ils font reposer tout leur bonheur et toute leur consolation, par ces paroles attribuées à saint Pierre : « *Je crois en Dieu, le Père tout-puissant, Créateur du ciel et de la terre;* » Dieu créa les anges dans le ciel avant de créer l'homme sur la terre. Or, la plupart des anges s'empressèrent d'adorer ce Dieu, lui rendant grâces et le glorifiant pour le bienfait de la création. Ce fut alors que Lucifer, et une troupe d'anges avec lui, refusèrent de rendre leur légitime adoration à leur créateur ; ils s'écrièrent dans leur orgueil : Élevons-nous et montons à la hauteur de Dieu, qui trône au plus haut des cieux. Pour châtier cette sacrilège audace, Dieu précipita Lucifer, et les anges ses adhérents, du ciel aux enfers.

Lucifer, ainsi précipité, vit Adam et Ève, les premiers humains, et fut jaloux de la grâce dans laquelle Dieu les avait créés; et pour les en faire déchoir, il leur inspira les sentiments d'un orgueil pareil à celui qui l'avait lui-même fait tomber du ciel : il se présenta devant eux, dans le Paradis terrestre, et fit briller à leurs yeux la fausse espérance d'atteindre à des honneurs égaux aux honneurs divins, s'ils goûtaient du fruit interdit par le Créateur. Adam et Ève laissèrent séduire leurs esprits par l'illusion mensongère d'une ressemblance divine qui leur était montrée, et consentant à la tentation, partagèrent le fruit de l'arbre défendu; ils furent à l'heure même déchus de la grâce, dans laquelle ils avaient été créés, et presque aussitôt, en punition de leurs péchés, Dieu les chassa du Paradis terrestre.

Ils demeurèrent dès lors exilés du bienheureux séjour, et vécurent dans le travail pendant neuf cents ans, faisant pénitence du péché qu'ils avaient commis, et dont la tache était si ineffaçable, que les plus rigoureux supplices, endurés par Adam et sa postérité, n'auraient jamais suffi pour en faire disparaître la souillure et leur permettre d'espérer l'éternelle félicité, leur condition primitive ; car ils l'avaient perdue par une juste punition de ce fol orgueil, qui leur avait inspiré le désir de s'assimiler à Dieu; et, à partir de ce moment, l'entrée du ciel leur demeurait fermée par d'impénétrables barrières, et laissait inexorablement interdit, à Adam et à sa postérité, l'accès de cette gloire dont il avait souffert l'irréparable perte, en commettant un péché, mortel à lui-même et aux siens.

Chrétiens infortunés, quel sera donc notre sort? Si une armée d'anges, pour un seul péché d'orgueil, s'est vue précipitée et exilée du ciel, et jetée au fond des enfers; si Adam et Ève, pour un semblable péché d'orgueil, ont perdu la possession bienheureuse du Paradis terrestre; quelle espérance, quel moyen s'offre à nous, qui sommes infectés et comme inondés par la fange de tous les péchés, de nous relever, de surnager au-dessus de cette bourbe qui appesantit nos âmes, et de nous purifier de nos souillures pour nous élever au plus haut des cieux, où le séjour de l'éternelle félicité a été préparé, de la main de Dieu, pour les âmes immortelles? C'en était fait, hélas! la damnation et la ruine éternelle du genre humain étaient certaines, et désormais sans remède, lorsque saint Michel, notre ami le plus véritable, et les anges qui avaient partagé son obéissance, en possession déjà du prix de leur constance, c'est-à-dire de la bienheureuse jouissance de la gloire éternelle des cieux, unis dans un concert de miséricorde envers l'infortunée nature humaine, se prosternèrent, suppliants, aux pieds de Dieu, et s'efforcèrent d'en obtenir un remède à un malheur si immense, qui, du péché d'Adam et Ève, avait étendu son influence à la descendance entière de ces deux coupables. On pense que leur prière était conçue en ces termes :

« Dieu de bonté, Seigneur plein de clémence, Père de toutes les nations, déjà le temps est venu, et le jour objet d'une suprême attente, depuis l'origine des siècles, ce jour a déjà paru, que, dans les éternels conseils, vous aviez destiné pour être le témoin de vos miséricordes envers les hommes infortunés ; ce jour où la porte du ciel doit s'ouvrir pour les enfants d'Adam réconciliés à la grâce de l'adoption divine, s'est déjà révélé à nous, dans son aurore, à la naissance de la fille des saints Anne et Joachim, de la Vierge très-sainte entre toutes les femmes, exempte du péché d'Adam, de Marie, de qui la vertu et la sainteté surpassent, par une incomparable prééminence, celles de tous les êtres inférieurs à Dieu. Et cette Vierge est si pure et si glorieuse, que, sans doute, ce ne serait point une œuvre indigne de votre toute-puissance et de votre sagesse, que de daigner, de son sang virginal, et vous le pouvez facilement, Seigneur, former un corps humain, comme autrefois, Seigneur, vous avez formé le corps d'Adam, lorsque ce fut agréable à votre sainte volonté. Et, dans ce corps, formé de la très-pure substance d'une vierge, vous pouvez aussi, tout-puissant Seigneur, créer à la fois, y inspirer et y unir intimement une âme d'une éminence souveraine, et surpassant, par son infinie sainteté, toutes les âmes que vous avez jamais créées ou que vous créerez jamais. — (A ce moment, Dieu résolut, dans les saints conseils de son adorable Trinité, d'associer une personne divine à la nature humaine, dans le sein de la vierge Marie),—afin que de cette Vierge, la plus parfaite entre toutes, naisse Jésus-Christ, votre Fils, Sauveur de tout l'Univers. Ainsi, Seigneur, s'accompliront les Écritures, ainsi sera vérifiée la foi des promesses, par lesquelles vous vous êtes engagé envers les prophètes et les patriarches, vos amis, qui s'y sont fondés pour attendre, dans les limbes, votre Fils Jésus-Christ, leur Seigneur et leur Rédempteur. »

A cette prière des saints anges, le Très-Haut, Dieu souverain et tout-puissant, touché d'une miséricorde infinie à la vue de notre innocente misère, si présente à sa pensée, envoya du ciel le saint archange Gabriel en la cité de Nazareth, où demeurait la Vierge Marie, et cet ange, selon l'ordre qu'il en avait reçu de celui qui l'envoyait, lui dit : « Je vous salue, Marie, pleine de grâces, le Seigneur est avec vous, vous êtes bénie entre toutes les femmes ; l'Esprit-Saint doit survenir en vous, la vertu du Très-Haut se répandra sur vous, et le fruit qui naîtra de vous s'appellera Jésus-Christ, le Fils de Dieu. » En entendant ces paroles de l'archange, la Très-Sainte-Vierge Marie répondit : « Je suis la servante du Seigneur ; qu'il soit fait avec moi selon votre parole. » A l'instant précis où la Très-Sainte-Vierge donna son assentiment aux paroles divines, dont le saint archange était l'interprète, Dieu forma dans les entrailles de cette Vierge et de la partie la plus pure de son sang, un corps humain, auquel il unit intimement une âme créée dans le même instant; en même temps, la seconde personne de la Sainte-Trinité, Dieu le Fils, s'incarna dans le sein de la Vierge Marie, unissant à sa divine hypostase cette âme et ce corps, tous deux infiniment saints.

Après ce temps, et neuf mois entiers étant révolus, depuis le jour où le Fils de Dieu s'était incarné, jusqu'au jour de sa naissance, Jésus-Christ, sauveur du monde entier, vrai Dieu et vrai homme, naquit de la Vierge Marie ; et c'est ce que professa saint André par ces paroles : « *Je crois en Jé-*

sus-Christ, *Fils unique de Dieu Notre-Seigneur,* » et saint Jean ajouta au même instant : « *qui a été conçu du Saint-Esprit, est né de la Vierge Marie.* » Le Christ Notre-Seigneur et Rédempteur naquit à Bethléem, près de Jérusalem. Ce fut là que les anges, et la Vierge sa Mère, avec son fiancé saint Joseph, et Trois Rois Mages, ainsi qu'une multitude infinie, l'adorèrent comme leur souverain Seigneur.

Cependant, Hérode, qui régnait à Jérusalem, craignant que son royaume, auquel il était passionnément attaché, ne lui fût ravi par cet enfant, voulut le faire périr : mais sa cruauté fut déjouée, Jésus fut soustrait à temps ; Joseph ayant été averti en songe par un ange, avait fui de Bethléem en Égypte, emmenant avec lui Jésus-Christ et la Vierge sa Mère ; et il y demeura jusqu'à ce qu'Hérode eût terminé sa déplorable vie par une mort très-funeste, ainsi que l'avait mérité ce détestable tyran ; en effet, sa barbarie avait été telle, qu'il avait immolé, dans Bethléem et dans ses alentours, tous les enfants âgés de deux ans et au-dessous, se promettant ainsi d'envelopper Jésus-Christ dans le massacre ; mais il s'abusait, à cet égard, et Jésus, préservé, comme on l'a dit, avec la Vierge sa Mère et saint Joseph, revinrent dans leur contrée et dans la cité de Nazareth, lorsque Joseph en eut reçu l'avis en Égypte, de la bouche d'un ange.

Lorsque Jésus eut atteint l'âge de douze ans, il monta de Nazareth à Jérusalem, vers le Temple, où se trouvaient les docteurs de la loi, et il leur exposa les écritures des prophètes et des patriarches, qui prédisaient l'avénement du Fils de Dieu : et il fit éclater, dans ses discours, une si merveilleuse sagesse, qu'il remplit d'admiration tous ceux qui l'entendirent. De là, il revint à Nazareth où il demeura jusqu'à l'âge d'environ trente ans, époque à laquelle il se rendit auprès du fleuve du Jourdain, où saint Jean-Baptiste baptisait un grand nombre de personnes qui venaient en foule se présenter à lui : parmi ces personnes Jean baptisa J.-C. lui-même dans l'eau du Jourdain. De ce lieu, Jésus se rendit sur une montagne déserte, où, durant quarante jours et quarante nuits, il s'abstint de toute nourriture et de tout breuvage. Sur cette montagne le démon, ignorant que Jésus-Christ était le Fils de Dieu, s'efforça de le faire tomber dans les trois péchés de gourmandise, d'ambition et de vaine gloire.

Mais repoussant toutes ces tentations, et vainqueur du démon, Jésus quitta la montagne et descendit en Galilée, où il convertit une grande multitude d'hommes; il y chassa de nombreux démons des corps d'individus possédés, et leur prescrivit de disparaître de ces corps; à sa parole, ces esprits rebelles et opiniâtres obéissaient sur le moment même; le peuple était justement rempli d'admiration, et publiait au loin la gloire de sa divine doctrine, qui se démontrait dans des discours d'une sagesse infinie, et de sa souveraine puissance qui se révélait dans la guérison de toutes sortes de maladies. Et par un effet naturel de la foi qu'inspiraient les discours d'un maître aussi rempli d'autorité, les peuples convaincus s'empressaient d'apporter vers lui tous les infirmes atteints des maladies les plus diverses, et Jésus, les touchant de ses mains très-saintes, faisait disparaître toutes leurs infirmités, et les renvoyait à l'heure même dans leurs maisons, guéris et pénétrés de reconnaissance.

Ensuite, Jésus fit élection de douze apôtres et de soixante-douze disciples, dont il fut accompagné dans ses courses parmi les villes et les bourgs, lorsqu'il enseignait les mystères du royaume de Dieu, qu'il prêchait aux multitudes assemblées, et qu'il confirmait la vérité de ses enseignements par une infinité d'œuvres miraculeuses : à la vue de tout le peuple, en présence de ses apôtres et de ses disciples, il rendait la vue aux aveugles, la parole aux muets, l'ouïe aux sourds, la marche aux boiteux, le mouvement aux paralytiques; et ce spectacle de tous les jours confirmait, de plus en plus, les apôtres et les disciples dans leur foi en sa divinité. Il leur communiqua tant de sagesse et de puissance, que ces pêcheurs grossiers et sans lettres adressaient la parole au peuple, et l'enseignement divin de Jésus-Christ Fils de Dieu suppléait en eux au défaut d'étude et de science humaines : de même par l'invocation de son nom, les apôtres opéraient des merveilles, délivrant les hommes de différentes maladies et de la possession des malins esprits ; et ces œuvres, qui surpassaient les puissances de l'humanité, étaient, pour ainsi dire, le sceau des vérités qu'ils annonçaient, touchant l'avénement du Fils de Dieu : des vérités si nouvelles devenaient parfaitement évidentes, par l'effet de ces preuves toutes-puissantes, et de tant de miracles revêtus du caractère incontestable de l'intervention divine.

L'éclatante renommée de Jésus et de ses disciples s'étant répandue dans toute la Judée, offensa les principaux de la nation, gens remplis d'une vaine opinion d'eux-mêmes, ceux-là surtout que l'on appelait pharisiens, orgueilleux contempteurs de toute supériorité, et qui s'irritaient d'ordinaire, si quelque hérésie ou secte, qui n'était point la leur, obtenait quelque renommée de science ; et l'on peut aisément conjecturer quelle amère humiliation ce dut être, pour ces caractères si altiers, de voir Jésus-Christ censurer leur doctrine, aux applaudissements de tout un peuple, lorsque l'admiration du vulgaire en était venue à ce point, qu'il s'en fallait à peine que les Pharisiens eux-mêmes ne fussent précipités du faîte de la puissance et des honneurs qu'ils occupaient depuis un temps infini ; et que le maître nouveau ne s'y vît porté, environné de la poignée de pêcheurs qui formait son cortége. Consumés d'une fureur inspirée par l'enfer, ils résolurent de mettre en œuvre tous les artifices de la calomnie afin d'arracher à Jésus-Christ, à la fois, sa réputation et sa vie.

Dans ce dessein, ils entreprirent de séduire, par des discours pleins d'artifice, les hommes qui se trouvaient à la tête des affaires, et ils déterminèrent Pilate, alors gouverneur de la Judée, après l'avoir circonvenu par leurs prières, et lui avoir inspiré des soupçons, en lui faisant entendre mille accusations diverses, à leur accorder l'arrestation de Jésus, qu'ils réclamaient avec ardeur, comme étant nécessaire à la sécurité publique. Ce gouverneur étranger se laissa donc séduire par la perfide industrie de ces méchants : non point qu'il ignorât que leur perversité se couvrait de l'apparence du bien public ; mais, soit qu'il cédât à la pression de leur insistance passionnée, soit qu'ambitieux de se concilier les plus puissants du peuple, il crût devoir acheter son propre repos, ou la faveur publique, au prix du péril d'un homme illustre, et qui rappelait la gloire d'Élie et de Jérémie, parmi les anciens, et dans l'âge actuel, de Jean-Baptiste, mais qui dans sa pensée n'était pas supérieur à la nature humaine. Car s'il eût connu d'une manière évidente que Jésus était le Fils de Dieu, aucune sollicitation n'eût pu le déterminer à livrer J.-C. aux fureurs de ses ennemis.

Jésus étant ainsi livré par l'autorité du gouvernement, ses détestables ennemis ajoutèrent à leur crime cet excès odieux, inspiré par leur propre malice, de lui faire subir les traitements les plus barbares, par le ministère de leurs propres serviteurs. Emmené parmi les rues et les places, au milieu d'un concours de gens qui l'outrageaient, traîné violemment, de maison en maison, devant différents tribunaux, méprisé, injurié, couvert de crachats, accablé de soufflets, il fut à la fin présenté devant Pilate, en regard de faux témoins, parmi les clameurs furieuses d'un peuple soulevé qui demandait sa mort, et sa mort sur la croix : néanmoins le juge hésitait, convaincu de l'innocence de l'accusé ; mais on lui fit appréhender de perdre la faveur de César, s'il renvoyait absous un homme désigné comme le roi des juifs, et qui pouvait les faire révolter ; et cette crainte le fit céder à la passion des accusateurs de Jésus. Après l'avoir très-inhumainement fait flageller sur tout le corps, depuis le sommet de la tête jusqu'à la plante des pieds, il le livra pour être crucifié, aux juifs qui le réclamaient avec une ardeur frénétique.

Avant de l'élever en croix, les gens des pharisiens, ayant revêtu Jésus des ornements d'un roi de théâtre, placèrent sur sa tête une couronne d'épines, mirent en sa main un roseau pour sceptre, et se firent un jouet de sa personne, fléchissant, par une dérision impie, le genou devant lui, et le saluant roi des juifs : bientôt ils crachèrent à sa face, meurtrirent ses joues de soufflets sans nombre, et lui arrachant le roseau de la main droite, en frappèrent son front couronné d'épines. Enfin, ils l'attachèrent à une croix, sur la montagne du Calvaire, voisine de la cité de Jérusalem. Ainsi Jésus-Christ mourut sur la croix, afin de sauver les hommes pécheurs, de telle sorte que son âme très-sainte fut véritablement divisée d'avec son corps très-précieux, au moment où il expira sur la croix, sans néanmoins que son âme et son corps, alors désunis, cessassent de demeurer isolément associés à la personne divine : et ainsi que l'esprit s'envola sans cesser d'être uni à la divinité, le corps inanimé, soit encore suspendu à la croix, soit déposé et enseveli dans le sépulcre, conserva toujours intimement unie et adhérente à lui-même la divinité, qui n'en fut en aucun temps séparée.

A la mort de Jésus-Christ, le soleil s'obscurcit et perdit la lumière qui lui est propre, la terre entière trembla jusqu'en ses fondements ; les montagnes se fendirent dans cet ébranlement, les sépulcres des morts s'entr'ouvrirent d'eux-mêmes et laissèrent sortir les corps d'un grand nombre de saints personnages qui, rendus à l'existence, se répandirent et se firent voir dans la cité de Jérusalem. A la vue de ces prodiges, les témoins de la mort de Jésus-Christ crurent, et s'écrièrent : En vérité, cet homme était le Fils de Dieu.

Tous les événements que nous venons de rapporter sont compris en la profession de l'apôtre saint Jacques, ajoutant aux paroles exprimées par les précédents apôtres :

« Je crois en Jésus-Christ, qui a souffert sous Ponce-Pilate, qui a été crucifié, qui est mort et a été enseveli. »

Jésus-Christ était Dieu, puisqu'il était la seconde personne de la Très-Sainte-Trinité; en même temps, il était véritablement homme, étant Fils de la Vierge Marie, et possédant une âme raisonnable et un corps humain. En tant qu'il était homme, il est véritablement mort sur la croix, lorsqu'il y fut attaché. En effet, la mort n'est autre chose, en réalité, que la séparation de l'âme d'avec le corps, dans lequel et avec lequel elle a existé. Et ainsi, la très-sainte âme de J.-C. a été séparée de son corps, lorsque Jésus-Christ a expiré sur la croix.

Séparée de son corps, et demeurant néanmoins unie à la divinité du Fils de Dieu, comme elle l'avait toujours été depuis que le Seigneur Dieu l'avait créée, la très-sainte âme de Jésus-Christ descendit aux limbes, c'est-à-dire dans un lieu souterrain où étaient retenues les âmes des saints pères, des prophètes, des patriarches, et d'une infinité de justes, qui y étaient rassemblées, et y demeuraient dans l'attente commune de l'avénement du Fils de Dieu, par qui elles savaient qu'elles devaient être délivrées, et transférées de ce séjour dans le Paradis. En effet, les hommes vertueux qui, depuis l'origine du monde, ont vécu sur la terre, étant les amis de Dieu, professaient avec liberté la vérité qu'ils connaissaient, et n'avaient jamais dissimulé leur foi devant les méchants. Ils réprimandaient les pécheurs, censurant avec sévérité les crimes de ces impies audacieux, qui se révoltaient contre Dieu, le commun Créateur. Mais la malice et la perversité de ces hommes ne pouvaient les supporter : aussi, par les inspirations et avec le secours du malin esprit, leur complice, dont ils avaient suivi les bannières, ils abreuvaient les bons d'une infinité de maux, les éprouvant par la captivité, par l'exil, par des iniquités et des injures sans nombre.

Ces existences si diverses étaient, par une compensation légitime, suivies d'un sort bien différent pour les âmes lorsque la mort les avait séparées d'avec leur enveloppe terrestre. Toutes les âmes qui, durant leur existence mortelle, avaient été vertueuses, à l'heure même où la mort les avait affranchies des liens du corps, se rendaient en ce lieu que nous avons appelé les limbes, et qui, se trouvant dans les profondeurs et au centre même de la terre, était aussi nommé les lieux bas ou les enfers, non point, ainsi qu'on l'entend ordinairement des enfers, qu'un feu vengeur y fût allumé, ou qu'il y régnât une autre nature de peines pour faire souffrir les âmes : ces châtiments sont réservés aux seuls réprouvés, tandis que les âmes de ces justes, exemptes de toute souillure criminelle, et en grâce avec Dieu, demeuraient en paix, jouissant d'une sérénité bienheureuse.

Mais au-dessous de ce séjour de bénédiction existe une région inférieure appelée le purgatoire, parce qu'en ce lieu sont, pour ainsi dire, lavées sous le pressoir et régénérées les âmes qui ont, il est vrai, terminé leur vie mortelle en la grâce de Dieu et sont affranchies de tout péché mortel, mais qui portent en elles les souillures moindres des fautes vénielles, ou qui n'ont point encore acquitté la dette de leurs péchés mortels; elles y demeurent pour y achever une pénitence entière et parfaite, jusqu'à ce qu'absolument purifiées, et ayant satisfait complétement à la divine justice, elles soient dégagées de toute imperfection ancienne, par l'effet des peines temporaires qui font l'effet de la lime agissant sur une rouille antique; ainsi disparaissent entièrement les derniers vestiges de la faute envers Dieu, et de la dette envers sa justice; et ces derniers vestiges étant absorbés dans l'éclat qui transfigure les âmes, elles commencent à pénétrer par la vue et par la jouissance, en cet héritage, différé pendant la durée légitime de la peine, et qui leur est enfin librement ouvert.

Le dernier des lieux souterrains est l'enfer proprement dit, ou l'abîme, déplorable séjour d'effroyables et éternelles flammes, à jamais inextinguibles, et de tous les supplices les plus excessifs, tels que si les hommes vivants

19.

s'appliquaient sérieusement, chaque jour, pendant cet instant que l'on appelle une heure, à la méditation de ces peines, et s'ils s'en faisaient une image, si imparfaite que le puisse permettre l'obscurité qui règne en l'intelligence pendant notre vie, sans doute ils éprouveraient une plus vive horreur de tous les désordres et des crimes auxquels ils se livrent sans remords et comme en se jouant, et qui les engagent et doivent les précipiter sans retour en ces effroyables supplices, pour toute une éternité.

C'est le séjour de Lucifer, prince des esprits révoltés contre Dieu, et de tous les démons qui ont suivi ses étendards, et qui sont tombés avec lui dans l'abîme, après avoir été précipités du ciel. C'est le séjour de tous les hommes qui, depuis l'origine du monde, ont rendu le dernier soupir, séparés de la grâce de Dieu et coupables de péché mortel. Ceux qui sont une fois précipités dans la fournaise des enfers, y gémissent éternellement et sans espérance, sans cesse dévorés par les déchirantes atteintes de maux immenses et infinis, sans remède et sans allégement, sans consolation d'aucun genre, qui leur vienne d'aucune part, durant l'éternité des siècles; et il en ont la conviction absolue et irrévocable.

O mes frères! quel est donc notre égarement? Ainsi, nous vivons exempts de toute appréhension de l'enfer; et, tous les jours, nous amassons incessamment en notre conscience des crimes énormes et sans nombre, qui serviront d'aliments à ces flammes éternelles qui devront dévorer nos âmes. N'est-ce point là le signe le plus évident que notre foi n'existe plus, car je ne dirai pas qu'elle n'est qu'affaiblie : en vain, notre parole en fera-t-elle une profession apparente : nos œuvres et notre vie entière sont des témoignages plus véridiques, qui démentent notre voix, et la réduisent au silence; en effet, de se dire chrétien et de 'abandonner au péché, comme font les mahométans et les idolâtres, c'est mériter d'être appelé menteur, lorsqu'on prétend croire aux feux éternels et à des peines sans fin, réservées aux déserteurs de la loi divine. L'Église, c'est-à-dire, l'ensemble des fidèles qui combattent sur la terre, ou des saints qui règnent avec Dieu et triomphent dans le ciel, ne prie jamais en faveur des morts qui sont relégués dans l'abîme des enfers : l'Église n'ignore pas qu'ils sont exclus du Paradis pour l'éternité tout entière, que leur espérance est absolument perdue, et leur ruine irrévocablement consommée. En même temps l'Église de la terre et l'Église du ciel secourent, de leurs charitables suffrages, les âmes éprouvées au sein du purgatoire ; ces deux Églises, pleines de sollicitude pour les âmes qui sont encore en ce monde, s'efforcent aussi de leur obtenir les grâces nécessaires, afin de les aider à ne point tomber dans les flammes éternelles des enfers.

Jésus-Christ étant mort le vendredi, sa très-sainte âme, toujours unie à la divinité, descendit aux limbes, et en fit sortir toutes les âmes qu'il y trouva dans l'attente de sa venue ; et le troisième jour, qui fut le dimanche, ou le jour du Seigneur, il réunit de nouveau sa très-sainte âme au corps qu'il avait quitté lorsqu'il avait expiré sur la croix, et il ressuscita d'entre les morts. Il apparut ainsi dans sa vie nouvelle, et revêtu des perfections de sa bienheureuse immortalité, d'abord à sa très-sainte mère la vierge Marie, ensuite aux apôtres et aux disciples, et à ses autres amis, et fit, par ces apparitions, succéder une joie ineffable et surabondante à la douleur profonde où les avait plongés sa mort. Il offrit par la bouche de ses disciples le pardon à ses ennemis mêmes, et à ceux qui l'avaient crucifié, et il l'accorda effectivement à tous ceux qui consentirent à recevoir cette grâce : il y en eut alors un grand nombre parmi les juifs ; car il arriva, ce qu'on ne peut assez admirer, que beaucoup de ceux qui avaient opiniâtrément refusé de croire à Jésus-Christ, lorsqu'il vivait, qu'il annonçait lui-même son Évangile, et qu'il confirmait sa prédication par de merveilleux prodiges, ne le voyant plus, ne l'entendant plus, mais dociles au témoignage que ses apôtres rendaient de sa résurrection, crurent fermement en lui, mirent en lui toute leur espérance, et professèrent sa religion et son culte, comme la religion et le culte du Dieu et du sauveur des hommes.

Telles sont les vérités dont la créance fut affirmée par saint Thomas, en ces paroles :

« *Je crois en Jésus-Christ qui est descendu aux enfers, et le troisième jour est ressuscité d'entre les morts.* »

Jésus demeura quarante jours sur la terre, après sa résurrection d'entre les morts : par un double motif, ainsi qu'il est permis de le présumer. C'était, d'abord, afin de convaincre entièrement ses disciples de sa résurrection, et ensuite, c'était pour les instruire de leur devoir. Ils avaient été si profondément troublés par l'événement entièrement imprévu pour eux de sa mort, ils avaient été pénétrés d'une si vive tristesse, après ce douloureux événement, qu'ils éprouvaient la plus extrême difficulté pour croire à sa résurrection, et ce n'aurait point suffi d'une ou de deux apparitions, il leur fallait du temps et des entretiens nombreux avec Jésus, en témoignage de la vie qui était revenue en lui. Dieu, voulant, dans sa merveilleuse miséricorde, les convaincre avec douceur, et condescendre à l'infirmité de la nature humaine, différa, pendant quarante jours, son ascension triomphante au ciel, et, dans cet intervalle, il instruisit ses disciples, dans des entretiens multipliés, de ce qu'ils devaient croire, de ce qu'ils devaient faire, de ce qu'ils devaient enseigner à toutes les nations, et de ce qu'après les avoir convaincus touchant le dogme, ils leur devaient ordonner d'accomplir ; afin qu'eux-mêmes et tous les hommes qui croiraient par la suite à leur prédication, pussent arriver au royaume des cieux, et l'y suivre, chacun en leur temps, après qu'il les y aurait précédés.

Jésus ayant réalisé les deux desseins qu'il s'était proposés, et entièrement dissipé, dans l'esprit de tous ses disciples, les doutes qui auraient pu y exister, touchant la mort et la résurrection de lui-même, très-véritable Fils de Dieu et Sauveur des hommes, les ayant tous suffisamment instruits touchant le royaume de Dieu, c'est-à-dire, l'établissement de l'Église et les dogmes qui devaient y être enseignés, les sacrements et les autres fondements de la discipline chrétienne, qui devait être instituée dans le monde entier; Jésus-Christ, dis-je, n'ayant plus aucun sujet de demeurer sur la terre, se rendit avec la Vierge Marie sa Mère, avec les apôtres et un grand nombre de disciples, sur le mont des Oliviers, et à la vue de tous, s'éleva au plus haut des cieux, suivi des patriarches délivrés des limbes. Alors parurent ouvertes les sublimes portes du ciel, et tous les anges se répandirent dans les cieux pour venir au-devant de leur souverain Seigneur, en son triomphe, et ils l'environnèrent de leur cortége jusqu'au trône qui l'attendait à la droite de Dieu le Père : ainsi remonta-t-il à la place qu'il avait quittée, pour venir prendre une chair humaine dans les entrailles sacrées de la Vierge Marie. Il y siége à jamais pour être l'avocat des pécheurs, et pour plaider notre cause en présence de son Père, désarmer sa légitime colère, et nous offrir ses secours contre le péril de la damnation éternelle.

Et tel est le sens de l'article du symbole que l'on attribue à saint Jacques-le-Mineur : « *Je crois en Jésus-Christ qui est monté au ciel, et est assis à la droite de Dieu le Père tout-puissant.* »

Mais comme ce monde, de même qu'il a eu un commencement, doit avoir une fin ; pour que ce terme final soit conforme à la justice, et réponde avec plénitude à la divine Providence de son fondateur, ainsi l'existence et les rapports de la société humaine, et la succession des générations diverses, perpétuées pendant la durée des âges, ne doivent point être interrompues et cesser, sans qu'un juste jugement n'ait été prononcé sur toutes les pensées, les paroles et les actions des hommes, attribuant à chacun la récompense de ses mérites.

Jésus-Christ, Juge suprême, descendra du ciel pour

prononcer le jugement en la cause de tous les hommes, et son dernier avénement a été annoncé par les anges, au jour de son ascension de la terre au ciel. Il ouvrira les suprêmes assises, où tous les hommes qui auront existé dans tous les temps et dans tous les lieux, seront cités judiciairement devant l'inexorable tribunal de l'Arbitre tout-puissant, à qui rien n'est caché ; leur sera demandé, et ils devront y répondre, s'ils ont cru aux dogmes proposés par l'Église, et s'ils ont observé les Commandements divins. Ceux qui auront accompli ces deux principaux devoirs seront admis dans la gloire du Paradis : ceux qui auront refusé de croire, tels que les mahométans, les juifs et les gentils, seront la proie des flammes éternelles, où il n'y a plus de rédemption : ceux qui auront professé la Foi, tels que les mauvais chrétiens, et qui auront négligé d'obéir aux préceptes du Décalogue, seront de même condamnés aux flammes éternelles, par l'arrêt irrévocable de Jésus-Christ.

Avant ces événements, et aux approches de la fin du monde, tous les hommes alors vivants devront mourir ; car la mort est une dette de nature dont aucun homme ne peut être affranchi : tout homme reçoit la vie sous cette loi de cesser de vivre un jour, et si Jésus-Christ lui-même, le Fils de Dieu, n'en a point été exempt, il est évident que ce serait une téméraire et folle espérance en tout homme, que de se promettre le privilége de ne point mourir. Au reste, Jésus-Christ n'est point mort pour lui-même, mais à cause de nos péchés, et bientôt il est ressuscité par sa propre vertu, pour nous confirmer par sa résurrection dans l'espérance de notre résurrection future, et tempérer par son exemple, en faveur de ses pieux et fidèles amis, l'épreuve douloureuse et la nécessité de la mort. Ainsi tous les hommes, les plus saints même et les plus parfaits, qui pourront exister en ce monde, lorsqu'il sera près de son dernier terme, n'entreront point, sans payer le tribut à la mort, en possession du bonheur qu'ils auront espéré et mérité ; eux aussi goûteront premièrement la mort, avant d'être rendus à la vie, avec les autres hommes, et de reprendre chacun les corps dont ils étaient revêtus pendant leur existence, mais des corps embellis et comme transfigurés par les attributs des êtres bienheureux ; et ils entreront ainsi dans la plénitude de la félicité promise.

Lorsque Jésus-Christ descendra du ciel pour exercer le jugement suprême, tous les hommes, depuis le premier jusqu'au dernier, étant morts, resusciteront tous, et seront jugés par lui, les bons comme les méchants : mais une différence infinie, et qui devra durer dans l'éternité des âges, les divisera : les bons seront appelés à l'éternel bonheur, et les méchants seront précipités dans une mort et dans des supplices éternels.

C'est cette vérité dont saint Philippe a fait profession, en ces paroles : « *Je crois en Jésus-Christ, qui descendra du ciel pour juger les vivants et les morts.* »

Chrétiens, en nous signant du signe de la Croix, nous faisons profession de notre Foi sincère en la Très-Sainte-Trinité. Or, ce mystère est celui-ci : nous croyons et nous adorons un seul et unique Dieu, en trois personnes. La première personne est Dieu le Père, qui n'est ni fait, ni créé, ni engendré : la seconde personne est Dieu le Fils, qui n'est ni fait, ni créé, mais engendré de Dieu le Père : la troisième personne est Dieu le Saint-Esprit, qui n'est ni fait, ni créé, mais qui procède du Père et du Fils. C'est ce que nous confessons, toutes les fois que nous nous signons, en exprimant, par les mouvements de la main, la forme d'une croix ; car nous mettons la main droite au front, et nous prononçons *au nom du Père*, indiquant par là même que Dieu le Père n'est ni fait ni créé. Abaissant ensuite la main vers le bas de la poitrine, et proférant ces paroles : *et du Fils*, nous entendons exprimer que Dieu le Fils n'est ni fait ni créé, mais engendré de Dieu le Père. Enfin nous étendons la main à l'épaule gauche, disant dans le même temps : *et du Saint*, puis la ramenant à l'épaule droite, et disant le mot *Esprit ;* et nous déclarons ainsi que le Saint-Esprit procède du Père et du Fils.

Telle est la Foi que tout bon chrétien doit tenir, et confesser sans hésitation et sans crainte, croyant, adorant et glorifiant le Saint-Esprit, consubstantiel au Père et au Fils, et qui procède de tous deux ; qui par ses saintes inspirations nous détourne du péché, et excite nos cœurs à l'observation des dix Commandements de la Loi de Dieu Notre-Seigneur, et des préceptes de notre sainte mère l'Église catholique ; et elle nous porte à la pratique des œuvres de miséricorde, dans l'ordre spirituel et dans le temporel.

Saint Barthélemy a professé cette doctrine sur la divinité du Saint-Esprit, en ces paroles : « *Je crois au Saint-Esprit.* »

Nous tous qui avons embrassé la religion chrétienne, et qui avons résolu d'en observer les devoirs et d'en pratiquer la Foi, non-seulement nous devons croire sans hésiter comme des vérités nécessaires au salut, tout ce qu'ont cru touchant Notre-Seigneur Jésus-Christ, Dieu et homme tout ensemble, les apôtres, les disciples, les martyrs et les saints ; mais nous sommes aussi dans l'obligation de nous convaincre, d'une manière absolue, qu'il a institué sur la terre l'Église catholique, dont les chefs sont dirigés par l'Esprit-Saint ; et il ne nous est permis en aucune façon de révoquer en doute le devoir d'observer ce qu'ils prescrivent, la vérité et la légitimité de ce qu'ils proposent pour être cru. Ainsi, dans toutes les décisions émanées de leur consentement universel, touchant ce que l'on doit accomplir ou éviter, comme dans toutes les définitions, fruit de leurs sages conseils, au sujet des dogmes antiques, ou des discussions nées touchant ces dogmes, ils possèdent l'assistance du Saint-Esprit qui leur a été promise, et qui ne leur permet point de tomber dans l'erreur. Ainsi les sacrés canons des Pères, les décisions des conciles, et les décrets universels des souverains pontifes, qui sont publiés par les cardinaux, les patriarches, les archevêques, les évêques, et les autres autorités de l'Église, doivent être reçus de nous, avec une vénération empressée, une soumission absolue et une entière obéissance : et nous devons être parfaitement convaincus que ces prescriptions et ces enseignements émanent de l'autorité et de la sagesse du Seigneur Jésus-Christ, qui continue à gouverner son Église, par l'entremise des Ministres qu'il a mis à sa place, et qui la dirige dans cette voie, vers la fin qu'il a déterminée pour elle, et qui est le salut éternel.

C'est ce dont a voulu nous laisser le témoignage le saint apôtre et évangéliste Matthieu, quand il a dit : « *Je crois à la sainte Église catholique.* »

Et nous croyons aussi de la manière la plus absolue, afin de ne pas être infidèles au titre de chrétiens, qui est le nôtre, que le mérite des œuvres héroïques que Jésus-Christ a accomplies durant sa vie mortelle, tant par ses actions que par ses souffrances, par obéissance à son Père, et dont il a formé comme un trésor immense pour le salut des hommes, sont communiqués et profitent, par une influence intérieure, à tous les véritables chrétiens, demeurés fidèles à la grâce de Dieu. De sorte que, comme dans un corps naturel, les membres se communiquent entre eux les qualités propres à chacun, et que la force vitale qui émane principalement de la tête se répand également en toutes les parties du corps ; ainsi, dans le corps mystique de l'Église, dont Jésus-Christ est le chef et la tête, tous les membres, c'est-à-dire l'universalité des fidèles, puisent l'aliment essentiel qui leur communique la vie et l'accroissement, en Jésus-Christ, le Fils unique de Dieu, dont ils dépendent, ainsi que de leur chef ; or cette substance intime, et cet aliment céleste, se répandent principalement par le canal des sept Sacrements, qui sont : le Baptême, la Confirmation ou le Saint-Chrême, l'Eucharistie, la Pénitence, l'Extrême-Onction, l'Ordre et le Mariage ; ceux qui s'approchent de ces sacrés mystères avec les dispositions requises, reçoivent la grâce habituelle, ou l'accroissement de cette grâce; qualité vivifiante de l'âme que Dieu a accordée aux hommes, indignes par eux-mêmes de ce bienfait, en raison des œuvres saintes que Jésus-Christ a accomplies durant sa vie terrestre. En effet, Jésus-Christ, ayant, pour obéir à son Père, enduré tant de maux, souffert volontairement tant d'iniquités et d'opprobres, enfin subi les horreurs de la croix et de la mort, s'est, par là même, rendu digne d'une récompense infinie. Mais, heureux de n'avoir en lui-même aucun besoin de pareils mérites, il nous a transporté ses droits à ces mérites, et tire de lui-même le profit que nous en recueillons : et c'est pourquoi la grâce qui nous est conférée est le fruit des mérites de Jésus-Christ, et comme une émanation du chef dans les membres.

Et de même que, dans un corps naturel, ce n'est pas seulement la tête qui vivifie les membres qui lui sont soumis, mais que ceux-ci se nourrissent aussi, s'entretiennent et s'affermissent mutuellement par de secrètes communications, de même dans le corps mystique de Jésus-Christ, la participation aux trésors que Jésus-Christ a amassés, comme prix de ce qu'il a fait et souffert durant sa vie mortelle, est bien le principal, mais n'est pas néanmoins l'unique moyen que nous ayons de recueillir les biens spirituels. Jésus-Christ a voulu qu'il rejaillît et retombât aussi sur nous quelque chose de l'abondance des mérites qu'auraient, par sa grâce, acquis devant lui ses serviteurs, nos frères, par leurs actions vertueuses et leurs douloureuses épreuves. Ils prient pour nous, et nous obtenons; ils souffrent en notre place, ou offrent leurs souffrances antérieures, et ils nous déchargent de la peine, dont nous sommes encore redevables. Enfin, toutes leurs bonnes œuvres, de tout genre, tant que nous demeurons en cette communauté de la grâce de Dieu et du corps de l'Église, nous sont diversement utiles, par la salutaire émanation de ce qui surabonde en un membre, en toutes les parties du corps.

Nous reconnaissons encore, et nous confessons qu'en Dieu, Notre-Seigneur, résident l'autorité et la puissance de remettre les péchés, c'est-à-dire, d'effacer la tache et de remettre la peine des actions criminelles, par lesquelles, nous autres hommes, abusant de notre libre arbitre, nous nous séparons de Dieu, et nous révoltons contre lui ; méritant ainsi de déchoir de sa grâce, en laquelle sa miséricorde nous avait placés ; nous confessons encore et nous croyons que cette même puissance, Jésus-Christ Notre-Seigneur l'a donnée et communiquée aux prêtres de l'Église catholique, et que, par l'effet de cette communication, ils sont revêtus du pouvoir d'absoudre de leurs péchés ceux qu'ils jugent suffisamment disposés pour être légitimement déliés, devant Dieu, de l'esclavage de ces péchés.

C'est pourquoi ceux qui se sentent coupables d'avoir offensé Dieu, doivent avoir grand soin de se disposer sans délai, en opérant de dignes fruits de pénitence, à mériter le pardon de leurs fautes et à pourvoir au salut de leur âme. L'affaire de la réconciliation du pécheur se traite, en effet, dans le sacré tribunal ; le prêtre juge si le pénitent est digne ou s'il ne l'est pas d'être l'objet de la grâce de l'absolution ; le coupable est lui-même son accusateur. Le prêtre est le suprême arbitre ; il instruit la cause, il approfondit tout, comme le demande l'exercice de son ministère sublime. La confession de tous les péchés mortels doit être entière et complète de la part du pénitent, si ce n'était que le temps manquât pour en achever l'aveu, comme dans certains périls extrêmes ; après avoir tout suffisamment connu, le prêtre prononce la sentence d'absolution, et dans le même instant, la grâce divine se répand de nouveau dans l'âme du pénitent, et efface les péchés qui, précédemment, la défiguraient ; et la remise des peines éternelles, que ces péchés lui avaient fait encourir, lui est certainement accordée.

Ces deux articles de la doctrine catholique, sont compris en ces paroles de saint Simon : « *Je crois à la communion des Saints et à la rémission des péchés.* »

Mais ainsi que ce serait faire injure à l'infinie bonté et à la justice de Dieu, que de ne pas croire fermement que Dieu ne saurait manquer de récompenser avec plénitude ses fidèles serviteurs, qui ont très-exactement observé sa loi sainte, en même temps que de châtier par des peines légitimes les détestables contempteurs de son nom et les transgresseurs impies de ses Commandements, nous croyons fermement qu'il y aura une *résurrection de la chair*, c'est-à-dire, que tous les hommes sans exception qui ont vécu jusqu'à ce jour, qui vivent en ce moment, ou qui vivront après nous, reprendront une vie nouvelle à la fin du monde, renaissant dans les corps qu'ils habitaient à leur mort : et qu'ils les conserveront dans l'éternité de leur supplice ou de leur gloire. En effet, il est souverainement nécessaire que Dieu Notre-Seigneur, à cause de sa parfaite et incorruptible justice, ranime, pour une éternelle consolation, les corps des saints qui auront pendant leur vie mortelle dévoué leurs sens et leurs membres à des travaux continuels; qui auront enduré, pour demeurer affermis dans l'amour de Dieu, les insultes et les violences des méchants leurs persécuteurs, conjurés avec fureur et animés d'une rage inouïe, pour les faire succomber et leur faire offenser Dieu. En effet, quoique ce soit principalement à l'âme qu'appartient la constance dans l'accomplissement du devoir, cependant les corps étant demeurés privés des biens qui sont en rapport avec leur nature, ayant été tourmentés, éprouvés par la souffrance, souvent même en ces occasions cruellement déchirés, ils méritent aussi d'avoir une part proportionnée en ce repos, en cette joie, en cette gloire.

Il n'était pas moins juste que les corps de ces hommes pervers qui, pendant leur vie, sans aucune considération pour la Loi divine, se seraient abandonnés sans frein à toutes sortes de crimes, et au mépris des préceptes divins, se seraient livrés aux passions de l'intempérance et de la volupté des sens, fussent châtiés comme ils en sont dignes, et expiassent malgré eux dans les ardeurs d'une flamme inextinguible, les satisfactions, fruit de leur concupiscence ; et que, même tardivement, ils comprissent quel crime est celui d'une vile créature qui ose mépriser et irriter la majesté d'un Dieu souverainement adorable. Par ces raisons, tous les hommes, bons et méchants, resussciteront en ce jour du jugement suprême, et leurs âmes revêtiront les mêmes corps qu'elles avaient reçus dans leur naissance, et qu'elles avaient animés jusqu'au temps de leur mort; elles leur seront à jamais unies par des liens indissolubles, pour aller, avec ces corps, selon les mérites de leur existence, ou au ciel, pour régner avec Jésus-Christ dans la gloire du Paradis, ou aux enfers, pour partager le désespoir du démon.

C'est ce qu'a entendu confesser saint Thaddée en disant : « *Je crois à la résurrection de la chair.* »

Mais comme notre âme, créée à l'image et à la ressemblance de Dieu tout-puissant, en tant que nature spirituelle, est douée de facultés qui représentent les perfections divines, c'est-à-dire la volonté, l'intelligence, la mémoire, et qu'elle a, dès son origine, le désir, qui lui est inspiré par son Créateur, de s'unir à celui dont elle est l'image; on ne saurait penser que ce fût en vain que le Créateur aurait mis, en sa noble créature, une inclination si grande et si sublime. Nous devons bien plutôt être convaincus, avec tous les chrétiens, que, par le secours divin, l'âme humaine, à moins qu'elle ne s'en rende indigne, verra ses vœux accomplis, et qu'elle jouira de la possession du souverain bien, que nous appelons la vie éternelle ; que même avant la résurrection générale, les âmes qui au moment de la mort se trouveront en état de grâce, et pleinement purifiées des vestiges du péché, entreront en possession de la félicité suprême, et seront dès lors admises à contempler Dieu et à jouir de lui.

Le temps viendra où les âmes reprendront leur corps, dans un état bien plus parfait que celui où il avait été durant la vie mortelle; et après cette réunion, elles goûteront avec lui un bonheur qui n'aura jamais de fin et n'éprouvra jamais aucune altération. Pendant toute la durée d'l'immense éternité, les âmes des élus se réjouiront avec Dieu dans le ciel, au milieu des chœurs des anges et dans l'assemblée triomphante d'une multitude innombrable de bienheureux, que la présence et la vue béatifique de Dieu, leur commun Créateur et Seigneur, comblera tous ensemble de tous les biens célestes : l'excellence de ces biens est si sublime, que dans cette vie mortelle nous ne pouvons jamais, ni par la pensée, ni par le raisonnement, en concevoir une idée, nous en former une image qui approche, même d'une manière éloignée, de la réalité: tant sont incompréhensibles la magnificence et la plénitude avec lesquels Dieu se prodigue à ses amis les saints ; néanmoins, nos faibles expressions, et comme le bégaiement de notre enfance, en parlant de cet ineffable bonheur, nous le font paraître souverainement désirable.

Les saints vivent au ciel dans une paix glorieuse, au sein d'une joie et d'une béatitude suprêmes: ils vivent sans causer d'offense et sans en éprouver; ils sont aimés et honorés de tous les compagnons de leur bonheur, et leur rendent à tous les mêmes sentiments d'amour et de vénération. Ils surabondent, non point de ce qui leur pourrait être nécessaire, mais de tout ce qu'ils peuvent désirer pour la consommation de leur gloire et de leur félicité; le mal ne saurait plus ni se faire éprouver d'eux, ni les atteindre, ou même en être redouté ; ils sont comblés, au contraire, de toute espèce de biens, avec une si riche profusion, qu'elle surpasse leurs vœux et suffit à remplir toute leur éternité; leur jouissance leur est tellement assurée et si parfaitement garantie, qu'ils ne peuvent jamais être exposés au péril de la voir ni cesser ni diminuer.

C'est ce qu'a entendu saint Mathias, quand il a dit : « *Je crois à la vie éternelle.* »

FIN DU TOME PREMIER.

TABLE SOMMAIRE

DU TOME PREMIER.

Préface. . . . .

VIE DE SAINT FRANÇOIS-XAVIER.

Préliminaire. VII

Chapitre premier. (1506-1541). — Naissance du saint. — Ses études à Paris. — Sa sœur Madeleine, abbesse de Sainte-Claire, à Gandie, prédit sa vocation. — Il se lie avec Ignace de Loyola. — Sa conversion. — Premiers vœux à Montmartre. — Austérité de Xavier. — Voyage jusqu'à Venise. — Guérison miraculeuse de Xavier. — Xavier soigne les malades dans l'hospice des Incurables à Venise. — Voyage à Rome; retour à Venise. — Vœux perpétuels de pauvreté et de chasteté. — Xavier initié au Sacerdoce. — Sa retraite au mont Felice, et sa première messe à Vicence. — Saint Jérôme lui apparaît. — Travaux de Xavier et de Bobadilla à Bologne. — Œuvres de tous les Pères, à Rome. — Le roi de Portugal demande au souverain pontife des missionnaires pour les Indes. — Élection de Xavier. — Visions du Saint. — Départ pour le Portugal. — Audience de Jean III. — Saintes occupations à Lisbonne. — Départ de Xavier pour les Indes. VIII

Chapitre II. (1542-1544). — L'Asie. — Les Portugais. — L'Infant D. Henri. — Albuquerque. — Navigation du Saint : Ses œuvres sur le vaisseau. — Mozambique. — Mélinde. — Socotora. — Premiers travaux à Goa. — Déplorable état des Indes Portugaises. — Enseignement chrétien : reformation des mœurs. — Mission du cap Comorin. — Ministère des enfants. — Brahmes, et leur fausse religion. — Incursions des Badages. — Mission au Travancore. — Miracles : morts ressuscités. XXX

TABLE SOMMAIRE.

Pages.

Chapitre III. (1545). — Martyrs de Manar; Ceylan; Jafanapatam. — Xavier se rend à Cambaïe pour visiter le gouverneur des Indes. — D. Miguel Vaz se rend en Portugal pour exposer au roi Jean III les souffrances des Indes. — Conversion d'un grand pêcheur à Cananor. — Cochin, Ceylan, Manar. — Xavier forme le dessein d'aller prêcher à Macassar. — Pèlerinage à Méliapour au tombeau de saint Thomas. — Prédication du Saint à Méliapour, et les fruits qui en résultèrent. — Conversion de Joam d'Eyro. Le Saint se rend à Malacca; travaux dans cette ville. — Résurrection d'une jeune fille. XLVIII

Chapitre IV. (1546-1548). — Amboine. — Flottes espagnole et portugaises — Joam d'Araûjo. — Baranura : Crucifix retrouvé miraculeusement. — Rosalao. — Ile des Ulates. — Joam Galvam. — Isabelle, princesse de Ternate. — Iles du More. — Retour à Amboine, et à Malacca. — Macassar. — Le roi d'Achem assiége Malacca. — La ville est délivrée par le Saint avec des circonstances prodigieuses. LX

Chapitre V. (1548-1549). — Anger, Japonais. — Visite de la Pêcherie et du Travancore. — Le gouverneur D. Joam de Castro. — Rodrigo de Siqueira converti à Baçaïm. — Cosme de Torrez. — Conversion d'un soldat libertin. — Mort chrétienne de D. Joam de Castro. LXXVII

Chapitre VI. (1549-1551). — Japon. — Cangoxima et le roi de Saxuma. — Langue Japonaise. — Prédications du Père : controverses avec les Bonzes. — Miracles. — Nouvelle du Martyre d'Antonio Criminale. — Château d'Hexandono. — Firando, Facata, Amanguchi. — Voyage de Méaco. — Retour à Firando, à Amanguchi. — Audience d'Oxindono. — Don des Langues. — Héroïsme de Joam Fernandez. — Conversion d'un jeune Bonze qui fut Laurent. — Cirion, roi de Bungo. — Fucheou : Conversion du Bonze Sacaï Eeran. — Controverse avec le Bonze Finarandino. — Retour de Xavier aux Indes. LXXXIV

Chapitre VII. (1551-avril 1552). Siége et dévastation de Malacca. — Tempête éprouvée par le navire du Saint. — Événement miraculeux de la chaloupe. — Dessein de Xavier d'aller annoncer l'Évangile en Chine. — Prophétie sur le vaisseau la Sainte-Croix. — Malacca, Cochin, Goa. — Éloge du P. Barzée. — Travaux des missionnaires des Indes. — Conversion des princes de Tanor et de Trichinamale. — Administration des Indes. — Mission du F. Antonio Fernandez à Rome. — Renvoi d'Antonio Gomez hors de la Compagnie. — Départ du Saint pour la Chine. . . . .

Chapitre VIII. (Avril-décembre 1552). — Malacca. — Miracles sans nombre : morts ressuscités. — Alphonse Alvare de Gama, gouverneur de Malacca, s'oppose au voyage du Saint. — Requête du Saint. — Excommunication du gouverneur. — Le Saint part de Malacca. — Miracles dans la traversée. — San-Chan. —

TABLE SOMMAIRE.

Pedro Velho. — Prophéties du Saint. — Derniers temps de sa vie et sa bienheureuse mort. — Sépulture. . . . .

CHAPITRE IX. (Faits postérieurs à la mort du Saint). — Translation du vénérable corps à Malacca, à Cochin et à Goa. — Miracles au tombeau du Saint. — Béatification par le pape Paul V. — Canonisation par le pape Grégoire XV : La bulle en fut publiée par le pape Urbain VIII. — Miracles postérieurs. — Crucifix du château de Xavier. — Le P. François Mastrelli. Neuvaine en l'honneur du Saint, et dévotion des dix vendredis — Office du Saint. — Reconnaissance des reliques du Saint en 1783. — Visite de M. l'abbé Legreguin au tombeau du Saint en 1834. CXIX

LIVRE PREMIER.

Lettres écrites à Paris, en Italie et en Portugal (1535-1541).

LETTRE PREMIÈRE. Au capitaine Aspilcuete, à Obanos en Navarre. — Détails de famille. — Éloge d'Ignace de Loyola. — Université de Paris. — Hérésie protestante. 1

LETTRE II. A D. Ignace et D. Pierre Codace. — Tendres adieux. — Affection du cardinal d'Ivrée envers la Compagnie. — Piété de l'ambassadeur de Portugal — Souvenir de Dona Faustina Ancolina et du fils qu'elle a perdu. — OEuvres du saint ministère, à Bologne. . 8

LETTRE III. Aux PP. et FF. de la Compagnie, à Rome. — Grâces éprouvées de la part de Dieu pendant le voyage de Rome en Portugal. — Conduite édifiante de l'ambassadeur et de sa suite — Danger mortel et délivrance miraculeuse d'un écuyer ; — sentiments en cette personne d'une vocation négligée. — Simon Rodriguez, à Lisbonne, recouvre la santé au moment même de l'arrivée de Xavier. — Zèle des Portugais pour la religion. — Audience donnée par le roi de Portugal aux deux Pères. — Détails sur la persécution éprouvée à Rome par le P. Ignace. — Bienveillance du roi Jean III envers la Compagnie : il confie aux deux Pères la direction religieuse des Pages de son palais. — Désir exprimé par ce prince de retenir dans ses états les nouveaux missionnaires. — Xavier s'occupe de s'associer des coopérateurs pour les Indes. — Ses prédications à Lisbonne. 11

LETTRE IV. Au P. Me Ignace de Loyola. — Xavier demande le bref qui confirme la Compagnie, et les Exercices spirituels, pour les présenter au Roi. — Fruits opérés par les Exercices spirituels et par le fréquent usage des sacrements. — De Strada, du collége de la Compagnie qui doit être fondé à Coïmbre ; — de la mission des Indes. — Demande d'une règle par l'admission de nouveaux confrères. . 20

LETTRE V. Au Dr Martin d'Azpilcuete, à Coimbre. — Témoignages de reconnaissance et de respectueuse affection. — Xavier serait heureux

TABLE SOMMAIRE.

de le voir et de lui exposer la forme et la règle de l'institut de la Compagnie. — Il lui recommande l'écolier Braz Lopez. 23

Lettre vi. Aux PP. Ignace de Loyola et Pierre Codace, à Rome. — Accroissement de la Compagnie en Portugal. — Fruits des prédications, et de la pratique des Exercices spirituels. — Le prince D. Henri, grand Inquisiteur, confie aux Pères le devoir d'instruire les prisonniers de l'Inquisition. — Bienveillance du roi **Jean III**. — De Gonzalve Medeiros. — Xavier sollicite pour ses compagnons le privilége de faire usage du nouveau bréviaire. 26

Lettre vii. Au D Martin Azpilcueta. — Sur les obligations qu'impose la science. 29

Lettre viii. A la Compagnie à Rome. — Xavier se félicite des succès de la Compagnie. — Éloge du roi Jean III. — Ce prince a l'intention de fonder plusieurs établissements de la Compagnie. — Nouveaux confrères. — Présages favorables du côté des Indes. — Bienfaits du Roi, — Dispositions amicales du gouverneur des Indes — Humilité du Saint : il sollicite les avis et les directions de ses confrères de Rome. — Vertus du roi, et régularité de sa cour. — Xavier se dispose au départ. 30

Lettre ix. Aux PP. Lejay et Lainez. — Éloge de l'ambassadeur Mascarenhas — De Mancias et de Paul de Camerino — Éloge du cardinal Guidiccioni. — Messes à célébrer pour ce cardinal. — De nouveaux membres de la Compagnie à envoyer dans les Indes. — Grandes espérances de succès. — Xavier sollicite plusieurs grâces spirituelles. . 40

Adhésion aux constitutions. — Suffrage d'élection et Promesse des vœux. — Première déclaration. 47
Suffrage. 48
Autre déclaration. 48

LIVRE II.

Voyage du Portugal aux Indes : Mozambique, Mélinde, Socotora. Premiers travaux du Saint à Goa et dans les contrées environnantes, sur la côte de Comorin et sur celle de la Pêcherie, dans le Travancore et au Cambaïe (1544-1545).

Lettre i A la Compagnie à Rome. — Arrivée dans les Indes. — Événements du voyage. — Hivernage à Mozambique. — Mélinde et ses habitants mahométans. — Socotora : vestiges de la prédication de saint Thomas. — Goa : Premiers travaux. — Projet d'une mission au cap Comorin. — Consolations que procurent les épreuves et la vie crucifiée. Directions et suffrages demandés. 50

Lettre ii. Au P Ignace, à Rome. — Première mission au cap Comorin. — Méthode du Saint. — Enseignement des enfants. — Accouchement miraculeux et baptême d'une païenne. Tutucurin. - Pallawars ou pêcheurs de perles. — Éloge du gouverneur des Indes. 60

TABBE SOMMAIRE.

Pages.

LETTRE III. Au P. Ignace, à Rome. — Commencements du collége de Sainte-Foi à Goa. - Nouvel éloge du gouverneur. — Demande de priviléges de la part du souverain pontife, et de nouveaux missionnaires — Diogo de Borba. — Utilité d'un bon prédicateur à Goa. . 64

LETTRE IV. Au P. Ignace, à Rome — Demande d'indulgences. — Culte de saint Thomas. — Translation proposée du carême. — Faculté de Confirmer, sollicitée en faveur des vicaires de l'évêque. — Dévotion à la Très-Sainte-Vierge. - Confrérie de la Miséricorde. 71

LETTRE V. A la Compagnie, à Rome. — Travaux de Xavier et de Mancias au cap Comorin. — Méthode d'enseignement. — Catéchisme : explication du Symbole des apôtres et du Décalogue ; récitation des prières. — Baptêmes innombrables. — Ministère des enfants pour l'enseignement, et pour la guérison des malades. — Zèle du gouverneur des Indes à l'égard de la Compagnie. — Catéchistes indigènes. — Le Saint a dessein d'écrire aux Docteurs d'Europe, et de les appeler à partager son apostolat. — Accroissement du collége de Goa ; Paul de Camerino recteur de ce collége. — Caractère des Brahmes : Pagodes. — Controverse avec les Brahmes sur Dieu, sur l'enfer et sur l'immortalité de l'âme. — Mystères des Brahmes. — Consolations merveilleuses éprouvées par le Saint. — Précieux souvenir de ses confrères. — Le Saint se recommande aux enfants qu'il a baptisés et qui sont morts dans leur innocence. 77

LETTRE VI. A François de Mancias, à son départ pour Comorin. — Patience recommandée. — La mission du Comorin doit être envisagée comme un purgatoire. 92

LETTRE VII. Au même. — Agir avec des natures perverses comme un bon père avec des enfants ingrats : imiter la divine miséricorde. — Des Patangats. — Baptême des nouveau-nés. — Instruction des enfants. 94

LETTRE VIII. Au même. — Invitation à la patience ; et à la reconnaissance envers Dieu, de ce qu'il nous éprouve. — La charité la plus tendre est nécessaire dans le ministère apostolique. 97

LETTRE IX. Au même. — Enlèvement d'un esclave par un Portugais. 98

LETTRE X. Au même. — Persévérance recommandée. — Les nouveaux chrétiens inquiétés par les gentils et par les Portugais eux-mêmes. — Excommunication nécessaire contre les ravisseurs d'esclaves. — Erreurs à corriger dans la traduction du symbole. — On doit visiter incessamment les malades, et travailler avec ardeur au salut de tous. 104

LETTRE XI. Au même. — Inconstance de Jean d'Artinga. — Conseils pour la visite des villages. — Rapporter à Dieu tous les fruits de l'apostolat. 107

LETTRE XII. Au même. — Avis et directions. 109

LETTRE XIII. Au même. — Maladie de Xavier. Différents avis. . . 111

TABLE SOMMAIRE.

Pages.

LETTRE XIV. Au même. — Préférer la volonté divine à toute consolation. — Comment agir avec un peuple ingrat. — Comment faire face aux occupations du ministère et aux distractions importunes. . . . 112

LETTRE XV. Au même. — Souffrances des chrétiens de Comorin. — Construction d'un église à Coïmbatour. — Visite des villages. — Baptême des enfants. 114

LETTRE XVI. Au même. — Visite des chrétiens de la Pêcherie. — Baptême des enfants. (Les enfants peuvent être baptisés, les pauvres peuvent être assistés, sans le secours d'interprètes). — Catéchisme. — Assistance des néophytes. — Les seuls riches doivent donner l'aumône. — Souffrances des chrétiens réfugiés sur les rochers. 116

LETTRE XVII. Au même. — Construction d'une église. — Baptême des nouveau-nés. 118

LETTRE XVIII. Au même. — Secours à procurer aux réfugiés. — Église de Coïmbatour. 119

LETTRE XIX. Au même. — Zèle de Mancias. — Souffrances des réfugiés : tableau déchirant. — Départ de Xavier pour Punicale. . . . 120

LETTRE XX. Au même. — Danger de captivité pour Mancias. — Imminence d'une incursion des Badages. — Le Père invite Mancias à porter secours aux réfugiés, et à leur faire diriger leurs pensées vers Dieu. 122

LETTRE XXI. Au même. — Souffrance des chrétiens. — Démarches à entreprendre auprès des Badages. — Nouveaux malheurs. . . . 126

LETTRE XXII. Au même. — Justice de Dieu. — Nouvelles démarches nécessaires. 127

LETTRE XXIII. Au même. — Coelho doit remplacer Mancias, qui se rendra à Carcapatana. — Des interprètes Antoine et Rodriguez. — Les enfants à baptiser, et les malades à secourir n'exigent point d'interprète. — Départ du Saint pour Tala. 129

LETTRE XXIV. Au même. — Le seigneur de Tala favorable aux chrétiens. — Abus d'autorité de la part des Adigares. — Nouvel enlèvement d'un esclave par un Portugais. — Mesures de prudence. . 131

LETTRE XXV. Au même. — Infortune du gouverneur de Tutucurin, qui s'était déclaré l'ennemi de Xavier. — Le Père réclame en faveur de cet officier des secours immédiats. 135

LETTRE XXVI. Au même. — Souffrances des chrétiens de Tutucurin. — Devoir de les protéger contre les Badages. 137

LETTRE XXVII. Au même. — Les Badages menacent d'une incursion nouvelle. — Mission du prêtre séculier Coelho auprès du roi de Travancore, suzerain des Badages — Ce dernier prince envoie de ses officiers vers le Saint, et promet d'être favorable aux chrétiens. — Xavier se prépare à aller trouver le prince : il recommande à Mancias tous les chrétiens et surtout les enfants. 139

TABLE SOMMAIRE.

LETTRE XXVIII. Au même. — Coelho parfaitement accueilli du prince de Tala. — Xavier désire, avant son départ pour le Travancore, voir la sécurité rétablie sur tout le littoral. 143

LETTRE XXIX. Au même. — Le Saint exprime tout son intérêt pour ses néophytes; il réclame pour lui-même les prières des enfants. . . 145

LETTRE XXX. Au même. — Le Saint recommande à Mancias d'être charitable et patient avec tout le monde et de supporter courageusement les fatigues du ministère. — Pieuse tristesse de l'Apôtre. — Désir de l'Éthiopie. 146

LETTRE XXXI. Au même. — Xavier visite les chrétientés du Comorin et y baptise les nouveau-nés; recommande à Mancias les exilés de Tutucurin : ordonne de les protéger contre l'intendant Barbosa. — Les prières des enfants ont préservé le Saint de périls infinis ; il n'aspire qu'à mourir pour J.-C. 148

LETTRE XXXII. Au même. — Le Saint vient de baptiser les Machuas, populations du Travancore. — Tyrannie du roi de Jafanapatam. — Xavier va se rendre auprès du vice-roi des Indes. — Dispense accordée à Mancias pour l'admission au sacerdoce. — Éloge de D. Miguel Vaz, coadjuteur de Goa. — Recommandation à Mancias touchant les chrétientés du Travancore. — Catéchistes et maîtres d'école. — Éloge d'Antonio Fernandez. — Joam de Lizana. 151

LIVRE III.

Indes Portugaises. — Ceylan. — Manar. — Macassar (1545).

LETTRE PREMIÈRE. A Jean III, roi de Portugal. — L'empire des Indes n'a été donné par la divine Providence au roi de Portugal que pour que ce prince y fasse fleurir la religion. — D. Miguel Vaz fera connaître au roi les besoins des Indes : le retour de cet excellent prêtre est essentiel pour le bien de la chrétienté des Indes. — Magnifique éloge de l'évêque de Goa, D. Joam d'Albuquerque. — Le Saint conjure le roi, en lui représentant le jugement divin, d'adresser des ordres sévères à ses officiers. — Un gouverneur plus énergique est nécessaire. — Avant un an, cent mille personnes auront été converties. — Le roi de Ceylan abuse de la faveur royale et persécute les chrétiens. — Le Saint réclame de nouveaux sujets de la Compagnie. - Éloge de Cosme Anes et du F. Vincent de Lagos. — Collége de Cranganor. 156

LETTRE II. Au P. Ignace de Loyola, à Rome. — Rappel de demandes anciennes, d'un privilége pour un autel, et d'autres grâces. — Quels sont les sujets les plus utiles dans les Indes. — Il importe que les vertus intérieures soient unies à la vigueur du tempérament. — La science n'est point le don le plus nécessaire. — Le Saint se recommande aux prières de toute la Compagnie; et réclame des nouvelles de tous ses Frères. 163

LETTRE III. A M. Simon Rodriguez.— Xavier réclame un grand nombre de confrères, et Rodriguez parmi eux : mais rien ne doit être fait sans l'ordre du P. Ignace. — Éloge de Diogo Fernandez. — Xavier demande les prières de la Compagnie pour lui-même et pour Manclas. — Le Saint désire recevoir des nouvelles de tous ses Frères, et les a tous présents à la pensée. — Il sollicite des indulgences du saint siège. — Les charges de finances dans les Indes sont pleines de périls. — Éloge de D. Miguel Vaz. 166

LETTRE IV. A la Compagnie, à Rome. — De la véritable amitié. — Des moyens de propager la foi. — Méthode d'enseignement. — Martyrs de Manar. — Mort du prince de Ceylan. — Croix miraculeuse. — Prêtres envoyés à Macassar. — Appel de nouveaux missionnaires. 172

LETTRE V. Au P. François de Mancias. — Xavier lui recommande les chrétiens confiés à ses soins. — Xavier lui-même ignore où il va diriger ses pas ; il attend les ordres de Dieu. — De Macassar. — De Malacca. — Patience recommandée. — Visite des églises. — Chapelle de Manapare. — Catéchistes. — Prêtres indigènes. — Remontrances à adresser à Côme de Païva. 177

LETTRE VI. Aux PP. Diogo de Borba et Paul de Camérino, administrateurs du collège de Goa. — L'expédition de Jafanapatam réduite à néant. — Le Saint a consulté Dieu au tombeau de saint Thomas, et doit se rendre à Macassar. — Des confrères de Comorin et de ceux qui doivent arriver du Portugal. 184

LETTRE VII. A la Compagnie, en Portugal. — Deux rois de Macassar se sont déjà convertis. — Travaux du Saint à Malacca. — Des reliques de l'apôtre saint Thomas. — Joam d'Eyro. — Le Saint réclame de nouveaux confrères. 188

LETTRE VIII. Au P. Simon Rodriguez, en Portugal. — Le Saint réclame des compagnons remplis de vertus et de science. 190

LETTRE IX. Aux PP. Paul de Camérino, Joam de Beira et Antonio Criminale. — Le Saint diffère le voyage de Macassar : il se propose d'aller à Amboine et aux Moluques. — Il appelle Beira et Criminale au cap Comorin. — Il confie à Paul de Camerino la charge de recteur à Goa, et lui adresse de touchants préceptes sur l'obéissance. — Éloge de Simon Botelho. 191

AUX AMES AMBITIEUSES DE LEUR SALUT ÉTERNEL. (Pièce rédigée par le P. Philippucci, d'après les documents venus de Goa. C'est l'ensemble des règles que le P. Xavier faisait pratiquer aux fidèles. — Cet opuscule renferme la profession de chrétien, les actes des vertus théologales, la pratique des Commandements divins; différentes prières à Dieu, à la Très-Sainte Vierge, à saint Michel Archange et au saint Ange Gardien ; la pratique par l'assistance au divin Sacrifice ; une prière aux Cinq Plaies de N.-S, J.-C.; l'acte d'amour divin et le sonnet espagnol qui en est la traduction, etc.) 195

AUX CATÉCHISTES DE LA COMPAGNIE DE JÉSUS DANS LES INDES. — Méthode pour catéchiser les ignorants. 210

LIVRE IV.

Amboine. — Les Moluques. — L'île du More. — Malacca (1546-1545).

LETTRE PREMIÈRE, à la Compagnie à Goa. — Amboine. — Flotte espagnole. — Le Saint se rend avec joie dans les îles du More 214

LETTRE II. Au P. Paul de Camerino. — De l'obéissance. — Le Père appelle auprès de lui ses Confrères du Comorin. — Procédés affectueux que l'on doit témoigner aux religieux augustins. 216

LETTRE III. A Antonio Criminale et Jean de Beira. — Travaux du Saint à Amboine. — Appel de ces deux missionnaires aux Moluques. . . 218

LETTRE IV. A la Compagnie à Rome. — Le Saint part du Comorin pour Macassar. — Ses travaux à Malacca et à Amboine. — Ile du More : ses dangers méprisés. — Autres dangers dans le voyage des Moluques, dont la divine Providence a préservé le Saint. — De la Chine et des apparences de religion qu'offre cet empire. — Saint Thomas a, dit-on, annoncé l'Évangile en Chine. — Des Confrères nouvellement arrivés à Goa. — Projet d'une résidence de la Compagnie aux Moluques. — Des mahométans et des idolâtres d'Amboine.—Nature de la contrée; mœurs de ses habitants.— Bouc allaitant un chevreau. — Xavier réclame les suffrages de tous ses Confrères : il conserve précieusement le souvenir de tous. 222

LETTRE V. A Jean III, roi de Portugal. — Le Saint recommande au roi le P. F. Joam de Villa de Conde, et les intérêts de Ceylan.— Il expose avec une liberté tout apostolique l'état malheureux des Indes, et présente ses propres avis touchant la propagation de la Foi chrétienne. — Il demande des missionnaires, et énumère ses travaux personnels. — Éloge de l'évêque de Goa et du vicaire épiscopal de Cochin. . . 233

LETTRE VI. Au P. Ignace de Loyola, à Rome. — Le Saint lui demande un Père pour exciter sa propre ardeur, et un renfort d'ouvriers apostoliques, surtout de prédicateurs. — Il rappelle des demandes précédentes. — Dessein d'aller au Japon. — Supérieurs nécessaires dans les différentes résidences. — Suffrages réclamés. 244

LETTRE VII. A M. Simon Rodriguez en Portugal. — Xavier réclame d'éminents prédicateurs, et des ouvriers éprouvés. — Avis salutaires à donner au roi, et moyens de propager la religion dans les Indes. . . 247

LETTRE VIII. Aux PP. et FF. de la Compagnie de Jésus à Rome. — Travaux du Saint à Amboine, aux Moluques et dans les îles du More.

— Mœurs des indigènes : nature de la contrée. — Souverain des Moluques; mahométans; membres de la Compagnie envoyés de Malacca aux Moluques. — Amour des habitants de Malacca pour le Père. — Favorables informations au sujet du Japon. — Le Japonais Anger. — Le Saint, au milieu des périls, invoque le suffrage de Pierre Lefèvre, parmi les bienheureux. — Amour du Saint pour la compagnie de Jésus. 251

LETTRE IX. Aux PP. de la Compagnie qui font la mission au Travancore. — Baptême des nouveau-nés : éducation chrétienne des enfants : enseignement et direction des adultes. — Explication du Symbole : distribution des aumônes : visite des malades, — Sépulture des morts. — Déférence à montrer au P. Antonio Criminale. — Protection des Indiens. — Surveillance des prêtres Malabares. — Devoir de se concilier les officiers du roi. — Matières des conversations familières. — Respect des supérieurs ecclésiastiques. — Charité nécessaire envers tous. 264

LETTRE X. À Diogo de Pereira, à Malacca. — Une bonne conscience, trésor le plus précieux. — Le P. François Perez et le F. Roch d'Oliveira. 274

LETTRE XI. A François Henriquez au Travancore. — Le Saint le console du peu de succès de ses œuvres, et le prémunit contre les artifices du démon, qui voudrait le faire quitter sa mission, et le faire aller dans une autre place. — Le baptême des nouveau-nés donne des fruits très-précieux. 276

LETTRE XII. Au P. Ignace Martinez. — Du collége de Villa-Viciosa, et du F. Roch Martinez. 278

CATÉCHÉTIQUE AUX MOLUQUOIS. — (Explication étendue du symbole.) . 279

ERRATA DU PREMIER VOLUME.

Page 28, note, ligne 1ᵉᵉ, *au lieu de :* Paul IV, *lisez :* Pie IV.
— — — — 2ᵉ — Pie IV, — Paul IV.
— 215, note, ligne 11ᵉ, *au lieu de :* Antoine, *lisez :* Antonio.
— — — — 16ᵉ Après le mot : Ternate, *ajouez :* (Gilolo.)
— — — — 17ᵉ *au lieu de :* l'île de More, *lisez :* l'île du More.
— 276, à la fin de la note, *ajoutez :* il mourut en 1556

www.ingramcontent.com/pod-product-compliance
Lightning Source LLC
Chambersburg PA
CBHW070532230426
43665CB00014B/1656